मरघट

जीवन एक रहस्य है!

सुरेंद्र कुशवाहा

INDIA • SINGAPORE • MALAYSIA

Notion Press Media Pvt Ltd

No. 50, Chettiyar Agaram Main Road,
Vanagaram, Chennai, Tamil Nadu – 600 095

First Published by Notion Press 2021

ISBN 978-1-68538-857-7

अनुक्रमणिका

मेरे प्रिय आत्मन

मृत्यु जीवन का अंतिम सत्य है यह सब हमलोग भलीभांति जानते हैं, लेकिन मृत्यु कब आयेगी और कैसे आएगी यह हमलोग नहीं जानते हैं। ग्रंथ और पुराण तो मृत्यु के बाबत यह कहते हैं मृत्यु के देवता यमराज हैं और वे भैंसे पर चढ़ कर हाथ में मृत्युपाश लिए आते हैं, और प्राण को हर लेते हैं। और मृत्यु के बाद उस आदमी को स्वर्ग मिलेगा या नरक मिलेगा यह उस आदमी के कर्मों के लेखा जोखा से निर्धारित किया जाता है। लेकिन इस प्रकार की बातें न तो किसी सत्य की ओर संकेत करती हैं, और ना इस तरह की बातों में कोई वैज्ञानिक तथ्य मिलता है।

माना की यमराज भैंसें पर सवार होकर आते हैं, और मरने वाले तथाकथित आदमी के प्राण खींच कर लेकर जाते हैं, लेकिन आदमी इतना बुद्धिहीन प्राणी नहीं है की उनसे सुरक्षा का उपाय न खोज सके। अगर आदमी को पता हो जाय कि उसकी मृत्यु बाहर कहीं और से आ रही है तो वह सुरक्षा के तमाम इंतजाम कर लेगा, और वह ऐसे कमरे में स्वयं को बंद कर लेगा जहां हवा तक भी प्रवेश ना कर सके। अब जहां हवा भी प्रवेश नहीं करती हो तो उस जगह यमराज, और उनके भैंसे का प्रवेश असंभव है। और जब यमराज उस कमरे में प्रवेश हीं नहीं कर सकते हैं तो आदमी की मृत्यु असंभव है। लेकिन नहीं फिर भी आदमी की मृत्यु घटित होती है चाहे वह कितने हीं सुरक्षित स्थान पर रहे।

पुराणों में भले हीं लिखा हुआ हो की मृत्यु के देवता यमराज हैं, और वे प्राण हरने के लिए आते हैं, लेकिन इस तरह के कथन में उतना वैज्ञानिक तथ्य नहीं मिलता है। वैज्ञानिक तथ्य तो यह है कि जन्म और मृत्यु एक हीं सिक्के के दो पहलू हैं। लेकिन हम

जन्म को देख पाते हैं की जन्म हुआ और उसके साथ यह नहीं देख पाते हैं कि जैसे हीं जन्म हुआ उसके साथ मृत्यु भी जुड़ गई। ऐसा नहीं है कि जन्म हुआ है, और मृत्यु जन्म से कहीं दूर खड़ी होकर प्रतिक्षा कर रही है, नहीं ऐसा नहीं है, बल्कि ऐसा है की जिस समय जन्म होता है उसी समय मृत्यु भी आकर जुड़ जाती है। सच तो यह जीवन के साथ साथ मृत्यु भी चलती है, और जब जीवन के पैर लड़खड़ाने लगते हैं तब मृत्यु उसे अपने आगोश में ले लेती है।

– Surendra kushwaha

दो शब्द!

हे मेरे शरीर और मन जो भी अनुभव करके जानने योग्य है वह आप हीं से जाना जा सकता है। हे मेरी बुद्धि और मेरी इंद्रियां जो भी अनुभव होता है और पकड़ में आता है वह भी आपके कारण हीं संभव हो पाता है। मैं चाहे कितना भी आपलोगों से अलग हूं, मुक्त हूं, लेकिन अनुभव और जानने की शुरुआत और अंत आपलोगों पर निर्भर करता है। और यदि इस अनुभव और जानने की यात्रा में आपलोग मेरा पल पल साथ नहीं दिए होते तो मैं उस विराट को अनुभव करके जानने में समर्थ नहीं होता।

इसलिए हे मेरे मन, और बुद्धि मेरी सहायता करो ताकि वह जो मैने आपसे अनुभव करके जाना है उसे शब्द मिल सके... उसे शब्द मिल सके...उसे शब्द मिल सके...!

धन्यवाद

हे मुझे शरीर प्रदान करने वाले माता पिता आप दोनों को जितना भी धन्यवाद दूं उतना हीं कम होगा। हे त्रिगुणात्मक प्रकृति आपको कोटी कोटी नमन जो आपके द्वारा पंचतत्व एकजुट हुए जिसके कारण शरीर का विकास संभव हुआ, और वे तीनों गुण मिले जिनसे इस जीवन का नहीं, बल्कि पूरे ब्रह्मांड का बोध संभव हुआ। हे मेरे मन आपको बहुत बहुत धन्यवाद जो इतने अनंत जन्मों से मेरा साथ निभाया, और मुझे उस मोड़ लेकर आ गए जहां से मैं पुनः उस विराट में लीन हो सकता हूं, जिससे मैं अपने आपको अलग समझ रहा था।

मैं उनको भी धन्यवाद देता हूं जिनसे सुख मिला, और उनको भी धन्यवाद देता हूं जिनसे दुःख की परम अनुभूति हुई। मैं उनको भी धन्यवाद देता हूं जिनसे मुझे सम्मान मिला, और उनको भी धन्यवाद देता हूं जिनसे मुझे अपमान की परम अनुभूति हुई। मैं उनको भी धन्यवाद देता हूं जिन्होंने मुझे प्रेम देने योग्य समझा, और उन्हें भी धन्यवाद देता हूं जिन्होंने मुझे घृणा देने योग्य समझा। मैं हर उस व्यक्ति को धन्यवाद देता हूं जिनसे मुझे कुछ न अनुभव करके जीवन का सत्य जानने के लिए अवसर प्राप्त हुआ। मैं खास कर उस देवी को बहुत बहुत धन्यवाद देता हूं जिनकी परम अनुकम्पा के कारण जन्मों जन्मों की गहरी बेहोशी टूटी, और पुनः होश आया। हे संसार को निर्मित करने वाले विधाता आपको कोटि कोटि नमन जो ऐसा अद्‌त संसार बनाया, यहां की हर चीज बनाई, यहां के हर लोग बनाए। इसलिए मैं सबको कोटि कोटि नमन करता हूं, आप लोग मेरा नमन स्वीकार करें।

हे परम सत्य मैं जानता हूं की आपकी व्याख्या शब्दों के माध्यम से नहीं की जा सकती है, लेकिन आप चाहें तो शब्द के माध्यम से हीं अपनी एक झलक दिखला

सकते हैं। हे परम सत्य मैं यह भी जानता हूं कि आपके बारे जो भी कहूंगा वह कहते हीं असत्य हो जाएगा, लेकिन आप चाहें तो कही हुई बातें सत्य की ओर इशारे अवश्य कर सकती हैं।

योगदान

सच तो यह है कि हम किसी कर्म के कर्ता नहीं हैं। अगर ये हाथ किसी के हाथ बन जाते हैं तो इसमें हमारा कोई योगदान नहीं है। अगर ये प्रकट होने वाले शब्द किसी के प्रकट होने के माध्यम बन जाते हैं तो इसमें हमारा कोई योगदान नहीं है। अगर इस जीवन की बगिया में रंग बिरंगे फूल खिल जाते हैं और उन फूलों की सुगंध दूर दूर फैल जाती है तो इसमें हमारा कोई योगदान नहीं है। अगर यह जीवन परमात्मा का प्रकटीकरण बन जाता है तो इसमें हमारा कोई योगदान नहीं है। अगर इस जीवन से ज्ञान की सरिता प्रवाहित हो रही है तो इसमें भी हमारा कोई योगदान नहीं है। योगदान तो उसका है जो इस हाथ को अपना हाथ बना लिया है। योगदान तो उसका है जो इन शब्दों के माध्यम से प्रकट हो रहा है। योगदान तो उसका है जो इस जीवन की बगिया में रंग बिरंगे फूल बनकर खिल गया है, और जिसकी सुगंध दूर दूर फैलती चली जा रही है। और योगदान तो उसका है जो ज्ञान की सरिता बनकर प्रवाहित हो रहा है।

मंत्र

"मृत्यु वह महामंत्र है जिसका जाप यदि जीवन में निरंतर चलता रहे तो जीवन में वही रह जाता है जो सार्थक है और वह अपने आप गिरता चला जाता है जो निरर्थक है"

अध्याय 1

जीवन सशर्त है!

जीवन सशर्त है। कुछ शर्तें हैं हमारे जीने की। और यह शर्त टूट जाए तो हम या तो खुद मर जाना चाहते हैं नहीं तो दूसरे को मार देना चाहते हैं। हम खुद को मारें या अपने जीने के लिए दूसरे को मारें बात तो मरने और मारने वाली वाली हीं है। हम दूसरे को इसलिए मार देना चाहते हैं, क्योंकि वह हमारे जीवन में बाधा उत्पन कर रहा है। और खुद को इसलिए मिटा देना चाहते हैं, क्योंकि हम अपनी इच्छाओं को पूरा करने में सक्षम नहीं हो पाते हैं।

जब इस देश में सती प्रथा कायम थी तब स्त्रियां सती होती रहीं। पति के मरने के बाद इस तरह से स्त्रियों को पति के चिता के साथ जलकर सती हो जाने के पीछे एक हीं प्रयोजन था अब वह पति के बिना जी नहीं सकती थीं। उनका जीना और मरना भी सशर्त था। और जब उनके जीने का शर्त हीं टूट गया तो जीने की प्रबल आकांक्षा हीं खुद को मिटा देने की प्रबल आकांक्षा बन गई। खुद को मिटा डालने की इतनी प्रबल आकांक्षा इस बात की ओर संकेत करती है कि उनके जीने की कुछ शर्तें थीं जो पति के मृत्यु के साथ हीं टूट गई थीं।

जीवन सशर्त नहीं है लेकिन इसे लोग अपने हीं विचारों और कर्मों द्वारा सशर्त बना लेते हैं। इसे ऐसा समझें एक आदमी के रहने के लिए झोपड़ी होती है, पहनने के लिए साधारण वस्त्र होते हैं, खाने के लिए दो वक्त की रूखी सूखी रोटी मिल जाती है और वह उसी में संतुष्ट रहता है। दिन में काम करने चला जाता है, और जब रात होती है तो जो रूखा सूखा मिल जाता है वह खा पीकर सो जाता है। जीवन की गाड़ी बड़े मज़े से चल रही होती है, न उसे बीते हुए कल का रोना होता है, और ना हीं भविष्य की कोई

चिंता होती है। इसी तरह मज़े से समय बीत रहा होता है। लेकिन एक दिन की बात है कि अचानक उसके मन में महत्वकांक्षा पैदा होती है कि काश मेरे पास एक छोटा सा घर होता तो कितना अच्छा होता...

महत्वकांक्षा एक ऐसा मीठा शराब है जो पीता है वह भी पछताता है, और जो नहीं पीता है वह भी पछताता है। खैर जैसे हीं उस आदमी के मन में महत्वकांक्षा ने जन्म लिया उसकी रातों की नींद उड़ गई, और दिन का चैन हराम हो गया। अब वह आदमी घर बनाने के लिए ज्यादा से ज्यादा मेहनत करने लगा, क्योंकि उसका काम अब उतना में हीं नहीं चल सकता था। उसने अपने सपने को साकार करने के लिए दिन रात एक करके इतना पैसा जोड़ लिया जितना में एक छोटा सा घर बन सकता था। अब उसका घर भी बन कर तैयार हो गया, और वह उसमें रहने लगा। अब वह खुश था क्योंकि उसका सपना पूरा हो गया था।

सपने पूरे होते हुए दिखते हैं, लेकिन कभी पूरे होते नहीं क्योंकि एक सपना पूरा होता है तो वह कई सपनों को जन्म देता हैं। इच्छाएं पूरी होती हुई दिखती हैं, लेकिन कभी पूरी होती नहीं क्योंकि एक इच्छा अनेक इच्छाओं को जन्म देती है। जो चाहता है कि एक छोटा सा घर होता तो कितना अच्छा होता फिर जब उसके पास घर हो जाता है तो वह उससे भी बड़े घर के सपने देखने लगता है। ठीक यहीं घटना उस व्यक्ति के जीवन में घटी। एक दिन वह अपने घर में आराम कर रहा था कि अचानक उसके मन में फिर महत्वकांक्षा ने अंगड़ाई ली और उससे बोली – इस छोटे से घर में उतना सुख नहीं मिल रहा है जितना की बड़े घर में मिल सकता था।

जब भी जीवन में महत्वकांक्षा पकड़ती है तो मन बैचेन हो जाता है, और जब मन बेचैन हो जाता है तो सिर्फ एक हीं विकल्प रह जाता है इसे कैसे भी पूरा करना है। अब इस कैसे में बहुत से तरीके आ जातें हैं। कुछ लोग अपनी महत्वकांक्षा को पूरा करने के लिए सही तरीके भी अपनाते हैं। और कुछ लोग अपनी महत्वकांक्षा को पूरा करने के लिए गलत तरीके भी अपनाते हैं। जब उस आदमी के मन में महत्वकांक्षा ने अंगड़ाई ली तो वह पुनः इससे भी बड़े घर के बारे में तरह तरह की योजनाएं बनाने लगा। जब योजनाएं बन कर तैयार हो गई तो वह पुनः इस सपने को साकार करने के लिए जीतोड़ मेहनत करने लगा, क्योंकि अब उसे पहले से भी बड़ा घर चाहिए था। उसने वर्षों जीतोड़ मेहनत किया, और पुनः उससे भी बड़ा घर बनवा लिया।

जब उसका घर बन कर तैयार हो गया तो वह सोचने लगा कि अब मुझे किसी तरह का दुःख नहीं होगा, और मैं इस घर में सुख पूर्वक निवास करूंगा। जो सुख की कामना करता है वह दुःख को भी अप्रत्यक्ष रूप से निमंत्रण दे देता है। यह बात अलग है कि सुख की कामना करते समय दुःख नहीं दिखाई देता हो, और दुःख आ जाने पर

उसे सुख भोगने वाला अस्वीकार कर देता हो। लेकिन वह दुःख से बच नही सकता है, क्योंकि दुःख भी सुख का हीं दूसरा पहलू है। और पुरी मनुष्य जाति की यहीं विडंबना है कि वह एक पहलू को देख पाती है तो दूसरा पहलू उसकी आखों से ओझल रह जाता है। और जिस दिन किसी व्यक्ति को सुख और दुःख एक साथ दिखाई देने लगते हैं उस दिन वह दोनों से मुक्त हो जाता है।

कोई घर छोटा नही है, अगर हमारा मन उसमें रहने को राजी हो जाए तो। और ठीक इसी तरह बड़े से बड़े महल भी छोटे और तुक्ष दिखाई पड़ने लगते हैं जब हमारा मन उसमें रहने के लिए राजी नहीं होता है। साधारण वस्त्र से हमारा काम चल सकता है अगर इस मन में रंग बिरंगे आधुनिक वस्त्रों की चाह नहीं है तो। और ठीक इसी तरह आधुनिक से आधुनिक परिधानों से भी मन की तृष्णा नही मिटती है जब मन सदा और की मांग किए चला जाता है। अब उस व्यक्ति की कहानी पर लौट आते हैं। उस व्यक्ति के मन में फिर से महत्वकांक्षा पैदा हुई की काश एक बड़ा सा महल होता, नौकर चाकर होते तो कितना आंनद आता।

आंनद कोई वस्तु नहीं है कि हम उसे हासिल कर लें तो वह उपलब्ध हो जाएगा, बल्कि आंनद तो हमारी वह मनोदशा है जब यह मन कामनारहित हो जाता है। असल में आंनद को खोजने कहीं जाने की जरूरत नहीं है, बल्कि यह देख लेना है की मन सुख के पीछे भागता है तो दुख मिलता है। और मन जब सुख की कामना नहीं करता है दुख नही आता है। और जब इस मन में कोई चाहत नहीं रह जाती है तो एक तीसरे तरह की अनुभूति होती है जिसको आंनद कहते हैं। आनंद का अर्थ है कि अब मुझे सुख की कामना ना रही।

आनंद पाने की तलाश में वह व्यक्ति महल निर्मित करने लिए फिर से जीतोड़ मेहनत करने लगा। और जब उसके पास धन इकठ्ठा हो गया तो उसने एक विशाल महल निर्मित करवाया, नौकर चाकर रखे, विवाह किया और अनेकों तरह की सुविधा जुटाकर रहने लगा। आनंद ना तो किसी सुख सुविधा में मिलता है, ना यह बड़े महल में मिलता है, और ना धन एकत्रित कर लेने पर मिलता है। और यदि आंनद इन सबमें मिलता तो धन एकत्रित कर लेने वाले, और बड़े से बड़े महलों में रहने वाले आनंदित होते। अगर कोई सोचता है कि इतना धन हो जाएगा तो मैं आंनद को उपलब्ध हो जाऊंगा तब वह आंनद शर्तों पर पाना चाहता है। और अगर कोई सोचता है बड़ा पद मिल जायेगा, बड़ा घर हो जाएगा, यश मिल जायेगा तो मैं सुखी हो जाऊंगा तो वह सुख को शर्तों पर पाने की चेष्टा कर रहा है।

सुख न तो शर्तों पर मिलता है, और ना आंनद शर्तों पर मिलता है लेकिन हम इतने पागल हैं कि सुख और आनंद को भी शर्तों पर पाना चाहते हैं। देखा जाए तो सुख पाने

के लिए हम करते क्या हैं...? हम सुख के लिए एक शर्त निर्धारित करते हैं कि जब ये ये चीजें मेरे पास हो जायेगी तो मैं सुखी हो जाऊंगा। सुख किसी चीज पर निर्भर नही करता है, लेकिन हमारा मन यह मानने के लिए राज़ी नहीं होता है। और जब मन मानने के लिए राजी नहीं होता है तो हम किसी तरह से उन चीजों को लेकर आने के लिए तरह तरह का इंतजाम करते हैं। जीतोड़ मेहनत करते हैं, लेकिन इससे भी पैसे कम पड़ जाते हैं तो दूसरे से उधार ले लेते हैं। उधार लेना कोई जरूरी नहीं था, लेकिन चीजें किसी तरह आनी चाहिए ताकि सुख मिल सके इसलिए उधार भी ले लेते हैं।

अब घर में वह चीज भी आ जाती है जिस पर हमारा सुख निर्भर होता है लेकिन सुख खो जाता है, क्योंकि मन अब दूसरी चीजों की मांग करने लगता है। इस मन को बहुत सी चीजें आकर्षित करती हैं, और मन दिलासा देता है कि पुराने वाले में तो सुख नहीं मिला, लेकिन यह अगर ले लिया जाए तो सुख मिल जायेगा। और हम इस तरह से एक बार फिर भ्रमित हो जाते हैं, और मन के आगे घुटने टेक देते हैं। और इसी तरह चीजों से भरते भरते कब हमारा घर अजायबघर हो जाता है खुद हमें भी पता नहीं चलता है। और पता चलेगा भी कैसे, क्योंकि हम होश में नहीं है।

धन के लोभी आदमी को धन में हीं सुख दिखाई देता है। ऐसा आदमी सोचता है कि आज मैं इसलिए दुखी हूं, क्योंकि अभी धन पर्याप्त मात्रा में उपलब्ध नहीं है। लेकिन आने वाले समय में जब पर्याप्त मात्रा में धन उपलब्ध हो जायेगा तो मैं सुखी हो जाऊंगा। अब यह व्यक्ति क्या कर रहा है...? यह एक शर्त निर्धारित कर रहा है कि जब धन पर्याप्त मात्रा में उपलब्ध हो जायेगा तो वह सुखी हो जाएगा। लेकिन वह यह भी नहीं जानता है कि आज तक जो भी लोग धन के लोभ में पड़ चुके हैं उनके पास चाहे धन का अंबार लग गया हो परंतु उनका मन धन से नहीं भर पाया है। और यदि धन से सुख मिलने वाला होता तो धनी व्यक्ति कब के सुखी हो गए होते।

जो लोग कहते हैं जब इतना धन हो जाएगा तो मैं सुखी हो जाऊंगा तो उनके बारे में यह तो स्पष्ट है कि वह सुख के लिए एक शर्त निर्धारित कर रहे हैं। लेकिन सुख शर्तों पर ना कभी मिला हुआ है, और ना कभी मिलता है। सुख किसी शर्त को पूरा करने का नाम नहीं है, बल्कि सुख वह हमारी आंतरिक मनोदशा का नाम है जो अभी और यहीं उपलब्ध है। लेकिन हमें अंतर्मन में देखने की इतनी फुर्सत नहीं है हम इसकी एक झलक भी देख सकें। और ऐसा भी नहीं है लोग अपने अंतर्मन की ओर नहीं मुड़ते हैं। और अगर ऐसा होता तो अनेकों लोग परम सुख को उपलब्ध नहीं हुए होते।

कबीर के पास धन नही था लेकिन वे सुख के साथ साथ समाधि को भी उपलब्ध हो गए। बुद्ध के पास राजमहल था परंतु राजमहल का सुख उनके ऊब का कारण बन गया, इसलिए वे परम समाधि को उपलब्ध हो गए। सुख, शांति तो असल में उन्हें हीं

मिलती है जो शर्तों पर कुछ भी पाने की चेष्टा नही करते हैं। और जो मानते हैं की इतना सबकुछ हो जायेगा तो मैं सुखी हो जाऊंगा तो ऐसे लोग सुख की तलाश करते हीं रह जाते हैं, लेकिन सुख नहीं मिल पाता है।

सभ्य आदमी दूसरे आदमी के साथ वैसा हीं व्यवहार करता है जैसा दूसरा आदमी उसके साथ व्यवहार करता है। उदाहरण के लिए अगर मैं सभ्य आदमी हूं और आप मुझे गाली देते हैं, मुझे बुरा कहते हैं तो मेरा व्यवहार सशर्त होगा यानी जैसे को तैसा। आप मुझे गाली देते हैं, मैं इस व्यवहार के बदले आपको गाली देता हूं। आप मुझे बुरा कहते हैं, मैं आपको बुरा कहता हूं। और ठीक इसी तरह से आप मुझे अच्छा कहते हैं तो मैं भी आपको अच्छा कहता हूं। लेकिन यह कोई व्यवहार नहीं हुआ। कारण, उसका कारण यह है अगर मैं भी आपके जैसा हो जाऊं या आप भी मेरे जैसा हो जाएं तो आपमें और मुझमें अंतर नहीं रह जाएगा। और जब कोई अंतर नही रह जायेगा तो आपके और हमारे मध्य कोई समाधान नहीं निकलेगा।

एक आदमी दूसरे आदमी को गाली देता है तो दूसरा आदमी भी कुछ भी सोचे वगैर उस गाली की प्रतिक्रिया गाली से दे देता है। बात बढ़ती चली जाती है। समाधान कोई नही निकलता है, और अंत होता क्या है दोनो आदमी एक दूसरे को मारने पर उतारू हो जाते हैं, और एक दूसरे का शिर फोड़ देते हैं। गाली से शुरुवात हुई छोटी सी बात एक ऐसी दुर्घटना का कारण बन जाती है जिसे अंजाम तक पहुंचाने वाले दोनों व्यक्ति जिम्मेवार होते हैं। अब अगर थोड़ी गहराई से इस घटना का अध्ययन किया जाए तो बात इसमें कुछ भी नहीं है। यह घटना टल सकती थी, लेकिन नहीं टली क्यों...? क्योंकि इन दोनों आदमी का अहंकार इतना प्रबल हो गया कि सोचने समझने की क्षमता को भी ढंक दिया।

अगर आप मुझे गाली देते हैं, और मुझे यह अहंकार नहीं है कि मेरी अपनी कोई इमेज है, पद प्रतिष्ठा है या मान सम्मान है तो मैं आपके गाली को गंभीरता से नहीं ले सकता हूं। लेकिन अगर मेरे अंदर अहंकार है की मेरी अपनी प्रतिष्ठा है, इमेज है और मान सम्मान है तो आपकी गाली मेरी तमाम प्रतिष्ठा को धूल में मिलाती हुई प्रतीत होगी। और इस प्रतिष्ठा को बचाने के लिए आपको गाली दूंगा या मार पीट करूंगा। और अक्सर हमलोग यहीं तो करते रहते हैं। जरा सा कोई आदमी चार आदमी के मध्य हमारा अपमान कर देता है हम कुछ सोचे वगैर उसके साथ भी वैसा हीं व्यवहार कर देते हैं। और अगर हम ऐसा व्यवहार करते हैं तो हमारा व्यवहार भी सशर्त है जो दूसरे के व्यहवार पर निर्भर करता है।

अगर हमारे अंदर अहंकार है तो आपकी गाली मुझे अंदर तक चीरती चली जायेगी, लेकिन अगर मेरे अंदर अहंकार नहीं है तो आपकी गाली मेरे अंदर गूंज कर समाप्त हो

जायेगी। जब भी हम कुछ होने के अहंकार से भरे होते हैं तो कोई भी अनचाही बात, व्यवहार हमारे अंदर तूफान खड़ा कर देता है। लेकिन अगर हम अपने आपको कुछ मानते हीं नहीं हैं तो कोई भी अनचाही बात या व्यवहार हमारे अस्तित्व की असीम गहराई में गुम होकर रह जाता है। यदि मैं अपने को ना कुछ जानता हूं तो आपकी गाली मुझे क्रोध नहीं दिला सकती है, या मेरी शांति को नहीं भंग कर सकती है। लेकिन यदि मैं अपने आपको कुछ मानता हूं तो आपकी गाली ना सिर्फ मेरी शांति भंग कर देगी, बल्कि वह वर्षों तक मेरे जहन में चक्कर काटती रहेगी।

हम इसी तरह से अपने व्यवहार के कारण हीं कभी दुखी होते हैं तो कभी सुखी होते हैं। हम अपने आपको सभ्य कहते हैं। अब सभ्यता शब्द को थोड़ा ख्याल में ले लें तो बहुत सी बातें समझ में आ जाएगी। सभ्यता का अर्थ होता है सभा में बैठने की योग्यता। और सभ्य आदमी का इतना हीं अर्थ होता है जिसे सभा में शामिल किया जा सके। और जिस आदमी को सभा में सामिल किया जाय वह उपद्रव न करे, कोई हंगामा ना करे और लोगो से सही तरीके का व्यवहार करे। लेकिन यह सभ्य आदमी का आंतरिक गुण नहीं है, बल्कि बाहरी गुण हैं जो दूसरे के व्यवहार के उपर निर्भर करता है।

जो गुण दूसरे के व्यवहार पर निर्भर करता है उसे गुण नहीं, बल्कि अवगुण कहते हैं। उदाहरण के लिए इस सभ्य आदमी के साथ में कोई झगड़ा करे, गाली गलौज करे तो वह भी उसके साथ वैसा हीं व्यवहार करेगा। और यदि कोई इस आदमी के साथ में अच्छा व्यवहार करता है तो यह उसके साथ अच्छा व्यवहार करेगा। और अक्सर यहीं होता भी है कि लोग एक दूसरे के साथ सशर्त व्यवहार करते हैं, और बड़े गर्व से कहते भी रहते हैं हम सभ्य आदमी हैं। सभ्य आदमी जब समाज में होता है तो सभ्य होता है, लेकिन अकेले में होता है तो वह असभ्य हो जाता है।

पति पत्नी अकेले में जैसा एक दूसरे के साथ व्यवहार करते हैं वैसा व्यवहार वह समाज में नही करते हैं। समाज में जब पति पत्नी रहते हैं तो एक दूसरे से इतने प्रेम से बातें करते हैं जिसका कोई उदाहरण देना भी मुश्किल हो जाता है। और जब ये दोनो अकेले में होते हैं तो एक दूसरे से ऐसे लड़ते हैं जिसका कोई हिसाब नही है। अगर अकेले में पति पत्नी लड़ रहे हों और कोई उनके घर मेहमान आ जाता है तो मेहमान के सामने दोनो एक दूसरे से ऐसा व्यवहार करने लगते हैं जैसे क्षण भर पहले कुछ हुआ हीं ना हो। एक मेहमान के आ जाने से पति पत्नी के बीच चल रही लड़ाई थम जाती है, और दोनों के चेहरे पर सभ्यता आ जाती है। लेकिन ऐसी सभ्यता का क्या करिएगा जो शर्तों के ऊपर निर्भर हो।

सभ्यता से आगे भी एक गुण और है जिसे भद्रता कहते हैं। भद्र आदमी भीड़ में भी भद्र होता है, और अकेले में भी भद्र होता है। भद्र आदमी चाहे भीड़ में रहे या चाहे

अकेले में रहे, लेकिन उसके व्यवहार में कोई परिवर्तन नहीं होता है। भद्रता आंतरिक गुण है। सभ्यता बाहरी गुण है। भद्र आदमी किसी वस्तु के साथ भी वैसा हीं व्यवहार करता है जैसा व्यवहार वह किसी आदमी के साथ करता है। भद्र आदमी अपने जूते और कपड़े भी ऐसे उतार कर रखता है जैसे वह किसी आदमी के साथ व्यवहार करता है। और जो आदमी वस्तुओं के साथ व्यवहार करते वक्त उनके प्रति ऐसे धन्य भाव से भर जाता हो वह किसी व्यक्ति के साथ बुरा व्यवहार नहीं कर सकता है।

एक आदमी भीतर से कैसा होगा...? सभ्य होगा अथवा भद्र होगा वह वस्तुओं के साथ कैसा व्यवहार करता है यह देख कर उसके बारे में आसानी से पता लगाया जा सकता है। जिनके भीतर दूसरे के प्रति क्रोध भरा हुआ है वह चीजों को इस तरह से इधर उधर फेंक देते हैं जैसे उनका कोई अपना अस्तित्व हीं ना हो। और अगर ऐसा आदमी मिल जाए तो आप उससे अच्छे व्यवहार की उम्मीद मत रखिएगा, क्योंकि उसका दबा हुआ क्रोध आप पर भी निकल सकता है। भद्र आदमी चीजों को ऐसे रखता है या उनका उपयोग भी ऐसे करता है जैसे वह उससे अलग ना हो। चाहे हम जाने या ना जाने, लेकिन हमारे आस पास की सभी चीजें हमसे उसी प्रकार जुड़ी हुई हैं जैसे हमारे शरीर के सभी अंग एक दूसरे से जुड़े हुए हैं।

चाहे हम कितना भी अपने आपको अलग माने, लेकिन हम एक दूसरे से उसी प्रकार जुड़े हुए हैं जैसे धागे से मोती जुड़ा हुआ रहता है। जिन चीज़ों को हम तुक्ष मानते है, और उन्हे इधर उधर फेंक देते हैं असल में हम उनके साथ हीं बुरा सलूक नहीं करते है, बल्कि अपने साथ भी बुरा सलूक करते हैं। किसी व्यक्ति के उपर क्रोध करते हैं तो असल में वह व्यक्ति हीं केवल हमारे क्रोध का शिकार नही होता है, बल्कि हम भी अपने हीं क्रोध का शिकार हो जाते हैं। क्रोध करने के दौरान शरीर की ग्रंथियां जहर छोड़ती हैं जिसके कारण इस शरीर का वह तत्व जलने लगता है जो शरीर की प्रतिरोधक शक्ति को बनाए रखने में सहायक होता है। और जो लोग बार बार क्रोध करते रहते हैं उनके शरीर की प्रतिरोधक क्षमता कम होती चली जाती है। और जब शरीर की प्रतिरोधक क्षमता कम होती चली जाती है तो अनेक तरह की बीमारियां घेर लेती हैं।

चाहे कोई बाहर से अपने शरीर में जहर डालें, या शरीर के ग्रंथियों को जहर छोड़ने का मौका दें बात तो एक हीं है। जो लोग बाहर से अपने शरीर में जहर डालते हैं वह भी बेहोश हो जाते हैं, और जो लोग अपने शरीर के ग्रंथियों से जहर डालते हैं वह भी बेहोश हो जाते हैं। शराब पीने वाला आदमी भी बेहोशी की हालत में पहुंच जाता है, और क्रोध करने वाला आदमी भी बेहोशी की हालत में पहुंच जाता है। एक शराबी आदमी भी शराब के नशे में किसी को गाली देता है, किसी को मरता है, घर की चीजों को तोड़ता है। और ठीक इसी तरह से क्रोध से उन्मत आदमी भी दूसरों को अपमानित करता है,

मारता है। चाहे शराबी आदमी हो, या क्रोध करने वाला आदमी हो, दोनों जब कुछ देर बाद होश में आते हैं तो पश्चाताप के अलावा कुछ भी हाथ नहीं आता है।

जन्म भी एक सुंदर घटना है, और मृत्यु भी एक सुंदर घटना है, लेकिन बीच की जो जिंदगी हम जिस तरह जीते हैं वह शुरुआत के पांच दस वर्षो को छोड़ दिया जाय तो वह कई तरह के शर्तों पर व्यतीत होती हुई मालूम पड़ती है। इसे ऐसा समझें कि हमारी खुशी भी कुछ शर्तों पर निर्भर है, हमारा प्रेम भी कुछ शर्तों के ऊपर निर्भर है। हमारा सुख भी कुछ शर्तों के ऊपर निर्भर है और हमारा दुःख भी कुछ शर्तों के ऊपर निर्भर है। और शर्त हम क्या रखते हैं वह चीज मिल जाय तो मुझे खुशी मिल जाएगी। देखा जाए तो किसी चीज के मिल जाने अथवा खो जाने से हमारी खुशी का कोई संबंध नही जुड़ा हुआ है, लेकिन मन सदा इस भ्रम में रहता है की खुशी चीजों से मिलती है।

मन जिन चीजों के उपर मोहित हो जाता है वह कब मिल जाए इसके लिए बेचैन रहता है। और जब मन बैचेन हो जाता है तो वह तब तक नहीं मानता है जब तक वह चीज उसे मिल नहीं जाती है। इस मन में उठी हुई प्रबल आकांक्षा के कारण हीं स्त्रियां जिद पर अड़ जाती हैं, बच्चे जिद पर अड़ जाते हैं, और कई पुरुष भी जिद पर अड़ जाते हैं। यह जिद एक प्रकार से पागलपन की स्थिति है। और यह पागलपन जिसके ऊपर भी छा जाता है उसे चारों ओर सिर्फ वही चीज दिखाई देने लगती है जिस पर उसका मन मोहित हो चुका है। जिद अक्सर वहीं लोग करते हैं जिन्हे न तो अपने मन के बारे पता होता है, और ना अपने बारे में पता होता है।

मन अलग है, आप मन से अलग हैं, लेकिन आपने अपने मन को हीं अपना होना मान लिया है। इसलिए सुख मिलता है तो आप खुशी से नाचने लगते हैं, और जब दुःख आता है तो रोने लगते है। जरा सा कोई दो मीठे बोल देता है तो आपको वह व्यक्ति सबसे अच्छा लगने लगता है। और जरा सा कोई दो कटु वचन आपसे कह देता है तो वह आपके लिए बुरा हो जाता है। जरा सा कोई व्यक्ति आपका तारीफ कर देता है तो गर्व से आपकी छाती फूल कर चौड़ी हो जाती है। और जरा सा कोई अपमान कर देता है तो आपको ऐसा लगता है जैसे सबकुछ लूट गया हो। चाहे मान हो या अपमान हो, यह मन में उठने वाले वे प्रबल भाव हैं जो आपसे आपकी सता छीन कर आपको अपने साथ बहा ले जाते हैं। और आप वहीं करने लगते हैं जैसा यह मन कहता है।

आपको जानकर आश्चर्य होगा इस मन के कारण हीं लगभग 99.9% लोग एक अति से दूसरी अति, और दूसरी अति से पहली अति की ओर घड़ी की पेंडुलम की तरह इधर से उधर जीवन भर डोलते रह जाते हैं। और पूरा जीवन इधर से उधर डोलते डोलते कब हाथ से पुरी तरह निकल जाता है यह भी उन्हे पता नहीं चलता है। इसे ऐसा समझें तो मन के बारे समझने में ज्यादा आसानी होगी। कुछ चीजें मन को अच्छी लगती हैं तो मन

उसके पीछे दौड़ने लगता है, और ठीक इसी तरह से कुछ चीजें बुरी लगती हैं तो मन उनसे दूर भागने लगता है। एक बात और ख्याल में ले लें जो चीजें आज मन को अच्छी लगती हैं आने वाले समय में वहीं चीजें बुरी भी लगने लगेगी। और जो चीजें आज बुरी लगती है वह आने वाले समय में अच्छी भी लगने लगेगी।

जैसे उदाहरण के लिए जब तक किसी के पास गाड़ी नही होती है उसे दूसरे की गाड़ी अच्छी लगती है। और जब तक इस तरह की गाड़ी आप नहीं ले लेते हैं तब तक आप बेचैन रहते हैं। अब आपने गाड़ी ले लिया, कुछ दिनों के लिए मन इसमें खोया रहेगा, लेकिन जैसे हीं इससे भी सुंदर गाड़ी इसे दिख जाएगी यह उसके पीछे भागने लगेगा। और यहीं तो होता है लोग नई गाड़ी लेते हैं उससे जब मन भागने लगता है तो उससे पीछा छुड़ाकर दूसरी गाड़ी ले लेते हैं। मन क्यों भागने लगता है...? इसका भी एक कारण है। जिन चीजों के साथ, जिन लोगों के साथ, और जिस जगह पर मन ज्यादा समय रहता है वहां से भागने लगता है। और यहीं कारण है कि जो चीज कल तक अच्छी लगती थी वह आज बुरी लगने लगती है। और कल तक जिसका साथ पाने के लिए यह मन बेचैन था, आज उसी का साथ इस मन में कांटे की तरह चुभने लगता है।

मन की दशा परिवर्तनशील है। आज जिसका साथ कांटों की चुभन पैदा करता है, कल दूर चले जाने के बाद उसी का साथ फिर से इस मन को बेचैन कर देगा। जो आज अप्रितिकर लगता है, वह कल प्रीतिकर हो जाएगा। यदि हम जान जाएं कि अच्छा और बुरा, प्रीतिकर और अप्रितिकर यह मन की पल प्रति पल बदलती हुई अवस्थाएं हैं तो हम ना तो किसी को बुरा कह सकेंगे, और ना किसी को अच्छा कह सकेंगे। और इसी तरह न तो प्रिय से अति दूर भागने के लिए बैचेन होंगे, और ना हीं प्रिय के अति पास आने के लिए बैचेन होंगे।

पश्चिम में लोग विवाह करते हैं तो वह भी शर्तों पर निर्भर होता है। और जिस दिन शर्त टूट जाती है उस दिन विवाह भी टूट जाता है। यहीं कारण है की पश्चिम में स्त्री पुरुष ज्यादा दिनों तक एक साथ नहीं रह पाते हैं। पश्चिम के स्त्री पुरुषों का मानना है कि विवाह में भी बदलाव होते रहना चाहिए नहीं तो दो लोग एक साथ ज्यादा दिनों तक रहते हैं तो जिंदगी सुनी सुनी सी लगने लगती है, ऊब होने लगती है। इसलिए उन्होंने अब एक तरकीब निकाला हुआ है कि विवाह के पहले स्त्री पुरुष के बीच शर्त निर्धारित हो जाता है कि इतने दिन तक दोनों एक साथ रहेंगे, और बाद में वे अलग अलग हो जायेंगे।

जीवन शर्तों के ऊपर नहीं टिका हुआ है, लेकिन हम शर्त जाने अनजाने में निर्मित कर लेते हैं, और उन्हीं शर्तों के अनुसार जीवन जीते चले जाते हैं। और जिसके जीवन में शर्त प्रविष्ट हो जाता है वह ना तो ठीक से जीवन जी पाता है, और ना हीं वह जीवन

को जान पाता है। विवाह शर्तों के ऊपर निर्भर नहीं है, लेकिन जब विवाह जैसे पवित्र रिश्ते में भी शर्त का स्थान दे दिया जाता है तो वह विवाह नहीं, बल्कि वासना पूर्ति का माध्यम बन जाता है।

हम जिस पवित्र बंधन पर इतना गुमान करते हैं क्या वो सच में पवित्र बंधन है...? नहीं वो पवित्र बंधन नहीं हो सकता, क्योंकि पति भी अक्सर पराई स्त्री के तरफ़ आकर्षित होता है, और पत्नी भी अक्सर पराए पुरुष की ओर आकर्षित होती रहती है। लेकिन दोनों एक दूसरे से अक्सर कहते हैं कि मै तुमसे बहुत प्यार करता हूं / करती हूं। असल में देखा जाए तो इन दोनों के हृदय में प्रेम का बीज अंकुरित हीं नहीं हुआ है। सही मायने में देखा जाए तो किसी के हृदय में प्रेम का अंकुर तभी फूटता है जब वह अपेक्षा रहित हो जाता है। प्रेमी कभी दूसरे से कोई अपेक्षा नहीं रखता कि मेरी अपेक्षा पूरी होगी तब मै दूसरे को प्रेम दूंगा।

प्रेम को उपलब्ध हुआ प्रेमी दूसरे से अपेक्षा इसलिए नहीं रखता है, क्योंकि अब उसे दूसरे से प्रेम की चाह नहीं होती है। उसे दूसरा प्रेम देगा या नहीं देगा यह विचार उसके मन में नहीं आता है, बल्कि उसके हृदय में प्रेम है इसलिए वह दूसरे को प्रेम दे सकता है। लेकिन जिसका हृदय प्रेम से रिक्त है वह दूसरे को प्रेम नहीं दे सकता है। पति पत्नी या प्रेमी प्रेमिका अक्सर एक दूसरे से प्रेम करने के दावे किया करते हैं, एक साथ जीने मरने की कसमें खाते हैं, लेकिन जब उनके बीच थोड़ी सी अनबन हो जाती है तो सभी दावे और एक साथ जीने मरने की कसमें टूटते हुए नजर आते हैं। असल में देखा जाए तो सारे प्रेम के दावे और कसमें झूठे और बेबुनियाद हैं, क्योंकि प्रेम करने के दावा वहीं लोग करते हैं जिनका हृदय प्रेम से रिक्त होता है। और प्रेम की कसमें वहीं लोग खाते हैं जिन्होंने अभी प्रेम का स्वाद चखा हीं नहीं है।

प्रेम के लिए ना तो किसी दावे के जरूरत है, और ना हीं किसी कसम की जरूरत है, क्योंकि प्रेम होता है तो होता है, और नहीं होता है तो नहीं होता है। अगर हृदय प्रेम से तरंगित हो रहा है तो ना तो किसी से दावे करने की जरूरत है कि मैं तुमसे बेहद प्रेम करता हूं, और ना हीं इस प्रेम को साबित करने के लिए किसी कसम की जरूरत है कि मैं सदा तुमसे प्रेम करता रहूंगा। जो लोग प्रेम के लिए दावे करते हैं, और तरह तरह की कसमें खाते हैं वह शायद यह भी नहीं जानते हैं कि प्रेम को किसी भी तरह से साबित नहीं किया जा सकता है।

प्रेम को अभिव्यक्त नहीं किया जा सकता है, और ना हीं इसे किसी तरीके से साबित किया जा सकता है। प्रेम को इसलिए अभिव्यक्त नहीं किया जा सकता है, क्योंकि इसका कोई शब्द नहीं होता है। प्रेम का कोई शब्द नहीं होता है इसलिए प्रेमी अक्सर एक दूसरे के पास आकर निशब्द हो जाते हैं। प्रेम को साबित नहीं किया जा

सकता है, क्योंकि यह अपरिसिम है, अनादि है अनन्त है। प्रेम के लिए कोई शब्द निर्मित नहीं हो सकता, क्योंकि प्रेम शब्दों के बंधन से मुक्त है। लेकिन बड़े मज़े कि बात तो यह है कि हम सब प्रेम के लिए शब्द निर्मित कर लेते हैं, और उसे साबित करने के लिए अथक प्रयास भी करते रहते हैं। और जब भी हम प्रेम को साबित करने के लिए प्रयास करते हैं, या उसे अभिव्यक्त करने के लिए शब्द निर्मित करते हैं तो उसकी एक सीमा हो जाती है। और जिसकी सीमा होती है वह प्रेम नहीं होता है।

प्रेम सभी सीमाओं के परे है। प्रेम कभी बंधन में नहीं बांधता, बल्कि मुक्त करता है। प्रेम किया नहीं जाता है, बल्कि इसे जिया जाता है। जीवन में जो भी श्रेष्ठ है, सत्य है और सुंदर है वह सारे शब्दों से मुक्त होता है। और जो मुक्त होता है उसे शब्दों में कहना नहीं, बल्कि जीना होता है। प्रेम शर्तों पर निर्भर नही करता है, लेकिन हम सभी लोग प्रेम को भी शर्तों में बांध देते हैं। और जो प्रेम शर्तों में बंध जाए वह प्रेम नहीं होता, बल्कि मोह हो जाता है। लेकिन जो लोग प्रेम को शर्तों में नहीं बांधते हैं उनका प्रेम और असीम होता चला जाता है। और जो प्रेम असीम हो जाता है वह प्रार्थना बन जाता है।

प्रेम और अहंकार जीवन की दो दिशाएं है, जो एक दूसरे के विपरीत दिशाओं की ओर लेकर जाती हैं। प्रेम के रास्ते पर चलते चलते मनुष्य परमात्मा तक पहुंच जाता है, और अहंकार के रास्ते पर चलते चलते मनुष्य आखिरकार मृत्यु तक पहुंच जाता है। जो प्रेम के रास्ते पर चलता है उसे आखिरकार जीवन में सबकुछ उपलब्ध हो जाता है। और जो प्रेम के रास्ते से भटक जाता है वह सबकुछ गंवा देता है। इस संसार में दो तरह के लोग होते हैं एक वे जो अपना सबकुछ गवां कर इस संसार से विदा होते हैं, और दूसरे वे लोग हैं जो सबकुछ पाकर इस संसार से विदा होते हैं। जो लोग सबकुछ गवां कर इस संसार से विदा होते हैं वे लोग वही होते हैं जो चाहते हैं कि सबकुछ हमारा हो जाए। और जो लोग सबकुछ इस संसार से पाकर विदा होते हैं वे असल में सभी चाहतों से उपर उठ चुके होते हैं। यहां एक बात और ख्याल में रखना जरूरी है कि जो लोग चाहते हैं कि सबकुछ मिल जाए वह असल में भिखारी होते हैं। और जो लोग अपने होने मात्र से हीं संतुष्ट होते हैं वह असल में सम्राट होते हैं।

संपन्न वह व्यक्ति नहीं है जिसकी इच्छाएं अभी शेष हैं, बल्कि संपन्न वह व्यक्ति है जो सभी इच्छाओं से मुक्त हो चुका है। और बड़े मज़े कि बात तो यह है कि गरीब वह नहीं है जिसके पास बाहरी दिखावे के तौर पर कुछ नही है, बल्कि गरीब तो वह व्यक्ति है जिसके पास कोई अंदरूनी संपति नहीं है। बाहर की गरीबी या अमीरी तो लोगों के नजरों में जल्दी दिखाई दे देती है लेकिन भीतर की अमीरी या गरीबी शायद हीं किसी आदमी को दिखाई देती है। और इस प्रकृति में एक नियम तो सभी पर लागू होता है कि जो लोग बाहर की ओर दौड़ते रहते हैं वह अपने आप से दूर होते चले जाते हैं।

और जो लोग अपने से दूर चले जाते हैं वह एक दिन खाली हाथ हो जाते हैं, और मृत्यु से भयभीत हो जाते हैं। लेकिन जो अपने भीतर मुड़ जाते हैं वह बाहर से भिखारी होते हुए भी सबकुछ पा जाते हैं।

मृत्यु उन्हे भयभीत नहीं कर सकती है जो मृत्यु को जीते जी जान लेते हैं। और मृत्यु को वहीं लोग जान पाते हैं जो जीवन को जान लेते हैं। और जो जीवन को जान लेता है उसे यह भी पता चल जाता है वह सभी सीमाओं के परे है। और जो सभी सीमाओं के परे है उसका ना तो कभी जन्म होता है और ना कभी मृत्यु होती है। जो सभी सीमाओं के परे है उसका ना कोई नाम है, ना आकार है और ना रूप है। फिर उसे चाहे कोई आत्मा कहे, या परमात्मा कहे या ब्रह्म कहे या उसे कोई भी नाम और रूप दें लेकिन सभी वही है।

मनुष्य चाहे तो परम चैतन्य को उपलब्ध होकर परमात्मा भी हो सकता है, और वह चाहे तो अचेतन होकर पाषाण भी हो सकता है। लेकिन मनुष्य का दुर्भाग्य यही है न तो वह परम चैतन्य को उपलब्ध होकर परमात्मा हो पाता है, और ना अचेतन को उपलब्ध होकर पाषाण हो पाता है। मनुष्य की सारी परेशानी यही है कि वह पुरी जिंदगी द्वंद के बीच अटका रह जाता है। और बड़े मज़े की बात तो यह है यह द्वंद उसके लिए दूसरा कोई निर्मित नहीं करता है, बल्कि वह अपने लिए द्वंद खुद निर्मित करता है। कुछ लोग इस द्वंद के बीच संतुलन स्थापित कर लेते हैं, और कुछ लोग इस द्वंद को भलीभांति जानकर इस द्वंद के पार चले जाते हैं।

हमलोग जिन्हे भगवान मानकर पूजा करते हैं वह भी कभी हम जैसे हीं थे लेकिन वे परम चैतन्य को उपलब्ध हो गए। चाहे बुद्ध हों, चाहे महावीर हों, चाहे कृष्ण हों या चाहे जीसस हों या कोई और हों सब पहले हम जैसे हीं थे लेकिन वे परम चैतन्य को उपलब्ध हो गए, और हम अभी द्वंद के मध्य अटके हुए हैं। ऐसा नहीं है कि वे परम चैतन्य को उपलब्ध होकर मुक्त हो गए तो दूसरे लोग नहीं हो सकते हैं। नहीं सभी लोग परम चैतन्य को उपलब्ध हो सकते हैं, और एक ना एक दिन हो जायेंगे। अंतर केवल इतना है कि कोई एक हीं जन्म में परम चैतन्य को उपलब्ध हो जाता है, और किसी को परम चैतन्य को उपलब्ध होने के लिए अनंत जन्म तक प्रतीक्षा करना पड़ता है।

यह स्मरण रहे कि कोई एक हीं जन्म में परम चैतन्य को उपलब्ध हो जाता है, और किसी को परम चैतन्य को उपलब्ध होने के लिए अनंत जन्म लग जाते हैं। इस परम चैतन्य की उपलब्ध होने के लिए एक और अनेक जन्मों के बीच जो अंतर है उसे समझ लेना अनिवार्य है, क्योंकि इसी में जीवन का सारा रहस्य छुपा हुआ है। जिस व्यक्ति के जीवन में जागरण प्रविष्ट करने लगता है वह व्यक्ति अपने जीवन को पुनरुक्ति के ढंग से नहीं जीता है, बल्कि वह जीवन को ऐसे जीने लगता है जैसे हर दिन उसका जीवन नया

होता हैं। और जिस व्यक्ति का जीवन हर दिन हीं नया प्रतीत होने लगता है वह जीवन को समग्र तरीके से जीता है। जीवन को समग्रता से जीने वाला व्यक्ति न तो भूतकाल में घटित हुए सुख अथवा दुख को याद करता है, और ना भविष्य में मिलने वाले सुख दुःख की कल्पना करता है।

जो लोग जीवन को पल पल पुरी समग्रता से जीते हैं उनके जीवन में जागरण प्रविष्ट हो जाता है। और जो जीवन रहते हीं गहरी नींद से जागरण को उपलब्ध हो जाता है वह अंततः परम चैतन्य को भी उपलब्ध हो जाता है। और जो लोग जीवन को पुरी समग्रता से नहीं जी पाते हैं अंततः उनका जीवन भूत और भविष्य जैसे कई टुकड़ों में टूटता चला जाता है। और जिस व्यक्ति का जीवन कई टुकड़ों में टूटता चला जाता है वह ना तो ठीक से जीवन का अनुभव कर पाता है, और ना अपने बारे में जान पाता है। और जो जीवन के अनुभव से वंचित रह जाता है वह परम चैतन्य को उपलब्ध होने से वंचित रह जाता है।

जन्म पर जन्म बीतते चले जाते हैं, लेकिन अधिकांश लोग अपने जीवन में वहीं बार बार पुनरुक्ती करते रहते हैं जो उन्होंने पिछले जन्म में किया था। पिछले जन्मों में धन के लोभ में फसें हुए थे इस जन्म में भी धन के लोभ में फसें हुए हैं। पिछले जन्म में स्त्रियों के पीछे भागे थे, और इस जन्म में भी स्त्रियों के पीछे भाग रहें है। पिछला जन्म भी सुख की तलाश में बीत गया, और यह जन्म भी सुख की तलाश में बीत जायेगा। आदमी जैसा जीवन जी रहा है वह मात्र कल की पुनरूक्ति है। कल भी किसी पर क्रोध करके पछताया था आज भी क्रोध करके पछताता है। कल भी वह सुख की तलाश में दुख पाया था आज भी वह सुख की तलाश में दुख पाता है। और जो सोचता है आज वह दुखी है तो भविष्य में सुखी हो जायेगा वह भी उसी पुनरूक्ति को दोहरा रहा है जो वह आज तक दोहराता आया है।

हम जैसा जीवन जी रहे हैं क्या कभी हमने आज तक एक क्षण भी अपने भीतर ठहर कर यह ख्याल किया है कि आज जैसा जी रहे हैं वह कल की पुनरूक्ति तो नहीं है। और एक क्षण को अगर ख्याल आ जाए की आज का जीवन कल की पुनरूक्ति है तो यह भी ख्याल में ले लेना की उस बीते हुए कल का जीवन भी परसों की पुनरूक्ति था। और इसी तरह से आने वाला कल का जीवन भी आज की पुनरूक्ति होगा। कल हमें सुख का तलाश था कि कल सुख मिल जायेगा तो जीवन को ठीक तरह से जिएंगे, लेकिन जब आने वाला कल आज के रूप में विद्यमान है तो ना सुख मिलता हुआ दिख रहा है, और ना जीवन को ठीक तरह से जी पा रहे हैं। ठीक इसी तरह से आज इस आशा में जी रहें हैं कि आने वाले कल में सुख मिल जायेगा तो ठीक से जी पायेंगे, लेकिन कल का जीवन भी आज के जीवन की पुनरूक्ति के अलावा और कुछ नही होगा।

पति पत्नी कम से कम पचास साल तक एक दूसरे के साथ रहते हैं, लेकिन क्या वे एक दूसरे से सुखी हो पाते हैं...? क्या वो एक दूसरे को समझ पाते हैं...? क्या वो एक दूसरे को प्रेम दे पाते हैं। इन सारे प्रश्नों का एक हीं उतर है नहीं, क्योंकि दूसरे को वहीं व्यक्ति सुख दे पाता है जो अपने आप से सुखी होता है। और दूसरे को वहीं व्यक्ति समझ पाता है जो अपने आपको समझ लिया हो। और ठीक इसी तरह से दूसरे को वही व्यक्ति प्रेम दे पाता है जो अपने आप से प्रेम किया हो। जो व्यक्ति अपने आपको न सुख दे पाता है, ना अपने आपको समझ पाता है, और ना अपने आपको प्रेम दे पाता है वह ना तो दूसरे को प्रेम दे पाता है, और ना दूसरे को सुख दे पाता है।

इसलिए, पति पत्नी जीवन के इतने लम्बे अरसे के बाद भी न तो एक दूसरे से सुखी हो पाते हैं, और ना एक दूसरे को प्रेम दे पाते हैं। पति पत्नी का संबंध इसलिए प्रेमपूर्ण नहीं हो पाता है, क्योंकि दोनों का संबंध कुछ शर्तों पर टिका हुआ होता है। और यदि यह शर्त टूट जाता है तो यह संबंध भी टूट जाता है। पति चाहता है कि पत्नी से सुख मिलेगा तो मैं सुखी हो जाऊंगा, और ठीक इसी तरह से पत्नी भी चाहती है कि पति से सुख मिलेगा से तो मै सुखी हो जाऊंगी। पति भी सुख के लिए पत्नी पर निर्भर है, और पत्नी भी सुख के लिए पति पर निर्भर है। पति भी इस आशा में जिए चला जाता है कल पत्नी से सुख मिलेगा, और पत्नी भी इस आशा में जिए चली जाती है कल पति से सुख मिलेगा।

पति पत्नी को जब तक सुख मिलने का भ्रम होता है तब तक एक दूसरे से प्रेम से बातें करते हैं, लेकिन जैसे हीं भ्रम कुछ क्षण के लिए टूट जाता है दोनों एक दूसरे से लड़ने झगड़ने लगते हैं। ठीक इसी तरह से पति को पत्नी से प्रेम मिलता हुआ प्रतीत होता है, और पत्नी को पति से प्रेम मिलता हुआ प्रतीत होता है, लेकिन दोनों प्रेम से वंचित रह जाते हैं। सुख और प्रेम के संबंध में एक बात हमेशा स्मरण रखना चाहिए कि सुख और प्रेम किसी दूसरे से नहीं मिलता है, और ना हीं सुख और प्रेम किन्ही शर्तों पर आधारित होता है। सुख भी अपने आप से हीं मिलता है, और प्रेम का अंकुर भी अपने हीं हृदय की गहराइयों में फूटता है। और जो लोग सुख और प्रेम को अपने भीतर खोजने लगते हैं उनके जीवन में सुख और प्रेम उतरने लगता है।

सुख न तो शर्तों पर आधारित होता है, और न प्रेम शर्तों पर आधारित होता है, लेकिन मनुष्य की बुद्धि भी कमाल करती है वह सुख और प्रेम के लिए भी तरह तरह के शर्त निर्धारित करने के लिए उसे मजबूर कर देती है। और इसका परिणाम यह होता है कि मनुष्य सुख और प्रेम भी शर्तों पर पाना और देना चाहता है। पति चाहता है कि पत्नी से सुख मिलेगा, और पत्नी भी चाहती है कि पति से सुख मिलेगा, लेकिन ना तो पति पत्नी को सुख दे पाता है, और ना पत्नी पति को सुख दे पाती है। और इस तरह

जब दोनों एक दूसरे को सुख नहीं दे पाते हैं तो दोनों एक दूसरे पर आरोप प्रत्यारोप लगाने लगते हैं।

हम जिसे प्रेम कहते हैं वह वासना की पूर्ति है। जब तक वासना की पूर्ति होती रहती है तब तक प्रेम बना रहता है, लेकिन जब वासना पूर्ति में दूसरा रुकावट डालता है तब प्रेम का फूल भी मुरझाने लगता है। अर्थात दूसरे शब्दों में कहा जाए तो समझने में ज्यादा आसानी होगी यह तथाकथित प्रेम वासना पूर्ति के शर्त पर निर्भर करता है। वासना पूर्ति कभी प्रेम नही हो सकता, लेकिन प्रेम को भी हमलोगों ने वासना से जोड़ दिया है। अक्सर पति पत्नी या प्रेमी प्रेमिका प्रेम के वादे करते हैं, लेकिन क्या वादे प्रेम के फूल को खिलने देते हैं। नहीं कोई भी वादे, और कसमें प्रेम के फूल को नहीं खिला सकते हैं, क्योंकि वादों और कसमों का दामन वहीं लोग पकड़ते हैं जिनके हृदय में प्रेम नहीं होता है।

अगर मेरे हृदय में प्रेम नहीं है तो हमारा प्रेम सशर्त है, और मैं आपको प्रेम तभी दे सकता हूं जब आप मुझे प्रेम देते हैं। और यदि मेरे हृदय में प्रेम है तो मेरा प्रेम सशर्त नहीं होगा, और जब प्रेम सशर्त नहीं होगा तो आपके तरफ से मुझे प्रेम मिले या न मिले, लेकिन मेरे प्रेम की अविरल धारा हमेशा आपके तरफ प्रवाहित होती रहेगी। बड़े मज़े कि बात तो यह है कि प्रेम उसी व्यक्ति के हृदय में उदय होता है जो अपने आपको मिटाने के लिए हमेशा तैयार रहता है। और जो प्रेम में अपने आपको मिटा देता है वह परमात्मा हीं हो जाता है। लेकिन प्रेम का मार्ग बड़ा कठिन है, संकरा है इसमें दो नहीं प्रवेश कर सकते हैं। और इसलिए कबीर दास ने ठीक हीं कहा है कि प्रेम गली अति सांकरी जिसमें दोऊ ना समाए।

मनुष्य की सारी विडंबना यही है वह प्रेम भी पाना चाहता है, और अपने आपको बचाना भी चाहता है। इसलिए ना तो प्रेम मिल पाता है, और ना वह बच पाता है। कभी आपने ख्याल किया है कि जिनके हृदय में प्रेम नहीं है उनका जीवन एक मरुवस्थल की भांति हो गया है। और ऐसे लोग प्रेम की तलाश में इधर से उधर भटक रहे हैं, लेकिन ना तो उन्हें इस मरुवस्थल में प्रेम के झरने दिखाई दे सकते हैं, और ना हीं प्रेम के फूल खिले हुए दिखाई दे सकते हैं। करीब करीब देखा जाए तो प्रेमविहीन मनुष्य का जीवन उस मृग की तरह है जो कस्तूरी की मादक सुगंध की खोज में एक स्थान से दूसरे स्थान पर दौड़ रहा हो। अब इस मृग को कौन बताए कि वह जिस कस्तूरी की मादक सुगंध को पाने के लिए हर जगह दौड़ रहा है वह स्वयं उसी के नाभी में मौजूद है। और ऐसे मनुष्य को कौन समझाए कि वह जिस प्रेम को पाने के लिए दूसरे पर निर्भर रहता है वह प्रेम स्वयं उसी के हृदय में विराजमान हैं।

मृग शायद एक दिन अपने अंदर उठने वाली कस्तूरी की सुगंध का पता भी लगा ले, लेकिन मनुष्य तब तक प्रेम को उपलब्ध नहीं हो सकता जब तक उसकी खोजने

की सम्पूर्ण तलाश स्वयं तक नही पहुंच जाती है। और जिस दिन मनुष्य प्रेम की तलाश स्वयं में करने लगेगा उसी दिन उसकी तलाश भी पूरी हो जायेगी। और बड़े मज़े कि बात तो यह है कि प्रेम की तलाश अगर दूसरे में करना है तो उस तक पहुंचने के लिए यात्रा करनी पड़ती है, लेकिन अगर स्वयं में प्रेम की तलाश करना है तो किसी प्रकार की यात्रा नही करनी पड़ती है। और जो अपने आप पर आकर ठहर जाता है उसे प्रेम उपलब्ध हो जाता है।

प्रेम दूसरे से नहीं मिल सकता है, क्योंकि प्रेम चित की एक ऐसी अवस्था है जिसे स्वयं हीं जाग कर उपलब्ध करना होता है। और जो ऐसी चित की अवस्था को उपलब्ध हो जाता है उसका प्रेम किसी शर्त या कंडीशन पर निर्भर नही करता है, बल्कि उसका प्रेम सदा सर्वदा के लिए हो जाता है। जैसे उदाहरण के लिए आपका प्रेम किसी कंडीशन निर्भर नही करता है तो आपसे कोई बुरा भी व्यवहार करे, लेकिन आपका प्रेम उसके प्रति हमेशा बना रहेगा। लेकिन यदि आपका प्रेम किसी कंडीशन पर निर्भर करता है तो आपका प्रेम तभी तक उसके प्रति कायम रहेगा जब तक वह व्यक्ति आपके साथ अच्छा व्यवहार करता रहेगा।

महावीर का प्रेम किसी शर्त या किसी कंडीशन पर निर्भर नहीं करता था चाहे उनपर कोई पत्थर फेंके या उन्हें कोई गलियां दे। बुद्ध की करुणा किसी शर्त या कंडीशन पर निर्भर नही करती थी चाहे उन्हे कोई गाली दे या उनसे कोई बुरा व्यवहार करे। जब किसी व्यक्ति के भीतर करुणा प्रकट हो जाती है तो वह सभी पर करुणा करने लगता है। और ठीक इसी तरह से जब किसी व्यक्ति के हृदय में प्रेम का झरना बहने लगता है तो वह शत्रु और मित्र या अच्छे और बुरे में भेद नहीं करता है।

वृक्ष फल से लदा हुआ है अब चाहे कोई उसे पत्थर मारे तो वह वृक्ष कभी पत्थर का जवाब पत्थर से नहीं दे सकता है, क्योंकि उसका स्वभाव फल देना है। और जिसका स्वभाव फल देना वाला है वह पत्थर नहीं दे सकता है। ठीक इसी तरह से फूल खिला हुआ है, और उसे कोई तोड़ कर मसल डाले तो वह सुगंध हीं दे सकता है, और कुछ नही दे सकता क्योंकि उसका स्वभाव सुगंध फैलाने वाला है। और तो और सूर्य जिससे सभी को जीवन ऊर्जा मिलती है उसे कोई कितना भी बुरा कहे लेकिन उसे भी वह जीवन ऊर्जा इसलिए देता है, क्योंकि जीवन ऊर्जा बांटना उसका परम स्वभाव है।

झरना निरंतर बहता रहता है, और सभी को जीवन देता है। इस झरने में चाहे कोई सोने चांदी के पात्र डाले या मिट्टी के पात्र डाले, लेकिन झरना किसी में भेद नहीं करता है। चाहे जल को सोने के पात्र से पिया जाए या मिटी के पात्र से लेकिन जल तो वही रहता है। मिटी के पात्र से जल ग्रहण वाला व्यक्ति भी उसी तरह से तृप्त हो जाता है जिस प्रकार सोने के पात्र से जल ग्रहण करने वाला व्यक्ति तृप्त होता है। लेकिन यदि

मिट्टी के पात्र में जल ग्रहण वाला व्यक्ति मिट्टी के पात्र को तुक्ष मानता है तो उसे जल से तृप्ति नहीं होती है।

सुख किसी दूसरे से नहीं मिलता है, लेकिन अक्सर लोग सुख के लिए दूसरे पर निर्भर रहते हैं। और जो लोग सुख के लिए दूसरे पर निर्भर रहते हैं उनका सुख किसी शर्त या कंडीशन पर निर्भर करता है। दूसरे से किसी को सुख तभी मिलता है जब वह किसी शर्त या कंडीशन पर खरा उतरता है। और जो सुख के लिए किसी शर्त या कंडीशन पर खरा उतरता है उसका सुख कब दुःख का रूप धारण कर लेता है यह भी उसे पता नही चलता है।

पति अपने सुख के लिए पत्नी पर निर्भर रहता है, और पत्नी अपने सुख के लिए पति पर निर्भर रहती है। पति सोचता है कि पत्नी से सुख मिलेगा तो मै सुखी हो जाऊंगा, और पत्नी भी सोचती है कि पति मुझे सुख देगा तो मैं सुखी हो जाऊंगी। पति का सुख पत्नी के शर्त पर निर्भर करता है, और पत्नी का सुख पति के शर्त पर निर्भर करता है। पति पत्नी जब एक दूसरे के शर्त को पूरा करते हैं तब वह सुखी होते हैं, और जब एक दूसरे के शर्त को पूरा नहीं कर पाते हैं तब वह दुखी हो जाते हैं। फिर जब दुःख आता है तो दोनों एक दूसरे से कहते हैं तूने मुझे सुख नहीं दिया। दूसरा कोई सुख कैसे दे सकता है जब उसके पास हीं सुख नहीं है। सुख तो वही व्यक्ति दे सकता है जिसके पास सुख हो।

बड़े मज़े की बात तो यह है कि सुख हमारे पास नहीं है, लेकिन फिर भी दूसरे को सुख देने पहुंच जाते हैं। और जब उसको सुख देने की जैसे हीं कोशिश करते हैं वह कोशिश हीं उसे और दुखी कर देती है। इस संसार में गौर से देखा जाए तो हर व्यक्ति एक दूसरे को सुखी करने की कोशिश कर रहा है, लेकिन इस कोशिश का परिणाम में दूसरा सुखी होने के बजाय और दुखी होता जा रहा है। पति पत्नी को जीवन भर सुख देने के लिए कोशिश करता है, पत्नी पति को जीवन भर सुख देने के लिए कोशिश करती है, लेकिन इसका परिणाम यह होता है दोनों एक दूसरे को सुख देने के बजाय दुःख देते रहते हैं।

ना जाने कितने लगन मुहूर्त से विवाह होता है की दो लोग सुखी रहेंगे, लेकिन क्या विवाह के बाद दो लोग सुखी रह पाते हैं। विवाह चाहे कितने हीं लग्न मुहूर्त के साथ हो, लेकिन दो लोग कभी सुखी नहीं रह पाते हैं। आमतौर पर फिल्मों में जिस प्रेम और विवाह को दिखाया जाता है वैसा होता नहीं है, लेकिन हम उसी को सच मान लेते हैं। फिल्मों में दिखाया जाता है कि स्त्री पुरुष में प्रेम होता है, और दोनों का विवाह हो जाता है फिर उसके बाद दोनों सुखी से रहने लगते हैं। और जब वह सुखी से रहने लगते हैं तो उसके बाद फिल्म की कहानी समाप्त हो जाती है।

असल में कहानी विवाह के बाद शुरू होती है। विवाह के बाद पति पत्नी अगर सुखी से रहने लगें तो उनके जीवन में कलह की शुरुआत हीं नहीं होगी। कलह की शुरुआत तो तभी होती है जब पति पत्नी एक दूसरे से अपेक्षा करते हैं, और शर्त पर आधारित जीवन जीवन जीते हैं। अगर पति पत्नी एक दूसरे से कोई अपेक्षा न रखें, और उन दोनों के बीच कोई शर्त ना हो तो जीवन ऐसे बीत जायेगा जैसे फूल खिलता है, सुगंध बिखेरता है, और अंत में मुरझा कर गिर जाता है। फूल का खिलना भी आनंद है, और उसका मुरझाकर गिर जाना भी आनंद है। और बड़े मजे की बात है कि ना तो फूल खिलते हुए किसी अपेक्षा से भरा होता है, और ना वह मुरझाते हुए दुखी होता है।

जीवन संपूर्ण आंनद है, लेकिन जब हम इस जीवन से अनेक तरह की अपेक्षाएं करने लगते हैं, और शर्तों के अनुसार इस जीवन को जीने लगते हैं तो यहीं जीवन विषाक्त बन जाता है। देखा जाए तो हम लगभग पूरे जीवन भर किसी ना किसी अपेक्षा से भरे रहते हैं कि यह हो जायेगा तो मैं आनंदित हो जाऊंगा, लेकिन वैसा जब नहीं होता है तो दुखी हो जाते हैं। असल में मनुष्य का मन जहां भी रहता है वहां पर टिकता नहीं है। अभी यहां है तो अगले क्षण यह दूसरे जगह चला जाता है। ऐसा भी नहीं है कि अपेक्षाएं पूरी नही होती हैं। नहीं, अगर कोई अपेक्षाएं पूरी होती हैं तो भी मन उससे कुछ देर बाद ऊब जाता है, और जब अपेक्षाएं पूरी नही होती हैं तो भी मन ऊब जाता है।

यदि किसी को सुख हीं सुख मिले तो भी मन ऊब जाता है, और यदि किसी को दुख हीं दुख मिले तो भी मन ऊब जाता है। जब बाहरी सुख ज्यादा मिलता है तब भीतर का दुःख दिखाई देना लगता है। और जब बाहर की अमीरी बढ़ जाती हैं तो भीतर की गरीबी दिखाई देनी लगती है, लेकिन ऐसा उन्हीं लोगों के साथ होता है जो होश पूर्वक जीने लगते हैं। और जो लोग बेहोशी में जीवन जिए चले जाते हैं उनके पास चाहे कितना भी धन आ जाए या चाहे वो कितना भी सुख भोग लें, लेकिन ना तो उन्हे भीतर की गरीबी दिखाई देती है, और ना हीं भीतर का दुःख दिखाई देता है।

सुख और दुःख एक हीं सिक्के के दो पहलू हैं, लेकिन हम सुख को चाहते है, और दुःख से बचना चाहते हैं। जब भी हम सुख चाहते हैं दुःख भी हमारी चाहत में अप्रत्यक्ष रूप से शामिल हो जाता है। और सुख की चाहत हीं दुख में बदल जाती है। जीवन में ऐसा हो नहीं सकता जिसने सुख चाहा हो तो उसे सुख के बाद दुख न मिला हो, और जिसने दुःख को स्वीकार कर लिया हो उसे दुःख के बाद सुख ना मिला हो। जो व्यक्ति दुःख को सुख की भांति हीं स्वीकार कर लेता है उसे दुःख उतना पीड़ित नहीं करता है जितना कि उसे जो दुःख को सुख की भांति स्वीकार नहीं करता है।

बड़े मज़े कि बात तो यह है कि जीवन में दुःख इसलिए मिलता है ताकि हम यह जान सकें कि सुख की चाहत हीं दुख के रूप में सामने आता है। और जो यह जान

जाता है कि सुख की कामना दुःख में बदल जाती है तो वह सुख की कामना नहीं करता है। और जो सुख की कामना नहीं करता है उसे दुःख भी नही मिलता है। जीवन को जीने के दो ढंग हैं जो आपको सुख दुःख के पार ले जाते हैं। जीवन जीने का पहला ढंग तो यह है कि आप अगर सुख भोगना चाहते है तो दुःख को भी सुख की भांति हीं भोग लें। दुख जब आए तो उसे सुख की भांति हीं स्वीकार कर लें, और यह जान लें की जो मैने सुख भोगा था यह दुःख भी उसी का दूसरा हिस्सा है। और जब आप दुख को सुख की भांति हीं स्वीकार कर लेते हैं तो जीवन के उस रहस्य पर से पर्दा उठ जाता है जिससे सुख और दुःख के पार चले जाने की झलक मिलती है।

जीवन जीने का दूसरा ढंग यह है कि यदि आप दुःख से बचना चाहते हैं तो सुख की कामना हीं ना करें, क्योंकि जो सुख की कामना करता है उसे दुःख भी अवश्य भोगना पड़ता है। और जो सुख की कामना नहीं करता है उसके जीवन में दुःख भी प्रवेश नही करता है। क्या आप कोई ऐसे व्यक्ति के बारे में बता सकते हैं जिसने सुख को ना चाहा हो, और उसे दुख मिला हो। नहीं ऐसा कोई भी व्यक्ति नहीं मिल सकता है जिसने सुख न चाहा, और उसे दुःख मिला हो, क्योंकि सुख की कामना से मुक्त व्यक्ति दुख से भी सदा मुक्त हीं होता है। और जो व्यक्ति सुख की कामना से मुक्त होता है वह भी सुख दुख रूपी द्वंद से मुक्त होकर जीवन के परम रहस्य को जानने में समर्थ हो जाता है।

जीवन अनंत रहस्यों से भरा हुआ है, और कोई कितना भी इन रहस्यों को जानने में समर्थ हो जाए, लेकिन वह उन सभी रहस्यों को नहीं जान पाता है। जीवन के परम रहस्यों से सिर्फ वे हीं लोग परिचित हो पाते हैं जो जीवन को सम्पूर्ण रूप से स्वीकार कर लेते हैं। और जो जीवन को सम्पूर्ण रूप से स्वीकार कर लेते हैं वे जीवन के परम रहस्य को जानकर जीवन और मृत्यु के पार चले जाते हैं। फिर ना उनके लिए जन्म होता है, और ना उनके लिए मृत्यु होती है। जन्म और मृत्यु तो उनके लिए होती है जो जीवन को चाहते हैं, और मृत्यु से बचना चाहते हैं। लेकिन जो जीवन की चाह से मुक्त हो चुका है उसे मृत्यु से बचने की जरूरत नहीं है।

जन्म और मृत्यु जीवन के दो छोर हैं। जन्म की घटना हीं बढ़ते बढ़ते मृत्यु में बदल जाती है। और मृत्यु जन्म में बदल जाती है। बच्चा जब जन्म लेता है तो उसके जन्म की खुशियां मनाई जाती है, लेकिन दूसरी तरफ हम यह नहीं देख पाते हैं वह बच्चा जन्म लेते हीं मृत्यु की ओर पहला कदम बढ़ा दिया है। अब वह जितने कदम भी चलेगा वह मृत्यु के और पास पहुंचता हीं चला जायेगा। मृत्यु हर कदम पर प्रतिक्षा करती है, और वह कहती भी है तुम जब थक जाओगे तो मैं तुम्हे अपनी गोद में समा लेने के लिए तैयार हूं। लेकिन हम जीवन को चाहते चले जाते हैं इसलिए की हमारी इच्छाएं पूरी होकर भी

पूरी नही हो पाती है। और जब तक इच्छाएं पूरी नहीं हो पाती हैं तब तक हम मृत्यु को टालते चले जाते हैं।

मृत्यु आखिर कब तक टाली जा सकती है, क्योंकि वह कदम से कदम मिलाकर कर चल रही है। मनुष्य की आयु लगभग साठ या सत्तर साल की होती है, और इससे हम यह समझ लेते हैं कि साठ सत्तर साल बाद मरेंगे। और यह साठ सत्तर साल का समय मन में यह भ्रम पैदा कर देता है अभी कौन सी मृत्यु घटित होने वाली है, मृत्यु तो साठ सत्तर साल बाद घटित होगी इसलिए अभी जी भरकर और जी लें। और यह जीने का ख्याल हीं एक ऐसी कामना को जन्म देता है जिसके भंवर में पूरा जीवन डूबता चला जाता है। और यह कामना ऐसी है कि मृत्यु भी इसे थका नहीं पाती है।

हम जिस तरह से जीवन जीते हैं क्या वह सही मायने में जीवन जीना कहा जा सकता है...? नहीं इसे जीवन जीना नहीं कहा जा सकता है, बल्कि हर पल मरना कहा जा सकता है। हम हर पल मर रहें हैं, क्योंकि हमारे जीने के लिए कुछ शर्ते हैं, कुछ इच्छाएं हैं। और यह इच्छाएं तथा शर्तें या तो भूतकाल से सम्बन्धित है, और या तो भविष्य से सम्बन्धित हैं। हम सोचते चले जाते हैं जब यह हो जायेगा, वह हो जायेगा तो हम अच्छी तरह से जिएंगे। इससे एक बात तो निश्चित है कि हम उस वर्तमान को चूकते चले जा रहे हैं जिसमें जीवन प्रवाहित होता चला जा रहा है। जीवन है वर्तमान, और जो वर्तमान में जीता है वह जीवन को समग्र तरीके से जीता है। लेकिन जो वर्तमान से भागकर भूत या भविष्य में जीता है वह जीवन को टुकड़ों टुकड़ों में जीता है।

जीवन हैं अखंड, लेकिन हम इस अखंड जीवन को नहीं समझ पाते हैं इसलिए यह जीवन अनेक खंडों में विभाजित होता चला जाता है। और जिसका जीवन अनेक खंडों में विभाजित हो जाता है वह जीवन को समग्र रूप से जीने से वंचित रह जाता है। और जो जीवन को समग्र रूप से नहीं जी पाता है वह अपने से परिचित नहीं हो पाता है। आखिर कौन हैं हम, और क्या है हमारी पहचान? हम कौन हैं यह भी जीवन भर जान नहीं पाते है, और हमारी पहचान क्या है इससे भी परिचित नहीं हो पाते हैं।

एक बच्चा हिंदू के घर में पैदा होता है वह हिंदू हो जाता है, और दूसरा बच्चा मुस्लिम के घर में पैदा होता है वह मुस्लिम हो जाता है। लेकिन सही मायने में देखा जाए तो पैदा होने वाला बच्चा न तो मुस्लिम होता है, और ना हिंदू होता है, क्योंकि कोई भी बच्चा जन्म से ना हिंदू होता है न तो मुसलमान होता है। सभी पैदा होने वाले बच्चे जन्म से हीं प्रकृति से सहज और सरल स्वभाव के साथ आते हैं, लेकिन यह अलग बात है कि जैसे जैसे वह बड़े होते जाते हैं वह अपने सहज और सरल स्वभाव को विस्मृत करते चले जाते हैं।

इस सहज और सरल स्वभाव को जो बच्चे विस्मृत कर देते हैं वह अगर हिंदू घर पैदा हुए हैं तो हिंदू होकर रह जाते है। और जो बच्चे मुस्लिम के घर पैदा हुए हैं वह मुस्लिम होकर रह जाते हैं। और जो मात्र हिंदू या मुस्लिम होकर रह जाता है फिर उसकी सोच केवल हिंदू या मुस्लिम तक सिमट कर रह जाती है। और जिसकी असीमित सोच हीं सिमट कर रह जाती है वह जीवन को सशर्त जीने लगता है। जीवन को सशर्त जीने वाला हिंदू सोचता है कि उसका हिंदू धर्म खतरे में है। और ठीक इसी प्रकार मुस्लिम भी सोचता है की मुस्लिम धर्म खतरे में है। और जिसको यह भ्रम पैदा हो जाता है कि उसका तथाकथित धर्म खतरे में है तो वह इस धर्म की रक्षा करने के लिए दूसरे धर्म के लोगों से भिड़ जाता है।

आज तक जितनी धर्म के नाम पर लड़ाइयां लड़ी गई हैं उतनी लड़ाइयां किसी और के नाम पर नहीं लड़ी गई हैं। लोग अपने उस तथाकथित धर्म के लिए मरने मारने पर उतारू हो जाते जो उनका धर्म नहीं है। गीता में कृष्ण ने कहा है कि " स्वधर्मे निधनं श्रेय, परा धर्मा: भया भया " अर्थात अपने धर्म में मर जाना भी श्रेयस्कर है जबकि दूसरे का धर्म तो भय का कारण है। कृष्ण कहते हैं कि अपने धर्म में मर जाना भी श्रेयस्कर है। लेकिन आखिर वह धर्म कौन सा है हिंदू धर्म है, मुस्लिम धर्म है, बौद्ध धर्म है या ईसाई धर्म है। नहीं कृष्ण इन सभी धर्मो के बाबत नहीं कह रहे हैं, बल्कि वह उस धर्म की ओर संकेत कर रहे हैं जो जन्म के पहले भी था, और मृत्यु के उपरांत भी रहेगा। और जो धर्म जन्म के पहले भी था, और मृत्यु के उपरांत भी रहेगा वह धर्म न हिंदू हो सकता है, ना तो बौद्ध हो सकता है, और ना मुस्लिम हो सकता है।

कृष्ण कहते हैं कि तुम जब पैदा नही हुए थे तब भी वह धर्म था, और जब मृत्यु इस शरीर को मिटा देगी तब भी वह धर्म रहेगा, इसलिए तुम उस धर्म की खोज करो। लेकिन हम बड़े बुद्धिमान हैं, क्योंकि श्री कृष्ण के वक्तव्य का भी अपने बुद्धि के हिसाब से अर्थ निकल लेते हैं। कृष्ण के वक्तव्य का अपने अनुसार अर्थ निकालने वाला आदमी हिंदू धर्म को श्रेष्ठ मान लेता है। मोहमद के वक्तव्य का अपने अनुसार अर्थ निकालने वाला आदमी इस्लाम धर्म को श्रेष्ठ मान लेता है। बुद्ध के वक्तव्य का अपने अनुसार अर्थ निकालने वाला आदमी बौद्ध धर्म को श्रेष्ठ मान लेता है। और जीसस के वक्तव्य का अपने अनुसार अर्थ निकालने वाला आदमी ईसाई धर्म को श्रेष्ठ मान लेता है।

जब भी कोई व्यक्ति किसी धर्म को श्रेष्ठ मान लेता है तो वह ना तो उस धर्म के बारे में जान पाता है, और ना वह अपने स्वधर्म को जान पाता है। और जो व्यक्ति अपने स्वधर्म को जान नहीं पाता है वह दूसरे के धर्म में भयभीत होकर जीता है। और यह भय ऐसा है कि ना तो वह किसी व्यक्ति को ठीक से जीने देता है, और ना मरने देता है। जैसे उदाहरण के लिए मै हिंदू हूं तो सदा इस बात से भयभीत रहूंगा की कोई मेरे इस

तथाकथित धर्म को बुरा न कह दे। और यदि मैं बौद्ध हूं तो सदा इस बात से भयभीत रहूंगा की कोई मेरे इस तथाकथित बौद्ध धर्म का अपमान न कर दे। और जब तक यह भय मेरे अंदर व्याप्त रहेगा तब तक मैं अनेक प्रकार से इस तथाकथित धर्म को श्रेष्ठ साबित करता रहूंगा।

हिंदू अपने धर्म को श्रेष्ठ साबित करना चाहता है, और मुस्लिम अपने धर्म को श्रेष्ठ साबित करना चाहता है। और जब श्रेष्ठ साबित करने के लिए एक दूसरे में होड़ लग जाती है तो दोनो एक दूसरे से टकराते हैं, और युद्ध का वातावरण निर्मित हो जाता है। लेकिन देखा जाए तो क्या यह युद्ध उचित है...? नहीं, क्योंकि हम उस धर्म के लिए मरने और मारने पर उतारू हो जाते हैं जो हमारे जन्म के पहले भी नही था, और मृत्यु के बाद भी नहीं रहेगा। और जो धर्म हमारे जन्म के बाद हमारे लिए निर्मित हुआ था, और जो धर्म मृत्यु के बाद हमारे लिए समाप्त हो जायेगा वह हमारा स्वधर्म नही हो सकता है।

स्वधर्म में जीने वाला व्यक्ति न तो किसी दूसरे से प्रतिस्पर्धा करता है, और ना वह अपने धर्म को श्रेष्ठ साबित करने की कोशिश करता है। और जब वह अपने धर्म को श्रेष्ठ साबित नही करता है तो उसकी किसी से शत्रुता भी नहीं होती है। शत्रु तो उस व्यक्ति के होते हैं जो अपने धर्म को श्रेष्ठ साबित करना चाहता है या जिसके ऊपर महत्वकांक्षा का पागल भूत सवार है। स्वधर्म को उपलब्ध होने वाला व्यक्ति न बीते हुए समय के लिए पश्चाताप करता है और ना आने वाले समय की चिंता करता है, बल्कि वह सदा वर्तमान में जीता है। जीवन ना बीते हुए कल में है, और आने वाले कल में है, बल्कि जीवन अभी और यहीं है। जीवन की धारा पल पल प्रवाहित होती जा रही है, और जो व्यक्ति इस बहती हुई धारा पर सवार हो जाता है वह जीवन के साथ प्रवाहित होते हुए उस अस्तित्व में विलीन हो जाता है जो सभी के उत्पति का कारण है।

अस्तित्व एक है और सभी इसी अस्तित्व के माध्यम प्रकट होता है, और सभी इसी अस्तित्व में विलीन भी हो जाता है। इसे ऐसा समझें की जैसे सागर से कुछ बूंदे सागर से उपर की तरफ उठती हैं, और वह बूंद अपने आपको और सागर को जान भी नहीं पाती है तब तक वह फिर वापस उसी सागर में गिर कर सागर से एक हो जाती है। ठीक इसी तरह से हमलोग भी हैं। हमलोग चाहे एक दूसरे से कितना भी भिन्न दिखाई दें, लेकिन जीवन को गहरे अर्थों में देखा जाए तो हमलोग उसी अस्तित्व से जुड़े हुए हैं जिससे सभी लोग जन्म लेते हैं, और पुनः उसी में विलीन हो जाते हैं।

जिस अस्तित्व के माध्यम से हमारा प्रकटीकरण हुआ है वह अस्तित्व भी उससे बना है जो अस्तित्व नहीं है। एक तरह से देखा जाए तो हम उससे अस्तित्व में आते हैं जो नहीं है। और जो नहीं है वह ना तो कभी बनता है, और ना कभी मिटता है। और जो

ना तो कभी बनता है, और ना कभी मिटता है वही हम हैं। यदि मैं हूं तो मेरी मृत्यु भी निश्चित है, और यदि मैं नहीं हूं तो मेरी मृत्यु असंभव है। मृत्यु तो उसे हीं मिटा सकती है जो है, लेकिन मृत्यु उसे नहीं मिटा सकती है जो नहीं है। यदि मेरे पास कुछ है तो वह चोरी हो सकता है, छीना जा सकता है, लेकिन यदि मेरे पास कुछ भी नहीं है तो उसे ना तो चोरी किया जा सकता है, और ना छीना जा सकता है।

जिसे चोर चुरा नहीं सकता है, और जिसे ना कोई छीन सकता है वही मेरे जीवन की संपति है। लेकिन हम जीवन भर उस संपति को इकठ्ठा करते रहते हैं जिसे कोई चुरा लेता है, या कोई छीन लेता है। और यदि हम इस संपति की रक्षा करके दूसरे से बचा लें तो उसे भी मृत्यु छीन लेती है। और जो संपति एक दिन छीन हीं जानी है उसे इकठ्ठा करने से क्या प्रयोजन है। हम जिस शरीर पर गुमान करते हैं, और जिस नाम के लिए जीते हैं वह भी एक ना एक दिन मिट हीं जाना है। और जब यह शरीर, और नाम मिट हीं जाना है तो इसपर इतना गुमान करने का कोई प्रयोजन नहीं रह जाता है। लेकिन हम फिर भी इस शरीर और नाम पर गुमान करते हैं, क्योंकि हम उस बेहोशी में जीते चले जा रहे हैं जो अनंत जन्मों से चली आ रही है।

हम जिस नाम के लिए जीवन भर दौड़ते हैं क्या वह नाम हमारा है...? नहीं जब यह शरीर हमारा नहीं है तो यह नाम हमारा कैसे हो सकता है, क्योंकि शरीर माता पिता के संसर्ग से मिलता है, और नाम समाज से मिलता है। हम जिस नाम के सहारे जीते हैं क्या वह नाम स्थाई है...? नहीं, वह नाम भी स्थाई नहीं, क्योंकि हर जन्म में नाम बदलता चला जाता है। अब तक हमारे अनंत जन्म हो चुके हैं, और अनंत नाम भी बदल चुके हैं। ऐसे में हम किस नाम को अपना कहें कि यह मेरा नाम है। नहीं मेरा कोई नाम नहीं है क्योंकि हम अनाम हैं।

नाम केवल और केवल कामचलाऊं है इसका और कोई औचित्य नहीं है, लेकिन हम नाम के साथ इतने गहरे अर्थों में जुड़ जाते हैं इसके बिना जीवन हीं अधूरा लगता है। यदि हम नाम का महत्व जीवन से ज्यादा देने लगते हैं तो इस नाम के साथ अहंकार भी आकर जुड़ जाता है। और जब इस तथाकथित नाम के साथ अहंकार आकर जुड़ जाता है तो इस नाम पर जरा सा आंच आते हीं हम तिलमिला जाते हैं। उदाहरण के लिए मेरा नाम सुरेंद्र है और मै अपने आपको सुरेंद्र हीं मान लिया हूं तो जब भी कोई इस नाम के साथ बुरा व्यवहार करेगा तो मुझे पीड़ा होगी, और क्रोध से भर जाऊंगा। और जब कोई इस नाम को मान सम्मान देगा तो गर्व से मेरी छाती चौड़ी हो जाएगी। चाहे मैं अपने आपको इस नाम के माध्यम से मान सम्मान से जोड़ूं या अपमान से जोड़ूं वह मेरे द्वारा निर्मित किए शर्तों पर हीं निर्भर होगा। और जब मैं किसी शर्त पर निर्भर हो जाऊंगा तो मेरी प्रसन्नता, और मेरी उदासी भी दूसरे पर निर्भर हो जायेगी।

अस्तित्व है अनाम। उसका कोई नाम नहीं है। उसका कोई रूप नहीं है लेकिन जब भी हम उसे कोई नाम देते हैं, और रूप देते हैं उसकी एक सीमा हो जाती है। और जिसकी सीमा हो जाती है उसके भीतर छुपा हुआ असीम रहस्य की भांति हीं रह जाता है। और जो रहस्य है उसे तब नहीं जाना जा सकता है जब तक छुपा हुआ वह असीम सीमा से मुक्त ना हो जाए। और यदि कोई अपने भीतर छुपे हुए असीम को उपलब्ध होना चाहता है तो उसे उस नाम से ऊपर उठना पड़ेगा जो दूसरे से मिला हुआ है। जैसे हीं कोई अपने नाम से उपर उठता है तो उसके भीतर एक ऐसी प्यास उठती है जो उसके भीतर छुपे हुए असीम के द्वार तक ले कर जाती है। और बड़े मज़े की बात तो यह है जैसे हीं कोई नाम से ऊपर उठता है उसके लिए मान अपमान दोनों एक हो जाते हैं।

यदि मेरा कोई नाम नहीं है तो ना मुझे सम्मान पाने की इच्छा होगी, और न मुझे मिलने वाले अपमान का चिंता होगी। लेकिन बड़ी मुश्किल है किसी के लिए अपने उस नाम से उपर उठना जो बचपन से सुनता आया है, और जिसके अचेतन में अपनी जड़े जमा चुका है। नाम से मुक्त होना मुश्किल जरूर है असंभव नहीं है, और जो नाम से मुक्त होने के मार्ग पर कदम रख लेता है वह नाम से मुक्त भी हो जाता है। एक बार कोई तय कर ले कि मेरा कोई नाम नहीं है, और रोज इस बात का सोते जागते स्मरण रखे की मेरा कोई नाम नहीं है। मेरा कोई नाम नहीं है मैं अनाम हूं इस बात का स्मरण करते करते यह बात उसके अचेतन की गहराइयों में प्रवेश करके उस नाम की जड़ों को कमजोर करनी शुरू कर देगी जो जाने अनजाने में उसके अचेतन की गहराई में प्रवेश कर गई है।

जब अचेतन में नाम रूपी वृक्ष का जड़ कमजोर होने लगता है तो यह नाम रूपी वृक्ष सूखने लगता है। और जब अचेतन में जमा हुआ वृक्ष का जड़ पुरी तरह कमजोर हो जाता है तो नाम रूपी वृक्ष पूरी तरह सुख जाता है। और एक बार यह नाम रूपी वृक्ष सुख जाए, और उसे फिर अहंकार रूपी खाद पानी मिलने लगे तो वह वृक्ष फिर हरा भरा और मजबूत हो जायेगा। और जब इसे अहंकार रूपी खाद पानी नहीं मिलता है तो यह कुछ समय बना रहता है, और फिर पुरी तरह उखड़ जाता है। और जिस दिन यह नाम रूपी वृक्ष उखड़ जाता है उस दिन आपको अनाम रूपी अस्तित्व की प्रथम झलक मिलती है।

बुद्ध के संबंध में एक कहानी है। बुद्ध किसी गांव से गुजर रहे हैं भिखारी की भेषभूसा में हैं, लेकिन उनका व्यक्तिव सम्राट के व्यक्तिव को भी मात दे रहा है। और जिसका व्यक्तिव सम्राट के व्यक्तिव को भी मात दे रहा हो उसके प्रति आकर्षण होना जाहिर बात है। बुद्ध गांव से गुजर रहे हैं और जिसकी भी नजर उनके ऊपर पड़ती है वही उनके तरफ आकर्षित हो जाता है। एक आदमी से रहा नही गया इसलिए बुद्ध से

पूछता है कि आपका नाम क्या है...और आप कहां के रहने वाले हैं...? बुद्ध उतर देते हैं भाई मैं कौन सा नाम तुम्हे बताऊं, क्योंकि अब तक मेरे अनंत नाम रखे जा चुके हैं। और किस जगह के बारे मै तुम्हे बताऊं क्योंकि अब तक मैं अनंत जगहों पर रह चुका हूं। बुद्ध की ऐसे उतर सुनकर वह आदमी अपना शिर पीट लेता है, और उनसे कहता है तुम पागल हो... और इतना कहकर वह आगे बढ़ जाता है।

बुद्ध के उतर के संबंध में थोड़ा विचार करें तो उनका उतर बहुत हीं गहरा है क्योंकि यह अस्तित्व की असीम गहराई से प्रकट हुआ है। और जो इस उतर को समझ लेगा उसके कदम अंतर्यात्रा की ओर बढ़ने उठने शुरू हो जाएंगे। और जिस व्यक्ति के कदम अंतर्यात्रा की तरफ बढ़ने शुरू हो जाते हैं उसकी दूसरे से न तो मांग रह जाती है, और ना हीं दूसरा उसे किसी प्रकार से प्रभावित कर सकता है। इस बात को ख्याल में ले लें की दूसरा हमें तभी प्रभावित करता है जब दूसरे से हमारी कोई न कोई मांग होती है। और यह मांग भी तभी हमारे अंदर उठती है जब हम अपने आपको कुछ न कुछ मानते हैं।

हम जो अपने आपको मानते हैं क्या वास्तव में हम वही होते हैं या कुछ और होते हैं। वास्तव में देखा जाए तो हम होते कुछ हैं, और मानते कुछ और हैं। इसलिए जीवन में एक मजेदार घटना घटित होती है की हम चाहते कुछ और हैं, और होता कुछ और है। हम जो चाहते हैं वह होता नहीं है, और जो होता है उसे हम स्वीकार नही करते हैं। और जब स्वीकार नहीं करते हैं तो हमें दोहरी पीड़ा और दुख झेलना पड़ता है। एक तो दुख वह है जैसा हमने चाहा वैसा हुआ नहीं, और दूसरा दुख वह है जो हमने नहीं चाहा, लेकिन फिर भी वह मिला। जिंदगी जैसी भी है उसे यदि हम पूरे अहोभाव के साथ स्वीकार कर लें तो एक हीं जन्म काफी है दुबारा जन्म लेने का कोई औचित्य नहीं रह जाता है।

जीवन को पूरी तरह स्वीकार करने वाला व्यक्ति दुख को भी उसी भांति स्वीकार कर लेता है जिस भांति उसने सुख को स्वीकार किया था। ऐसा व्यक्ति घृणा को भी उसी भांति स्वीकार कर लेता है जैसे उसने प्रेम को स्वीकार किया था। चाहे सुख हो या दुख, और चाहे प्रेम हो या घृणा सभी एक हीं सिक्के के दो पहलू हैं। और यदि हम इसके एक पहलू को पकड़ने की कोशिश करते हैं तो ठीक उसी तरह उसका दूसरा पहलू भी हमारी पकड़ में आ जाता है। और जब दूसरा पहलू पकड़ में आता है तो हम कहते हैं कि यह सब भाग्य का खेल है। मेरे भाग्य में दुख हीं लिखा हुआ है। और जैसे हीं हम भाग्य पर दुख को टाल देते हैं वैसे हीं हम दुख की जड़ पता लगाने से वंचित रह जाते हैं।

दुख की जड़ सुख की कामना में छिपी हुई है। और जो जितना हीं सुख की कामना करता है उसे उतना हीं दुख भी मिलता है। और जो दुख को सुख की भांति स्वीकार कर

लेता है उसे सुख भी मिल जाता है। जीवन में सुख और दुख तो आते हीं रहते हैं। यह बात सदा ख्याल में रखें की जिससे जितना हीं सुख मिलता है उससे उतना हीं दुख भी मिलता है, क्योंकि दुख भी सुख का हीं दूसरा पहलू है। और जिससे जितना ज्यादा प्रेम मिलता है उससे उतना ज्यादा घृणा भी मिलती है। लेकिन हमारी विडंबना यहीं है कि हम प्रेम तो पाना चाहते हैं, और दूसरी तरफ घृणा से बचना भी चाहते हैं।

चाहे जीवन का कोई भी पहलू हो सभी को हम सशर्त जीना चाहते हैं। हम चाहते हैं की प्रेम मिले, लेकिन घृणा ना मिले। लेकिन ऐसा नहीं हो सकता क्योंकि जिससे प्रेम मिलेगा उससे घृणा मिलनी स्वाभाविक है। और जिससे घृणा नहीं मिलती है उससे प्रेम भी नही मिल सकता है। और यदि किसी से केवल प्रेम हीं मिलता है तो यह भी समझ लें की उसके भीतर अभी प्रेम का अंकुर हीं नहीं फूटा है। और प्रेम करना उसने अभी जाना हीं नहीं। प्रेम तो वही व्यक्ति कर पाते है जो घृणा से गुजर जाते हैं। और घृणा भी वही व्यक्ति करते हैं जो प्रेम से गुजर जाते हैं।

जब भी किसी से प्रेम मिले तो यह भी समझ जाना उसके अचेतन मन की गहराई में घृणा भी पनप रही है। और वह घृणा उस समय अचेतन मन के बाहर आती है जब प्रेम चूक गया होता है। ठीक इसी तरह से जब भी किसी से घृणा मिले तो यह भी समझने की कोशिश करना की शीघ्र हीं उससे प्रेम भी मिलेगा। जब भी किसी से घृणा मिलती है तो घृणा करने वाले के अचेतन मन में प्रेम भी इकठ्ठा होता रहता है, और यह प्रेम उस समय अचेतन मन के बाहर प्रकट होता है जब घृणा चूक गई होती है।

ठीक इसी तरह हम चाहते हैं किसी से सुख मिले, लेकिन उससे दुख न मिले। लेकिन जिससे सुख मिलता है उससे दुख भी मिलता है। और जिससे सुख नहीं मिलता है उससे दुख भी नहीं मिलता है। दुख भी उसी से मिलता हैं जिससे सुख मिला था। जब भी किसी से सुख मिलता हुआ महसूस हो तो यह भी समझ जाना अब उससे दुख भी मिलने वाला है। और जब भी किसी से दुख मिलता हुआ महसूस हो यह भी समझ लेना की अब उससे शीघ्र हीं सुख मिलने वाला है। और यदि किसी को दुख से बचना हो तो सुख की कामना भी नहीं करनी चाहिए। लेकिन हम चाहते हैं की केवल सुख हीं सुख मिले, और दुख न मिले।

जब भी हम यह कामना करते हैं कि केवल सुख मिले, और दुख से बच भी जाएं तो निश्चित हीं सुख को शर्तों पर पाना चाहते हैं। और जब भी सुख को शर्तों पर पाना चाहते हैं तो दुख भी हमारी चाहत से आकर जुड़ जाता है। ऐसा कोई व्यक्ति नहीं है जिसने सुख चाहा हो, और उसे दुःख न मिला हो। और ऐसा भी कोई व्यक्ति नहीं है जिसे दुख के उपरांत सुख ना मिला हो। और जिसे दुख से बचना है उसे सुख की कामना भी नहीं करना चाहिए।

बड़े मज़े की बात तो यह है कि जिस भांति हम सुख को पाने की चेष्टा करते हैं उसी भांति दुख को भी पकड़े रहते हैं। सुख को पाने की चेष्टा तो समझ में आती है, लेकिन हम दुख पकड़े रहते हैं यह बात हर व्यक्ति के समझ के बाहर रह जाती है। और जिस व्यक्ति के समझ के बाहर यह बात रह जाती है वह दुख को तब तक पकड़े रहता है जब तक वह स्वयं यह न जान ले कि उसको दुख ने नहीं पकड़ा है, बल्कि दुख को वह स्वयं पकड़ा है। दुख को भी हम इसलिए पकड़े रहते हैं कि किसी से हमे सहानुभूति मिले। और जितनी सहानुभूति मिलती है उतना हीं हमारा अहंकार और प्रबल होता चला जाता है। और जब अहंकार प्रबल होता है तो हम यह सोचने लगते हैं कि हम भी कुछ हैं।

इसे ऐसा समझें कि यदि मैं दुखी हूं, और मुझे सहानुभूति मिलती है तो मैं इस सहानुभूति को पाने के लिए मै दुखी रहना हीं पसंद करूंगा। और जितना मुझे सहानुभूति मिलेगी उतना हीं मै दुख को और मजबूती से पकड़ता चला जाऊंगा। अक्सर लोग दुख को पकड़ते हीं इसलिए हैं इसी बहाने लोग उनसे बातें करें और उनके लिए सहानुभूति प्रकट करें। घर में कोई बीमार पड़ जाता है तो उसके आस पास परिवार के सदस्य इकठ्ठा हो जाते हैं, लेकिन जब वही आदमी भला चंगा होता है उसके आस पास कोई भी नही होता है। भला चंगा आदमी अकेला होता है, और जब आदमी अकेला होता है तो वह सोचता है कि इस स्वास्थ्य से तो बीमारी हीं बेहतर है कम से कम लोग मुझसे हाल चाल तो पूछने आते हैं।

लोग बीमार होते हैं इसलिए, क्योंकि उन्हें दूसरे से सहानुभूति चाहिए। और यदि सहानुभूति न मिले तो अधिकांश लोग बिना दवा के हीं ठीक हो जाएंगे। पति पत्नी स्वस्थ हों तो उनमें अक्सर कभी न कभी लडाई होती रहती है। कभी पत्नी रूठती है तो कभी पति रूठता है, लेकिन यदि पत्नी बीमार पड़ जाती है तो पति उसके सामने ऐसे मौजूद हो जाता है जैसे उससे सदा से प्रेम हो। पत्नी की बीमारी पति को और उसके करीब लेकर आती है, और पति की बीमारी पत्नी को और उसके करीब लेकर आती है। बीमारी के दौरान पति पत्नी ऐसे एक दूसरे से व्यवहार करते हैं जैसे की कभी उनमें झगड़ा हीं ना हुआ हो। लेकिन जैसे हीं बीमारी ठीक हो जाती है पति पत्नी में फिर वहीं लड़ना झगड़ना, रूठना और मनाना शुरू हो जाता है।

पत्नी बीमार होती है तो पति अक्सर उससे कहता है मैं तेरे बिना जी नहीं सकता हूं, तेरे बिना जिंदगी अधूरी है। और जब पत्नी स्वस्थ होती है और पति को कुछ बोल देती है तो वही पति कहता है मै अकेला होता तो बेहतर होता। इसलिए पत्नी भी सोचती है बीमारी ठीक है, क्योंकि कम से कम इसी बहाने पति का प्रेम तो मिल जाता है। पति भी इसलिए बीमारी को पकड़ता है, क्योंकि पत्नी की सहानुभूति और प्रेम मिलता रहेगा।

और पत्नी भी बीमारी को इसलिए पकड़ती है, क्योंकि पति की सहानुभूति और प्रेम मिलता रहेगा। बच्चे भी इस मामले में कम नहीं हैं वे भी देखते हैं कि जब वे स्वस्थ होते हैं तो माता पिता उन्हे उतना प्रेम नहीं दे पाते हैं जितना वे तब उन्हे प्रेम देते हैं जब वे बीमार पड़ जाते हैं।

आदमी की बीमारी भी सशर्त है। अक्सर आदमी बीमार हीं तब पड़ता है जब उसे कोई सहानुभूति और प्रेम नहीं देता है। एक तरह से देखा जाए तो सहानुभूति और प्रेम पाने के लिए बीमारी वह अचूक बाण है जो अपने लक्ष्य को भेदन करके फिर से लौट आता है। और जब भी उस व्यक्ति को फिर से सहानुभति और प्रेम पाने की चाह जन्म लेती है वह फिर इस अचूक बाण का उपयोग करता है। लेकिन जो आदमी सहानुभूति और प्रेम पाने के लिए बार बार इस शस्त्र का उपयोग करता है वह यह भी नहीं जान पाता है वह और भीतर से कमजोर होता जा रहा है। आदमी जितना भीतर से कमजोर होता है उतना हीं उसका अहंकार बाहर प्रबल होता जाता है। और जितना अहंकार प्रबल होता जाता है उसे दूसरे से कुछ पाने की चाहत और बढ़ती चली जाती है।

बीमार आदमी जितना सहानुभूति और प्रेम की मांग करेगा वह उतना हीं और बीमारी को पकड़ता चला जायेगा। और यदि बीमार आदमी को सही मायने में शीघ्र हीं स्वस्थ होना हो तो उसे दूसरे से सहानुभूति, और प्रेम पाने की आकांक्षा भी नहीं करना चाहिए। लेकिन अक्सर लोग कहते हैं की बीमार आदमी को सहानुभूति और प्रेम देना अनिवार्य है क्योंकि इससे उसकी बीमारी से लड़ने की प्रतिरोधक क्षमता बढ़ती है। लेकिन यदि ऐसा होता तो केवल सहानुभूति और प्रेम देने से लोग ठीक हो जाते। असल में देखा जाए तो सहानुभूति और प्रेम देने से बीमार आदमी दूसरे पर निर्भर हो जाता है। और जितना बीमार आदमी दूसरे पर निर्भर होता चला जाता है उसकी अचेतन मन की वह शक्ति कमजोर पड़ती चली जाती है जिससे शरीर की प्रतिरोधक क्षमता बढ़ती है।

यदि बीमार आदमी दूसरे से सहानुभूति और प्रेम पाने की चेष्टा ना करे और उसके आस पास रहने वाले लोग भी उसे सहानुभूति और प्रेम न दें तो बीमार आदमी की वह चाह भीतर की ओर मुड़ जाएगी जो बाहर चली गई है। और जो आदमी अपने चाह को भीतर की ओर मोड़ लेता है वह सब पा लेता है। जब भी हमारी चाह बाहर की ओर जाती है तो हमारा सुख दुख दूसरे के उपर निर्भर हो जाता है। हम चाहते हैं कि दूसरे से सुख मिले, लेकिन जब सुख के बाद दुख मिलता है तो उससे हम दूर भागने लगते हैं। और जब दूर चले जाते हैं तो मन यह कहने लगता है कि इस दूरी से अच्छा तो वही था कम से कम दोनों एक दूसरे के साथ तो थे। हमारा मन ऐसा है कि जहां हमारा शरीर होता है वहां मन सदा रहता नहीं, और जहां मन रहता है वहां शरीर पहुंचता नहीं। मन सदा हमसे दो कदम आगे चलता है, इसलिए हमारी इच्छाएं पूर्ण नहीं हो पाती हैं।

ना मन ठहरता है, और ना आदमी की दौड़ रुकती है। लेकिन जिस व्यक्ति का मन ठहर जाता है उसकी सारी दौड़ रुक जाती है, और वह व्यक्ति अपने भीतर हीं रमण करने लगता है। और जो व्यक्ति अपने भीतर रमण करने लगे उसे ना तो किसी दूसरे से सुख की कामना रहती है, और ना उसे कोई दुखी कर पाता है। दुखी तो अक्सर वे हीं लोग होते हैं जिनका सुख किसी व्यक्ति या किसी भौतिक चीजों पर निर्भर है। लेकिन उन लोगों को दुखी करने का कोई उपाय नहीं है जो सुख के लिए ना तो किसी व्यक्ति पर निर्भर हैं, और ना किसी भौतिक चीजों पर निर्भर हैं।

ना तो सुख दूसरों से मिलता है, ना तो प्रेम दूसरों से मिलता है, लेकिन हम इसी आशा में पूरा जीवन बिता देते हैं आज दुख मिल रहा है तो कल हो सकता है कि सुख मिल जाए। ठीक इसी तरह से आज दूसरे से प्रेम नहीं मिल रहा है तो कल हो सकता है कि प्रेम मिल जाए। युवक और युवती विवाह बंधन में बंधते हैं इस आशा में कि, जी भरकर एक दूसरे से प्रेम करेंगे लेकिन यह आशा शायद हीं किसी की पूरी हो पाती है। अधिकांश पति पत्नी तो सुख और प्रेम की आशा में पूरा जीवन बिता देते हैं, लेकिन उनके जीवन में प्रेम का फूल नहीं खिल पाता है।

प्रेम शर्तों पर निर्भर नही करता है कि किसी दूसरे से प्रेम मिलेगा तो मै उसे प्रेम दूंगा। सम्मान किसी शर्तों पर निर्भर नहीं करता है कि आप मुझे सम्मान देंगे तो मैं आपको सम्मान दूंगा। लेकिन हम इसे भी सशर्त बना देते हैं। और जब प्रेम सशर्त बन जाता है तो यह प्रेम न होकर सौदा बन जाता है। और जब प्रेम सौदा बन जाता है तो प्रेम उस प्लास्टिक के फूल की भांति हो जाता है जो दूर से तो असली मालूम पड़ता है, लेकिन पास जाने पर उसकी असलियत उजागर हो जाती है।

शिक्षक अक्सर कहते हैं कि विद्यार्थी उन्हे सम्मान नहीं दे रहे हैं। माता पिता कहते हैं बच्चे उन्हे सम्मान नहीं दे रहे हैं। पति पत्नी से कहता है तुम मुझे सम्मान नही दे रही हो, और पत्नी भी अक्सर पति से कहती है तुम मुझे सम्मान नही दे रहे हो। सभी एक दूसरे से सम्मान पाने के इच्छुक हैं, लेकिन किसी को सम्मान नही मिल पाता है। असल में सम्मान की इच्छा उसी व्यक्ति के अंदर उठती है जो अपने आपको कुछ मानता है। यदि आदमी ना कुछ होने को राजी हो जाए तो ना तो उसे सम्मान पाने की चाह होती है, और ना उसे कोई अपमानित कर पाता है।

सम्मान तो वहीं लोग मांगते हैं जो भिखारी होते हैं। सम्मान की मांग करने वाला भी भिखारी है, और जिससे वह सम्मान पाने की चेष्टा कर रहा है वह भी भिखारी है, क्योंकि वह भी सम्मान पाने की चेष्टा कर रहा है। दोनों भिखारीयो के हाथों में भिक्षापात्र हैं, लेकिन दोनों के पात्र खाली हैं। एक बात हमेशा खयाल में रखें जब भी हम सम्मान पाने की चेष्टा करते हैं तो सम्मान मिले या न मिले, लेकिन अपमान जरूर मिलता है। और

जिसे अपमान की पीड़ा न झेलना हो उसे सम्मान पाने की चेष्टा भी नहीं करनी चाहिए। लेकिन इस बात को समझना बड़ा कठिन है, क्योंकि सभी लोग जीवन भर सम्मान पाने की चेष्टा करते रहते हैं।

अपमान भी उन्ही को मिलता है जो सम्मान पाने की चेष्टा करते हैं। अपमान कष्ट उन्हे हीं देता है जो अपने आपको कुछ मानते हैं। यदि मैं अपने आपको कुछ मानता हूं तो अपमान मुझे पीड़ा देगा, क्रोध का जनक बन जायेगा। लेकिन मैं अपने आपको कुछ नहीं मानता हूं तो ना तो अपमान मुझे पीड़ा देगा, और ना यह मेरे अंदर कोई विक्षिप्तता उत्पन करेगा। बड़े मज़े की बात तो यह है कि हम जो नहीं होते हैं वहीं अपने आपको समझ लेते हैं, और जब अपने आपको कुछ समझ लेते हैं तो चित में अनेक तरह की भ्रांतियां उत्पन होती रहती हैं। और जब तक यह भ्रांतियां हमारे चित पर छाई रहती हैं तब तक कोई न कोई विक्षिप्तता उत्पन होती हीं रहती हैं।

चेतना का एक नियम है। जिस चीज को पाने के लिए मनुष्य कोशिश करता है उसकी धार मिटती चली जाती है। और जब उसकी धार मिटती चली जाती है तो उस धार को पाना मुश्किल है। इसे ऐसा समझें की मनुष्य सुख पाने के लिए निरंतर कोशिश करता है इसलिए सुख की धार मिटती चली जाती है। और मनुष्य दुःख से निरंतर बचने की कोशिश करता रहता है इसलिए दुख की धार वैसी की वैसी ताजी बनी रहती है। और जो मनुष्य दुख की धार को बार बार स्पर्श करने की कोशिश करता है उसके लिए दुख की धार भी मिटने लगती है। और उसके जीवन में एक दिन ऐसा आता है कि वह दुख से पूरी तरह बाहर हो जाता है।

इस संसार में ज्यादा दुख है ऐसा नहीं है, बल्कि दुख को हम भोगना तो दूर उसे छूना भी नही चाहते हैं इसलिए दुख ज्यादा दिखाई देता है। जबकि सुख को बार बार भोगते रहते हैं, छूते रहते हैं इसलिए उसकी धार मिटती चली जाती है। और जब सुख की धार मिट जाती है तो जीवन के आखिर में हम पाते हैं केवल दुःख हीं दुःख रह गया। और जब जीवन के आखिर में दुख हीं दुख रह जाता है तो हम कहते हैं कि जीवन दुख है। जीवन दुख है ऐसा नहीं है, बल्कि जीवन को जैसा हम जीते हैं उसकी बुनियाद हीं गलत तरीके से रखी गई है।

जीवन में दुःख भी हमारे कारण मिलता है। घृणा भी हमारे कारण हीं मिलती है। और अपमान भी हमारे कारण हीं मिलता है। यदि हम दुख की धार को बार बार छूने की कोशिश करें तो उसकी धार मिटती चली जाती है। जो सुख की फिक्र करना छोड़ देता है, और दुख को भोगने के लिए तैयार रहता है उसके जीवन में सुख अपने आप चला आता है। जिस चीज को हम बार बार छूने की कोशिश करेंगे वह मिट जायेगी। और जिस चीज को बार बार मांगेगे वह खो जाएगी। और जिसके पीछे हम बार बार

दौड़ेंगे वह कभी नहीं पा सकेंगे। लेकिन बड़ी मुश्किल है इस बात को समझना, क्योंकि लोग इसे सुन कर हंसते हैं, और कहते हैं जो जितना तेज दौड़ता है वह उतना हीं ज्यादा पाता है।

जीवन गणित की तरह नहीं है, बल्कि जीवन एक पहेली की तरह है। और जो जीवन को गणित की तरह समझता है वह मुश्किल में पड़ता चला जाता है। लेकिन जो जीवन को एक पहेली की तरह समझता है वह जीवन के रहस्य को जानकर विपरित में संतुलन स्थापित कर लेता है। और जो विपरीत में संतुलन स्थापित कर लेता है उसका जीवन सशर्त नहीं, बल्कि सहज और स्वाभाविक हो जाता है। सहज और स्वाभाविक जीने वाला व्यक्ति हीं प्रकृति से एक हो पाता है, और जो प्रकृति से एक हो जाता है वह परमात्मा हो जाता है।

अध्याय 2

वासना की भूख।

वासना चेतना के उपर छाया हुआ वह बादल है जो उसे बार बार मुक्त होने से रोक देती है। लेकिन यह स्मरण रहे वासना मन का विषय है चेतना का नहीं। जन्मों जन्मों तक चेतना इसलिए नहीं मुक्त हो पाती है, क्योंकि मन चेतना के काफी करीब है। और मन जब तक विषयभोगों में सक्रिय है तब तक वह चेतना के ऊपर मोह माया का जाल डालता हीं रहता है। और यह भी स्मरण रहे की यह मोह माया का बंधन मन का विषय है, चेतना का नहीं। और जब तक मन यह नहीं समझ लेता की चाहे कितने हीं उसकी कामनाएं पूरी हो जाएं, लेकिन सभी कामनाएं अनेक कामनाओं को जन्म देती हैं, तब तक उसका मोह भंग नहीं होता है

चाहे कोई भी कामना हो मनुष्य को गुलामी की जंजीरों में इस कदर जकड़ देती हैं कि वह जीवन भर चाह कर भी मुक्त नहीं हो पाता है। पूरे जीवन में ऐसी घटना घटती है। मनुष्य मकान बनाता है, और फिर मकान की रक्षा करने के लिए वह पहरेदार बिठाता है। मनुष्य फिर धन इकठ्ठा करता है फिर उसे धन की सुरक्षा करने के लिए तरह तरह के इंतजाम करने पड़ते हैं। और ऐसा करते करते मनुष्य अपने चारों तरफ जाल निर्मित कर लेता है। जब मनुष्य अपने चारों तरफ़ जाल निर्मित कर लेता है तो वह यह भी भूल जाता है कि मैंने जिसके लिए इतना सारा इंतजाम किया अब वह इन सबका मात्र पहरेदार बन कर रह गया है।

हम अपने हीं चीजों और सुख सुविधाओं के कब गुलाम बन कर रह जाते हैं यह खुद हमें भी पता नहीं चल पाता है। हम पूरे समय मालिक होने की कोशिश करते हैं, और इस मालिक होने की कोशिश में यह भी भूल जाते हैं कि हम उन चीजों के मालिक

होने के पहले हीं उन चीजों के गुलाम हो चुके हैं। सही मायने में देखा जाए तो जो मालिक होने की कोशिश करता है वह गुलाम हो जाता है। और यह भी सत्य है कि इस संसार में मालिक वे लोग हो पाते हैं जो किसी चीज अथवा किसी व्यक्ति पर मालकियत स्थापित करने की कोशिश नहीं करते हैं।

हम कहने के लिए स्वतंत्र हैं, लेकिन हमारे चारों तरफ गुलामी की अनंत अदृश्य जंजीरे लिपटी हुई है। और ये गुलामी की जंजीरे न तो हमें ठीक से जीने देती है, और न ठीक से मरने देती है। मरण शैया पर पड़ा हुआ आदमी भी इस गुलामी की जंजीरों को तोड़ नहीं पाता है, और धन तथा स्त्री के शरीर के लोभ से मुक्त नहीं हो पाता है। और जो मृत्यु के समय भी धन तथा स्त्री लोभ से मुक्त नहीं हो पाता है वह मृत्यु का स्वागत करने से पूर्व हीं गहरी बेहोशी में प्रविष्ट हो जाता है।

यदि देखा जाए तो पूरे जीवन हम करते क्या हैं कभी हम पत्नी पर स्मामित्व स्थापित करना चाहते हैं तो कभी पति पर स्वामित्व स्थापित करना चाहते हैं। कभी हम बच्चों पर स्वामित्व स्थापित करना चाहते हैं तो कभी रिश्तेदारों, मित्रों और शत्रुओं पर स्वामित्व स्थापित करना चाहते हैं। लेकिन देखा जाए तो क्या हम इन सब पर स्वामित्व स्थापित कर पाते हैं। नहीं, जितना हम पत्नी पर अपना स्वामित्व स्थापित करने की कोशिश करते हैं, उतने हीं हम पत्नी के गुलाम हो जाते हैं। जितना हम पति पर स्वामित्व स्थापित करने की कोशिश करते हैं, उतना हम पति के गुलाम हो जाते हैं। और जितना हम अपने बच्चों पर स्वामित्व स्थापित करते हैं, उतना बच्चों के गुलाम हो जाते हैं। और जितना हम गुलाम होते जाते हैं उसी मात्रा में जीवन का स्वाद कड़वा होता चला जाता है। और जब जीवन का स्वाद कड़वा हो जाता है तो हम कहने लगते हैं कि जीवन हीं बेकार है।

असल में देखा जाए तो जीवन बेकार नहीं है, बल्कि जीवन को जिस भांति हम जीते हैं वह तरीका हीं गलत है। इस प्रकृति में हर व्यक्ति हीं नहीं बल्कि जीव जंतु, पेड़ पौधे, नदी नाले, सूर्य, चांद तारे यानी की हर चीज स्वतंत्र है। ओर जब सभी स्वतंत्र है तो किसी पर स्वामित्व स्थापित करना प्रकृति के नियमों के विरुद्ध जाना है। इस प्रकृति में देखा जाए तो मनुष्य के अलावा कोई भी एक दूसरे पर स्वामित्व स्थापित नहीं करता है। और जो दूसरे पर स्वामित्व स्थापित नहीं करता है उसका जीवन तो आनंद होता हीं है साथ हीं साथ उसकी मृत्यु भी आंनद हो जाती है। और जिसका मृत्यु आनंद हो जाए वही व्यक्ति जीवन को ठीक तरह से जी लिया है।

सूर्य करोड़ों वर्षो से प्रकाशित होता आ रहा है, लेकिन वह कभी यह नहीं कहता है कि मेरा जीवन आंनद नहीं, बल्कि मेरा जीवन दुख है। चांद लाखों वर्षों से चांदनी और शीतलता बिखेर रहा है, और वह कभी यह नहीं कहता की जीवन आनंद नहीं है, बल्कि

जीवन दुःख है। नदी लाखों वर्षों से अनवरत प्रवाहित होती जा रही है, और वह नहीं कहती की उसका जीवन जीवन दुख है। और तो और पेड़ पौधे, जीव जंतु कभी यह नहीं कहते कि उनका जीवन आनंद नहीं, बल्कि जीवन दुःख है।

सूर्य के लिए जीवन दुख नहीं बल्कि जीवन आंनद है, क्योंकि न तो वह उदित होते हुए किसी दूसरे से कोई अपेक्षा करता है, और ना अस्त होते हुए किसी से कोई अपेक्षा करता है। दूसरे से अपेक्षा वहीं करते हैं जो यह मान लेते हैं मै इस कर्म का कर्ता हूं। और जितना मैं इस गलतफहमी का शिकार हो जाता हूं कि एक मात्र मैं हीं इस कर्म कर्ता हूं उतना हीं इस अपेक्षा से भी भर जाता हूं दूसरे मुझे जाने, और मुझे स्वीकार करें। और जितना मैं दूसरे से अपेक्षा करता हूं, उतनी हीं मेरी अपेक्षाएं टूटती चली जाती हैं। सूर्य किसी से कोई अपेक्षा नहीं करता है कि वह सभी को जीवन दे रहा है तो लोग उसे जाने, और उसे सम्मान दें। सूर्य को चाहे कोई सम्मान दे या उसे अपमान दे लेकिन उस पर कोई फर्क नहीं पड़ता है। असल में सूर्य सम्मान और अपमान के परे है, इसलिए उसका जीवन, हमारे जीवन से प्रभावित नहीं होता है।

हमारा होना या ना होना सूर्य के जीवन पर कोई प्रभाव नहीं डाल सकता है, लेकिन सूर्य का होना या ना होना हमारे जीवन को प्रभावित कर सकता है। हम जब नहीं थे तब भी सूर्य इसी तरह से उदित होता था, और जब हम नहीं होंगे तब भी सूर्य इसी भांति उदित होगा। जब हम नहीं थे तब भी चांद इसी तरह चांदनी और शीतलता प्रदान करता था। और जब हम नहीं होंगे तब भी इसी तरह वह चांदनी और शीतलता प्रदान करता रहेगा। सूर्य का उदित होना और अस्त होना आनंद इसलिए है, क्योंकि वह निस्कर्म की अवस्था में है। लेकिन हमारा जीवन और मृत्यु इसलिए दुख और पीड़ा बन जाता है, क्योंकि हम अभी तक निस्कर्म की अवस्था को उपलब्ध नहीं हुए हैं। यदि हम भी निस्कर्म की अवस्था को उपलब्ध हो जाएं तो जीवन और मृत्यु दोनों आनंद हो जायेगा।

जीवन की धारा पल प्रति पल प्रवाहित होती जा रही है। और हम यह नहीं कह सकते हैं जीवन की धारा हमारे कारण प्रवाहित हो रही है। सांसे अपने आप आ रही है जा रही है। शरीर प्रति क्षण बन रहा है, और मिट रहा है। जन्म हो रहा है, और बढ़ते बढ़ते मृत्यु में लीन हो रहा है। ना तो हम सांसों के बारे यह कह सकते हैं कि स्वांस मैं ले रहा हूं और छोड़ रहा हूं। और न जन्म तथा मृत्यु के बारे में कह सकता हूं कि मैं जन्म ले रहा हूं, और मैं मर रहा हूं। लेकिन यदि कोई यह कहे कि मैं स्वांस ले रहा हूं तो उसकी मृत्यु असंभव हो जायेगी, क्योंकि उसकी मृत्यु कैसे हो सकती है जो स्वांस लेना ना छोड़ पाए। असल में स्वांस न हमारे लेने से आती है, और न हमारे छोड़ने से छूटती है, बल्कि स्वांस अपने आप आती है और जाती है।

आती हुई स्वांस जीवन है, और जाती हुई स्वांस मृत्यु है। जब सांसे अंदर आती हैं तो जीवन नवीन हो जाता है। और जब सांसे बाहर की ओर जाती है जिया हुआ जीवन मृत्यु को प्राप्त हो जाता है। ऐसा नहीं की मृत्यु साठ सत्तर साल बाद आती है। नहीं, मृत्यु साठ सत्तर साल के बाद घटित नहीं होती है, बल्कि मृत्यु हर पल और हर कदम पर घटित होती है। जब दूसरा मरता है तो ऐसा नहीं है कि हम अभी नहीं बाद में मरेंगे, बल्कि ऐसा है कि जब भी दूसरे की मौत आती है तो वह मौत हमारी मौत की भी खबर लेकर आती है। लेकिन हम सदा दूसरे की मृत्यु पर सोचते हैं अभी तो दूसरे की मौत आई है हमारी मौत थोड़े हीं आई है। और जब हमारी मौत नहीं आई है तो हम अपनी मौत के बारे में क्यों सोचे।

अपनी मौत के बारे में हम इसलिए नहीं सोचते हैं, क्योंकि हर दूसरे की मौत हमारे अंदर घबराहट पैदा कर देती है। और दूसरे की मौत भी हमारे अंदर इसलिए घबराहट पैदा कर देती है, क्योंकि हम जीवन को ठीक तरह से जी नहीं पाते हैं। लेकिन जिसने जीवन को ठीक तरह से जी लिया हो उसके अंदर दूसरे की मौत तो क्या उसकी अपनी मौत भी उसके अंदर घबराहट नहीं पैदा कर सकती है। और जो जीवन को समग्र तरीके से जीता चला जाता है वह मौत का ऐसे स्वागत करता है जैसे उसकी प्रेमिका हो।

यदि हम हर पल मृत्यु का स्मरण और स्वागत करने के लिए तैयार हों मृत्यु भी उतना आंनद देने का माध्यम बन जाती है जितना की पूरे जीवन में आनंद नहीं मिलता है। मृत्यु जीवन है, और जो मृत्यु को स्मरण पूर्वक जीता चला जाता है उसके जीवन में सिर्फ वही रह जाता है जो उसके लिए आवश्यक होता है। और जो अनावश्यक है वह ऐसे उसके जीवन से अलग हो जाता है, जैसे अग्नि से धुंआ अलग हो जाता है। जो मृत्यु का स्मरण करते रहते हैं उनके जीवन पर वासना का आधिपत्य स्थापित नहीं हो पाता है, और जब वासना का आधिपत्य स्थापित नहीं हो पाता है तो जीवन दुख नहीं, बल्कि जीवन आंनद बन जाता है।

बुद्ध के संबंध में एक कहानी है। बात उस समय की है जब केवल वह सिद्धार्थ थे, राजकुमार थे। एक दिन की बात है वह प्रतिवर्ष आयोजित होने वाले युवक महोत्सव में भाग लेने के लिए राजमहल से रथ पर सवार होकर होकर निकल पड़े। सिद्धार्थ यूं तो कभी आज तक राजमहल से बाहर नहीं निकले थे, इसलिए वे संसार के जीवन से अपरिचित हीं थे। वे जानते नहीं थे कि आदमी कभी जवान होता है, और कभी बूढ़ा भी हो जाता है। वे यह भी नहीं जानते थे जो आज जवान है उसकी यहीं जवानी कल बुढ़ापे में परिवर्तित हो जायेगी, और वह जीवन रूपी वृक्ष से सूखे हुए पते की भांति टूट कर गिर जायेगा। असल में संसार में घटित होने वाली जिन घटनाओं से सिद्धार्थ को अनभिज्ञ

रखा गया उन घटनाओं के मात्र छोटी सी झलक ने उनके अंदर छुपे हुए बुद्धत्व को जगा दिया।

सिद्धार्थ जब अपने सारथी के साथ युवक महोत्सव में जा रहे थे तो रास्ते में उन्हें एक वृद्ध आदमी दिखाई दिया। सिद्धार्थ वृद्ध आदमी को देखकर सारथी से पूछने लगे इस आदमी की हालत ऐसे क्यों हो गई है। तब सारथी ने उत्तर दिया यह अब वृद्ध हो गया है, इसलिए इसकी ऐसी हालत हो गई है। सभी लोग एक दिन वृद्ध होते हैं हम और आप भी एक दिन वृद्ध हो जायेंगे। सारथी की ऐसी बातें सुनकर सिद्धार्थ कहने लगे अब राजमहल लौट चलते हैं, क्योंकि जब हर आदमी एक दिन वृद्ध हो जाता है तो युवक महोत्सव में जाना उचित नहीं है।

सिद्धार्थ की ऐसी बातें सुनकर सारथी कहने लगा अब इतना दूर आ गए हैं तो हमारे लिए अच्छा यहीं होगा हम युवक महोत्सव में शामिल हों, क्योंकि वहां सभी लोग हमारा इंतजार कर रहे हैं। रथ कुछ दूर और आगे बढ़ा तब सिद्धार्थ ने देखा कि चार आदमी अपने कंधे पर एक सोए हुए आदमी को उठाए चले जा रहें हैं। सिद्धार्थ इस दृश्य को देखकर सारथी से पूछने लगे की इस आदमी को क्यों ये लोग अपने कंधे पर उठाए चले जा रहे हैं...? तब सारथी ने उत्तर दिया अब आपसे क्या छुपाना यह आदमी मृत्यु को प्राप्त हो गया है, और ये लोग इसे शमशान घाट लिए जा रहें हैं। सिद्धार्थ सारथी के ऐसे उतर सुनकर उससे कहने लगे अब मुझे किसी युवक महोत्सव में नहीं जाना, क्योंकि न तो हम इस शरीर की वृद्धावस्था को टाल सकते हैं, और न हीं इसकी मृत्यु को। और ऐसा कहकर सिद्धार्थ राजमहल लौट आए, और उस सत्य के बारे आत्ममंथन करने लगे जिसे न तो मृत्यु छीन सकती है, और जिसकी न कोई सीमा हो सकती है।

हम जो भी करते हैं उसे मृत्यु छीन लेती है। जिस शरीर की सुंदरता पर इतना गुमान करते हैं वह मृत्यु तहस नहस कर देती है। जिस धन को प्राण को दांव पर लगाकर और झूठ के माध्यम से इकठ्ठा करते हैं वह भी मृत्यु छीन लेती है। और जिस घर को दिन रात एक करके बनाते हैं वह भी मृत्यु छीन लेती है। चाहे विश्व विजेता सिकंदर हो या एक एक पैसे बटोरने वाला भिखारी हो, सभी के हाथ एक दिन खाली के खाली रह जाते हैं। वासना की अंधी दौड़ में दौड़ने वाला आदमी मृत्यु के दौरान पाता है उसकी जीवन भर की दौड़ किसी काम की नहीं थी।

वासना में जीने वाला व्यक्ति के जीवन में उसी चीज की बार बार पुनरूक्ति होती रहती है जैसे उसके जीवन में वासना होती है। धन इकठ्ठा करने वाला व्यक्ति जीवन भर धन इकठ्ठा करता रहता है, और अंत में वह पाता है कि जिस धन के लिए वह जीवन भर दौड़ता रहा वह धन भी अब उसका साथ छोड़ रहा है। स्त्रियों के पीछे भागने वाला व्यक्ति जीवन भर स्त्रियों के पीछे दौड़ता रहता है, और वह जीवन के अंत वह पाता है

कि जिसके पीछे वह पूरा जीवन दौड़ता रहा अब उससे उसका साथ छूटा जा रहा है। और जब मृत्यु के दौरान धन और स्त्री से साथ छूटता हुआ प्रतीत होता है तो वह कहता है नहीं... नहीं... मैं नहीं मर सकता क्यांकि मै शरीर नहीं, बल्कि आत्मा हूं।

असल में मृत्यु के दौरान आत्मा की अमरता की बातें वहीं लोग दोहराते हैं जो न तो शरीर को जान पाए हैं, और ना मन को जान पाए हैं। और जो लोग अपने शरीर और मन को जान नहीं पाते हैं उनके लिए आत्मा की अमरता का सिद्धांत दोहराना उसी भांति होगा, जैसे कोई फूटी हुई बाल्टी में कुएं से पानी खींचने का असफल प्रयास करता है। मृत्यु के दौरान आत्मा की अमरता को नहीं जाना जा सकता है, क्योंकि न तो आत्मा को जानने के लिए शरीर किसी काबिल रह जाता है, और न मन किसी काबिल रह जाता है। मृत्यु के दौरान शरीर की ऊर्जा क्षीण हो चुकी होती है, मन दौड़ दौड़ के विक्षिप्तता की अवस्था में पहुंच चुका होता है। और विक्षिप्त मन से वही जाना जा सकता है जो विक्षिप्त हो, लेकिन वह नहीं जा सकता है जो सत्य है, शिव है और सुंदर है।

जो लोग जीवन भर वासना की गुलामी की जंजीर में जकड़े रहते हैं उनकी बुद्धि भी अंत समय में वहीं पकड़ती है जो उन्होंने जीवन भर किया था। और यहीं कारण है की मरता हुआ आदमी प्रभु सुमिरन के बजाय नग्न स्त्री की कल्पना करता रहता है। और जिस कल्पना को संजोए हुए वह शरीर छोड़ता है उसे उसी कामना के अनुसार अगला जन्म होता है। और जब अगला जन्म होता है तो फिर वही वासना गुलामी की जंजीरों में जकड़ लेती है। और यहीं कारण है की जन्म पर जन्म होते चले जाते हैं, लेकिन जीवात्मा का मिलन परमात्मा से तब तक नहीं हो पाता है जब तक वह स्वयं यह नहीं जान लेता है कि समस्त वासनाएं उसे गुलाम बना देती हैं।

असल में जिसके मन में जैसी चाह उत्पन होती है वह उसी का गुलाम हो जाता है। यदि मैं धन पाने की चाह करता हूं तो धन का गुलाम हो जाता हूं। यदि मैं सुंदर स्त्री पाने की चाह करता हूं तो उस सुंदर स्त्री का गुलाम हो जाता हूं। और यदि मैं पद, प्रतिष्ठा, यश पाने की चाह करता हूं तो पद प्रतिष्ठा और यश का गुलाम हो जाता हूं। और जितना जिसका मैं गुलाम होता जाता हूं उससे सुख मिलने के बजाय दुःख हीं मिल सकता है।

हम जिस धन को इकठ्ठा करते हैं कि वह हमारे काम आएगा, और उससे सुख मिलेगा। लेकिन कब वह धन हमारे लिए दुख और चिंता का कारण बन जाता है यह भी हमे तब पता चलता है जब हम धन के गुलाम हो जाते हैं। और जिसे धन की गुलामी समझ में आ जाती है वह धन को त्याग कर एक दूसरे गुलामी का शिकार हो जाता है, जिसे धर्म कहते हैं। आदमी धन से दुखी होता है तो धन को त्याग कर धर्म की गुलामी इसलिए करने लगता है कि धर्म से उसे सुख मिल जाए, आंनद मिल जाए। चाहे कोई धन में सुख और आनंद को खोजे, या चाहे कोई आदमी धर्म में सुख और आनंद की

खोज करे बात तो कुछ पाने की हीं है। धर्म में भी वासना उसी प्रकार प्रगाढ़ बनी रहती है, जैसे धर्म में प्रगाढ़ रहती है। और जो धन का त्याग मात्र इसलिए करता है कि धन से सुख और आनंद नहीं मिला, और धर्म से उसे सुख तथा आनंद मिल जायेगा तो वह मूर्ख है।

जो लोग धर्म को मात्र इसलिए अपनाते हैं कि कुछ मिल जायेगा वह असल में एक अति को छोड़कर दूसरी अति की ओर बढ़ रहे हैं। और शायद अभी उन्हें यह ज्ञात नहीं है कि जो धर्म में कुछ पाने की चाह करता है उसके हाथ उसी तरह खाली रह जाते हैं, जिस भांति धन में सुख और आनंद खोजने वाले के हाथ खाली रह जाते हैं। और जो धर्म का गुलाम हो जाता है वह धर्म से कुछ पाना तो दूर धर्म को जानने से भी वंचित रह जाता है। और जो आदमी धर्म को जानने से वंचित रह जाता है वह धर्म के नाम पर हिंसा करने से भी बाज नहीं आता है।

धर्म के नाम पर आज तक जितनी हिंसाए हुई है उससे यह साफ जाहिर होता है की आदमी अभी भी धर्म से अनजान हीं है। और यह भी तय है की जब तक वह धर्म को नहीं जान लेता है, उसकी ऊंचाई से परिचित नहीं हो जाता है तब तक वह इसी तरह से धर्म का अर्थ निकालता रहेगा। और जब तक वह धर्म का अर्थ अपने अनुसार निकलता रहेगा तब तक वह धर्म को जानने से वंचित हीं रहेगा। हम जानते क्या हैं धर्म के बारे में कुछ भी तो नहीं। यदि हम हिंदू हैं तो हिंदू की तरह धर्म का अर्थ निकाल लेते हैं। यदि मुस्लिम हैं तो मुस्लिम की तरह धर्म का अर्थ निकाल लेते हैं। और यदि बौद्ध हैं तो बौद्ध की तरह धर्म का अर्थ निकाल लेते हैं।

हिंदू गीता पढ़ता है तो गीता का अर्थ अपने अनुसार निकाल लेता है। मुसलमान कुरान पढ़ता है तो वह कुरान का अर्थ अपने अनुसार निकाल लेता है। बौद्ध धमपद को पढ़ता है तो वह बुद्ध के वचनों का अपने अनुसार अर्थ निकाल लेता है। और जो अपने अनुसार इन सबके वचनों का अर्थ निकाल लेता है वह ना तो किसी के वचनों की गहराई में उतर पाता है, और ना उसके जीवन में कोई परिवर्तन घटित हो पाता है। असंख्य लोग गीता पढ़ते हैं, लेकिन शायद हीं कोई कृष्ण के द्वारा कहे हुए वक्तव्यों की गहराई में उतर पाता है। असंख्य लोग कुरान पढ़ते हैं, लेकिन शायद हीं कोई मोहमद के कहे हुए वचनों में छुपे हुए सत्य को जान पाते हैं। इसी प्रकार असंख्य लोग धमपद का अध्ययन करते हैं, लेकिन शायद हीं कोई बुद्ध की गरिमा को उपलब्ध हो पाता है।

जो लोग बुद्ध की गरिमा, कृष्ण के वचनों की गहराई और मोहमद के द्वारा कहे हुए सत्य से परिचित हो जाते हैं उनके जीवन में धर्म उतर जाता है। लेकिन जो सत्य की गहराई को समझे वगैर सत्य को मान लेते हैं उनके जीवन में धर्म उतरना तो दूर की बात है वे तथाकथित धर्म के लिए एक दूसरे से लड़ने झगड़ने लगते हैं। और जो तथाकथित

धर्म के लिए लड़ने लगते हैं वे फिर एक और जीवन से चूक जाते हैं। और यह जीवन का चूकना तब तक जारी रहता है जब तक कोई अपने स्वधर्म की खोज नहीं कर लेता है। यह स्मरण रहे जो धर्म दूसरे के द्वारा बनाया हुआ है वह धर्म मेरा नही हो सकता है। मेरा धर्म वही हो सकता है जो मेरी आत्मा की गरहराइयों से प्रकट हुआ हो।

जो आत्मा की गहराइयों से प्रकट होता है वही मेरा स्वधर्म है। इस धर्म तक पहुंचने में कृष्ण, बुद्ध, महावीर, जीसस और मोहमद मेरी उतना हीं सहायता कर सकते हैं जैसे कोई भुला हुआ राहगीर रास्ते पर पहले से गुजर चुके चरण चिन्हों को देखते हुए मंजिल की ओर चल पड़ता है। कृष्ण, बुद्ध और महावीर के वक्तव्य तभी स्वधर्म को जानने में सहायता कर सकते हैं जब हम उनके वक्तव्यों में छुपी सच्चाई को अपने जीवन में खोज सकें। लेकिन बड़ी कठिन है क्योंकि हम उनकी बातों में छुपे हुए सत्य तक पहुंचे बिना किसी अंधे की तरह उनकी बातों को मान लेते हैं।

कृष्ण कहते हैं तुम मेरी शरण में आओ, क्योंकि मैं हीं परमात्मा हूं। गीता पढ़ने वाले अधिकांश लोग श्री कृष्ण के इस कथन का भी अपने अनुसार अर्थ निकालकर श्री कृष्ण को समझे वगैर उनकी पूजा करना शुरू कर देते हैं। वास्तव में देखा जाए तो श्री कृष्ण का कहने का यह अर्थ नहीं है कि तुम एकमात्र मेरी शरण में आकर मुझे परमात्मा मान लो बल्कि श्रीं कृष्ण के कहने का तात्पर्य यह है कि तुम एक मात्र अपनी शरण में जाओ, क्योंकि वहीं से परमात्मा को जानने का द्वार प्रकट हो सकता है। और जो अपने शरण में जाता है उसे सबकुछ मिल जाता है।

बाइबिल में जीसस का एक प्रसिद्ध वचन है " मैं हूं मार्ग "। ईसाई इस वचन को पढ़ते हैं तो जीसस के वचन में छुपे हुए सत्य तक पहुंचे बिना यह मान लेते हैं कि उनके लिए जीसस हीं एकमात्र वह मार्ग हैं जिनका अनुसरण करके उन तक पहुंचा जा सकता है। लेकिन जीसस के कहने का तात्पर्य यह नहीं है। असल में जीसस के कहने का तात्पर्य यह है कि यदि सत्य तक पहुंचना है तो उसका मार्ग खुद के भीतर से हीं होकर जाता है। दूसरे शब्दों में कहा जाए तो जो अपने भीतर से निकलने वाले मार्ग का अनुसरण करता है वह सत्य तक पहुंच हीं जाता है।

कृष्ण का अनुसरण करने वाला व्यक्ति कृष्ण को सबसे महान बताता है। बुद्ध का अनुसरण करने वाला व्यक्ति बुद्ध को महान बताता है। जीसस को अनुसरण करने वाला व्यक्ति जीसस को महान बताता है, और मोहमद को अनुसरण करने वाला व्यक्ति मोहमद को महान बताता है। लेकिन चाहे कोई मोहमद का अनुसरण करे या जीसस का अनुसरण करे। और चाहे कोई कृष्ण का अनुसरण करे या कोई बुद्ध का अनुसरण करे। इस तरह अनुसरण करने से न तो कोई कृष्ण को जान पाता है, और न कोई बुद्ध को जान पाता है।

चाहे परमात्मा कृष्ण के माध्यम से हमें आवाज दे, या जीसस के माध्यम से आवाज दे वह तो परमात्मा हीं है। चाहे परमात्मा का संदेश बुद्ध के माध्यम से हम तक पहुंचे, या मोहमद के माध्यम से हम तक पहुंचे वह परमात्मा का हीं तो संदेश है। लेकिन हम इन संदेशों के पीछे से आने वाले आवाज को पहचाने वगैर कृष्ण को श्रेष्ठ मान लेते हैं। बुद्ध को श्रेष्ठ मान लेते हैं। जीसस को श्रेष्ठ मानकर एक दूसरे से लड़ने झगड़ने लगते हैं। और जब हम इस आवाज को पहचाने बिना एक दूसरे से लड़ने झगड़ने लगते हैं तो इसी शोर गुल में वह आवाज दब कर रह जाती है।

कृष्ण के गए हुए पांच हजार वर्ष से ज्यादा गुजर चुके हैं, लेकिन कृष्ण ने जाने के पहले यह तो नहीं कहा तुम मेरे पीछे अंधों की तरह चलना। कृष्ण ने कभी यह नहीं कहा कि तुम मुझे महान बताकर औरों की निंदा करना। और कृष्ण ने यह भी नहीं कहा की तुम मेरे पीछे धर्म निर्मित करना और अपने स्वधर्म को भूल जाना। नहीं कृष्ण ने कभी ऐसी बातें नहीं कही और अगर ऐसी बातें कहते भी तो आज उनकी गीता का मूल्य दो कौड़ी का भी नहीं रह जाता। असल में गीता को कहने वाले श्री कृष्ण केवल माध्यम भर है जबकि गीता की गंगा का जो उद्गम स्थल है वह परमात्मा है। श्री कृष्ण के आवाज के माध्यम से वह परमात्मा ने हीं गीता का संदेश दिया है जो कभी बुद्ध के माध्यम से संदेश देता है, और कभी महावीर तथा जीसस के माध्यम से संदेश देता है।

महाभारत की एक कहानी है। बात उस समय की है जब युद्ध समाप्त हो गया था। पांच पांडव और श्री कृष्ण आपस में बातें कर रहे थे तब अचानक अर्जुन के मन में यह ख्याल आया की क्यों न श्री कृष्ण से गीता एक बार और सुन लिया जाए। ऐसा खयाल आते हीं अर्जुन श्री कृष्ण से कहने लगा प्रभु उस अमृतमयी गीता को एक बार और कहने की कृपा प्रदान करें जो आपने कुरुक्षेत्र के मैदान में मुझे सुनाई थी। श्री कृष्ण बोले किस गीता की तुम बात कर रहे हो पार्थ वह समय कुछ और था जब वह गीता निकल पड़ी थी। और अब समय कुछ और है इसलिए मैं चाहकर भी उस गीता को नहीं कह सकता हूं।

श्री कृष्ण गीता के कहने वाले माध्यम बने और परमात्मा की प्रेरणा हीं श्री कृष्ण के आवाज के माध्यम से गीता की गंगा बनकर प्रकट हुई। कृष्ण परमात्मा के सहयोगी हैं, और जो परमात्मा का सहयोगी हो जाता है वह परमात्मा हीं हो जाता है। कृष्ण को देखा जाए और उनके व्यक्तिव की गहराई को समझने का प्रयत्न किया जाए तो वे ना कुछ हैं तभी तो उन्होंने गीता में बार बार अकर्म में डूबने की बात दोहराई है। और जो जीवन रहते हीं न कुछ होने से परिचित हो जाता है उसके अंदर साक्षात परमात्मा हीं उतर जाता है।

बुद्ध के निकट आंनद था। जब बुद्ध शरीर को छोड़ने लगे तो आनंद फूट फूट कर रोने लगा, और उनसे कहने लगा कि प्रभु आपके साथ रहते हुए चालीस साल गुजर गए, लेकिन मैं अभी तक ज्ञान को उपलब्ध नहीं हुआ। और जब आप जा रहें हैं तो मैं कैसे ज्ञान को उपलब्ध हो पाऊंगा, इसलिए जाते जाते इतनी कृपा आप मुझपर जरूर करें कि मै ज्ञान को सहज हीं उपलब्ध हो जाऊं। बुद्ध कहने लगे आंनद तुझे मैने वह सबकुछ दे दिया जो मैंने जाना और अनुभव किया, लेकिन फिर भी तुम मुझसे इतना आग्रह कर रहे हो तो सुनो " तुम अपने दीपक स्वयं बनो "

बुद्ध चले गए, लेकिन जाने से पहले वे हर किसी को यह संदेश दे गए कि तुम अपने दीपक स्वयं बनो। बुद्ध के इस अंतिम संदेश में उनके जीवन भर की खोज और अनुभव छुपे हुए हैं। बुद्ध कहते हैं तुम अपने दीपक स्वयं बनो अर्थात तुम अपने अंदर उस सत्य की खोज करो जिसे न तो मृत्यु छीन सकती है, और न समय का पहिया अपने नीचे रौंद सकता है। और वह सत्य सदा से है, सनातन है। जब हम नहीं थे तब भी वह सत्य था, और जब हम नहीं हो जायेंगे तब भी वह सत्य होगा।

आज हम बुद्ध, महावीर, जीसस और मोहमद को इतना महत्व देते हैं। लेकिन आज से लगभग दो हजार वर्ष पहले वे लोग इस धरती के विभिन्न हिस्सों में मौजूद थे तो हमलोगो ने हीं उनको बुरा भला कहा था, उनके ऊपर पत्थर भी फेंके थे। बुद्ध को हमलोगों ने भिखारी कहा, महावीर को नंगा लुच्चा कहा, और जीसस को पागल कहा। हमने उस समय जरा भी यह नहीं समझा कि परमात्मा बुद्ध, महावीर, जीसस और मोहमद के रूप में उतर आया है। लेकिन आज जब बुद्ध, महावीर, जीसस और मोहमद के गए हुए हजारों वर्ष गुजर गए हैं तो हमलोग उनके नामों का पताका अलग अलग लगाकर एक दूसरे के बीच तुलना कर रहे हैं। और जितना हम एक दूसरे को महान बताते हैं, एक दूसरे से तुलना करते हैं उतना हीं हमारे हाथ में मात्र उनके नामों की राख भर रह जाती है।

जब बुद्ध और महावीर थे तब हमलोगों उनमें परमात्मा की झलक खोजने के बजाय कृष्ण और राम को महत्व दिया। और जब कृष्ण थे तब हमलोगों ने कृष्ण में परमात्मा की झलक खोजने के बजाय इंद्र और दूसरे देवी देवताओं को महत्व दिया। और आज जब परमात्मा किसी न किसी रूप में हमें आवाज दे रहा है तो हम उनके पीछे पड़े हैं जिनके गए हुए हजारों वर्ष गुजर चुके हैं। बुद्ध के गए हुए हजारों वर्ष गुजर चुके हैं, लेकिन उनके पीछे चलने वाले कितने लोग बुद्धत्व को उपलब्ध हुए हैं...? महावीर के गए हुए हजारों वर्ष गुजर चुके हैं, लेकिन उनके पीछे चलने वाले आज कितने लोग अपने अंदर छुपे महावीर को उपलब्ध हुए हैं...?

लाखों लोग बुद्ध, महावीर, जीसस और मोहमद के पीछे चलते हैं, लेकिन शायद हीं कोई एक बुद्ध, महावीर, जीसस और मोहमद के चैतन्य की गहराई तक पहुंच पाता

है। और यह एक वही व्यक्ति है जो यह जान लेता है कि अब दूसरे के पीछे चलने से अच्छा है अपने पीछे हीं चला जाए। और जो अपने पीछे चलने लगता है उसकी सारी ऊर्जा अपने ऊपर गिरने लगती है। और जिस पर उसकी अपनी ऊर्जा चक्रवात बनकर गिरने लगे वह बुद्धत्व को उपलब्ध हो जाता है। बुद्धत्व हर व्यक्ति का स्वभाव है, लेकिन हम अपने स्वभाव को भूल कर दुसरे के पीछे चल पड़े हैं। और जब हम दूसरे के पीछे चल पड़े हैं तो हमारी ऊर्जाएं भी अनेकों दिशाओं में विभक्त हो चुकी हैं। और जब हमारी ऊर्जा अनेक दिशाओं में विभक्त हो चुकी हैं तो बुद्धत्व को उपलब्ध नहीं हुआ जा सकता है।

बुद्ध कहते हैं अपने दीपक स्वयं बनो, अर्थात तुम्हारे घर में अंधेरा है तो उठकर दीपक को स्वयं जलाना होगा। और जैसे हीं दीपक जलेगा वैसे हीं घर का अंधेरा मिट जायेगा। लेकिन हम अपने घर के अंधेरे को दूर करने के लिए दूसरों के पास जाते हैं, और उनसे कहते हैं मेरे घर में अंधेरा है आप उसे दूर करने का प्रयत्न करें। लेकिन यह स्मरण रहे दूसरा कोई भी हमारे घर में व्याप्त अंधेरे को दूर नहीं कर सकता है। और यदि ऐसा होता तो बहुत पहले पुरी पृथ्वी का अंधकार दूर हो गया होता।

अंधकार तो तभी दूर होता है जब कोई यह देख लेता है मैं सचमुच अंधकार में हूं। अज्ञान तो तभी दूर होता है जब कोई यह जान लेता है कि सचमुच मैं अज्ञानी हूं। और बुद्धत्व भी तभी उपलब्ध होता है जब कोई यह जान लेता है इतने लोग बुद्धत्व को उपलब्ध हो चुके हैं तो मैं भी बुद्धत्व को उपलब्ध हो सकता हूं। लेकिन यहां जिसे देखो वही दूसरे का अंधेरा दूर कर रहा है। और जिसे देखो वहीं दूसरे को वह ज्ञान देने की कोशिश कर रहा है जिस ज्ञान से वह स्वयं अनभिज्ञ है।

बड़े मज़े की बात तो यह है कि हमारे घर में अंधेरा है, और हम अपने घर के अंधेरे को दूर करने के बजाय दूसरे के घर का अंधकार दूर करने का प्रयत्न कर रहे हैं। हम खुद अज्ञानी हैं लेकिन दूसरे को वह ज्ञान देने की कोशिश करते हैं जिस ज्ञान से हमारा कोई परिचय अभी नहीं हुआ है। लेकिन हम यह नहीं जानते हैं जब तक हम अपने घर के अंधेरे को दूर नहीं करते हैं तब तक दूसरे के घर का अंधकार दूर नहीं किया जा सकता है। और जब तक खुद के अंदर ज्ञान की उत्पति न हो जाए तब तक दूसरों को ज्ञान नहीं बांटा जा सकता है। अपने घर में विद्यमान अंधेरे को वही व्यक्ति देख पाता है जो यह स्वीकार कर लेता है कि सचमुच मैं अंधकार में हूं। और यह स्वीकार की भावना तभी किसी अंदर उठती है जब उसका मन अहंकार शून्य हो गया हो।

जो अहंकार शून्य हो जाता है वह देख लेता है कि मै जिस ज्ञान को अपना मान लिया था वह उधार का ज्ञान था। और जिस घर को प्रकाशमान देख रहा था वह सचमुच मेरा भ्रम था। जब कोई अपने अज्ञान को स्वीकार कर लेता है तो ठीक उसी समय

उसके कदम ज्ञान के प्रकाश की ओर उठने लगते हैं। और जैसे हीं कोई अपने घर में व्याप्त अंधेरे को स्वीकार कर लेता है उसके हाथ दीपक की ओर बढ़ जाते हैं। और जिसके हाथ दीपक लग जाए उसके घर का अंधेरा दूर हो जाता है।

ऐसा नहीं है की जब कृष्ण थे तभी परमात्मा उनके माध्यम से हमें आवाज दिया। और ऐसा भी नहीं है कि केवल वह बुद्ध, महावीर और जीसस के माध्यम से इस धरा पर अवतरित होकर हमें सत्य तक पहुंचने का मार्ग दिखाता है। बल्कि ऐसा है की परमात्मा हर युगों में, हर समय में हमे सत्य तक पहुंचने के लिए किसी न किसी माध्यम से मार्ग दिखाता है। फिर वह चाहे बुद्ध के माध्यम से अपना संदेश हम तक पहुंचाए, या महावीर के माध्यम से अपना संदेश हम तक पहुंचाए सभी संदेश तो उसी के होते हैं।

अब प्रश्न यह उठता है कि सभी के द्वारा दिए जाने वाले संदेश परमात्मा के हैं तो कृष्ण उसी सत्य को भिन्न रूप में क्यों कहते हैं...? बुद्ध उसी संदेश को महावीर से भिन्न क्यों कहते हैं...? जीसस उसी परमात्मा के संदेश को जब कहते हैं तो वह मोहमद, बुद्ध, महावीर और दूसरों से भिन्न क्यों होता है...? इन सारे प्रश्नों का उतर यह है कि सत्य एक है, लेकिन उसी सत्य को कृष्ण कहते हैं तो उनके कहने का तरीका दूसरा हो जायेगा। जब बुद्ध उसी सत्य को कहेंगे तो उनके कहने का तरीका दूसरा हो जायेगा। और जब महावीर उसी सत्य को कहेंगे तो उनके कहने का तरीका दूसरा हो जायेगा। और जब जीसस और मोहमद उसी सत्य को कहेंगे तो उनका भी तरीका दूसरा हो जायेगा। लेकिन इन सबके कहने के तरीके में चाहे कितना हीं भेद क्यों न हो सत्य तो वहीं होगा।

कृष्ण का आचरण बुद्ध के आचरण से भिन्न है। बुद्ध का आचरण महावीर से भिन्न है। महावीर का आचरण जीसस से भिन्न है। और जीसस का आचरण मोहमद से भिन्न है। अब कृष्ण को जो मानने वाला है वह बुद्ध के बारे जो भी जानेगा वह मात्र भ्रम के अलावा और कुछ भी नहीं होगा। कृष्ण को मानने वाला बुद्ध के बारे में कहेगा कि बुद्ध पत्नी और बेटे को छोड़कर भाग निकले। और बुद्ध को मानने वाला कृष्ण के बारे में कहेगा की कृष्ण चोर थे, गोपियों के घर से केवल माखन हीं चोरी नहीं करते थे, बल्कि जब गोपियां यमुना स्नान करने के लिए जाती थीं तो उनके वस्त्र भी चुरा लेते थे। इसी तरह से महावीर को मानने वाला व्यक्ति जीसस के बारे कहेगा की मांस मंदिरा का सेवन करने वाला व्यक्ति ज्ञान को उपलब्ध नहीं हो सकता है।

हम केवल कृष्ण, बुद्ध, महावीर, जीसस, और मोहमद के आचरण देखते हैं लेकिन उन्होंने जिस होश और जागरण को उपलब्ध किया है वह हम नहीं देख पाते हैं। यह स्मरण रहे कि कृष्ण, बुद्ध, महावीर, जीसस और मोहमद के आचरण भिन्न हैं, लेकिन वे होश और जागरण की दृष्टि से एक हैं। जो होश कृष्ण को उपलब्ध हुआ है वहीं होश बुद्ध को भी उपलब्ध हुआ है। जो होश महावीर को उपलब्ध हुआ है वहीं होश जीसस

और मोहमद को भी उपलब्ध हुआ है। लेकिन हम कभी इस सत्य तक नहीं पहुंच पाते है की आखिर हिंदू मुसलमान से क्यों लड़ता है...? मुसलमान हिन्द से क्यों लड़ता है...? और क्रिश्चियन बौद्ध से क्यों लड़ता है...?

इसका एक मात्र उतर है की हिंदू कृष्ण के आचरण को पकड़ कर बैठ जाता है। मुसलमान मोहमद के आचरण को पकड़ कर बैठ जाता है। क्रिश्चियन जीसस के आचरण को पकड़ कर बैठ जाता है। और बौद्ध तथा जैन बुद्ध और महावीर के आचरण को पकड़ कर बैठ जाते हैं। और जो लोग आचरण को पकड़ कर बैठ जाते हैं वे एक दूसरे से तुलना करने लगते हैं। फिर हिंदू कहने लगता है एकमात्र कृष्ण हीं परमात्मा हैं, क्योंकि जिंदगी के सभी रंग उन्हे स्वीकार है। बौद्ध कहने लगता है जो सुंदर स्त्रियों के पीछे भागता है, चोरी करता है, इतनी बड़ी हिंसा करवा सकता है वह परमात्मा नहीं हो सकता है। बौद्ध अपने बुद्ध को हीं परमात्मा कहता है, क्योंकि जो इतने बड़े राज्य, पत्नी और बेटे का भी त्याग कर दे वह परमात्मा हीं हो सकता है।

महावीर को मानने वाला महावीर को हीं परमात्मा मानता है, क्योंकि उसके लिए एकमात्र महावीर हीं एक ऐसे व्यक्ति हैं जो राज्य, पत्नी, बच्चे और पहने हुए वस्त्र भी त्याग कर खड़े हो सकते हैं। जो जीसस और मोहमद को मानते हैं वे महावीर को विछिप्त मानते हैं क्योंकि विछिप्त लोग हीं अपने वस्त्रों को त्याग कर नग्न हो सकते हैं। लेकिन इस तरह के ख्याल उन्हीं के मन में आ सकता है जो यह नहीं जानते हैं कि महावीर एक बच्चे की तरह सहज हो गए, इसलिए उनसे वस्त्र अपने आप छूट गया। जब कोई व्यक्ति बच्चे की तरह सहज हो जाता है तो वह पुनः प्रकृति से एक हो जाता है।

सहजता भी दो प्रकार की होती है। छोटे बच्चे सहज होते हैं, लेकिन उनमें होश नही होता है, बोध नहीं होता है। शराबी व्यक्ति भी सहज होता है लेकिन उसमें होश नही होता है। और एक दूसरी सहजता वह है जिसमें आदमी पुरी तरह होश में रहता है, जागा हुआ रहता है। और जब ऐसी सहजता आती है तो फिर से आदमी बच्चे की तरह हो जाता है। एक बार की बात है जब जीसस से किसी आदमी ने पूछा कि वे कौन हैं... जो तुम्हारे परमात्मा के राज्य में प्रवेश कर सकते हैं...तो जीसस ने उस आदमी को उतर दिया सिर्फ वे लोग मेरे परमात्मा के राज्य में प्रवेश कर सकते हैं जो पुनः किसी बच्चे की तरह हो गए हैं।

जब कोई व्यक्ति पुनः सहजता को उपलब्ध हो जाता है तो वह अपना मालिक खुद हो जाता है। उसे कोई क्रोध नहीं दिला सकता है, कोई उसके अंदर घृणा के भाव नहीं भर सकता है, कोई उसे भयभीत नहीं कर सकता है, कोई उसमें काम या लोभ का भाव उत्पन नहीं कर सकता है क्योंकि वह पूरी तरह होश में है, जागा हुआ है। लेकिन

हमलोग ऐसे व्यक्ति को समझने में पहले भी भूल कर चुके हैं, और आगे भी इसी तरह के भूल दोहराते रहेंगे। हम सोए हुए लोग हैं, और जब भी कोई कृष्ण हमें जगाने के लिए आता हैं तो हमें बुरा लगता है। हम सोए हुए लोग हैं, और जब भी कोई बुद्ध, महावीर, जीसस या मोहमद हमारी जन्मों जन्मों की गहरी नींद तोड़ने के लिए आते हैं तो हम उन्हे बुरा भला कहते हैं। किसी को पत्थर मारते हैं तो किसी का अपमान करते हैं। और जब वही लोग चले जाते हैं तो हम उनकी पूजा करते हैं।

बुद्ध, महावीर ने अपना राज्य, पत्नी और बच्चों को छोड़ दिया, क्योंकि वे अपने पिछले जन्मों के बारे में जान गए थे। जब कोई व्यक्ति अपने पिछले कई जन्मों के बारे में जान जाता है तो उसे बार बार एक तरह के जीवन से ऊब होने लगती है, सुख काटें की तरह चुभने लगता है, राजमहल बंदीगृह की तरह लगने लगता है। जब कोई उसके सामने हंसता है तो उसकी हंसी में छुपा हुआ दर्द दिखाई देने लगता है। बुद्ध, महावीर ने देखा हम जन्म लेते हैं बड़े होते है, शिक्षा ग्रहण करते हैं, विवाह होता है बच्चे होते हैं, राज्य का सुख दुख भोगते हैं, और जीवन को अलविदा कह कर चले जाते हैं। यह बार बार एक हीं तरह के जीवन जीना, जीवन के सुख दुख भोगना यूं हीं कब तक चलता रहेगा...। क्या इस जीवन में ऐसा कोई सार तत्व भी है जो इस जन्म और मृत्यु से हमें अलग कर दे। और जब उन्हे ऐसा ख्याल आया तो जीवन के उस परम सार तत्व को खोजने के लिए वे व्याकुल हो उठे।

जब बुद्ध महावीर उस जीवन के सार तत्व को खोजने के लिए व्याकुल हो उठे तो वहीं राजमहल जो उन्हें सुख दे रहा था वह दुख देने लगा। जो राजमहल पहले बुद्ध महावीर को सुंदर दिखाई देता था, आकर्षण का केंद्र था अब वहीं राजमहल आग की लपटों में घिरा हुआ दिखाई देना लगा। बुद्ध महावीर सोचने लगे जब एक दिन यह शरीर मिट हीं जाना है तो क्यों न यह यह शरीर रहते हीं जीवन के परम सार तत्व को खोज लिया जाए। और ऐसा विचार आते हीं वे राजमहल छोड़ कर चले गए। और जब उन्होंने जीवन के सार तत्व को खोज लिया तो वे पुनः उन्ही लोगों के बीच आ गए जिन्हें वे छोड़कर चले गए थे। और लोगों के बीच आकर वे लोगों को जीवन का मार्ग दिखाने लगे।

माता पिता के संसर्ग से मिलता है शरीर फिर गर्भ में उसके अंग प्रत्यंग विकसित होते हैं, और जब नौ महीने में शरीर बन जाता है तो वह गर्भ से बच्चे के रूप बाहर निकलता है। फिर उस बच्चे का शरीर बालक बनता है, किशोर बनता है, युवक होता है, जवान होता है, अधेड़ होता है और वृद्ध होकर अंत में सूखे हुए पते की भांति जीवन के वृक्ष से टूट कर गिर जाता है। इसी शरीर के बदलते हुए क्रम में हम शिक्षा ग्रहण करते हैं, रोजी रोटी भी कमाते हैं, विवाह भी करते हैं, बच्चे भी पैदा करते हैं, तथाकथित धर्म

भी पालन करते हैं, जीवन के सुख दुख भी भोगते हैं और अंत में सूखे हुए पते की भांति जीवन के वृक्ष से टूट कर गिर जाते हैं।

यह बार बार जन्मना, उठकर चलना, दौड़ना और अंत में थक हार कर गिर जाना उस समय तक चलता रहता है जब तक हम खुद अपने जीवन को नहीं देखते हैं। जब भी हमारा जन्म होता है तो हमारा ध्यान खुद पर नहीं जाकर दूसरों पर चला जाता है। दूसरे क्या करते हैं इसकी जानकारी हम रखते हैं, लेकिन खुद क्या करते हैं इसकी जानकारी नहीं रखते हैं। दूसरों की मूर्खता पर हमें हसीं आती है, लेकिन हमें अपनी मूर्खता पर हसीं नहीं आती है। दूसरों की गलती पर हमारी नजर पहले पड़ जाती है, लेकिन अपनी गलती हमें दिखाई नहीं देती है। देश दुनियां, और राजनीति की बातें हों तो वह हमें हरेक दिन मालूम हो जाती है, लेकिन पूरा जीवन कब निकल जाता है और हमें थोड़ा भी अपने बारे में मालूम नहीं होता है।

बड़े मज़े की बात है दूसरों को सलाह देना हो तो हम सदा इस मामले में आगे रहते हैं, लेकिन खुद को सलाह देना हो तो हम पीछे रह जाते हैं। जन्म से लेकर मौत तक का जो हम जीवन जीते हैं उसकी बुनियाद हीं दूसरों के आधार पर रखी गई है। कब हम खुश होंगे यह भी दूसरों के ऊपर निर्भर करता है। और कब हम दुखी होंगे यह भी दूसरों के ऊपर निर्भर करता है। कब हम क्रोधित होंगे यह भी दूसरों के ऊपर निर्भर करता है, और कब हम दया करेंगे यह भी दूसरों के ऊपर निर्भर करता है। हम जीवन तो जीते हैं लेकिन इस जीवन की बागडोर हमारे हाथों में नहीं, बल्कि दूसरे के हाथों में है।

हम एक तरह से नहीं, बल्कि अनेक तरह से दूसरों के गुलाम हैं। और यह गुलामी हमारे ना जागने का, जन्मों जन्मों की गहरी बेहोशी का परिणाम है। हमारी गुलामी अर्थ, काम, धर्म और संसार तक हीं सीमित नहीं है, बल्कि हमारी गुलामी स्वर्ग, नर्क और मोक्ष तक भी फैली हुई हैं। जब तक जवान रहते हैं तब तक अर्थ, काम और धर्म के गुलाम बन कर रहते हैं, लेकिन जब जीवन हाथ से चुकने लगता है, और यह अहसास होने लगता है कि अब मरे की तब मरे तो उस समय स्वर्ग, नर्क और मोक्ष के भय और आकांक्षा की गुलामी में जकड़ जाते हैं। आदमी भी अजीब है जब तक वह जवान होता है तब तक स्त्रियों को भोगता है, और जब वह वृद्ध हो जाता है तो स्वर्ग की अप्सराओं को भोगने की तैयारी करने लगता है।

आदमी जब तक जीता है तब तक वह पृथ्वी का सुख भोगने की कामना से ग्रस्त रहता है, और जब मरने लगता है तब वह स्वर्ग का सुख भोगने की कामना से ग्रस्त हो जाता है। जीवन है तो सुख के साथ दुख भी मिलना स्वाभाविक है, लेकिन जब दुख आता है तो आदमी सोचता है कि कोई बात नहीं यहां दुख झेल रहे हैं तो स्वर्ग में सुख भोग

लेंगे। पुरोहित और ज्योत्षी भी कहते रहते हैं जो यहां दुख भोगता है उसे स्वर्ग में सुख मिलता है। और जो यहां ब्रह्मचर्य की साधना करता है उसके पीछे स्वर्ग की अप्सराएं घूमती रहती हैं। लेकिन यह सब काल्पनिक बातें हैं, क्योंकि जिसे हम स्वर्ग कहते हैं वह भी इसी पृथ्वी पर है, और जिसे हम नरक कहते है वह भी इसी पृथ्वी पर है।

स्वर्ग भी यहीं है, और नरक भी यहीं है। जिस समय क्रोध आता है, घृणा आती है उस समय हम नरक की अग्नि में जलने लगते हैं। जिस समय हम पर कामवासना सवार होती है उस समय नरक की अग्नि में जलने लगते है। जिस समय लोभ और अहंकार हमारे पूरे अस्तित्व पर बादल की तरह छा जाते हैं उस समय हम नरक में होते हैं। और किसी के प्रति हिंसा करते हैं तो भी नरक में होते हैं। क्या इससे भी बड़ा नरक हो सकता है जहां हमें मृत्यु के बाद अनेक तरह के कष्ट मिलता हो। और यदि कहीं नरक है तो वह केवल और केवल हमारे द्वारा निर्मित उस कल्पना में है जो हम पुरोहितों और शास्त्रों से सुनते हुए आए हैं।

असली नरक तो यहीं और अभी है। अभी करें क्रोध, अभी आपका तन मन अग्नि में झुलसने लगेगा, मुट्ठियां भींचने लगेगी, आखों में खून उतरने लगेगा, सांसे तेजी से चलने लगेगी। लेकिन रहें शांत, आपका पूरा अस्तित्व शांतिमय हो जाएगा, आखों में शीतलता के साथ साथ एक गहराई उत्पन हो जायेगी, सांसे ऐसी चलने लगेगी जैसे चलती हीं ना हो। जिस समय आप शांत हैं उस समय आप स्वर्ग में हैं, और जिस समय आप क्रोध में हैं उस समय नरक की पीड़ा में हैं।

क्रोध जब आता है तो आदमी ठीक वैसे हीं हो जाता है जैसे वह बेहोश हो। और इस बेहोशी में आदमी वह कह देता है जो कहने वाला नही होता है, और उस दौरान वह कर गुजरता है जो सपनों में भी उसने नहीं सोचा था। कुछ देर पहले जो पति पत्नी एक दूसरे से प्रेम भरी बातें कर रहे होते हैं, और जब उनके बीच किसी बात को लेकर तू तू मैं मैं हो जाती है तो एक दूसरे से गाली गलौज करने लगते हैं। क्षण भर पहले का प्रेम इस आए हुए अचानक क्रोध के कारण घृणा में परिवर्तित हो जाता है।

क्रोध इसलिए आता है, क्योंकि हमारी कामनाएं पूरी नहीं हो पाती है। और जो आदमी जितने ज्यादा कामनाओं से ग्रस्त है उसे उतना हीं क्रोध आता रहता है। यदि आप सम्मान पाने के इच्छुक हैं तो आप अपमान को झेल नहीं पाएंगे। और यदि आप सम्मान पाने का इच्छुक हैं तो आपको अपमान की चिंता नहीं करनी चाहिए। सम्मान और प्रेम पाने की चेष्टा सभी लोग करते हैं, लेकिन जब उन्हे अपमान और घृणा मिलती है तो उसे स्वीकार करने के बजाय क्रोध से भर जाते हैं। यदि हम सम्मान और अपमान में एक जैसा व्यवहार करने लगें तो हमारा अहंकार गिरता चला जायेगा। अहंकार जब तक विद्यमान है रहता है तब तक हम कुछ हैं इसका भ्रम बना रहता है।

जितने आप अपने आपको कुछ मानते हैं उतना आपका अहंकार आपको अनेक तरीकों से शोषण करता है। और जितना ज्यादा अहंकार आपका शोषण करता है उतनी हीं आपकी कामनाएं बढ़ती चली जाती हैं। और जितनी ज्यादा कामनाएं बढ़ती जाती हैं उतना हीं आप कामनाओं के गुलाम होते चले जाते हैं। पूरे जीवन में ऐसी घटना घटती है। आप घर बनाते हैं फिर उस घर की रक्षा करने के लिए आपको पहरेदार की जरूरत पड़ती है। इसी तरह से आप धन इकट्ठा करते हैं फिर आप उस धन की रक्षा करने के लिए हर तरह का इंतजाम करते हैं। लेकिन इतने सारे सुरक्षा का इंतजाम करते करते यह बात भूल जाते हैं जिसके लिए घर बनाया था, और धन इकट्ठा किया था अब वह मात्र इनका गुलाम होकर रह चुका है।

जिस चीज पर हम मालिकाना हक जताते हैं उन चीजों के हम गुलाम हो जाते हैं। जब किसी चीज के हम गुलाम हो जाते हैं तो चीजें हमारी मालिक हो जाती है। बड़े मजे की बात तो यह है कि चीजें जब खो जाती है तो चीजें हमारे लिए नहीं रोती, बल्कि हम चीजों के लिए रोते हैं। जैसे उदाहरण के लिए यदि घर आपका मालिक है तो घर जब आप छोड़ कर जाते हैं तो घर आपके लिए नहीं रोता है, बल्कि आप घर के लिए रोते हैं। धन है, और यदि वह छीन जाए तो धन आपके लिए नहीं रोता है, बल्कि आप धन के लिए रोते हैं। न धन आपके लिए रो सकता है, न घर आपके लिए रो सकता है, और न कोई चीजें आपके लिए रो सकती हैं, क्योंकि धन के मालिक आप नहीं हैं, घर के मालिक आप नहीं हैं।

घर भी आपका मालिक है, धन भी आपका मालिक है, चीजें भी आपकी मालिक हैं। और तो और जिन लोगों को आप अपने आस पास देखते हैं वे भी आपके मालिक हैं। घर आपके लिए रोता नहीं, धन आपके लिए रोता नहीं, चीजें आपके लिए रोती नहीं, और लोग आपके लिए रोते नहीं तो फिर ये सब गुलामी का बंधन क्यों...? और ये खो जाने का शोक और दुख क्यों...? धन का मालिक तो वह होता है जो धन के रहने पर भी अपनी मस्ती और आनंद में जीता है। और जब धन नहीं रहता है तो भी वह उसी मस्ती और आंनद में जीवन जीता है। घर का मालिक सही मायने में वह व्यक्ति होता है जो घर लिए कभी नहीं रोता है। ऐसा व्यक्ति जानता है कि मै मुसाफिर हूं, और यह घर मेरे लिए मात्र सराय है।

सराय का कभी कोई मालिक नहीं होता है। लोग आते हैं उस सराय में कुछ दिन रुकते हैं फिर अपनी मंजिल की ओर बढ़ जाते हैं। सराय कभी ठहरने वाले मुसाफिर से यह भी नहीं कहता की तुम क्यों मुझे छोड़कर जा रहे हो। सराय कभी आने वाले मुसाफिर के लिए खुशियां नहीं मनाता है, और जाने वाले मुसाफिर के लिए कभी रोता नहीं। और तो और यह शरीर जिसमें हम रहते हैं वह भी हमारे लिए नहीं रोता है, लेकिन

हम इस शरीर के लिए जरूर रोते हैं। शरीर बनता है, बढ़ता है, जवान होता है, अधेड़ होता है और वृद्ध होकर अंत में उसी पंच तत्वों में विलीन हो जाता है जिन तत्वों से यह बना था।

हम इस शरीर के लिए इसलिए रोते हैं, क्योंकि इस शरीर पर हमारी सम्पूर्ण आशाएं टिकी होती हैं। जब कोई आशा पुरी होती है तो हम खुश होते हैं और जब कोई आशा टूटती है हम दुखी और उदास हो जाते हैं। शरीर जब जवान रहता है, सुंदर रहता है तो हम ऐसे अकड़ कर चलते हैं जैसे हमारे जैसा कोई दूसरा हो हीं नहीं। और जब शरीर वृद्ध हो जाता है तो ऐसे दिन हीन की तरह प्रतीत होने लगते हैं जैसे पूरे जगत में हमसे ज्यादा कोई दुखी, और दिन हीन व्यक्ति दूसरा न हो। जब तक शरीर से संबंधित हमारी वासनाएं पुरी होती रहती हैं तब तक हमारे कदम ऐसे पड़ते हैं जैसे नीचे जमीन हीं ना हो। लेकिन जैसे हीं शरीर से संबंधित हमारी वासनाएं पुरी नहीं हो पाती हैं तो हमारे कदम ऐसे पड़ने लगते हैं जैसे उन पर कोई बहुत भारी बोझ हो।

जब तक शरीर जवान रहता है, बलिष्ट रहता है, ऊर्जा से भरपूर रहता है तब तक इससे वासनाओं की पूर्ति होती रहती है। लेकिन यह स्मरण रहे कोई भी वासना पुरी होकर भी पूरी नहीं होती है, क्योंकि एक वासना अनेक वासनाओं को जन्म देती है। जो शरीर से संबंधित वासनाओं का गुलाम है वह समझता है कि शरीर हीं उसका एकमात्र जीवन है। और जो व्यक्ति शरीर को हीं जीवन मान लेता है वह शरीर से उपर उठकर यह नहीं देख पाता है शरीर के उपर मन, और मन के ऊपर आत्मा भी है।

जो शरीर के गुलामी करते हैं उनके लिए शरीर हीं सबकुछ हो जाता है। और जो मन की गुलामी करते हैं उनके लिए मन हीं सबकुछ हो जाता है। शरीर की गुलामी करने वाले मन को जानने में असमर्थ रह जाते हैं, और मन की गुलामी करने वाले आत्मा को जानने में असमर्थ रह जाते हैं। शरीर की गुलामी करने वाला व्यक्ति अपने शरीर के गुलाम होने के साथ साथ दूसरे लोगों के शरीरों का भी गुलाम हो जाता है। इसे ऐसा समझें एक जवान और सुंदर पुरुष अपने शरीर को इसलिए सजाता है, क्योंकि उसे दूसरे लोग पसंद करे, स्त्रियां उसके प्रति आकर्षित हों। और इस पुरुष के लिए अपने शरीर को सजाने संवारने की जरूरत इसलिए पड़ती है, क्योंकि उसके मन में सुंदर स्त्री को पाने की प्रबल आकांक्षा छुपी होती है।

जो स्त्रियां अपने पति की अनुपस्थिति में अपने शरीर को सजाने संवारने में अधिकांश समय व्यतीत करती है वह असल में दूसरे पुरुष के प्रति आकर्षित होती है। ऐसी स्त्री दूसरों को यह दिखाना चाहती है की मैं भी सुंदर हूं, लेकिन यदि ऐसी स्त्री पूरा बाजार घूम आए, और उसे कोई देखने के लिए उत्सुक ना हो तो वह स्त्री अपने आपको

हीन समझने लगती है। स्त्री पुरुष सुंदर दिखने का प्रयत्न हीं इसलिए करते हैं कि दूसरा उसके प्रति आकर्षित हो, दूसरा उसके करीब आए।

असल में स्त्री का जो पुरुष के प्रति आकर्षण है, और पुरुष का स्त्री के प्रति आकर्षण है वह आधा पुरुष, और आधी स्त्री की कमी को पूरा करने की चाह है। स्त्री पुरुष के संभाग के माध्यम से शरीर का निर्माण होता है। इस शरीर को निर्मित करने में आधा नारी और आधा पुरुष का योगदान होता है। और इस आधे आधे योगदान के कारण इस नए शरीर में दोनों के आधे आधे गुण आ जाते हैं। एक पुरुष को देखा जाए तो वह आधा पुरुष है तो आधा स्त्री भी है। और ठीक इसी तरह से एक स्त्री को देखा जाए तो वह आधा पुरुष है तो आधी स्त्री भी है।

शरीर एक है, लेकिन यह आधा आधा बंटा हुआ है। एक पुरुष में जो आधा हिस्सा स्त्री का है वह सदा स्त्री के प्रति इसलिए आकर्षित होता है ताकि वह पूर्ण हो जाए। और एक स्त्री में जो आधा हिस्सा पुरुष का है वह पुरुष के प्रति इसलिए आकर्षित होता है कि वह पुरुष से मिलकर पूर्ण हो जाए। जब भी किसी स्त्री में आधा पुरुष का हिस्सा पूर्ण होने की मांग करता है तब उस समय स्त्री पुरुष के प्रति आकर्षित होती है, उसके साथ संभोग करने के लिए राजी हो जाती है। ठीक इसी तरह से जब किसी पुरुष में स्त्री का आधा हिस्सा पूर्ण होने की मांग करता है तो वह पुरुष स्त्री के प्रति आकर्षित हो जाता है, और उसके साथ संभोग करने के लिए व्याकुल हो जाता है।

गहरे संभोग के दौरान सुख इसलिए मिलता है, क्योंकि उस समय पुरुष का आधा भाग पुरुष से, और स्त्री का आधा भाग स्त्री से मिलकर कुछ क्षण के लिए एक हो जाता है। लेकिन यह जो आधा पुरुष और आधा स्त्री का हिस्सा है यह तभी मिलकर एक होते हैं जब स्त्री पुरुष शरीर, और मन के स्तर पर एक हो जाते हैं। यहां एक बात और ख्याल में ले लेने जैसा है कि यदि संभोग गहरा है तो इस एक संभोग से हीं इतनी तृप्ति मिल जाती है कि स्त्री पुरुष दोनों कामवासना से मुक्त हो जाते हैं। लेकिन यदि संभोग गहरा नहीं है तो स्त्री पुरुष तृप्त नहीं हो पाते हैं, और तब उन दोनों के बीच इसी संभोग की बार बार पुनरूक्ति होती रहती है।

यदि संभोग क्षणिक है, और केवल शरीर के स्तर पर घटित होता है तो उससे तृप्ति नहीं मिलती है। और जिस संभोग में तृप्ति नहीं मिलती है वह संभोग पुनरूक्ति बन जाता है। और जो संभोग पुनरूक्ति बन जाता है वह संभोग चाहे पूरे जीवन भर घटित होता रहे लेकिन उस संभोग से तृप्ति नहीं मिल पाती है। जो पति पत्नी संभोग के दौरान तृप्त नहीं हो पाते हैं उनके बीच तू तू मैं मैं इसी अतृप्ति के कारण होता रहता है।

यदि पुरुष कामकला में प्रवीण नहीं है तो स्त्री प्रत्येक संभोग के दौरान अतृप्त रहेगी। और यह जो स्त्री की अतृप्ति है वह कभी क्रोध बनकर निकलेगी तो कभी

घृणा बनकर निकलेगी। जो पुरुष स्त्री को तृप्त नहीं कर पाते हैं वे सदा स्त्री के द्वारा अपमानित होते रहते हैं। ऐसे पुरुष स्त्री की नजरों में गिर जाते हैं। यदि स्त्री अपने कामवासना को लोक लाज के भय से दबा लेती है तो वह बात बात क्रोधित हो जायेगी, कभी बच्चों को पिटेगी, कभी वह बर्तन पटकेगी। यह जो दबी हुई स्त्री की कामवासना है वह स्त्री के कोमल स्वभाव को कठोर बना देती है।

पुरुष को कामकला में इसलिए दक्ष होना चाहिए, क्योंकि पुरुष की तुलना में स्त्री की कामवासना लगभग सात गुना ज्यादा होती है। और यदि पुरुष कामकला में दक्ष नही है तो वह स्त्री को कभी संतुष्ट नहीं कर सकता है। पुरुष अक्सर स्त्री से हार जाते हैं, क्योंकि पुरुष का स्वभाव सदा से आक्रमणकारी रहा है। और स्त्रियां अक्सर पुरुष से जीत जाती हैं, क्योंकि स्त्री का स्वभाव स्वीकार करने वाला है। अगर पुरुष शिखर है तो स्त्री घाटी है। पुरुष अपने कामवासना को जल्दी प्रकट कर देता है इसलिए वह बलात्कारी हो सका। और स्त्री कामवासना के भावों को छुपा पाने में सक्षम है, इसलिए वह वैश्या हो सकीं।

पुरुष अगर स्वस्थ है, और यदि वह पंद्रह से लेकर तीस वर्ष की आयु का है तो वह एक रात में चार से छह बार आसानी से संभोग कर सकता है, लेकिन स्त्री चाहे तो एक रात में अनेक बार संभोग कर सकती है। स्त्री यदि अपने पति से संतुष्ट न हो, और वह लोक लाज से भयभीत न हो तो वह अपनी काम तृप्ति के लिए अनेक पुरुषों के साथ संसर्ग कर सकती है। और यदि पुरुष को एक स्त्री से संतुष्टि ना हो तो वह भी अनेक स्त्रियों के साथ संसर्ग कर सकता है। जो स्त्री विवाह से पहले संभोग का सुख भोग लेती है वह विवाह होने के उपरांत नए नए पुरुषों की तलाश करती रहती है। और जो पुरुष विवाह से पहले संभोग का सुख भोग लेता है वह विवाह के बाद अनेक स्त्रियों के साथ संभोग करने के लिए बेचैन रहता है।

विवाह की व्यवस्था समाज के द्वारा इसलिए की गई है कि स्त्री पुरुष विवाह के पहले रति क्रिया में उतरना पाप समझेंगे। और यह विवाह की व्यवस्था उचित है, क्योंकि विवाह की अवस्था आते आते स्त्री पुरुष का शरीर संभोग और गर्भधान के योग्य हो चुका होता है। जो स्त्री पुरुष विवाह बंधन में बंधने के पश्चात रति क्रिया में उतरते हैं वे अधिकांशतः अपने साथी को छोड़कर दूसरे स्त्री पुरुष से शारीरिक संबंध नहीं बनाते हैं। लेकिन जो स्त्री पुरुष विवाह के पहले रति क्रिया का सुख भोग लेते हैं उनकी कामवासना भड़क जाती है। और जिसकी कामवासना की अग्नि विवाह के पहले हीं भड़क जाती है उसकी कामवासना की अग्नि विवाह के बाद भी सुलगती रहती है।

कामवासना जीवन की उत्पति का आधार है, लेकिन जीवन भर आदमी इसी कामवासना को बार बार भोगने की कामना करता रहे तो उसका जीवन अंततः

कामवासना के बिंदु पर हीं समाप्त भी हो जाता है। इस संसार में तीन तरह के लोग होते हैं एक वे जो कामवासना को होश पूर्वक भोग कर काम से तृप्त हो जाते हैं। और जब वे काम से तृप्त हो जाते हैं तो वे एक दूसरे सुख की तलाश करने लगते हैं। और जो काम से उठकर दूसरे सुख की तलाश करने लगते हैं वे जीवन के परम सुख अर्थात ब्रह्मचर्य को उपलब्ध हो जाते हैं।

दूसरे तरह के वे लोग हैं जो कामवासना में होश पूर्वक नहीं उतरते हैं। और जो लोग कामवासना में होश पूर्वक नहीं उतरते हैं वे कामवासना के गुलाम बन जाते हैं। फिर ऐसे लोग कभी कामवासना के मुक्त होकर यह भी नहीं विचार कर पाते हैं कि जीवन में सिर्फ कामवासना का अनुभव जरूरी नहीं है, बल्कि जीवन के कुछ परम अनुभव भी हैं जो कामवासना से उठ कर लिए जा सकते हैं। यदि मनुष्य कामवासना को हीं जीवन का अंतिम सुख मान ले तो वह जीवन के उस दिव्य सुख से वंचित रह जाता है जो उसे इसी जीवन में सहज हीं उपलब्ध हो सकता था।

काम जीवन का आधार है, लेकिन काम जीवन की मुक्ति नहीं है। काम तभी जीवन की मुक्ति बन सकता है जब जीवन काम से उपर उठ जाए। इसे ऐसा समझें की काम जीवन रूपी वृक्ष का जड़ मूल है, और वृक्ष यदि जड़ से उपर नही उठ पाए तो उसे वृक्ष नहीं कहा जा सकता है। वृक्ष तभी आकाश की ओर उठ पाता है जब वह अपने जड़ से उपर उठ जाए। जो वृक्ष अपने जड़ से उपर उठकर आकाश की ओर उठने लगते हैं वे जीवन के एक और नए आंनद से परिचित हो जाते हैं। इनपर फूल आते हैं, और फल भी आते हैं। हवाएं इन्हे प्यार से हिलाती है, वर्षा इसको नहलाती है, और सूर्य की रोशनी इनका रोज स्वागत भी करती है। जड़ से उपर उठा हुआ वृक्ष अपने जीवन के परम अनुभव को पाकर जीवन से कृतार्थ हो जाता है।

तीसरे तरह के वे लोग हैं जो कामवासना को पाप समझते हैं, घृणित समझते हैं। ऐसे लोग दूसरे लोगों को मतिभ्रम करते हीं हैं, बल्कि दूसरे के साथ साथ खुद भी मतिभ्रम के शिकार हो जाते हैं। कामवासना को निंदित करने वाले लोग शायद यह भी नहीं जानते हैं जिस कामवासना की वे निंदा करते हैं वही कामवासना उनके जीवन का भी आधार है। ऐसे लोगों का यह मानना होता है काम भोग करना पाप है, लेकिन यदि काम पाप है तो यह जीवन का मूल आधार नहीं हो सकता है। और जिससे जीवन का प्रकटीकरण होता हो वह पाप नहीं हो सकता है। पाप तो तभी हो सकता है जब कामवासना में होशपुर्बक उतरे बिना इसे निंदित कर दिया जाए। और जो काम में एक बार भी होशपुर्वक उतर जाए उसके लिए काम हीं मुक्ति का द्वार बन जाता है।

असल में देखा जाए तो काम का गहन अनुभव हीं मुक्ति का द्वार खोल देता है। जब कोई व्यक्ति काम की गहराई में उतरकर यह जान लेता है की इस कामवासना को चाहें

कितना बार भी भोग लिया जाए, लेकिन इससे मिलने वाली तृप्ति हमेशा एक बार और तृप्त होने की प्यास जगाती रहेगी। फिर चाहे हम कितने हीं स्त्रियों को भोग लें या पुरुषों को भोग लें, लेकिन वह काम का भोग एक बार और भोग लेने की इच्छा पैदा कर देगा।

पुरुष अपने जीवन भर में कम से कम चार हजार बार संभोग कर सकता है। लेकिन स्त्री की काम ऊर्जा पुरुष से लगभग सात गुना ज्यादा होती है, इसलिए वह पुरुष की तुलना में कई गुना अधिक संभोग कर सकती है। काम भोग की इच्छा बार बार इसलिए उठती है क्योंकि संभोग के दौरान मन और चित के तल पर एक गहरी बेहोशी छा जाती है। संभोग के दौरान न तो पुरुष को अपनी खबर होती है, और ना स्त्री को अपनी खबर होती है। अक्सर संभोग के दौरान स्त्री पुरुष के मन में एक हीं विचार रह जाता है कि कैसे ज्यादा से ज्यादा संभोग का सुख भोग लिया जाए। यदि स्त्री पुरुष संभोग कर रहे हों, और तीसरा आदमी मात्र दर्शक बन कर देखता रहे तो वह यहीं कहेगा की दो लोग आपस में युद्ध कर रहे हैं।

कामवासना में यदि होश पूर्वक न उतरा जाए तो यह स्त्री पुरुष का मिलन नहीं, बल्कि एक ऐसा युद्ध बन जाता है जिसमें स्त्री और पुरुष एक दूसरे पर वार करते हुए नजर आते हैं। वात्सायन और कोक, कामसूत्र और कोकशास्त्र में लिखें हैं कि जो स्त्री पुरुष संभोग के दौरान एक दूसरे पर नाखून और दातों से प्रहार नहीं करते हैं वे असल में संभोग की कला से परिचित हीं नहीं हैं। स्त्रियां भी उन्ही पुरुषों को ज्यादा महत्व देती हैं जो उसके साथ संभोग करने के दौरान उसपर ज्यादा प्रहार करता है। पुरुष जितना ज्यादा स्त्री के काम अंगों पर प्रहार करता है स्त्री उतना हीं ज्यादा संभोग का सुख पाती है।

संभोग यदि केवल सुख भोगने माध्यम रह जाए तो प्रत्येक संभोग से मिलने वाला सुख बार बार संभोग करने के लिए बाध्य कर देता है। स्त्री पुरुष पूरे जीवन भर में हजारों बार संभोग करते हैं, लेकिन वे जीवन के अंतिम घड़ी तक इस इच्छा से मुक्त नहीं हो पाते हैं। संभोग के प्रति मन तभी अनासक्त रह सकता है जब संभोग के दौरान होश पुरी तरह से कायम रहे। संभोग में होश पूर्वक उतरने वाले स्त्री पुरुष यह जान जाते हैं कि एक गहरा संभोग जितना जीवन का जीवंत अनुभव प्रदान करता है, उतना बेहोशी के दौरान घटित होने वाला संभोग जीवन का जीवंत अनुभव नहीं देता है।

जीवन में बार बार उसी घटना की पुनरिक्ति होती रहती रहती है जिसमें से गुजरने के दौरान होश नहीं होता है। और जिसमें गुजरने के दौरान होश नहीं होता है उसके घट जाने पर मन में ग्लानि उठती है। प्रत्येक संभोग के बाद मन इसलिए ग्लानि से भर जाता है, क्योंकि संभोग में स्त्री पुरुष खाली हाथ रह जाते हैं। लेकिन यह याद रहे की जिस संभोग के बाद ग्लानि उठती है थोड़ी देर में बाद वह ग्लानि का उठा हुआ भाव फिर से संभोग

की इच्छा में परिवर्तित हो जायेगा। शक्ति एक है वह जब काम केंद्र की ओर बहती है तो शरीर और मन काम की इच्छा से ग्रसित हो जाता है। और जब यह ऊर्जा उपर के केंद्रों की तरफ उठती है तो शरीर और मन हर विषाद से मुक्त होता चला जाता है।

जीवन शक्ति तटस्थ है उसे हम जैसे चाहें वैसा उपयोग कर सकते हैं। यह हम पर निर्भर करता है कि हम इस शक्ति के द्वारा बाहर की ओर बहते हैं या भीतर की ओर बहते हैं। शक्ति को यदि हम बाहर की ओर बहाते हैं तो यहीं शक्ति दूसरों की तरफ बहने लगती है। और जब हम इसी शक्ति की धारा को भीतर की ओर मोड़ देते हैं तो यहीं शक्ति जीवन की गहरी समझ बन कर प्रकट हो जाती है। शक्ति यदि बाहर की ओर बहती है तो सुख के लिए हम दूसरे पर निर्भर हो जाते हैं, लेकिन शक्ति भीतर की ओर बहती है तो सुख के लिए खुद पर निर्भर हो जाते हैं। यदि हम सुख, खुशी, आंनद के लिए दूसरों पर निर्भर हैं तो दुःख, पीड़ा और उदासी को भी स्वीकार करना पड़ेगा। लेकिन यदि हम सुख के लिए खुद पर निर्भर हैं तो हमें ना तो दुख भोगना पड़ेगा, और ना तो पीड़ा भोगनी पड़ेगी।

जीवन में दुःख, पीड़ा, अशांति तभी आती है जब हमारी निर्भरता दूसरों पर हो जाती है। और जिस तरह से हम दूसरों पर निर्भर हैं ठीक उसी तरह से दूसरे भी हम पर निर्भर हैं। ना तो सुख दूसरे के पास है, और ना सुख हमारे पास है, लेकिन फिर भी हम एक दूसरे से सुख की आशा लगाए हुए बैठे हैं। जब जब यह आशा टूटती है तब तब दुख मिलता है। और जब जब यह आशा फिर से बंध जाती है तब तब सुख मिलता हुआ प्रतीत होता है। जब जब दूसरे से दुख मिलता है तब तब हमारा मन दूसरे से दूर भागता है। और जब जब सुख मिलने की आशा बंधती है तब तब यह मन दूसरे के करीब जाता है। जब भी दुख मिलता है तब मन में यह विचार उठता है कि आज दुख मिल रहा है, लेकिन कल शायद सुख मिल जाए। और आज जिससे घृणा मिल रही है कल उसी से शायद प्रेम मिल जाए। जब भी मन में ऐसे विचार आते हैं तब हम एक और आशा से बंध जाते हैं। लेकिन इस आशा और निराशा में जीवन कब बीत जाता है यह खुद हमें भी पता नहीं चलता है।

यह पता इसलिए नहीं चलता है, क्योंकि हम होश में नहीं हैं। आज जिस पर क्रोध करके पछता रहें हैं, कल उसी पर फिर से क्रोध करके पछताएंगे। आज जिस गलती की पुनरूक्ति करके पछता रहे हैं, और यह संकल्प कर रहे हैं की आज के बाद उस गलती की पुनरूक्ति नहीं होगी। लेकिन कल उसी गलती की पुनरूक्ति फिर से होगी, और फिर उसी गलती के लिए पछताएंगे। जीवन है तो गलती होनी स्वाभाविक है, लेकिन जो एक हीं गलती को बार बार दोहराता रहे उसके बारे में यह बात तय है कि उसने अभी तक उस गलती से कुछ सीखा नहीं है।

सभी लोग गलती करते हैं, लेकिन सभी लोग एक हीं गलती को जीवन भर दोहराते नहीं हैं। और जो एक हीं गलती को बार बार दोहराते हैं वे असल में बेहोश हैं। होश से भरा हुआ आदमी हीं गलती से सीख कर उसी गलती की पुनरूक्ति नहीं करता है। लेकिन जो आदमी होश में नहीं है वह एक हीं गलती की पुनरूक्ति करता रहेगा, और जीवन भर उससे कुछ सीख नहीं पायेगा। और जो जीवन भर गलती से सीख नहीं पाया उसके बारे में यह भी सत्य है कि उसे जीवन तो मिला, लेकिन जीवन को व्यर्थ हीं गवां दिया।

आदमी नए की खोज करता है, और पुराने को भूल जाना चाहता है। लेकिन वह शायद यह नहीं देख पाता है कि जिसे वह नया मान रहा है वह पुराना हीं है। आदमी जितना नए नए सुखों की खोज करता है उसे उतना हीं तरह तरह के दुखों का सामना भी करना पड़ता है। सुख की प्रत्येक खोज उसे अपने से बहुत दूर लेकर जाती है। और जितना वह अपने से दूर जाता है उतना हीं वह गहरी बेहोशी में डूबता चला जाता है। इस गहरी बेहोशी में जो भी करता है वह बीते हुए कल की पुनरूक्ति हीं होती है।

आज सभ्यता जिस मुकाम पर खड़ी है इससे पहले भी इसी तरह की हजारों सभ्यताएं पूर्ण विकसित होकर पतन के गर्त में समाहित हो चुकी हैं। आज हम जिस वासना के गुलामी की जंजीरों में जकड़े हुए हैं इससे पहले भी हम उसी वासना की गुलामी की जंजीरों में जकड़े रह चुके हैं। आज हम जिस धन के पीछे भाग रहे हैं इससे यह बात तय है की इससे पहले भी अनंत बार उसी धन के पीछे भाग चुके हैं। आज हम जिस स्त्री पुरुष को पाने की आकांक्षा में मोह ग्रस्त हैं इससे एक बात तो तय है की इससे पहले भी अनंत जन्मों में हम स्त्री पुरुष को पाने के लिए मोह ग्रस्त रह चुके हैं। लेकिन हमें यह इसलिये दिखाई नहीं देता है, क्योंकि प्रकृति हर मृत्यु के बाद मन में संग्रहित हुई स्मृतियों के उपर पर्दा डाल देती है।

हमारा जो यह जन्मों जन्मों का संस्कार है बहुत हीं पुरातन है, युगों युगों से चला आ रहा है। हमारे अचेतन मन में वह संस्कार भी मौजूद है जब हम पत्थर थे, पूर्ण रूप में अचेतन थे। और हमारे अचेतन मन के किसी कोने में वह संस्कार भी मौजूद है जब हम नदी नाले, पेड़ पौधे, जीव जंतु और मनुष्य भी थे। कभी हम वह कीड़े मकोड़े में भी हम रह चुके हैं जिनको आज देखकर हमारे इसी मन में घृणा उत्पन होती है। और कभी वह जीव जंतु भी रह चुके हैं जिनको आज मार कर भोजन के रूप में उपयोग करते हैं।

हम उन शरीरों में भी रह चुके हैं जिनको देखकर आज घृणा करते हैं। यदि हम इस जन्म में हिंदू घर में पैदा होकर हिंदुत्व पर गर्व कर रहे हैं तो निश्चित हीं पिछले जन्मों में मुस्लिम, बौद्ध, जैन और क्रिश्चियन भी रह चुके हैं। हम यदि इस जन्म में मुस्लिम के घर पैदा होकर इस्लाम धर्म को श्रेष्ठ बता रहे हैं तो निश्चित हीं पिछले जन्मों में हमारा जन्म

दूसरे धर्मों के परिवारों में भी हो चुका है। और ठीक इसी तरह से यदि हम स्त्री हैं, और हमें अपने पतिव्रता धर्म पर गुमान है तो निश्चित हीं अचेतन मन में पिछले जन्मों में वैश्या होने की स्मृति भी छिपी हुई है।

हमारे अचेतन में हर उस जन्म की स्मृतियां छिपी हुई हैं जो हम पहले हो चुके हैं। और यदि हम उन स्मृतियों को ध्यान के माध्यम से उघाड़ते चले जाएं हैं तो हम उन स्मृतियों को जानने के बाद वही नहीं रह जायेंगे जो अभी इस जन्म में अपने आपको हम मान लिए हैं। हम आज जिस धन की गुलामी कर रहे हैं वह गुलामी सिर्फ इसी जन्म की नहीं हैं, बल्कि विगत कई जन्मों से चली आ रही है। विगत जन्मों में भी जीवन भर धन के पीछे दौड़ते रहे, लेकिन मृत्यु ने हमारी हर चाह पर पानी फेर दिया। ना विगत जन्मों में धन के पीछे दौड़ते रहने से जीवन का सार उपलब्ध हुआ, और ना इस जन्म में जीवन का सार उपलब्ध होगा।

हम चाहें कितना भी धन इकठ्ठा कर लें, लेकिन और इकठ्ठा किया जा सकता है। हमारे पास यदि दस हजार रूपए है तो वह हमें सुखी नही कर सकता है, क्योंकि हमारी कामनाएं दस लाख पर पहुंच चुकी होती हैं। और यदि हम दस लाख भी इकठ्ठा कर लें तो उसमें हमें सुख नहीं मिलेगा, क्योंकि हमारी कामनाएं दस करोड़ पर पहुंच चुकी होंगी। और यदि हम दस करोड़ तो क्या दस अरब भी क्यों न इकट्ठा कर ले, लेकिन हमें सुख नहीं मिल सकता क्योंकि हमारी कामनाएं कहीं और पहुंच चुकी होगी। जिनके पास 10 अरब के ऊपर धन है उनका मूल्य कागज से ज्यादा का नहीं है। लेकिन फिर भी हम धन इकट्ठा करते रहते हैं, क्योंकि धन से बड़ा बल मिलता है।

धन से सुख तो नहीं मिलता, लेकिन एक तरह का ऐसा पागलपन जरूर मिलता है जो निरंतर जीवन भर धन के पीछे दौड़ाए चला जाता है। और यदि धन से सुख मिलता तो सभी धनी लोग सुखी और शांत हो गए होते। सुख और शांति की दृष्टि से यदि गरीब आदमी को देखा जाए तो वह कहीं अधिक धनी आदमी से सुखी और शांत दिखाई देता है। गरीब आदमी दिन भर मेहनत करता है, और रात को जो भी घर में खाने के लिए उपलब्ध होता है वह खाकर आराम से सो जाता है। उसे उस विस्तर पर भी गहरी नींद आ जाती है जो विस्तर धनी व्यक्ति के लिए कांटों की तरह चुभन देता हुआ प्रतीत होता है।

गरीब के पास जितना भी है वह उतना में हीं खुश है। और वह इतना होने पर भी रोज़ परमात्मा को धन्यवाद देता है कि हे परमात्मा तूने हमें बहुत कुछ दे दिया है। यह स्मरण रहे की गरीब का तात्पर्य उस व्यक्ति से नहीं है जिसके पास धन नहीं है, और जिसकी कामना धन पाने के पीछे दौड़ रही है। नहीं इस तरह के व्यक्ति को गरीब नहीं कहा जा सकता है, क्योंकि यह भी उसी पक्ति में खड़ा है जिसमें धनी व्यक्ति खड़ा है।

वास्तव में गरीब व्यक्ति वह है जिसकी नजरों में धन का कोई मूल्य नहीं रह गया, उसके लिए हीरे जवाहरात और कंकड़ पत्थर में कोई भेद नहीं है।

गरीब गहरी नींद में आसानी से प्रवेश कर जाता है, क्योंकि उसे कल की कोई चिंता नहीं है, भविष्य में क्या वह होना चाहता है इसकी उसे कोई योजना नहीं है। लेकिन धनी व्यक्ति रात भर सो नहीं सकता, क्योंकि उसे कल की चिंता है, भविष्य में क्या वह करेगा, क्या उसे बनना है इसकी पूरी योजना उसने अभी से तैयार कर लिया है। गरीब व्यक्ति क्षण क्षण जीता है क्योंकि उसके लिए हर क्षण जीवन है, भविष्य की कामना नहीं है। लेकिन धनी आदमी इस क्षण नही जीता, क्योंकि उसे भविष्य में जीने की तलास है। धनी आदमी इसलिए जीवन भर पुरी तरह जी नहीं पाता है, क्योंकि उसे भविष्य में जीने की आकांक्षा है। और जो यह आकांक्षा करता है की जब धन होगा, पद होगा, नाम होगा, सुंदर घर होगा, पत्नी और बच्चे होंगे तब जी लेंगे तो निश्चित हीं उसके जीवन में वह भविष्य आने वाला नहीं है।

भविष्य कभी आया नहीं, आ सकता नहीं क्योंकि भविष्य तो वह कामनाओं की अंधी दौड़ है जो कभी पूरी हुई नहीं, और कभी हो सकती नहीं। सिकंदर चला था पुरी दुनियां को जीतने के लिए, लेकिन उसकी दौड़ आधी में हीं समाप्त हो गई। सिकंदर चाहता तो आधी दुनियां को जीत कर भी जीवन जी सकता था, लेकिन उसे तो पूरी दुनियां जीतने की प्रबल आकांक्षा थी। उसकी आकांक्षा थी कि पुरी दुनियां को जीतने के बाद हीं जीवन को सुख और शांति से जिऊंगा, लेकिन उसकी दौड़ बीच में हीं समाप्त हो गई। सिकंदर पूरी दुनियां तो जितना दूर अपनी राजधानी भी नही पहुंच सका और रास्ते में हीं मर गया। जब सिकंदर मरने के करीब था तो उसने मरने से पहले अपने मंत्रियों से कहा कि मै तो बीच रास्ते में हीं जा रहा हूं, लेकिन मेरे मरने के बाद तुम मेरे दोनों हाथों को अर्थी से बाहर निकाल देना जिससे लोगों को यह शिक्षा मिल सके की सिकंदर के पास सबकुछ होते हुए भी कुछ भी नहीं था।

जब यूनान में सिकंदर की अर्थी निकली तो शिर से लेकर पांव तक वस्त्रों में लिपटा हुआ था, लेकिन उसके दोनों हाथ वस्त्रों से बाहर हीं नहीं, बल्कि अर्थी के बाहर लटके हुए थे। उसने मंत्रियों से कहा था तुम मेरी अर्थी को पूरे यूनान में घुमाने के पश्चात हीं मरघट लेकर जाना। और वहीं हुआ पूरे यूनान में सिकंदर की अर्थी को घुमाया गया। जिन हाथों में आधी दुनियां की बागडोर थी वे हाथ खाली थे। और जो पूरी दुनियां को जीतने के लिए दौड़ रहा था उसकी दौड़ बीच में हीं समाप्त हो गई थी।

जिस तरह से सिकंदर की दौड़ थी, और पुरी नहीं हुई उसी तरह हम भी तो जीवन भर दौड़ते हैं। जिस तरह से सिकंदर इस महत्कांक्षा से पीड़ित था की जब हम पूरी दुनियां को जीत लेंगे तब जीवन को सुख शांति से जिएंगे, उसी तरह से तो हम भी कई

तरह के महत्कांकाओं से ग्रस्त हैं। सिकंदर और हममें एक हीं अंतर है, और वह है मात्रा का भेद। सिकंदर की महत्वकांक्षा बड़ी थी, और हमारी महत्वकांक्षा छोटी है, लेकिन फिर भी तो महत्वकांक्षा हीं है। महत्वकांक्षा चाहे पूरी दुनियां को जीत लेने की हो या केवल धन, पद, प्रतिष्ठा, धर्म और स्वर्ग की हो लेकिन वह कभी पूरी नहीं होती है। महत्वकांक्षा से ग्रस्त आदमी बीच में हीं समाप्त हो जाता है, क्योंकि प्रत्येक महत्वकांक्षा एक दूसरी महत्वकांक्षा में लेकर जाती है।

जब हम किसी पद पर नहीं होते हैं तो चाहते हैं कि कोई छोटा पद भी मिल जाए, लेकिन जैसे हीं किसी पद पर हम आसीन हो जाते हैं उससे एक और बड़े पद पर आसीन होने की इच्छा पैदा हो जाती है। लेकिन यह ध्यान रहे कि हम चाहें कितने हीं बड़े पद पर आसीन हो जाएं उससे और भी बड़े पद पर आसीन हुआ जा सकता है। आदमी जितना बड़े पदों पर होता है उसके लिए उतनी हीं मुश्किलें खड़ी होती चली जाती हैं। और इन मुश्किलों के कारण ना तो वह आदमी ठीक से जीवन का आनंद ले पाता है, और ना ठीक से मर पाता है।

इसी तरह से जब हमारे पास एक घर नहीं होता है तो चाहते हैं की एक घर छोटा हो जाए, लेकिन जैसे हीं छोटा सा घर हो जाता है उससे एक बड़े घर की कामना पैदा हो जाती है। और जिसके मन में बड़े घर की कामना है वह छोटे घर में रहते हुए भी सुखी नही हो सकता है, क्योंकि उसका मन तो बड़े घर की कल्पनाओं में विचरण कर रहा है। और जिसे बड़े घर को पाने की इच्छा है वह चाहे कितना हीं बड़ा, और सुंदर घर क्यों न बनवा ले उससे और बड़ा और सुंदर घर बनवाया जा सकता है। हम उस घर में रहने की और सुख पाने की कल्पना करते रहते हैं जो हमारा नहीं है, और ना कभी हो सकता है। लेकिन हम उस घर को भूल चुके हैं जो इस घर के ना रहने पर उपलब्ध था, और इस घर के ना रहने पर भी उपलब्ध होगा।

हम जिस घर को अपना मानते हैं क्या वह अपना रह पाता है...? नहीं वह घर अपना नहीं, क्योंकि उसमें मुझसे पहले कोई और भी इसी तरह रहता था और उस घर को अपना मानता था। लेकिन वह घर उसका भी नहीं हुआ, क्योंकि उसे भी घर को छोड़कर जाना पड़ा। और हम भी एक दिन इसी तरह इस घर को छोड़कर छोड़कर चले जायेंगे। सच तो यह है कि जिस घर को हम इतने शानो शौकत से बनवाते हैं, और उसे तरह तरह से सजाते हैं असल में वह घर अपना होता हीं नहीं है। ना जाने हमने अब तक अनंत घर बनाए लेकिन अब तक कोई भी घर अपना ना हो सका। यह घर अपना कैसे हो सकता है, क्योंकि यह घर एक धर्मशाला के अतिरिक्त, और कुछ भी नहीं है।

हम जहां बसे हुए हैं वह एक मरघट के सिवाय और कुछ भी नहीं है, क्योंकि यहां बराबर किसी न किसी की मौत होती हीं रहती है। किसी न किसी की चिता जलती हीं

रहती है। एक चिता की आग ढंडी भी नहीं होती है तब तक दूसरी चिता जलने लगती है। यह बस्ती नहीं एक मरघट है जिसमे आज नहीं तो कल हम सबकी चिताएं जलनी है। ठीक इसी तरह से यह घर नहीं एक धर्मशाला है जिसे आज नहीं तो कल छोड़कर चले जाना है। किसे हम अपना कहते हैं... उसे जो कभी अपना था हीं नहीं... और जो कभी होगा नहीं। जिस रिश्ते पर हम मालिकाना हक़ जताते हैं वह कभी हमारा हुआ नहीं, और कभी होगा नहीं। सच तो यह है ना तो कोई रिश्ता अपना है, ना तो कोई घर अपना है, और ना हीं कोई यहां की चीज अपनी है।

जिस सभ्यता और संस्कृति पर हम इतने गुमान करते हैं इसी तरह की अनगिनत सभ्यताएं पहले भी बनी और अपने चरम सीमा पर पहुंच कर विलीन गई। इसी तरह से यह सभ्यता भी आने वाले समय में विलीन हो जायेगी। हम जहां रहते हैं वहां पहले भी न जाने कितने लोग रह चुके हैं। और जहां खड़े हैं वहां न जाने कितने लोगों की चिताएं भी जल चुकी है। और हम जिस शरीर पर इतना गुमान करते हैं वह शरीर अनेक प्राणियों के शरीर का हिस्सा रह चुका है। ना तो यह शरीर हमारा है, और ना हम इस शरीर के हैं। यह शरीर भी बदलता है, और इसमें रहने वाला भी बदलता है। जो स्वांस अभी इस शरीर में प्रवेश कर रही है वह स्वांस भी पहले किसी और शरीर में प्रवेश कर चुकी है, और जब यह स्वांस बाहर निकल जायेगी तो किसी और शरीर में प्रवेश कर जायेगी।

जो यह जान लेता है कि यहां कुछ भी अपना नहीं है वह कभी मोह ग्रस्त नहीं होता है। और जो मोह ग्रस्त नहीं होता है वह कभी किसी व्यक्ति या किसी चीज पर स्वामित्व स्थापित करने की भूल नहीं करता है। किसी व्यक्ति या किसी चीज पर स्वामित्व स्थापित करने की भूल वे हीं लोग करते हैं जो मोह ग्रस्त होते हैं। और जो मोह ग्रस्त होते हैं वह दूसरों पर स्वामित्व स्थापित करने की भूल करते हैं। यह स्मरण रहे कि इस जगत में केवल एक हीं पाप संभव है, और वह है किसी पर स्वामित्व स्थापित करना। स्वामित्व स्थापित करने से बड़ा पाप कोई दूसरा नहीं है, क्योंकि जो भी दूसरे पाप हैं वह इसी से निकलते हैं। ऋषि मुनियों ने जिन पांच सबसे बड़े पापों की चर्चाएं की हैं जैसे अहंकार, काम, क्रोध, लोभ और मोह इन सभी पापों का जन्म स्वामित्व स्थापित करने के कारण हीं होता है।

स्वामित्व की दौड़ पाप है, लेकिन जो व्यक्ति स्वामित्व स्थापित करने के लिए दौड़ रहा है वह व्यक्ति कभी भी इस तथ्य से परिचित नहीं हो पाएगा की स्वामी भीतर छिपा है, मालिक भीतर बैठा हुआ है। जो व्यक्ति स्वामित्व स्थापित करने के लिए दौड़ रहा है वह स्वामित्व की तलास बाहर करेगा। किसी का मालिक होना चाहेगा। लेकिन उस व्यक्ति को इतना भी पता नहीं कि किसी पर स्वामित्व स्थापित करने की चेष्टा हीं उसे उसका गुलाम बना देती है जिस पर वह स्वामित्व स्थापित करने की कोशिश करता है।

अगर आप सोचते हैं कि घर बनवा लिया तो हम इसके मालिक हो गए तो आप बड़ी भूल कर रहे हैं, क्योंकि घर के मालिक आप नहीं है, बल्कि घर आपका मालिक है। जब आप घर छोड़ते हैं तो घर आपके लिए आंसू नहीं बहाता है, बल्कि घर के लिए आप आंसू बहाते हैं। आपके घर छोड़ने से घर आपके लिए चिंतित नहीं होता है, बल्कि आप घर के लिए चिंतित होते हैं।

जो लोग घर के मालिक होने की दावा करते हैं वे कहीं बाहर घूमने के लिए जाते हैं तो घर पर ताला लगाते हैं, लेकिन ताला लगाने के बाद भी जब उन्हे ताले पर यकीन नहीं होता है तो ताले को बार बार हिला डुला कर चेक करते हैं। लेकिन कोई कितने भी ताले उस घर पर लगा ले परंतु उसका मन उसके साथ बाहर नहीं जाता, बल्कि उसी घर के इर्द गिर्द चक्कर काटता रहता है। आदमी का शरीर बाहर चला जाता है, लेकिन उसका मन घर की गुलामी की जंजीरों में जकड़ा हीं रह जाता है।

स्वामित्व की जो दौड़ है वह आदमी को हमेशा अपने से बाहर हीं भटकाए रखती है। और जब तक आदमी अपने से बाहर भटकता रहता है तब तक वह उसे खोज रहा है जो बाहर कहीं नहीं मिल सकता है। जो चाहिए हमें वह भीतर मिल सकता है, लेकिन हम उसे वहां तलाश करते हैं जहां वह नहीं नहीं मिल सकता है। और जहां वह नहीं है उसे हम वहां तलासते रहते हैं। जीवन भर उसे खोजते हैं, इसी जन्म में नहीं पिछले अनगिनत जन्मों से खोजते चले आ रहे हैं, लेकिन वह अभी तक नहीं मिला। इस जीवन में इतनी पीड़ा और अशांति भी इसलिए है, क्योंकि जिससे आंनद और शांति मिल सकती थी उस तक हम अभी तक नहीं पहुंचे हैं।

कितना हीं सुख भोग लें लेकिन मन भरता नहीं...। कितना हीं धन इकठ्ठा कर लें लेकिन मन भरता नहीं...। कितने हीं सुख सुविधा के साधन खोज लें लेकिन मन संतुष्ट होता नहीं...। और कितने हीं सुंदर स्त्रियों और पुरुषों को भोग लें लेकिन वासना कभी तृप्त होती नहीं...। आदमी चाहे कितना हीं सफल हो जाए, और उसके पास पुरी दुनियां का संपति इकठी हो जाए, लेकिन यदि वह भीतर अशांत है तो उसकी सफलता का मूल्य दो कौड़ी का भी नहीं है। असल में आदमी को जिसकी तलास है वह भीतर है, लेकिन वह बाहर कभी उसे वासना में डूब कर पाना चाहता है तो कभी वह दूसरे पर स्वामित्व स्थापित करके पाना चाहता है।

स्वामी भीतर है, वह और कुछ नहीं बल्कि हमारा स्वभाव है। लेकिन हमारी नजरें उस तरफ तभी जाएंगी जब बाहर से हमारी नजरें भीतर की ओर मुड़ जाए। जिस दिन से हमारी नजरें बाहर की चीजों से हट कर भीतर की मुड़ जाती हैं उस दिन से भीतर के स्वामी से हमारा एकात्म स्थापित होने लगता है। लेकिन जब तक हमारा मन किसी वस्तु या किसी व्यक्ति में उलझा हुआ है तब तक वह इतना भरा हुआ है कि उसमें थोड़ा भी

भीतर प्रवेश करने की जगह नही है। और जब तक भीतर प्रवेश करने की जगह नहीं मिलता है तब तक हमारा प्रवेश भीतर नहीं हो सकता है।

भीतर प्रवेश तभी हो सकता है जब स्वामित्व की दौड़ बंद हो जाए, रुक जाए। और जब तक यह दौड़ ना रुक जाए तब तक हम अपने को पाने से वंचित रहते हैं। और जब तक हम अपने को हीं पाने से वंचित रहते हैं तब तक हम खुद से अनजान बने रहते हैं। बड़े मज़े कि बात तो यह है कि हम वह सब जानने की कोशिश करते हैं जो हम नहीं हैं, लेकिन उसे जानने की कोशिश नहीं करते हैं जिसे जानकर इस पूरे जगत को हीं नहीं, बल्कि पूरे ब्रह्मांड को भी जाना जा सकता है। और उस ब्रह्मांड को जानकर उस अस्तित्व को भी जाना जा सकता है जिससे सभी कुछ प्रकट होता है, और अंत में उसमें विलीन भी हो जाता है। लेकिन इससे बड़ी अचरज की और कौन सी बात हो सकती है कि मैं हूं, और मुझे मेरा अपना अनुभव नहीं है। मैं और सब प्रश्नों का उतर तो दे सकता हूं, लेकिन यह उतर नहीं दे सकता कि मै कौन हूं...?

वह कौन है... जो स्वामित्व स्थापित करने के लिए दौड़ रहा है...? वह कौन है जो संग्रह करना चाहता है, और सारी पृथ्वी पर साम्राज्य स्थापित करना चाहता है...? और वह कौन है जो मेरे भीतर छुपा हुआ है...? यदि उसका अनुभव कर लिया जाए तो उसका अनुभव हीं पुण्य है। लेकिन इसे अनुभव करने के लिए जो भी दूसरा अनुभव रोकता है वह अनुभव हीं पाप है। यह स्मरण रहे कि जो व्यक्ति दूसरे पर स्वामित्व स्थापित करना चाहता है वह अपने स्वामित्व से वंचित रह जाता है। लेकिन जो दूसरे पर स्वामित्व स्थापित करने से अपने आपको शून्य कर देता है वह अपने ऊपर स्वामित्व स्थापित कर लेता है।

जो अपने ऊपर स्वामित्व स्थापित कर लेता है फिर उसके अंदर क्रोध नहीं उठता है, ईर्ष्या नहीं उठती है, घृणा नही उठती है, कामवासना नहीं उठती है। ये सब सूचनाएं उस व्यक्ति के संबंध में हैं जो अपने स्वभाव के साथ एक हो गया है। जैसे हीं कोई व्यक्ति अपने स्वभाव के साथ एक होता है उसे फिर क्रोध छोड़ना नहीं पड़ता है, बल्कि क्रोध अपने आप छूट जाता है। क्रोध से उपर उठने की लिए चेतना की ऊंचाई बढ़नी चाहिए। जैसे जैसे चेतना की ऊंचाई बढ़ने लगती है वैसे वैसे उन तलों से हटने लगती है जिन तलों पर क्रोध उठता है। और यदि चेतना पूरी तरह से उस तल से उपर उठ जाती है तो उन तलों की विमारियां विसर्जित हो जाती है।

जब चेतना पूरी तरह स्वभाव के साथ एक हो जाती है तो मन के सभी तलों की बीमारियां विसर्जित हो जाती हैं। बुद्ध और महावीर के बारे यह कहना गलत है कि उन्हे क्रोध नहीं आता था, या वे दोनों अपने क्रोध पर नियंत्रण पा लिए थे। बुद्ध और महावीर के बारे यह कहना ठीक नहीं है, क्योंकि यदि बुद्ध और महावीर भी क्रोध पर नियंत्रण

करते तो वे भी हमारे जैसे हीं होते। असल में देखा जाए तो बुद्ध और महावीर जहां हैं वहां क्रोध नहीं पहुंच पाता, क्योंकि जिस मन की सतह पर क्रोध उठता था वहां अब बुद्ध और महावीर नहीं हैं। बुद्ध और महावीर अब उस केंद्र पर मौजूद हैं जहां से उनका संबंध क्रोध से नहीं जुड़ पाता है।

सदियों सदियों से साधू महात्मा कहते आ रहे हैं कि क्रोध पर नियंत्रण करो। माता पिता और स्कूल के शिक्षक भी बच्चों से कहते हैं की क्रोध पर नियंत्रण रखो, क्योंकि क्रोध करना पाप है। लेकिन ना तो बच्चे क्रोध से मुक्त हो पाते हैं, और ना शिक्षक तथा माता पिता क्रोध से मुक्त हो पाते हैं। क्रोध करना पाप नही है, क्योंकि जो व्यक्ति छोटा मोटा क्रोध करता रहता है वह उतना खतरनाक नहीं होता है जितना की वह व्यक्ति खतरनाक होता है जो बहुत समय तक क्रोध को अपने अंदर दबाए रहता है।

जो आदमी क्रोध नहीं करता है उसके पास जाने से भी डरना चाहिए, क्योंकि उसके अंदर का दबा हुआ क्रोध रूपी बारूद कभी भी विस्फोट कर सकता है। और जब ऐसे आदमी का क्रोध विस्फोट होता है तो छोटी मोटी घटना नहीं घटने वाली है, बल्कि उससे एक बड़ी घटना घटने वाली है। इसलिए इतना आप जान लें की क्रोध को दबाए जाने से क्रोध और बढ़ेगा, घृणा को दबाने से घृणा और बढ़ेगी, लोभ को दबाने से लोभ और बढ़ेगा। और इस तरह दबाने जो भी इकठ्ठा होगा, वह ना इकठ्ठा किए की तुलना में कई गुना अधिक विस्फोटक होगा।

अहंकार, काम, लोभ, क्रोध, मोह और घृणा उसी के अंदर उठता है जो अपने मूल स्वभाव से हट गया है। और जो अपने मूल स्वभाव से हट जाता है उसके अंदर असंतोष व्याप्त हो जाता है। असंतोष का अर्थ है मैं कुछ और होना चाहता हूं। मैं जैसा हूं उससे राजी नहीं हूं, बल्कि उससे राजी हूं जो मैं नहीं हूं। और जब तक मैं वह हो नहीं जाता तब तक मेरे मन में असंतोष व्याप्त रहेगा। लेकिन इस असंतोष की पीड़ा में इस बात को हमेशा भूल जाता हूं कि जो मैं नहीं हूं, वह मैं कभी हो नहीं सकता। उदाहरण के लिए गुलाब का फूल कमल होना चाहे तो वह कभी कमल नहीं हो सकता है। और यदि फिर भी गुलाब कमल होने की जिद पर अड़ा हुआ है तो यह भी निश्चित है कि वह कमल होने की आकांक्षा में गुलाब भी नहीं हो पाएगा।

प्रकृति ने जैसा मुझे बनाया वहीं मेरी नियति है। और यदि मैं अपनी नियति से राजी हूं तो संतोष के मार्ग पर हूं। संतोष का अर्थ है कि प्रकृति ने जैसा मुझे बनाया मै उससे राजी हूं। और यदि मैं अपने होने से राजी हूं मेरा कोई उद्देश्य नहीं है। मैं इतना हीं जानता हूं प्रकृति ने मुझे बनाया है, और जब जो भी मुझसे करवाना चाहे वह मुझसे करवा लेगी। मेरी अपनी कोई मंजिल नहीं है, बल्कि प्रकृति जहां मुझे पहुंचा देगी वहीं

मेरी मंजिल हो जायेगा। जो मैं हूं, यदि उसी से राजी हो जाता हूं तो यह मेरे लिए सबसे बड़ा वरदान है। लेकिन जो मैं हूं, और यदि उससे राजी नहीं हूं तो इससे बड़ा अभिशाप दूसरा कोई भी नहीं है।

हमारी विडंबना यहीं है कि हम असंतोष में जी रहे हैं। जैसे हम हैं उससे राजी नहीं हैं, बल्कि हम कुछ और होना चाहते हैं। हम बुद्धिमान नहीं हैं तो बुद्धिमान होना चाहते हैं। हम अमीर नहीं हैं तो अमीर होना चाहते हैं। हम धार्मिक नहीं हैं तो धार्मिक होना चाहते हैं। और हम ज्ञानी नहीं हैं तो ज्ञानी होना चाहते हैं। लेकिन हमें ना तो अमीर होने का अर्थ मालूम है, और ना ज्ञानी होने का अर्थ मालूम है। हम चाहें कुछ भी हो जाएं, लेकिन उस होने से हमें कोई भरोसा मिलने वाला नहीं है।

हमारे पास चाहे कितना भी धन इकठ्ठा क्यों न हो जाए, लेकिन हमारा मन यह नहीं कह सकता है कि इतना धन पर्याप्त है। चाहे कितना भी धन इकठ्ठा हो जाए, लेकिन मन कभी उतने में तृप्त नहीं होता है। मन यह कहता है जब इतना हो गया तो और भी हो सकता है। सारी दुनियां का धन भी इकठ्ठा हो जाए तब भी मन के भीतर यह अड़चन बना रहेगा की और भी हो सकता था। इसी तरह से कितना ज्ञान हमें तृप्त कर सकता है...? हम ज्ञान इसलिए इकठ्ठा करते जाते हैं ताकि ज्ञानी हो जाएं, लेकिन ज्ञान इकठ्ठा कर लेने मात्र से कोई ज्ञानी हो जाता है। नहीं, ज्ञान इकट्ठा कर लेने मात्र से कोई ज्ञान को उपलब्ध नहीं हो जाता है, बल्कि उसे भ्रम हो जाता है कि मै ज्ञानी हूं। और यदि कोई अपने आपको ज्ञानी कहने लगे उसके बारे इतना हीं समझना पर्याप्त है कि वह अभी सचमुच ज्ञान को उपलब्ध नहीं हुआ है।

ना तो ज्ञानी अपने ज्ञान की उद्घोषणा करता है कि मै ज्ञानी हूं, और न अमीर आदमी अपने अमीरी की उद्घोषणा करता है कि मै अमीर हूं। ना तो सुंदर व्यक्ति अपने सुंदर होने की उद्घोषणा करता हैं कि मैं सुंदर हूं, और न बुद्धिमान व्यक्ति अपने बुद्धिमानी की उद्घोषणा करता है की मैं बुद्धिमान हूं। असल में ज्ञानी वह है जो ज्ञानी होने के बाद भी अपने आपको अज्ञानी ही समझता है। ज्ञानी यह जान लेता है की चाहे मैं कुछ भी जान लूं, लेकिन उसके बारे और जाना जा सकता है। चाहे किसी भी रहस्य की गहराई में कितना हीं क्यों न पहुंच जाऊं, उतना और उस रहस्य के भीतर पहुंचा जा सकता है। असल में रहस्य रहस्य इसलिए है, क्योंकि उसके बारे कितना हीं क्यों न जान लिया जाए, लेकिन उसके बारे में और जाना जा सकता है। ज्ञानी यह जान लेता है की मै चाहे कितना हीं क्यों न जान लूं, लेकिन मेरा जानना अंतिम नहीं हो सकता है। और जब जानना अंतिम नहीं हो सकता है तो मैं ज्ञानी नहीं हो सकता हूं। इसलिए ज्ञानी चाहे कितना हीं ज्ञान के परम शिखर पर क्यों न पहुंच जाए, लेकिन वह अपने आपको अज्ञानी हीं समझता है।

इसी तरह से अमीर व्यक्ति अपने अमीरी की उद्घोषणा नहीं करता है, क्योंकि अमीरी एक तरह की नहीं, बल्कि बहुआयामी होती है। किसी के पास धन ज्यादा है तो उसके पास स्वास्थ्य नहीं है। किसी के पास स्वास्थ्य है तो उसके पास धन नही है। किसी के पास बुद्धि ज्यादा है तो वह सुंदर नहीं है। और जिसके पास सुंदरता है उसके पास बुद्धि नहीं है। अब आप इसमें किसको अमीर कहिएगा...? उसे अमीर कहिएगा जिसके पास धन बहुत है, लेकिन उस धन को भोगने के लिए स्वास्थ्य नहीं है। नहीं उस व्यक्ति को आप भी अमीर नहीं कह सकते हैं, क्योंकि जिसके पास धन हो और उसे भोगने के लिए स्वास्थ्य नहीं हो तो उसकी अमीरी दो कौड़ी की भी नहीं है।

अमीरी का मापदंड बाहर से नहीं निकाला जा सकता है, क्योंकि बाहर से जो भी अमीरी का मापदंड निकलेगा वह सभी पर लागू नहीं हो सकता है। अमीरी का मापदंड भीतर से निकलता है, क्योंकि बाहर वही प्रकट होता है जो भीतर है, लेकिन जो बाहर है वह भीतर मौजूद नहीं होता है। एक आदमी बाहर से विनम्र दिखाई दे सकता है, लेकिन यह विनम्रता वास्तविक तभी हो सकती है जब उसके भीतर मौजूद हो। एक साधु आदमी तभी साधु है जब उसके भीतर साधु मौजूद हो। लेकिन उसे कैसे साधु कहिएगा...? जो बाहर साधुता का आडंबर करता हो, लेकिन भीतर से चोर हो। और ऐसे व्यक्ति को कैसे आप विनम्र कहिएगा...? जो बाहर से विनम्रता का चादर ओढ़ रखा हो, लेकिन भीतर क्रोध उबल रहा हो।

अमीरी बाहर से दिखने वाली चीज नहीं है कि वह दिख जाएगी। असल में अमीरी भीतर की चीज है। और जो अमीरी भीतर से प्रकट होती है उसके आगे बाहर की तमाम अमीरी दो कौड़ी की भी नही रह जाती है। बाहर से जो भी मिलता है वह एक ना एक दिन नष्ट हो हीं जाता है, लेकिन भीतर से जो भी मिल जाता है उसे नष्ट होने का कोई उपाय नहीं है। बाहर जो भी मिलता है वह क्षणभंगुर है, लेकिन जो भीतर से मिल जाता है वह शाश्वत है। इसी को कृष्ण गीता में कहते हैं – ना तो उसे अग्नि जला सकती है, ना तो उसे जल बहा सकता है, ना तो उसे अस्त्र शस्त्र काट सकते हैं और ना हीं मृत्यु उसे मिटा सकती है। और वह और कुछ नहीं है, बल्कि स्वयं आप हैं। आपने यदि सबकुछ खोकर भी अपने आप को पा लिया तो आपने सब पा लिया। लेकिन आपने अपने को खोकर सबकुछ पा लिया तो आपने सबकुछ खो दिया।

यह स्मरण रहे कि हम वहीं खोते है जो हमारा नहीं है, लेकिन उसे खोने का कोई उपाय नहीं है जो हमें सदा से मिला हुआ है। बुद्ध से जब किसी ने पूछा आपने क्या खोया और क्या पाया...? बुद्ध उस व्यक्ति को उतर देते हैं कि मै वहीं खोया जो मेरा नहीं था, और उसे पा लिया जो सदा से मेरा था, लेकिन उसका अभी तक स्मरण नहीं था, और अब उसका स्मरण हो गया।

हम हैं, लेकिन हम अपने आपको अपने में खोजने के बजाय बाहर उन सभी में खोजते हैं जिसमें हम नहीं हैं। हम कभी अपने आपको धन में खोजते हैं, तो कभी पद में खोजते है लेकिन वहां हम नहीं हैं तो तृप्ति कैसे मिल सकती है। इसलिए ना तो हमें धन से तृप्ति मिलती है, और ना पद से तृप्ति मिलती है। ठीक इसी तरह से हम कभी कामवासना में डूब कर अपने आपको खोजते हैं, लेकिन कामवासना में भी कभी तृप्ति नहीं मिलती है। कामवासना में तृप्ति इसलिए नहीं मिलती है, क्योंकि हम वहां नहीं है। हम चाहें अपने आपको कितना हीं काम में खोजें या धन, पद, यश में खोज लें लेकिन जिसे खोज रहें हैं वह नहीं मिल सकता है। जो अपने को बाहर खोजता है वह भटकता चला जाता है, और जो अपने को भीतर खोजता है वह परमात्मा से एक हो जाता है।

अध्याय 3

आदमी मुसाफिर है।

एक सूफी कहानी है। इब्राहिम नाम का एक राजा था लेकिन आगे चलकर वह बहुत बड़ा फकीर हो गया। एक रात की बात है वह अपने शयन कक्ष में सो रहा था कि अचानक उसके कानों में किसी के चलने आवाज सुनाई देने लगी। इब्राहिम सोचने लगा कि इस समय कौन है जो मेरे शयन कक्ष के छत पर चहलकदमी कर रहा है। जब चलने की आवाज बंद नहीं हुई तो आखिरकार इब्राहिम जोर से आवाज लगाया कि कौन है जो इस आधी रात को मेरे महल के ऊपर घूम रहा है। इब्राहिम के प्रश्न का जबाव मिला कि मैं अपना वह ऊंट ढूंढ रहा हूं जो तुम्हारी महल के छत पर खो गया है। इब्राहिम बोला क्या तुम पागल हो जो इतना भी नही जानते कि महलों के उपर कहीं ऊंट खोजे जाते हैं... इससे बेहतर होगा तुम वहां खोजो जहां तुम्हारा ऊंट खो गया है।

इब्राहिम के ऐसा कहने पर छत के उपर से आवाज आई कि तुम शायद ठीक कह रहे हो कि मैं पागल हूं... क्योंकि महल के उपर ऊंट नहीं खोजे जाते हैं। लेकिन तुम भी तो दूसरों की तरह पागल हो जो यही नहीं जानते की महलों में कहीं सुख मिलता है... हा... हा... हा... हा... हा...। वह हंसी इतनी रहस्यमय थी की इब्राहिम का तन मन हिलता चला गया। जब इब्राहिम सामन्य अवस्था में आया तो उसने पहरेदारों को बुलवाया, और उन्हे आदेश दिया कि जाओ जाकर देखो की इस आधी रात को कौन इस महल के उपर ऊंट खोज रहा है...?

पहरेदार कुछ समय बाद वापस आकर बोले – महाराज हमलोगों ने महल के उपर हीं नहीं बल्कि महल के चारों तरफ भी खोज लिया, लेकिन कोई भी नहीं मिला। पहरेदारों के ऐसे उतर सुनकर इब्राहिम सोच में पड़ गया कि आखिर वह कौन था... जो

इस आधी रात को महल के उपर ऊंट खो जाने की बातें कर रहा था। और जब पहरेदार उसे खोजने के लिए गए तो वह गायब हो गया। वह काफी देर सोच विचार करने के बाद इस निष्कर्ष पर पहुंचा की जरूर इस घटना का संबंध किसी न किसी उस इशारे से है जिसका संबंध मुझसे जुड़ा हुआ है। खैर रात ज्यादा हो गई थी और इस समय उसके बारे में कुछ किया भी नहीं जा सकता था इसलिए वह सो गया।

सुबह हुआ! दिन चढ़ आया, लेकिन उस अज्ञात व्यक्ति के बारे में कोई भी अभी तक सूचना नहीं मिली। इब्राहिम हैरान... राजदरबार परेशान... तीन दिन बीत गए, लेकिन उस अज्ञात व्यक्ति के बारे में कोई भी खबर नहीं मिली। इब्राहिम को रह रह कर उस व्यक्ति की रहस्यमय आवाज परेशान कर रही थी जिसके बारे में उसे अभी तक पता नहीं चला था। वह उससे मिलना चाहता था, उससे बातें करना चाहता था, लेकिन अभी उससे मिलने का कोई उपाय नहीं था।

दिन गुजरते चले गए! एक दिन की बात है कि उसका राज दरबार लगा हुआ था, दरबार के सभी सदस्य मौजूद थे और किसी योजना पर इब्राहिम मंत्रियों के साथ विचार विमर्श कर रहा था। अभी विचार विमर्श चल हीं रहा था कि राजमहल के द्वार पर किसी व्यक्ति की आवाजें सुनाई देने लगी। वह व्यक्ति द्वारपाल से कह रहा था कि मुझे इस सराय में एक दिन के लिए रुकना है। और द्वारपाल उस व्यक्ति से कह रहा था क्या तुम पागल हो... इतना भी नहीं जानते की यह कोई सराय नहीं बल्कि राजमहल है। वह व्यक्ति बार बार कह रहा था नहीं यह कोई राजमहल नहीं बल्कि सराय है, और द्वारपाल भी बार बार उस व्यक्ति से कह रहा था कि जिसे तुम सराय समझने की भूल कर रहे हो वह राजमहल है, राजा का निवास स्थान है।

उस व्यक्ति के द्वारा बार बार राजमहल को सराय कहने की बातें जब इब्राहिम के कानों में सुनाई दी तो उसे यह आवाज जानी पहचानी सी लगी। वह सोचने लगा जरूर यह वही व्यक्ति होगा जो उस रात महल के छत पर ऊंट खोजने की बातें कर रहा था। इब्राहिम ने फौरन एक दरबारी को आदेश दिया कि जाओ और उस व्यक्ति को आदर सहित हमारे पास लेकर आओ। मैं उससे मिलना चाहता हूं, उससे बातें करना चाहता हूं, और यह भी उससे जानना चाहता हूं वह इस महल को सराय क्यों कह रहा है...? और वह उस रात क्यों इस महल की छत पर ऊंट खोज रहा था...? इब्राहिम के आदेश देते हीं वह दरबारी उस व्यक्ति को लेने के लिए चला गया।

जब दरबारी उस अज्ञात व्यक्ति को लेकर राज दरबार में उपस्थित हुआ तो इब्राहिम ने उस व्यक्ति से पूछा कि कौन हो तुम... और क्यों इस महल को सराय कह रहे हों...? और शायद उस रात तुम्ही थे जो महल की छत पर ऊंट खोज रहे थे। उस व्यक्ति ने जबाव दिया हां मैं हीं उस रात छत पर ऊंट खोज रहा था, और जिसे तुम महल

समझ रहे हो वह एक सराय के अतिरिक्त और कुछ भी नहीं है। क्या तुम पक्का यह बता सकते हो की यह सराय नहीं, बल्कि महल है।

अगर यह महल है तो वह आदमी किधर है...? जो इस सराय को तुमसे पहले भी इसी स्थान पर बैठकर महल कह रहा था, और अपना निवास स्थान बता रहा था। इब्राहिम ने उत्तर दिया वह आदमी और कोई नहीं बल्कि मेरे वह पिताजी थे जो अब इस दुनियां में नहीं रहे। वह व्यक्ति फिर कहने लगा अच्छा उस आदमी को छोड़ो... मैं उस आदमी के पहले भी आया था तब उस समय इसी स्थान तीसरा कोई आदमी बैठा हुआ था। और उस आदमी ने मुझसे यही कहा था यह सराय नहीं, बल्कि राजमहल है, मेरा निवास स्थान है। इब्राहिम फौरन समझ गया और उस व्यक्ति से बोला वह मेरे दादाजी थे जो अब नहीं हैं। वह व्यक्ति इब्राहिम की बातें सुनकर कहने लगा इसलिए मैं कहता हूं जिसे तुम महल समझ रहे हो वह एक सराय के अतिरिक्त और कुछ भी नहीं है।

यह महल नही सराय है, क्योंकि यहां पहले कोई और था, और जब तुम भी नही रहोगे तब कोई और होगा। इब्राहिम ने कहा अगर यह राजमहल नहीं सराय है तो मैं यहां से जा रहा हूं, और आपको जितना दिन इस सराय में रहने की इच्छा हो आप उतना दिन रहने की कृपा करें। और कहते हैं उस दिन के बाद इब्राहिम राजमहल फिर कभी वापस नहीं आया, और आगे चलकर फकीर हो गया। और वह राजधानी के बाहर मरघट के पास झोपड़ी बनाकर रहने लगा। जब भी कोई राहगीर गांव में जाने के लिए उससे रास्ता पूछता था तब इब्राहिम उस राहगीर को उस रास्ते के बारे बता देता था जो मरघट तक लेकर जाता था।

राहगीर उसके द्वारा बताए गए मार्ग पर आगे बढ़ते, और बस्ती की ओर न जाकर मरघट पहुंच जाते थे। और जब यह देखते थे वे बस्ती में आने के बजाय मरघट पहुंच चुके हैं तो उन्हे इब्राहिम पर क्रोध आता था। और वे इब्राहिम के पास जाकर कहते तुम पागल हो गए हो, या तुम्हे रास्ते की जानकारी नहीं है। अगर रास्ते की जानकारी नहीं थी तो फिर हमें वह रास्ता क्यों बता दिया जो मरघट की ओर लेकर जाता है। इब्राहिम कहता मै कभी किसी को गलत रास्ते की जानकारी नहीं देता हूं, लेकिन रास्ते पर चलने वाले बस्ती जाने के बजाय मरघट में पहुंच जाते हैं तो भला इसमें मेरा क्या कसूर है। और मेरा यकीन मानो मैंने तुम्हे बस्ती में जाने वाले रास्ते की हीं जानकारी दी है। और जिसे तुम मरघट समझ रहे हो वह बस्ती है, क्योंकि वहां जो एक बार बस जाता हैं फीर वह कभी नहीं उजड़ता है।

और जिसे तुम बस्ती समझने की भूल कर रहे हो वह मरघट है, क्योंकि वह बार बार उजड़ती रहती है। आज से पहले भी यह तथाकथित बस्ती लाखों बार उजड़ चुकी

है, और आगे भी इसी तरह से उजड़ती रहेगी। और जिसे तुम घर समझ रहे हो वह मात्र एक सराय के अतिरिक्त और कुछ भी नहीं है, क्योंकि इसमें ठहरने वाले मुसाफिर बार बार बदलते रहते हैं। जो पहले इस सराय में ठहरा था वह अब नहीं हैं, और जो आज इस सराय में ठहरने के लिए आया है वह भी कल इस सराय को छोड़कर चला जायेगा। और जो आदमी सराय को सराय की तरह देख लेता है वह सराय के छूट जाने पर कभी शोक नहीं करता है।

आदमी मुसाफिर है, और वह एक सराय को छोड़ता है तो दूसरे सराय की ओर बढ़ जाता है। और जब दूसरे सराय को छोड़ता है तो तीसरे सराय की ओर बढ़ जाता है। बड़े मजे कि बात तो यह है कि ना तो सराय ठहरने वाले मुसाफिर के लिए रोता है, और ना वह मुसाफिर रोता है जो अपने आपको मुसाफिर की तरह जान लिया है। सराय के लिए वे लोग रोते हैं जो सराय को सराय नहीं, बल्कि घर मान लिए हैं।

सराय न कभी आने वाले मुसाफिर के लिए खुशियां मनाता है, और न वह जाने वाले मुसाफिर के लिए दुखी और परेशान होता है। लेकिन सराय में रहने वाले हमलोग इसलिए सराय के लिए रोते हैं, क्योंकि हम उस सराय पर स्वामित्व स्थापित करने की चेष्ठा करते हैं। हम कहते हैं यह मेरा घर है, मेरा महल है, मेरी जमीन है, मेरी संपति है, लेकिन जब मैं नहीं था तब भी तो यह घर था, जमीन थी, संपति थी तो यह मेरी कैसे हो गई...? और यदि हम फीर भी यह घर, यह जमीन, और इस संपति को अपना मानते हैं तो वह मृत्यु के बाद हमारा क्यों नहीं रह जाता है...? सच तो यह है कि ना तो यह घर मेरा है, ना तो यह जमीन मेरी है, और ना यह संपति मेरी है। क्योंकि जब मैं नहीं था तब भी यह मेरी नहीं थी, और जब मैं नहीं रहूंगा तब भी यह मेरी नहीं रहेगी।

जिस जमीन पर हम मालिकाना हक़ जताते हैं वह तो उस समय भी थी जब हम नहीं थे, और उस समय भी रहेगी जब यह जमीन तो होगी परंतु हम नहीं होंगे। आज हम इस जमीन को अपना मानकर इसके लिए मरने मारने पर उतारू हैं तो कल कोई और इस जमीन को अपना मानकर मरने मारने पर उतारू होगा। सच तो यह है कि ना यह जमीन मेरी है, और ना यह तेरी है, बल्कि वह सदा से है, और सदा रहेगी, लेकिन हम आयेंगे और चले जायेंगे। जिस जमीन को हम तेरे मेरे की बीच में तोड़ लेते हैं क्या वह सचमुच टूटती है, उसमें कहीं तेंरे मेंरे के बीच कहीं कोई दरार निर्मित होता है। ना तो जमीन कहीं से टूटती है, और ना इसमें मेंरे और तेरे के बीच में कोई दरार निर्मित होता है। और यदि जमीन भी हमारी तरह हो जाती तो यह जमीन भी हमारी तरह दुखी और परेशान होती।

हम कहते हैं यह मेरा देश है, और वह तेरा देश है, लेकिन यह पृथ्वी कहीं से विभाजित नहीं है जहां से यह निर्धारित किया जा सके यह दूसरी पृथ्वी है और वह दूसरी

पृथ्वी है। पूरी पृथ्वी एक है लेकिन हमारी मूर्खता भी कमाल की है की हम सदा से इस अखंड पृथ्वी को अपनी बुद्धि से तोड़ने का असफल प्रयास करते हैं। और बड़े मज़े कि बात तो यह है कि जितना हम इस पृथ्वी को अलग अलग तोड़ने का प्रयास करते हैं उतना हीं हम इस पृथ्वी से टूटते चले जाते हैं। यह पृथ्वी अखंड है और अखंड रहेगी, लेकिन इसे तोड़ने वाले सदा से टूटते हुए आए हैं, और टूट रहे हैं, और टूटते रहेंगे। जिस पृथ्वी को हम तोड़ने का प्रयास करते हैं, और उस पर अपना अपना स्वामित्व स्थापित करने की कोशिश करते हैं उस पृथ्वी पर अनंत बार हमारी कब्र बन चुकी है, चिताएं जल चुकी है।

जिस मरघट से हम दूर भागते हैं उसी मरघट में एक दिन जाना पड़ता है अंतर केवल इस बात का है जिंदा रहने पर हम दूर भागते हैं तो मरने पर दूसरे लोग लेकर जाते हैं। जिस मरघट से दूर हम घर बनाते हैं वह मरघट तो सदा वहीं रहता है जहां हम घर बनाते हैं, क्योंकि इसी घर से आज नहीं तो कल हमारी अर्थी उठने वाली है। जिस घर को हम पवित्र मानते हैं उस घर के नीचे हजारों बार चिताएं जल चुकी हैं। इस पृथ्वी पर सुई की नोक बराबर भी ऐसी जमीन नहीं है जहां पर चिताएं न जली हो, और लाशें दफन न हो।

ऐसा कोई घर नहीं है इस पृथ्वी पर जहां से किसी की अर्थी न उठी हो, और ऐसा कोई बस्ती नहीं है पृथ्वी पर जहां बस्ती के पहले मरघट न रहा हो। और ठीक इसी तरह से ऐसा कोई मरघट नहीं है इस पृथ्वी पर जहां पहले बस्ती न बसी हुई हो। हम जहां मरघट देखते हैं वह भी बस्ती का उजड़ा हुआ रूप है और जहां बस्ती देखते हैं वह भी मरघट का बसा हुआ रूप है। मरघट तो सदा से मरघट है लेकिन बस्ती बार बार मरघट का रूप लेती रहती है। बस्ती तो कभी उजड़ भी जाती है, लेकिन मरघट तो सदा अपने स्थान पर हीं रहता है।

बुद्ध के जीवन में घटित हुई एक घटना है। एक दिन बुद्ध रोज की तरह अपना प्रवचन दे रहे थे तभी एक स्त्री रोती बिलखती हुई उनके पास पहुंची। बुद्ध ने उस रोती बिलखती हुई स्त्री से पूछा – हे देवी कहो... तुम्हे क्या दुख है... जो इस तरह से रोए चले जा रही हो...? उस स्त्री ने जबाव दिया – हे भगवन आप तो महाज्ञानी हैं, सभी का दुःख दूर करते हैं, इसलिए मैं भी अपने दुख को दूर करने के लिए आपके पास आई हूं। वह स्त्री कहने लगी मेरा एक हीं पुत्र था जिसे मैं बहुत प्रेम करती थी उसे कल रात सर्प ने डस लिया, और वह मर गया। भगवान मै अपने मरे हुए पुत्र को छोड़कर आपके पास इस उम्मीद से आई हूं कि आप हीं केवल मेरा दुःख दूर कर सकते हैं। हे भगवान मुझ दुखियारी स्त्री पर कृपा करें और मेरे मरे हुए पुत्र को जीवन दान दें... ताकि मैं इस दुख की पीड़ा से मुक्त हो सकूं।

स्त्री की बातें सुनकर बुद्ध बोले – इस संसार में जिसका भी जन्म हुआ है उसकी मृत्यु निश्चित है। मै भी एक दिन मर जाऊंगा और यह लोग जो यहां बैठे हुए हैं यह भी एक दिन मर जायेंगे। और जब मृत्यु एक दिन आनी हीं है तो समझो वह आ हीं गई। इसलिए हे देवी तुम अपने पुत्र की मृत्यु पर शोक किए बिना उसका अंतिम संस्कार करो। लेकिन बुद्ध के वचन का उस स्त्री पर कोई प्रभाव नहीं पड़ा। वह स्त्री फिर से कहने लगी कि नहीं मै अपने पुत्र के बिना जीवित नहीं रह सकती, इसलिए आप मुझ दुखियारी स्त्री पर कृपा करें ताकि मेरा पुत्र फिर से जीवित हो जाए।

जब बुद्ध ने देखा अब इस स्त्री को किसी भी तरह समझाया नहीं जा सकता तो उन्होंने उस स्त्री से कहा कि – हे देवी यदि तुम्हारा दुःख अपने पुत्र को जीवित देखकर हीं दूर हो सकता है तो मैं तुम्हारे पुत्र को जीवित करने के लिए राजी हूं। लेकिन इसके पहले मैं तुम्हारे पुत्र को जीवित करूं तुम्हे एक मुट्ठी चावल उस घर से लेकर आना होगा जिसके घर में कभी कोई मृत्यु घटित नहीं हुई हो। वह स्त्री बुद्ध की बातों को समझे वगैर बोल पड़ी इसमें कौन सी बड़ी बात है... मैं अभी जाती हूं, और एक मुट्ठी चावल मांगकर लेकर आती हूं। ऐसा कहकर वह स्त्री एक मुट्ठी चावल लेने के लिए चल पड़ी, और बुद्ध फिर से प्रवचन देने लगे।

सुबह से शाम हो गई लेकिन उस स्त्री को किसी भी घर से एक मुट्ठी चावल नहीं मिला। मिल भी कैसे सकता था... क्योंकि जिसके घर में भी वह स्त्री एक मुट्ठी चावल मांगने के लिए जाती उसी घर के लोग कहने लगते हम आपको एक मुट्ठी चावल तो क्या पुरी चावल की बोरी भी दे सकते हैं, लेकिन हमारे घर से कभी पिता की अर्थी निकली है तो कभी माता की अर्थी निकली है। स्त्री जिसके घर भी जाती थी उस घर में रहने वाला कहता माफ करना देवी इस घर में भी मौत की घटना घट चुकी है। उस दुखियारी स्त्री ने उस गांव में हीं नहीं, बल्कि आस पास के कई गांवों में एक मुट्ठी चावल के लिए उस घर के बारे में पूछा जहां कभी मौत नहीं हुई हो, लेकिन उसे कोई भी ऐसा घर नहीं मिला जहां मौत नहीं हुई हो।

सुबह में जब वह स्त्री बुद्ध के पास गई थी तो उसे केवल अपना पुत्र हीं मरा हुआ दिखाई दे रहा था, लेकिन शाम होते होते उसे किसी के पिता, किसी की माता, किसी का पति, किसी की पत्नी, किसी का भाई तथा किसी के बहन की मृत्यु भी दिखाई देने लगी। उसे अब असंख्य घटित हो चुकी मृत्यु के आगे अपने पुत्र की मृत्यु न कुछ दिखाई देने लगा। वह शाम होते होते भूल हीं गई उसके पुत्र की मृत्यु भी हो चुकी है। और जिस दुख को वह केवल अपना दुःख मान रही थी अब उसे यह भी दिखाई देने लगा सभी लोग किसी न किसी के मृत्यु पर दुखी हैं। और जब सभी लोग दुखी हैं तो इस दुःख को समझने, और इससे छूटने का उपाय क्या है...? वह

सोचने लगी जरूर भगवान के पास कोई न कोई उपाय होगा अतः उन्ही से पूछना उचित होगा।

ऐसा विचार कर वह स्त्री उस तरफ चल पड़ी जहां बुद्ध नित्य प्रवचन देते थे। जब वह सुबह इसी मार्ग पर चल रही थी तो उसके कदम दुख से बोझिल थे लेकिन अब उसी मार्ग पर चलने के दौरान उसे ऐसा महसूस हो रहा था उसके कदम किसी उत्सुकता वश आगे की ओर बढ़ते जा रहे हों। सुबह में बुद्ध के पास आते वक्त उसका हृदय दुःख से व्यथित था, लेकिन अब उसी हृदय से परम शांति की आभा निकलती हुई महसूस हो रही थी। यहीं महसूस करते करते वह कब बुद्ध के पास पहुंच गई उसे इस बात का ख्याल हीं ना रहा।

बुद्ध ने जैसे हीं स्त्री को अपनी ओर आते देखा तो वह उस स्त्री से बोले – देवी लाओ वह एक मुट्ठी चावल और मुझे दे दो ताकि मैं तुम्हारे पुत्र को जीवित कर सकूं। वह स्त्री बोली – भगवन मुझे माफ करें मैं आपके लिए एक मुट्ठी चावल नहीं ला सकी, क्योंकि मैं जिस घर में भी गई उस घर में पहले कोई न कोई मर चुका था। उस समय मैं आपकी बातों को नही समझी थी लेकिन अब आपकी बातें मेरी समझ में आ चुकी हैं। आपने सचमुच हीं एक मुट्ठी चावल के बहाने मेरा अज्ञान दूर कर दिया। और अब मैं यह जान गई हूं की इस संसार में जो भी जन्म लेता है, उसकी मृत्यु भी निश्चित है।

हम सब मरण धर्मा इसलिए हैं, क्योंकि दो मरण धर्मा व्यक्तियों के संयोग से हमारा जन्म होता है। लेकिन इस मरण धर्मा होने में एक खूबी यह भी है की इस शरीर के अंदर कुछ तत्व ऐसा भी है जो कभी नहीं मरता है। वह उस समय भी था जब हमारा जन्म नहीं हुआ था, और वह तब भी रहेगा जब यह शरीर मिट जायेगा। सही मायने में देखा जाए तो ना तो उसका जन्म होता है, और ना तो उसकी मृत्यु होती है। और जिसका न जन्म होता है, और ना मृत्यु होती है वही इस शरीर में छुपा वह अशरीरी है जिसे हम आत्मा कहते हैं।

शरीर बनता है, विकसित होकर जवान बनता है, और जब इस शरीर की ऊर्जा धीरे धीरे क्षीण होने लगती है तो यह बुढ़ापे की ओर अग्रसर हो जाता है। और जब शरीर की ऊर्जा पुरी तरह क्षीण हो जाती है तो उसकी मृत्यु हो जाती है। यह स्मरण रहे मृत्यु शरीर की ऊर्जा क्षीण होने के कारण होती है और ऊर्जा इसलिए क्षीण होती है, क्योंकि शरीर और आत्मा के मध्य दूरी क्रमशः दिन प्रतिदिन बढ़ती हीं चली जाती है। जिस व्यक्ति के शरीर और आत्मा के मध्य जितनी ज्यादा दूरी है वह उतना हीं विछिप्त है। उसके भीतर क्रोध उठेगा, हिंसा उठेगी, घृणा उठेगी, और कभी कभी वह आत्महत्या के विचार से भी ग्रस्त हो जायेगा।

आदमी मुसाफिर की भांति है। जन्म लेता है, बढ़ता है, जवान होता है, अधेड़ होता है वृद्ध होता है, और एक दिन वह इस शरीर रूपी घर को छोड़ कर चला भी जाता है।

मजे की बात यह है कि कोई भी आदमी शरीर से बूढ़ा होता है लेकिन मन से बूढ़ा नहीं होता है, इसलिए बूढ़ा आदमी अक्सर बचपन, और जवानी के दिनों की कल्पना करता रहता है। असल में देखा जाए तो वृद्ध आदमी भी अपने आपको वृद्ध नहीं मानता है, क्योंकि उसके भीतर जरूर कुछ ऐसा तत्व है जिसके कारण उसे यह महसूस होता रहता है की मैं वृद्ध नहीं हूं। और यह बात भी समझ लेनी जैसी है कि वृद्ध आदमी इसलिए अपने आपको वृद्ध नहीं मानता है, क्योंकि कभी कभी उसकी आत्मा और शरीर के मध्य से मन हट जाता है।

शरीर बच्चे से लेकर वृद्ध तक का सफर तय करता है, उसकी अवस्थाएं बदलती चली जाती है। और मन भी बचपन से लेकर वृद्ध होने की अवस्था से गुजरता है, इसलिए मन की अवस्थाएं बदलती रहती है। लेकिन इस शरीर और मन के पीछे जो छुपी हुई आत्मा है उस पर न तो शरीर की विभिन्न अवस्थाओं का प्रभाव पड़ता है, और ना मन की बदलती हुई अवस्थाओं का प्रभाव पड़ता है। शरीर भी अनेक बीमारियों से गुजरता है, और मन भी अनेक मानसिक रोगों से गुजरता है। लेकिन आत्मा उसी तरह से इन बीमारियों से निर्लिप्त रहती है जैसे जल में कमल का पता जल और कीचड़ से निर्लिप्त रहता है।

आत्मा ना तो कभी जन्म लेती है, और ना कभी मरती है। उसे शस्त्र नहीं काट सकते हैं, अग्नि जला नहीं सकती है, जल भिगो नहीं सकता है। उस पर ना तो किसी संस्कार का प्रभाव पड़ता है, और ना किसी जीवन में किए गए पाप और पुण्य का प्रभाव पड़ता है। आत्मा ठीक वैसे हीं इस शरीर और मन के अंदर व्याप्त है जैसे कोई दर्पण। दर्पण के सामने जब कोई होता है दर्पण में उसका प्रतिबिंब बनता है, लेकिन जैसे वह व्यक्ति दर्पण के सामने से हट जाता है उसका प्रतिबिंब भी मिट जाता है। ठीक इसी तरह से इस शरीर और मन के पीछे छुपे इस दर्पण रूपी आत्मा में भी जीवन में घटने वाली प्रत्येक घटनाओं, और विचारों का प्रतिबिंब बनता है और मिट जाता है। लेकिन दर्पण पर कोई प्रभाव नहीं पड़ता है।

यह आत्मा रूपी दर्पण शरीर और मन के भीतर स्थित साक्षी का भाव है। यह जो साक्षी का भाव है इसका नित्य स्मरण रखना हीं आत्मबोध की पहली सीढ़ी है। जब भी क्रोध आए तो उसे देखें, उसका अनुभव करें की पूरा शरीर और मन क्रोध से विषाक्त हो गया है, लेकिन वह जिस पर क्रोध का प्रतिबिंब बन रहा है उस पर कोई प्रभाव नहीं पड़ रहा है। वह दर्पण क्रोध के दौरान भी क्रोध से उसी तरह निर्लिप्त है जैसे वह क्रोध के ना उठने के पहले था। और ठीक इसी तरह से जब हम कामवासना में उतरते हैं तो भी इस दर्पण पर कामवासना की तस्वीर उभरती है, लेकिन इस दर्पण पर कामवासना का कोई प्रभाव नहीं पड़ता है। हम शरीर और मन के द्वारा जो भी करते हैं उसका

आत्मा पर कोई प्रभाव नहीं पड़ता है, क्योंकि आत्मा शरीर और मन के तल पर घटने वाली घटनाओं का साक्षी मात्र है।

यदि जीवन में साक्षी का भाव गहराने लगे तब यह समझ जाना चाहिए अब शरीर और मन से आपकी दूरी बढ़ने लगी है, और अब आप शरीर और मन से उपर उठ रहे हैं। यह जो साक्षी का भाव है जीवन की प्रत्येक क्रियाओं को होश पूर्वक करने से गहराने लगता है। और यह साक्षी का भाव जितना गहराता जाता है उतना हीं जीवन में शांति उतरने लगती है। और जब साक्षी का भाव पुरी तरह से गहरा हो जाता है तो जीवन में पूर्ण शांति आ जाती है। ऐसा व्यक्ति जिसके जीवन में पूर्ण शांति उतर आई है वह कभी उद्विग्न नहीं होता, कभी भयभीत नहीं होता है। और जिसके जीवन में उद्विग्नता है, भय है वह तब तक शांत नहीं हो सकता है जब तक वह स्वयं न जान ले कि वह इस शरीर में रहने वाला एक मुसाफिर की तरह है, जिसे आज नहीं कल इस शरीर को छोड़कड़ चले हीं जाना है।

जीवन में जब भी क्रोध आए तो एक क्षण रुक कर देखें की क्रोध सचमुच मेरे अंदर आ रहा है या इस शरीर और मन में आ रहा है। अगर आपने क्रोध के दौरान एक क्षण भी शरीर, मन और अपने आप में थोड़ा सा अंतराल निर्मित कर लिया तो आप पाएंगे की क्रोध शरीर और मन में आ रहा है लेकिन आप क्रोध से निर्लिप्त हैं। असल में जिस पर क्रोध का प्रतिबिंब बन रहा है वहीं आप हैं। आप क्रोध के कर्ता नहीं हैं, बल्कि क्रोध के साक्षी मात्र हैं, देखने वाले हैं। कुछ लोग कहते हैं क्रोध बुरा है, पाप है। लेकिन क्रोध को ना तो बुरा है और ना हीं पाप है। क्रोध भी एक ऊर्जा है, और इस उठती हुई ऊर्जा का आप सदुपयोग करते हैं, या दुरुपयोग करते हैं यह आपके ऊपर निर्भर करता है।

क्रोध की ऊर्जा का यदि आप साक्षी भाव के द्वारा सदुपयोग करते हैं तो यह ऊर्जा आपके शरीर के साथ मन को भी निर्मल करती चली जाती है। लेकिन क्रोध की ऊर्जा को आप सदुपयोग करना नहीं जानते हैं तो यह शरीर के साथ साथ मन को विकृत करती चली जाती है। आज के बाद जब भी क्रोध आए तब साक्षी भाव का स्मरण करते हुए यह जान लें की क्रोध का प्रतिबिंब आपकी चेतना पर बन रहा है, और इसी प्रतिबिंब के कारण यह भी पता चल रहा है की क्रोध उठ चुका है। अब इसके पहले आप क्रोध की प्रतिक्रिया किसी पर प्रकट करें, अपने दोनों हाथों की मुट्ठियों और जबड़ों को कसकर भींच लें। और ठीक यहीं क्रिया पूरे शरीर के साथ करें। इस क्रिया को करने, और साथ साथ साक्षी भाव का स्मरण करने के कारण क्रोध का सदुपयोग हो जाता है।

जब भी क्रोध में ऐसी क्रिया को दोहराते हैं तब क्रोध की ऊर्जा शरीर और मन के तल पर बनी हुई अनावश्यक ग्रंथियों एवम विकृतियों को दूर कर देती है। कुछ लोग क्रोध को बुरा कहते हैं, पाप कहते हैं अब इसके संबंध में जान लें कि क्रोध बुरा और

पाप तभी होता है जब क्रोध के दौरान होश न हो। अक्सर क्रोध तो तभी मालूम पड़ता है जब वह आकर उपद्रव मचा कर चला गया होता है। लेकिन अब क्या करिएगा, और अब पश्चाताप करने से क्या फायदा होगा। लेकिन हम बार बार क्रोध के आने और उसके उपद्रव के घटित जाने के उपरांत पश्चाताप करते हैं। हम यह भी स्वीकारते हैं की हम उस समय होश में नहीं थे इसलिए हमारे मुंह से गाली निकल गई, अपशब्द निकल गए, किसी का अपमान हो गया, और किसी पर हाथ उठ गया।

अचानक आए क्रोध के क्षण में वहीं हमारे मुंह से निकलता है जो हम पहले से कहना चाहते थे, लेकिन संकोच वश इसलिए नहीं कह रहे थे की कहीं किसी को बुरा न लग जाए। पति पत्नी प्रेम से बातें कर रहे होते हैं, और जब अचानक पति को क्रोध आ जाता है तो पत्नी को वह बात भी कह देता जो उसने कहना तो नहीं चाहा, लेकिन अपने मन में दबाकर रखा था। पति यदि क्रोध के दौरान पत्नी को गाली देता या मारता है तो यह भी जान लें की वह पहले भी पत्नी को गाली देना चाहा था और मारने की कल्पना की थी। लेकिन उसकी यह इच्छा संकोचवश पूरी नहीं हुई थी जिसके कारण इस इच्छा के बीज अचेतन मन में दब गए थे।

एक व्यक्ति क्रोध में अचानक किसी की हत्या कर देता है, और हत्या करने के बाद कहता है यह मुझसे क्या हो गया, और मैने वह कर दिया जो सपनों में भी नहीं सोचा था। लेकिन यह व्यक्ति शायद यह भी नहीं जानता है की वह झूठ बोल रहा है। इसके पहले वह किसी की हत्या करता, हत्या करने के बीज उसने वर्षों पहले अपने अचेतन मन में डाल दिए थे। वर्षों इस बीज को इसने सींचा, खाद और पोषण दिया तब यह बीज अंकुरित होकर वृक्ष बना। और जब यह बीज वृक्ष बन गया तब इसको एक ना एक दिन बाहर प्रकट होना हीं था। यह वृक्ष अभी भी प्रकट नहीं होता लेकिन अचानक आए क्रोध के कारण यह वृक्ष प्रकट हो गया जिसका परिणाम अभी सामने मौजूद है। क्रोध के दौरान वहीं बाहर निकलता है जो भीतर छुपा हुआ है।

हम जो भी अच्छा या बुरा विचार करते हैं उसका बीज हमारे अचेतन मन में इकठ्ठा होता चला जाता है, और वह समय कुसमय बाहर निकलता रहता है। यदि आप किसी का अपमान कर देते हैं तो यह भी जान लेना असल में आप उसे अपमानित करना चाहते थे। यदि आप किसी को क्रोध के क्षण में गाली दे देते हैं तो यह भी आप जान लें आप असल में उसे गाली देना चाहते थे, लेकिन दे नहीं पा रहे थे। क्रोध हमारी उन विकृतियों को भी उजागर कर देता है जिस पर हम सुनहरी चादर चढ़ा देते हैं। और क्रोध हमारे उस असली चेहरे को भी उजागर कर देता है जिसपर हम सुंदर मुखौटा लगाकर कर रखते हैं। क्रोध के क्षण में हीं किसी का वह असली रूप आसानी से दिखाई पड़ जाता है, जो सामान्य अवस्था में दिखाई नही पड़ता है। एक तरह से क्रोध हमारे असलियत

को उजागर करता है। और यदि हम क्रोध के बाद भी अपनी असलियत को देखकर इसे स्वीकार कर लें कि हां मेरा यहीं असली चेहरा है तो यह पूर्ण स्वीकार की भावना हीं हमारे व्यक्तिव को पूर्ण रूप से परिवर्तन कर देती है।

पूर्ण स्वीकार की भावना हीं कभी किसी डाकू को बाल्मिकी बना देती है। कभी किसी हत्यारे को भिक्षु बना देती है। और कभी वासना से ग्रसित आदमी को महाकवि तुलसीदास बना देती है। लेकिन यह स्वीकार की भावना तभी किसी के मन में प्रगाढ़ होती है जब उसका अहंकार पूर्णतया गल चुका होता है। प्रकृति का नियम सदा हमारे साथ होता है, लेकिन हम अहंकार से वशीभूत होकर यह मान लेते हैं प्रकृति के साथ साथ सभी लोग भी हमारे दुश्मन हैं। और ऐसा मानने का नतीजा हीं जीवन को प्रभावित करता रहता है।

अभी करिए क्रोध अभी आप नरक की अग्नि में जलने लगेंगे, और अभी करिए प्रेम अभी आप पर आंनद के फूल बरस पड़ेंगे। यह आप पर निर्भर करता है की आप नरक की अग्नि में जलना चाहते हैं, या अपने ऊपर आंनद की फूलों की वर्षा चाहते हैं। लेकिन यह भी स्मरण रहे यदि आप किसी को प्रेम मात्र इसलिए देते हैं की आप पर आंनद बरस पड़े तो आप कितना हीं प्रेम देते रह जायेंगे परंतु आप पर आंनद के फुलों की वर्षा कभी भी न होगी। आनंद की फूलों की वर्षा तो उसी पर होती है जो निस्काम ढंग से अपने अंदर उमड़ते हुए प्रेम को लुटाए चला जाता है।

बाइबिल में जीसस का एक प्रसिद्ध वचन है " जो लूट जाने को सदा तत्पर है वह भर दिया जायेगा, और जो भरना चाहता है वह रिक्त हो जायेगा " यह जो जीसस का वचन है बड़ा हीं खतरनाक है जिसे कई बार लोगों ने गलत तरीके से समझा है। और इस गलत तरीके से समझने के कारण अपनी संपति को इसलिए लूटा दिए हैं की वे भर जायेंगे लेकिन वे कभी भरे नहीं। असल में जीसस का वचन उनके लिए नहीं है जो कुछ लूटा कर कुछ पाना चाहते हैं, बल्कि जीसस का वचन उनके लिए है जो लूटना हीं इसलिए चाहते हैं क्योंकि लुटाने में हीं उन्हें सबकुछ मिल जाता है।

कभी आप पर्वत के शिखर देखे होंगे। शिखर को देखकर आपको भी लगेगा की कितना भरा पूरा है, समृद्ध है। और उसके अगल बगल खाई को देखकर लगेगा की कितनी हीन है, खाली है और कुछ भी नहीं है इसके पास। लेकिन जब वर्षा होती है तो असलियत उजागर हो जाती है। समृद्ध दिखने वाला शिखर जल से रिक्त रह जाता है, और उसके अगल बगल दीन हीन, रिक्त दिखने वाली खाई जल से भर जाती है। यह जो शिखर के आस पास निर्मित गहरी खाई है यह इसलिए हर बार भर जाती है क्योंकि इसने पहले हीं अपने आपको लूटा दिया है। और शिखर इसलिए हर बार रिक्त और लूटा हुआ रह जाता है क्योंकि इसने अपने आपको भर लिया है।

प्रकृति कहती है जितना हो सके तुम अपने आपको उतना लूटा दो, खाली कर दो। जितना तुम अपने आपको लुटाओगे, उलिचकर खाली करोगे उतना हीं मै तुमको भर दूंगी। तुम ज्ञान लुटाओ ज्ञान से भर दिए जाओगे, प्रेम लूटाओ प्रेम से भर दिए जाओगे, धन को लुटाओ धन से भर दिए जाओगे। और दूसरी तरफ क्रोध को लुटाओ क्रोध से भर दिए जाओगे, घृणा को लुटाओ घृणा से भर दिए जाओगे, अहंकार को लुटाओ अहंकार से भर दिए जाओगे। आप जो भी दोनों हाथों से लुटाएंगे उसी से प्रकृति सदा से भरने को आतुर है।

प्रकृति किसी को दंड नहीं देती है, लेकिन आप अपने कारण दंड पाते हैं। प्रकृति आपको दुख नहीं देती है, लेकिन आप अपने कारण दुख पाते हैं। और प्रकृति आपको सुखी भी नही करती है, लेकिन आप अपने कारण सुख पाते हैं। चाहे आप अपने लिए नरक का निर्माण करें या स्वर्ग का निर्माण करे प्रकृति न इसके लिए उत्तरदाई है, और न हीं इसके लिए सहायक है। असल में प्रकृति एक नियम है जिस समय आप नियम के अनुकूल चलते हैं उस समय आप अपने लिए स्वर्ग का निर्माण कर लेते हैं। और जिस समय नियम के प्रतिकूल होते हैं उस समय आप अपने लिए नरक का निर्माण कर लेते हैं। और जिस समय आप नियम से एक हो जाते हैं उस समय प्रकृति से ऊपर उठ कर परमात्मा से एक हो जाते हैं।

नियम से एक हो जाने का अर्थ है अब मेरा कोई चुनाव ना रहा। अब न तो सुख की कामना है, और ना दुख से भय है। अब न तो स्वर्ग की आकांक्षा है और ना नरक का भय है। मै जहां भी रहूं, जैसे भी रहूं उसमें मेरी कोई मर्जी नहीं, बल्कि उसकी मर्जी है जिसने मुझे भेजा है। चाहे तुम मुझे दुख दो या चाहे मुझे सुख दो, चाहे तुम मुझे सम्मानित करो या चाहे मुझे अपमानित करो अब मेरी कोई आकांक्षा न रही। और जब मेरी कोई आकांक्षा नहीं रही तो कैसा भय, और क्यों भय।

जीसस को जब सूली दी जाने लगी तो जीसस बोले हे ईश्वर मैं जानता हूं तू भी इसी मौत के रूप मेरे समक्ष खड़ा है। तू चाहे मौत के रूप में आए या फरिस्ते के रूप में आए लेकिन मेरी आंखे तुझे पहचानने में धोखा नहीं खा सकती हैं। और अब तू इन सूली देने वालों के रूप आ हीं गया है तो तेरी मर्जी पुरी हो। जीसस चाहते तो उस समय मौत से बच भी सकते थे, लेकिन जीसस ने मौत से बचने के बजाय इतना हीं कहा तेरी मर्जी पुरी हो। और जीसस ने जैसे हीं कहा तेरी मर्जी पुरी हो वैसे हीं वह जीसस से क्राइस्ट में तब्दील हो गए।

जो आदमी मन को समझ लेता है वह पूरे जगत को समझ लेता है। मन को समझने वाला व्यक्ति यह जान लेता है आदमी बहुत हीं कमजोर है। वह जिसे प्रेम करता है उससे घृणा भी करता है, और जिससे घृणा करता है उसी से प्रेम भी करता है। अपने

मन को समझने वाला आदमी यह जान लेता है कभी इसी मन में लोभ भी उठता है तो कभी इसी मन में त्याग की भावना भी प्रबल होती है। जिस समय इस मन में लोभ उठता है उस समय उस चीज को पाने के अलावा और कुछ सुझाई नहीं देता है। और जिस समय त्याग की भावना प्रबल होती है उस समय किसी चीज को लुटाकर हीं मन को शांति मिलती है।

संत वही है जो अपने मन को समझ लिया है। संत अपने मन को समझ कर यह जान लेता है कि आदमी कितना दिन हीन और कमजोर है, इसलिए संत किसी भी आदमी को क्षमा कर देता है। और जो संत आदमी की गलती को क्षमा नहीं कर पाते हैं असल में अभी उनमें संतत्व पैदा हीं नहीं हुआ है। संत के अंदर जो क्षमा करने की शक्ति है वह अपने मन के समझ के साथ हीं विकसित होती है। और वह इस शक्ति के माध्यम से दूसरे के मन की कमजोरी को जानने में सक्षम हो जाता है।

यदि हम अपने मन को समझ लें तो इस जगत के सभी लोगों के नहीं, बल्कि अन्य जीव जंतुओं के मन को भी समझ सकते हैं। हम अपने मन को समझ कर गलती करने वाले आदमी के बारे में यह जानकर उसे क्षमा कर सकते हैं कि जो उस आदमी के द्वारा गलती हुई है वह हमसे भी हो सकती थी। और यदि वह गलती हमसे भी हो सकती थी तब उसको दंड देना, उसपर क्रोध करना, और उसे गाली देने की बात हमारे लिए बेहूदगी होगी। मन को समझने के लिए जोर हम इसलिए दे रहे हैं, क्योंकि मन के समझ के द्वारा हीं यह बात भी पता चल जाती है कि बुरे से बुरा भी हमारे अंदर हीं छिपा हुआ है, और अच्छे से अच्छा भी हमारे अंदर हीं छिपा हुआ है।

जिसे हम ईश्वर कहते हैं वह भी हमारे अंदर हीं छिपा हुआ है, और जिसे शैतान कहते हैं वह भी हमारे अंदर हीं छिपा हुआ है। हमारे अंदर बुद्ध भी छिपे हुए हैं, और अंगुलिमाल भी छिपा हुआ है। हमारे अंदर राम भी उसी तरह मौजूद हैं जिस तरह से रावण मौजूद है। कृष्ण भी हमारा हीं हिस्सा है और कंस भी हमारा हीं हिस्सा है। और ये दोनों किसी कहानी के पात्र नहीं बल्कि हमारे अपने हीं मन के दो पहलू हैं। युद्ध भी कहीं बाहर नहीं है, बल्कि युद्ध भी भीतर हीं है। और जब मन के दोनों पहलू, दोनों हिस्से हमारे हैं, और युद्ध भी भीतर है तो हमारे लिए ना तो कृष्ण प्रसंसा के पात्र रह जाते हैं और न कंस हमारे लिए निंदा का पात्र रह जाता है। और हम न तो कृष्ण के जीत पर जश्न मना सकते हैं, और ना कंस के पराजित होने पर शोक व्यक्त कर सकते हैं।

इसे और भी दूसरे उदाहरण से समझें कि हमारे दो हाथ हैं। यदि दाएं हाथ को हम अच्छा कहते हैं तो बाएं हाथ को हम बुरा न भी कहें तो भी उसके लिए हमने बुरा कह दिया। और यदि बाएं हाथ को बुरा कहें तथा दाएं हाथ को हम अच्छा न भी कहें तो बाएं हाथ को बुरा कहने के साथ दाएं हाथ को हमने अच्छा कह दिया। और यदि यह दोनों

हाथ आपस में अच्छाई और बुराई के लिए एक दूसरे से लड़ने लगें तो उनकी हार या जीत तो बाद में तय होगी, लेकिन उसके पहले हमारी हार जरूर तय हो जाएगी। संत ना तो दाएं हाथ को अच्छा कहेगा, और बाएं हाथ की निंदा करेगा, क्योंकि वह जानता है जिसे वह निंदा करता है वह भी मन एक खेल है, और जिसे वह अच्छा कहता है वह भी मन का एक खेल है।

मन को समझने वाला व्यक्ति यह भी जान जाता है कि जिसे वह प्रिय समझता है कल वह उसी के लिए अप्रिय हो जायेगा। और जिसे आज अप्रिय मानकर दूर भागता है वह कल उसके लिए प्रिय हो जाएगा। अब जिसे मन की इन दोनों स्थितियों की गहरी समझ हो जाए तो उसके लिए ना तो कोई प्रिय होगा, और न कोई अप्रिय होगा, बल्कि वह मन का साक्षी बनकर इन दोनों का स्थितियों का आनंद लेगा। ठीक इसी तरह मन को समझने वाला व्यक्ति ना तो किसी के द्वारा सम्मान मिलने पर गर्व करता है, और ना किसी के द्वारा अपमान मिलने पर दुखी होता है। ऐसा व्यक्ति जानता है जिससे आज सम्मान मिल रहा है कल उसी के द्वारा अपमान भी मिलेगा।

एक बार की बात है स्वामी राम पहली बार अमेरिका गए। उनकी भेष भूषा बिलकुल अनपढ़ गंवार की तरह थी। जब वे एयरपोर्ट पर उतरे तो उन्हे लोग देखकर हंसने लगे, और जब स्वामी राम ने लोगों को अपने ऊपर हंसते देखा तो क्रोधित और नाराज होने के बजाय वे भी उसी तरह खिलखिलाकर हंस पड़े। मजा तो तब आया जब स्वामी राम अपने ऊपर हंसते हीं रह गए लेकिन बाकी लोग चुप हो गए। जो आदमी स्वामी राम को लेने के लिए एयरपोर्ट आया था उससे स्वामी राम कहने लगे कि आज बड़ा मजा आया क्योंकि स्वामी राम को बड़ा अपमान हुआ, और हम उसे देखते रहे।

वह जो आदमी स्वामी राम को लेने आया था वह उनसे कहने लगा आप किस राम की बात कर रहे हैं तो स्वामी राम अपने हीं ओर इशारा करके बोले मैं इस राम के बारे में बातें कर रहा हूं। यह स्वामी राम अपने आपको न जाने क्या क्या समझता था लेकिन आज जब इसका अपमान हो गया तब इसे मालूम होता होगा कि अपने आपको कुछ समझना सिर्फ अहंकार की सूचना देता है, कुछ होने का नहीं। अब ऐसा व्यक्ति जो खुद के अपमान होने पर भी हंसता हुआ रह जाता है उसे कोई भी व्यक्ति अपमानित नहीं कर सकता है। अपमान तो उसी का होता है जो सम्मान पाने की चेष्टा करता है, लेकिन जिसे सम्मान पाने की चाह हीं नहीं है उसे अपमानित करने का कोई उपाय नहीं है। और यदि फिर भी कोई उसे अपमानित करता है तो वह अपमान से भी उसी प्रकार राजी हो जायेगा जिस प्रकार वह सम्मान से राजी हो जाता है।

संत ना तो किसी की निंदा करता है, और ना किसी की प्रसंशा करता है। लेकिन जो व्यक्ति किसी की प्रसंशा करता है वह किसी की निंदा भी अवश्य करेगा। ऐसा व्यक्ति

राम को यदि प्रसंशा करता है तो वह रावण की अवश्य निंदा करेगा। लेकिन देखा जाए तो राम और रावण एक हीं सिक्के के दो पहलू हैं। दोनों एक दूसरे के परिपूरक हैं। ना तो राम के बिना रावण का होना संभव है, और ना तो रावण के बिना राम का होना संभव है। ना राम के बिना रामायण पुरी हो सकती है, और ना रावण के बिना रामायण पुरी हो सकती है। रामायण को पूरा करने के लिए राम और रावण दोनों का होना जरूरी है। असल में राम और रावण रामायण के दो ऐसे पात्र हैं जिससे पूरी रामायण अति रोचक हो जाती है।

जैसे जैसे कोई आदमी अपने मन को समझने में समर्थ हो जाता है वह मन को समझने के उपरांत पूरे जगत को समझने में समर्थ होता है। अपने मन को समझना कोई छोटी मोटी बात नहीं है, बल्कि मन को पूरी तरह समझ जाना पूरे जगत को समझ लेने जैसा है। मन को छोटा समझने की भूल मत करना, क्योंकि मन उतना हीं बड़ा है जितना बड़ा यह जगत है। असल में मन में प्रवेश करना विराट में प्रवेश करने जैसा है। जगत का तो फिर भी कहीं एक सीमा है लेकिन मन की कोई सीमा नही है। और अगर कोई व्यक्ति अपने मन के बारीक रेशों को उघाड़ कर देखने लगता है तो वह विराट में पहुंच जाता है।

आदमी के इस छोटे से दिखने वाले मन में सृष्टि के शुरुआत से लेकर अब तक की सभी यादें है। जीव विज्ञान के हिसाब से देखा जाए तो आदमी का इतिहास लगभग दस लाख वर्ष पुराना है। और इस दस लाख वर्षों में आदमी ने जो भी जाना है उन सबके संस्कार की स्मृतियां मन में संग्रहित है। इस मन में आदमी की केवल अपने आदमी होने की स्मृतियां हीं संग्रहित नहीं है, बल्कि इस मन में वह स्मृतियां भी संग्रहित हैं जब वह आदमी के अलावा जानवर भी था, और जानवर के पहले कीट पतंगे भी था, और कीट पतंगे के पहले पेड़ पौधे तथा पत्थर भी था।

आदमी के मन में वह स्मृति भी मौजूद है जब इस पृथ्वी का निर्माण हुआ था और इस पृथ्वी के निर्माण के दौरान जो भी घटनाएं घटित हुई थी उसकी भी स्मृति इस मन के भीतर मौजूद है। और जब सभी स्मृतियां इस मन के अंदर मौजूद है तो इसका यहीं अर्थ है कि अस्तित्व की समस्त श्रृंखलाएं इस मन के भीतर मौजूद है। जो भी घटा है इस अस्तित्व में कहीं भी और कभी भी उसे आदमी अपने मन के भीतर छिपाए हुए है।

जब बच्चा मां के गर्भ में बढ़ता है तो वह नौ महीने के दौरान उतनी हीं यात्राएं पूरी करता है जितनी यात्रा मनुष्य पिछले दस लाख वर्षों में कर चुका है। जैसे उदाहरण के लिए बच्चे के विकास से संबंधित जो पहला क्षण है जब वह अणु के रूप में होता है तो उसकी यात्रा वहीं से शुरू होती है जहां से पहली मछली का अंडा सागर में जन्मा होगा। मछली मनुष्य का पहला रूप है, और जो बच्चा मां के गर्भ में होता है वह भी उसी की

तरह जीना शुरू करता है, जैसे सागर में मछली जीती है। मछली भी सागर में तैरती रहती है और ठीक उसी तरह बच्चा भी मां के गर्भ में तैरता रहता है।

बड़े मज़े कि बात तो यह है कि बच्चा मां के गर्भ में जिस पानी में तैरता है उसमें उतने हीं केमिकल्स और नमक होते हैं जितना की सागर के पानी में नमक और केमिकल्स होते हैं। बच्चा मां के गर्भ में तैरते हुए उतना हीं विकास यात्रा को तय करता है जितना करीब करीब पिछले एक अरब वर्ष में मछली से लेकर मनुष्य तक विकास हुआ है। एक तरह से देखा जाए तो मनुष्य के शरीर का जो प्रथम ढांचा है वह पहले मछली के रूप में दिखाई देता है, लेकिन अगर इसके पहले भी देखा जाए तो मनुष्य की उत्पति का इतिहास करीब करीब तीन अरब वर्ष पुराना है।

पृथ्वी की उत्पति करीब करीब आज से चार अरब वर्ष पहले सूर्य से अलग हो जाने के कारण हुई थी। जब पृथ्वी सूर्य से अलग हुई तो यह ठंडी होती चली गई, और इसके ठंडे होने के कारण हीं पृथ्वी के परिधि का ताप कोहरे में बदलता चला गया। और यह कोहरा आगे चलकर पानी का रूप धारण करता चला गया। जब पृथ्वी पर चारों तरफ पानी हीं पानी था तो उस समय कोई भी जीवन इस पृथ्वी पर नहीं था। कुछ समय और बिता फिर इसी पानी में कुछ बदलाहट हुए जिसके कारण इस पानी में शैवाल उत्पन हुआ। यह जो आप शैवाल देखते हैं यह जीवन का पहला रूप है, और इसकी स्मृति भी इस मन के अचेतन हिस्से में छिपी हुई है।

पानी में शैवाल के रूप में प्रथम जीवन उत्पन हो गया था फिर कुछ समय पश्चात शैवाल का रूप भी बदलने लगा, और यह बदलता हुआ रूप अमीबा के रूप में तब्दील होता चला गया। अमीबा में नर और मादा दोनों के गुण विद्यमान थे। इस पुरी पृथ्वी पर अमीबा हीं एक ऐसा जीव है जिसमें नर और मादा दोनों के गुण मिलते हैं। स्त्री और पुरुष का जो एक दूसरे के प्रति आकर्षण है वह अमीबा में नर और मादा के संयुक्तता के कारण है। कोई भी पुरुष पूर्ण पुरुष नहीं है, और कोई भी स्त्री पूर्ण स्त्री नहीं है। पुरुष में गहरे तौर पर स्त्री भी छुपी हुई है, और स्त्री में गहरे तौर पर पुरुष भी छिपा हुआ है। और जब भी यह छुपा हुआ आधा हिस्सा पूर्ण होने की मांग करता है तो स्त्री पुरुष के प्रति आकर्षित होती है, और पुरुष स्त्री के प्रति आकर्षित होता है।

कोई भी पुरुष अपने से बाहर स्त्री के प्रति तब तक आकर्षित होता रहता है जब तक वह अपने भीतर के स्त्री से एक होकर पूर्ण नहीं हो जाता है। और कोई भी स्त्री अपने से बाहर के पुरुष के प्रति तब तक आकर्षित होती रहती है जब तक वह अपने भीतर के पुरुष से मिल कर एक नहीं हो जाती है। जो लोग अपने भीतर के स्त्री अथवा को पुरुष से मिलकर एक हो जाते हैं उन्हे बाहर के स्त्री अथवा पुरुष की जरूरत नहीं रह जाती है। असल में योग का अर्थ हीं यह होता है जो टूटा हुआ है उसका जोड़। टूटे

हुए को फिर से जोड़ना हीं योग का उद्देश्य है। शरीर के स्तर पर कोई पुरुष होता है तो कोई स्त्री होती है, लेकिन चेतना के स्तर पर ना तो कोई पुरुष होता है, और ना कोई स्त्री होती है। चेतना के स्तर पर पुरुष और स्त्री दोनों समान होते हैं।

जल में जब शैवाल के रूप बदलने के कारण अमीबा की उत्पति हुई तो उसको अपनी जैसी संतति निर्माण के लिए दूसरे की जरूरत नहीं थी, क्योंकि वह नर और मादा दोनों था। आगे चलकर इसी अमीबा के रूप परिवर्तन के कारण मछली और दूसरे जलीय जीवों की उत्पति हुई। और जलीय जीवों से स्थलीय प्राणियों की उत्पति हुई। करीब करीब मनुष्य के अचेतन मन में उन सभी की स्मृतियां मौजूद है जब वह कभी शैवाल भी था, कभी अमीबा भी था और कभी मछली भी था। मनुष्य के बच्चे को जन्म लेने के लिए नौ महीने लगते हैं और इन नौ महीने में वह बच्चा सूक्ष्म अणु से लेकर हर तरह के जीवों का आकार लेता है, और फिर मनुष्य की तरह जन्म लेता है।

नौ महीने में मनुष्य का बच्चा शीघ्रता से विकास की सारी यात्रा पूरी करता है और इस विकास यात्रा में ऐसा भी उसके लिए समय आता है जब वह बच्चा बंदर की तरह हो जाता है। और उसके बाद इसी बंदर की आकृति बदलकर मनुष्य के बच्चे की आकृति ग्रहण करने लगती है। मनुष्य को मनुष्य बनने में जो अरबों वर्षों की यात्रा है वह यात्रा नौ महीने में बच्चा पुरी कर लेता है। अब यहां एक और बात ख्याल में लेनी जैसी है कि शायद इस यात्रा के जल्दी पुरी होने के कारण हीं मनुष्य का बच्चा पशु पक्षियों के बच्चे की तुलना में कमजोर पैदा होता है।

पशु पक्षियों के बच्चे जन्म के कुछ दिन बाद हीं अपने भोजन की खोज में जुट जाते हैं, लेकिन मनुष्य के बच्चे को रोजी रोटी कमाने, और स्वयं पर निर्भर होने के लिए लगभग बीस से पच्चीस वर्ष लग जाते हैं। जहां एक तरफ मनुष्य का बच्चा कमजोर है उसे दूसरे पर निर्भर रहना पड़ता है, लेकिन वहीं बच्चा दूसरी तरफ मजबूत भी है क्योंकि उसके पास मन, बुद्धि और आत्मा की शक्तियां भी हैं। पशु पक्षियों में भी चेतना और मन है लेकिन बुद्धि के ना होने से फिर भी वे मनुष्य की तुलना में अचेतन हैं। पशु पक्षी और दूसरे जीव भी आनंदित होते हैं, और मनुष्य भी आनंदित होता है लेकिन पशु पक्षी और दूसरे जीवों का आनंद अचेतन है। और जब मनुष्य आनंदित होता है तो उसका आनंद सचेतन है।

इस शरीर और मन में आदमी के विकास का पूरा इतिहास छिपा हुआ है। और अगर कोई भी व्यक्ति अपने शरीर, मन और आत्मा को ठीक से समझ ले तो भूत, वर्तमान और भविष्य तीनों की जानकारी एक साथ मिल सकती है। शरीर की समझ शरीर के अब तक हुए विकास, और आगे होने वाले विकास और पतन के रहस्य खोल कर रख देता है। और मन की गहरी समझ दूसरे के मन के समझने का रहस्य खोल

कर के रख देता है, और आत्मा की समझ पूरे ब्रह्मांड के रहस्य खोल कर रख देता है। जिसके अंदर यह तीनों समझ विकसित हो जाती है वह यह भी जानने में सक्षम होता है कि कब और कैसे इस ब्रह्मांड की उत्पति हुई, और यह ब्रह्मांड कब और कैसे पुनः विलीन हो जायेगा...!

मनुष्य के विकास के संबंध में डार्विन ठीक हीं कहता है कि मनुष्य का विकास बंदर से हुआ है। डार्विन का कहना है मनुष्य भी पहले बंदर की तरह था फिर वह धीरे धीरे विकसित होकर मनुष्य बन गया। डार्विन ने तो बाद में खोज किया कि मनुष्य का विकास बंदर से हुआ है, लेकिन डार्विन से बहुत पहले हीं पूरब के योगी यह कहते आ रहे हैं कि मनुष्य की चेतना पशुओं से हीं नहीं, बल्कि सभी प्रकार के चेतन और अचेतन जीवों के माध्यम से विकसित होते हुए आगे आ रही है। शास्त्र और उपनिषद भी कहते हैं कि चेतना चौरासी लाख योनियों में भटकते हुए मनुष्य योनि तक पहुंची है। इन चौरासी लाख योनियों में जीवाणु, कीड़े मकोड़े, पेड़ पौधे, पशु पक्षी सभी शामिल हैं

आपके मन में सभी कुछ छिपा हुआ है। इस मन में उन रास्तों की स्मृतियां भी मौजूद है जिनसे आप अभी तक गुजर चुके हैं। इस छोटे से दिखने वाले लेकिन असीम मन में वह स्मृतियां भी संग्रहित है जो आपने पिछले अनेक जन्मों के दौरान जीवन जी चुके हैं। आप पिछले जन्म में स्त्री थे या पुरुष थे, और कितनी स्त्रियों तथा पुरुषों को भोगा वह स्मृतियां इस मन के भीतर मौजूद है। आपने कितना बार धन संग्रहित किया...? और हर बार मृत्यु ने आकर उस धन पर पानी फेर दिया यह भी स्मृतियां इस मन में संग्रहित हैं।

युग बीत जाते हैं, सदियां बीत जाती हैं लेकिन हम उसी प्रकार के जीवन जीते चले जाते हैं, जैसे पिछले अनेक जन्मों में जीवन जिए थे। यह जीवन भी उसी प्रकार बीत जायेगा जैसे पिछले जन्मों का जीवन बीत चुका है। और यह जीवन भी वैसे हीं चूक जायेगा जैसे पिछला जीवन चूक गया था। हम उसी प्रकार जीते चले जाते हैं जैसे हम एक हीं फिल्म को बार बार यह मानकर देखते चले जा रहें हों कि पहले इस फिल्म को हमने देखा हीं ना हो। बड़े मज़े की बात तो यह है कि अगर कोई व्यक्ति एक हीं फिल्म को बार बार देखता रहे, पूरे जीवन भर देखता रहे तो हम उस व्यक्ति से कहते हैं तुम पागल हो... क्यों एक हीं फिल्म को बार बार देखते हो...? और एक हीं फिल्म को बार बार देखकर क्या तुम्हारा मन नहीं भरता है...?

जीवन भर एक हीं फिल्म को बार बार देखने वाला व्यक्ति हमें पागल मालूम पड़ता है। लेकिन हम इस जीवन को साठ सत्तर सत्तर सालों तक एक हीं ढंग से जीते चले जाते हैं तो हम अपने आपको बुद्धिमान समझते हैं। हम जिस तरह से जीवन जीते हैं

वह एक पुनरूक्ति भर से ज्यादा और कुछ भी नहीं है। हम करते क्या हैं इस जीवन में, कल भी हमने किसी पर क्रोध करके पश्चाताप किया था, आज भी किसी पर क्रोध करके पश्चाताप कर रहे हैं, और कल भी किसी पर क्रोध करके पश्चाताप करेंगे। कल भी हमने गलती किया था, आज भी हम उसी गलती को दोहरा रहे हैं, और कल भी इसी गलती को दोहराएंगे। पिछले जन्मों में भी हमने धन इकट्ठा किया था, इस जन्म में भी धन इकठ्ठा करते चले जा रहे हैं, और आने वाले जन्म में भी इसी तरह धन इकठ्ठा करते चले जायेंगे।

हम क्रोध करने के उपरांत पछताते हैं, और सोचते हैं आज के बाद कभी क्रोध नहीं करेंगे, लेकिन जब कल आता है तो उसी तरह क्रोध करके पछताते हैं जैसे कल हम क्रोध करने के उपरांत पछताए थे। कल और आज हीं नहीं बल्कि ठीक इसी तरह हम जीवन भर क्रोध करने के उपरांत पश्चाताप करते चले जाते हैं, लेकिन ना तो क्रोध की समझ पैदा होती है, और ना इससे मुक्त होने का कोई उपाय सूझता है। हम एक गलती को जीवन भर दोहराते चले जाते हैं, लेकिन ना तो उस गलती से हम कुछ सीख पाते हैं और ना वह गलती हमारे लिए जागरण का माध्यम बन पाती है।

कल भी हमने कामवासना का सुख भोग था, आज भी हम कामवासना का सुख भोग रहें हैं, और ठीक इसी तरह से आने वाले कल में भी कामवासना का सुख भोगेंगे। कल भी हमें स्त्री अथवा पुरुष को भोगकर संतुष्टि नहीं मिली थी, आज भी हमें स्त्री अथवा पुरुष को भोगकर संतुष्टि नहीं मिल रही है, और ठीक इसी तरह से आने वाले कल में भी स्त्री अथवा पुरुष को भोगकर संतुष्टि नहीं मिलने वाली है। यह आप जान लें कि प्रत्येक संभोग से पहले कुरूप से कुरूप स्त्री अथवा पुरुष भी सुंदर दिखाई देते हैं, क्योंकि आपके भीतर की ऊर्जा अपना मार्ग खोजती है। और ठीक इसी प्रकार सुंदर से सुंदर स्त्री अथवा पुरुष भी संभोग के उपरांत कुरूप दिखाई देने लगते हैं क्योंकि आपके भीतर की ऊर्जा का मार्ग अधोगामी हो चुका होता है।

यह जो स्त्री के प्रति पुरुष का, और पुरुष के प्रति स्त्री का आकर्षण है यह सुंदरता के कारण नहीं होता है, बल्कि शरीर में हो रहे केमिकल्स के रिसाव के कारण होता है। जब भी इस केमिकल्स का रिसाव होता है तो कुरूप से कुरूप स्त्री और पुरूष भी सुंदर दिखाई देने लगते हैं, और जब सुंदर दिखाई देते हैं तो उनको पाने की, भोगने की कामना जन्म लेती है। जब शरीर युवा और जवान होता है तो केमिकल्स ज्यादा मात्रा में बार बार रिसता रहता है और जब यही शरीर जर्जर और कमजोर हो जाता है तो इस केमिकल्स के रिसाव की मात्रा घट कर नाम मात्र की रह जाती है। यहीं कारण है की एक युवा और जवान स्त्री पुरुष जितना एक दूसरे के प्रति आकर्षित होते हैं, उतना वृद्ध स्त्री पुरुष एक दूसरे के प्रति आकर्षित नहीं होते हैं।

जो वैज्ञानिक शरीर पर काफी समय से शोध कर रहे हैं वे अब यह भी कहते हैं कि अगर युवा और जवान स्त्री या पुरुष के शरीर से उन केमिकल्स को अलग कर दिया जाए तो स्त्री पुरुष के बीच का आकर्षण खो जायेगा। शरीर में रिसाव होने वाले इस केमिकल्स के अलग होते हीं ना तो एक युवा और जवान स्त्री पुरुष के प्रति आकर्षित होगी, और न हीं कोई पुरुष स्त्री के प्रति आकर्षित होगा। लेकिन ऐसा भी करने की जरूरत नहीं है, क्योंकि शरीर में केमिकल्स का रिसाव तभी होता है जब शरीर अपने भीतर जरूरत से ज्यादा ऊर्जा उत्पन करता रहता है। और शरीर जरूरत से ज्यादा ऊर्जा तभी उत्पन करता है जब उसे जरूरत से ज्यादा भोजन दिया जाता है। जब शरीर ज्यादा ऊर्जा उत्पन करता है तो वह विभिन्न ग्रंथियों के माध्यम से केमिकल्स का रिसाव करने लगता है।

जब भी शरीर ग्रंथियों के माध्यम से केमिकल्स का रिसाव करता है तो उसका एक हीं उद्देश्य होता है वह अपने भीतर जरूरत से ज्यादा इकट्ठी हो गई ऊर्जा को बाहर निकाल दे। शरीर अपनी हीं जरूरत से ज्यादा इकट्ठी हो गई ऊर्जा को बाहर इसलिए बाहर फेकना चाहता है ताकि वह सुचारू रूप से चल सके। शरीर के कुछ अपनी सुरक्षा प्रणाली है जो शरीर की रक्षा के लिए तरह तरह का इंतजाम करती रहती है। शरीर की यह जो सुरक्षा प्रणाली है यह देखती रहती है कि शरीर में इकट्ठी हो गई इस ऊर्जा का उपयोग हो रहा है या नहीं हो रहा है। अगर इस ऊर्जा का उपयोग ठीक तरह से हो रहा है तो यह सुरक्षा प्रणाली सक्रिय नहीं होती है, लेकिन जब इस ऊर्जा का उपयोग नहीं होता है तो वह शरीर के विभिन्न हिस्सों में मौजूद ग्रंथियों को केमिकल्स के रिसाव करने के लिए संदेश भेज देती है।

जब भी शरीर की ग्रंथियां केमिकल्स का रिसाव करने लगती है तो शरीर के पांच इंद्रियां, और नौ द्वार प्रभावित होने लगते हैं। जिन आंखों से देखकर हम कुरूप स्त्री पुरुष से दूर भागते थे, अब उन्हीं आंखों से देखकर उस कुरूप स्त्री पुरुष के पास आने लगते हैं। जो चीजें पहले असुंदर दिखाई देती थी अब वहीं चीजे सुंदर दिखाई देने लगती है। और जो आवाज हम सुनना नहीं चाहते थे अब उसी आवाज को सुनने के लिए व्याकुल हो जाते हैं। और ठीक इसी तरह से जो सुगंध पहले बदबूदार प्रतीत होती थी, अब वहीं सुगंध अच्छी लगने लगती है। शरीर में हो रहे केमिकल्स के रिसाव में हुए परिवर्तन के कारण कभी हम उसी स्त्री के प्रति आकर्षित होते हैं तो कभी उसी स्त्री से विकर्षित भी होते हैं। कभी वहीं लोग प्रीतिकर लगते हैं तो कभी वहीं लोग अप्रितिकर लगते हैं। कभी वहीं संगीत सुनकर हम मदहोश हो जाते हैं तो कभी वहीं संगीत सुनकर हम क्रोध से भर उठते हैं। कभी उसी धन के पीछे पागलों की तरह दौड़ते रहते हैं तो कभी वहीं धन हमारे लिए जी का जंजाल बन जाता है।

यह जो कभी आकर्षित और विकर्षित होने के पीछे रहस्य है, वह शरीर में हो रहे केमिकल्स का रिसाव है। और जो लोग जीवन भर इस आकर्षण और विकर्षण की दलदल में अटके रह जाते हैं वे शरीर के तल से उपर उठ नहीं पाते हैं। यह जो बाहरी आकर्षण है इसके बारे में दो तीन बातें और ख्याल ले लें कि किसी भी स्त्री अथवा पुरुष का शरीर सुंदर नहीं होता है। शरीर ना तो सुंदर होता है, और ना कुरूप होता है क्योंकि शरीर जैसा है वैसा है। शरीर की सुंदरता, और कुरूपता के स्तर पर जीने वाला व्यक्ति ठीक उसी तरह है जो शरीर के बाहर की चमड़ी की परख रखता हो। मजे की बात तो यह है शरीर की चमड़ी चाहे कितनी हीं अलग अलग क्यों न दिखाई दे, लेकिन चमड़ी के भीतर छुपा हुआ हड्डी और मांस मज्जा सभी में एक जैसा हीं दिखाई देता है।

हम जिसे हिंदू कहते हैं, और जिसे मुस्लिम कहते हैं क्या उनके भीतर बहने वाला खून का रंग अलग अलग है...? हम जिसे भारतीय कहते हैं और जिसे गैर भारतीय कहते हैं उनके भीतर बहने वाला खून क्या भारतीय या गैर भारतीय होने का कोई सबूत देता है...? ना तो किसी हिंदू के भीतर बहने वाला खून मुस्लिम के भीतर बहने वाले खून से अलग है। और ना किसी भारतीय के शरीर में बहने वाला खून गैर भारतीय के शरीर में बहने वाले खून से अलग है। चाहें हम इस पृथ्वी के किसी भी हिस्से में रहने वाले व्यक्ति के शरीर में बहने वाले खून का रंग देखें तो उसका रंग लाल हीं मिलेगा। और ठीक इसी तरह से किसी भी व्यक्ति के अंदर देखें तो उसकी चमड़ी के भीतर वहीं हड्डी और मांस मज्जा दिखाई देगा जो हमारे भीतर है।

महावीर अक्सर अपने साधकों से कहते थे यदि तुम्हारे पास आंख है तो देखो, कान है तो सुनो, मुंह है तो बोलो और हृदय है तो अनुभव करो। यह जो महावीर का वचन है हमलोग उस तरह से नहीं समझ पाते हैं जिस तरह महावीर ने इस वचन को कहा। असल में जैसा महावीर ने कहा वैसा इस वचन को न समझकर हमने इस वचन का अपने अनुसार अर्थ निकाल लिया है। महावीर के इस वचन का जिस तरह से हमने अर्थ निकाला उसके हिसाब से हमलोग कहते हैं बुरा मत देखो, बुरा मत सुनो और बुरा मत बोलो। लेकिन यह स्मरण रहे बुरा नहीं देखने की इच्छा तभी प्रकट होती है जब हम बुरा देख चुके होते हैं। बुरा नहीं सुनने की आकांक्षा तभी उठती है जब हम बुरा सुन चुके होते हैं। और ठीक इसी प्रकार किसी के प्रति बुरा नहीं बोलने के लिए हमारे मुंह तभी खुलते हैं जब हम उसे बुरा बोल चुके होते हैं।

असल में देखा जाए तो महावीर के वचनों का हमलोगों ने अपने अनुसार अर्थ निकाल लिए हैं। और यदि कहीं महावीर अपने वचनों का गलत अर्थ निकालते हुए हमलोगों को देख रहे होंगे तो वह अवश्य हीं अपना शिर पीट लिए होंगे। असल में महावीर के इस वचन का यह अर्थ नहीं है कि बुरा मत देखो, बुरा मत सुनो और बुरा

मत बोलो। नहीं महावीर के वचन का यह अर्थ नहीं है। असल में महावीर जब कहते हैं कि " आंख है तो देखो " तो उनके इस तरह से कहने का तात्पर्य यही है कि तभी देखो जब यह आखें निर्मल हो जाए। जब भी किसी व्यक्ति की आंखे निर्मल हो जाती हैं तो वह व्यक्ति वहीं देखता है जो वास्तविक है। ऐसे व्यक्ति के लिए ना तो कोई सुंदर रह जाता है, और ना कोई कुरूप रह जाता है। यह व्यक्ति कहता है न तो यह जगत सुंदर है और ना यह जगत कुरूप है, बल्कि यह जगत जैसा है वैसा है।

जिसे आप सुंदर कहते हैं, और जिसे आप कुरूप कहते हैं वह भेद इस व्यक्ति के लिए मिट चुका है, क्योंकि जो आंखों के माध्यम से देखता था उसके सामने से पर्दा पुरी तरह से हट चुका है। और यदि इसी व्यक्ति के तरह हीं आपकी भी आखें हो जाएं, और तब आप इस संसार को देखें तो आप किसे कुरूप कहिएगा, और किसे आप सुंदर कहिएगा...? नहीं आप भी किसी को कुरूप नहीं कहिएगा और किसी को सुंदर नहीं कहिएगा, क्योंकि आपको कुरूप में भी वही दिखाई देने लगेगा जो सुंदर में है, और सुंदर में भी वही दिखाई देने लगेगा जो कुरूप में है। कुरूपता और सुंदरता एक हीं सिक्के के दो पहलू होते हैं। और जो कुरूपता और सुंदरता में हीं उलझा रह जाता है वह वही देख पाता है जो वास्तविक नहीं है, लेकिन उसे देखने से वंचित रह जाता है जो वास्तविक है।

महावीर इसी वचन में आगे कहते हैं कि " कान है तो सुनो "। महावीर के कहने का तात्पर्य यह है कि कान तभी वास्तविक ढंग से सुनने के लिए सक्षम हो पाते हैं जब सुनने वाला वही सुन पाता है जो वास्तविक है। उदाहरण के लिए कोई मुझे गाली देता है तो हमें केवल उस व्यक्ति की गाली हीं नहीं सुनाई देती है, बल्कि उस गाली में उसके बैचेन मन की पगध्वनि भी साफ सुनाई देती है। अक्सर वहीं लोग गाली देते हैं जो कमजोर होते हैं, और अक्सर किसी का अपमान वहीं लोग करते हैं जो हीनता का शिकार होते हैं। लेकिन यह वास्तविकता तभी किसी के गाली और किसी द्वारा किए अपमान में उजागर होती है जब हमारे आंख और कान देखने सुनने में समर्थ हो जाते हैं। और जब गाली देने और अपमान करने वाले व्यक्ति की वास्तविकता सामने आ जाती है तब क्रोध आने के बजाय उसकी स्थिति पर दया हीं आती है।

आप किस पर क्रोध कीजियेगा उस पर जो थोड़ी देर बाद फिर से अनुपस्थित हो जायेगा, या उस पर क्रोध कीजियेगा जो अभी अनुपस्थित है थोड़ी देर बाद में फिर से उपस्थित हो जायेगा। गाली तो तभी मुंह से बाहर आती है जब कोई अपने अंदर अनुपस्थित हो चुका होता है, और जन्मों जन्मों से चले आ रहे मन में विछिप्तता भर गई होती है। जिस समय किसी व्यक्ति का मन विछिप्त हो जाता है उस समय उस व्यक्ति को दूसरे को गाली देने, या किसी भी तरह से नुकसान पहुंचाने के अलावा और कुछ

सुझाई नहीं देता है। बुद्ध और महावीर गाली देने वालों लोगों को क्षमा इसलिए कर सके, क्योंकि उनके कान गाली देने वालों की वास्तविकता को सुन पाने में सक्षम हो गए थे। लेकिन हम इसलिए किसी के द्वारा दिए गए गाली को सुनकर क्रोधित हो जाते हैं, क्योंकि उसकी गाली के कारण हमारे अपने मन की विछिप्तता जाग जाती है।

जरा सा कोई अपमान कर देता है तो हमारा व्यक्तिव रूपी महल डगमगाने लगता है, भीतर हलचल मच जाती है। और इस मची हुई हलचल के कारण अचेतन मन में दबी हुई कई जन्मों की परत एक साथ क्षण भर के लिए खुल जाती है। और जब अचेतन मन की इतनी सारी परतें एक साथ खुलती हैं तो क्षण भर के लिए वह अपमान करने वाला व्यक्ति हमारा सबसे बड़ा शत्रु दिखाई देने लगता है। यह बात स्मरण रहे कि किसी के द्वारा दी हुई गाली तभी हमारे मन को प्रभावित करती है जब हमारा मन विकृतियों से भरा हुआ होता है। और जब हमारा मन भरा हुआ होता है तो उसमें कोई गाली समाहित नही होती है, बल्कि इस भरे हुए मन में हलचल मचा देती है।

बुद्ध, महावीर और कृष्ण किसी के द्वारा दी हुई गाली को स्वीकार कर पाए क्योंकि उनका मन खाली था। और मन जब खाली होता है तो किसी की गाली उसमें गूंज कर समाप्त हो जाती है। बुद्ध, महावीर, कृष्ण का मन उसी तरह है जैसे कोई खाली मकान हो। एक खाली मकान में चाहे हम कितनी हीं ऊंची आवाज में कुछ भी बोलें तो वह आवाज कुछ देर गूंजती है फिर वह आवाज ऐसे खो जाती है, जैसे उस मकान पर कोई असर हीं ना हुआ हो। महावीर आगे इसी वचन में कहते हैं कि " मुंह है तो बोलो "। महावीर के कहने का तात्पर्य यह है जितनी आवश्यकता हो उतना हीं बोलो। और तब बोलो जब तुम्हारी वाणी मन में लीन हो जाए, और मन वाणी में लीन हो जाए। जब वाणी और मन दोनों एक दूसरे में लीन हो जाते हैं तो मुंह से वहीं वाणी बाहर आती है जो वास्तविक है। इस वास्तविकता में वह मिलावट नहीं होती है जैसा कि मन और वाणी के अलग अलग होने पर होता है।

असल में होता क्या है...? जब वाणी और मन अलग अलग होते हैं। जब वाणी और मन अलग अलग होते है तब मन में कुछ और चल रहा होता है, और वाणी के द्वारा कुछ और हीं प्रकट होता है। हमारे मन में जो विचार चलते हैं क्या वहीं विचार वाणी का रूप धारण कर पाते हैं...? या मन में कुछ और विचार चल रहे होते हैं और वाणी के रूप में कुछ और हीं प्रकट होता है। अक्सर तो यही होता है कि जो हम कहते हैं वह हम होते नहीं है, और जो हम होते हैं वह हम कहते नहीं हैं। हमारा मन कुछ और कहता है, लेकिन वाणी से कुछ और हीं प्रकट होता है। इस वाणी और मन के अलग अलग होने से जहां एक तरफ वाणी के द्वारा हम किसी को अच्छा कह कर सम्मान देते हैं तो दूसरी मन में चल रहे उसके प्रति बुरे विचारों से उसका अपमान भी कर रहे होते हैं।

हमारी सज्जनता और सभ्यता सभी दो कौड़ी की चीजे हैं, क्योंकि हम बाहर से सज्जनता और सभ्यता की चादर ओढ़ कर चलते हैं, लेकिन हमारे भीतर से दुर्जनता और असभ्यता साफ झलक रही होती है। जहां एक तरफ हम सभ्य होने का दिखावा करते रहते हैं तो दूसरी तरफ जरा सा मौका मिलते हीं असभ्य हरकत करने से भी बाज नहीं आते हैं। और जहां एक तरफ भीड़ में सज्जन बने रहते हैं तो दूसरी तरफ अकेले में दुर्जनता भी प्रकट कर देते हैं। सज्जन होना कोई गुण नहीं है, और सभ्य होना भी कोई गुण नहीं है, लेकिन जो लोग सज्जन और सभ्य होने को गुण मानते हैं उनके भीतर दुर्जनता और असभ्यता रूपी अवगुण भी छिपा होता है।

महावीर कहते हैं कि " मुंह है तो बोलो "। अर्थात उतना हीं बोलो जब बोलने के बिना काम न चल सके। जब वाणी और मन एक दूसरे में लीन हो जाते तो वाणी उतनी हीं रह जाती है जितने से हमारा काम चल जाता है। और यदि हम उतना हीं बोलें जितनी हमारी आवश्यकता हो तो हम एक तो व्यर्थ के उलझनों से बच जायेंगे, और दूसरी हमारी वाणी में वह शक्ति आ जायेगी जो हमारे ज्यादा बोलने के कारण क्षीण हो जाती है। हमारे मन में यह ख्याल जीवन भर जल्दी नहीं आ पाता है कि कब, क्या और कैसे बोलना चाहिए या चुप रहना चाहिए। और जब यह ख्याल हमारे मन में नहीं आ पाता है तो हमें जो बातें जहां नहीं बोलना चाहिए वह भी बोल देते हैं। और जब वह बातें बोल देते हैं तो पछताने के सिवाय हमारे हाथ में कुछ भी नहीं रह जाता है।

बड़े मज़े कि बात तो यह है कि जो ज्यादा बोलता है वह अक्सर ज्यादा फंसता है, और जो जितना हीं कम बोलता है वह उतना हीं सारे मुश्किलों से बच जाता है। ज्यादा बोलना हीं अपने लिए मुसीबत का निमंत्रण देने जैसा है। लेकिन लोग अक्सर उस आदमी को बेवकूफ, और कमजोर समझ लेते हैं जो बहुत कम बोलता है। मजे की बात तो यह है कि ऐसे बहुत हीं कम बोलने वाले व्यक्ति को लोग बेवकूफ भी कहते हैं तो वह व्यक्ति कोई भी उतर नहीं देता है। यह जो हमारी वाणी और मन है, यह तभी मिलकर एक हो पाते हैं जब हमारे ऊपर मौन छाने लगता है। और यह मौन भी तभी हमारे ऊपर छाने लगता है जब हम कुछ पल अकेले अपने पास होते हैं। और जो अपने से एक होने लगता है उसके भीतर से बाहरी आकर्षण समाप्त होने लगता है।

जब भी आपको समय मिले तब आप कुछ पल के लिए अपने से एक होने की कोशिश करें, और उस अपने एक का अनुभव करने की कोशिश करें जो आपके भीतर सदा से विराजमान है। और यदि आप उसके साथ कुछ पल के लिए एक होने लगे तो भीतर की वह आवाज सुनाई देने लगती है जो सदा से मौन के साथ एक हो जाने के लिए संकेत कर रही है। यूं तो मौत के आने पर कोई भी मौन हो जाता है, लेकिन जो जीवन रहते हीं मौन के साथ एक हो जाता है उसके मौन का आनंद कुछ और हीं है, क्योंकि

उसका मौन बेहोशी में नहीं बल्कि होश के माध्यम से आया हुआ है। और यूं तो मृत्यु के उपरांत शरीर परम शांति को उपलब्ध हो जाता है, लेकिन जो जीवन रहते शरीर और मन के स्तर पर शांत हो जाता है उसकी शांति का आनंद कुछ और हीं है, क्योंकि उसकी शांति बेहोशी में नहीं, बल्कि होश के माध्यम से घटित हुई है।

महावीर अपने वचन के अंतिम हिस्से में कहते हैं कि यदि हृदय है तो अनुभव करो। महावीर यह वचन बहुत हीं गहरा है, और इस वचन के अंतिम हिस्से में हमारे अनुभव करने की पूरी प्रक्रिया समाई हुई है। आपको जानकर आश्चर्य होगा कि लगभग 95% लोग ना तो अपने बारे में अनुभव कर पाते हैं, और ना दूसरे के बारे में अनुभव कर पाते हैं। और वे अनुभव करने से इसलिए वंचित रह जाते हैं, क्योंकि उनके पास अनुभव करने के लिए हृदय नहीं होता है। और यह भी स्मरण रहे यहां हृदय का संबंध छाती या सीने में स्थित दिल से नहीं है, बल्कि यहां महावीर के हृदय शब्द का संबंध जीवन के उस परम अनुभव से है जो अपने भीतर उतरने, और अपने आपको समझने से मिलता है।

महावीर कहते हैं कि "हृदय है तो अनुभव करो "। अपने जीवन के अत्यांतिक गहराई में उतरकर वही व्यक्ति जीवन का अनुभव कर पाता है जिसकी बाहर की दौड़ समाप्त हो गई होती है। और बाहर की दौड़ उसी व्यक्ति के लिए समाप्त हो जाती है जो यह जान लेता है कि चाहे मै कितना भी दौड़ू, लेकिन यह मेरे मन से निर्मित संसार ऐसा है कि कभी भी यह दौड़ समाप्त होने वाली नहीं है। जिसके पास हृदय है वह यह भी जान लेता है कि मै पिछले अनंत जन्मों से दौड़ रहा हूं, लेकिन जीवन के अंत में हाथ खाली रह जाता है। और जब दौड़ कर के अंत में मेरे हाथ खाली हीं रह जाने वाले हैं तो मेरी सारी दौड़ निरर्थक है। और जब सारी दौड़ हीं निरर्थक है तो क्यों न मैं उसकी खोज करूं जिसे खोज लेने के बाद किसी और चीज की आकांक्षा नहीं रह जाती है।

समस्त दौड़ निरर्थक है यह मान लेने से मन की दौड़ रुकने वाली नही है, बल्कि समस्त दौड़ निरर्थक है यह अगर जान लिया जाए तो मन की दौड़ रुक जाती है। और मन अपने भीतर ठहर जाता है। मन को समझने के लिए हृदय को समझना जरूरी है। और हृदय तभी समझ में आता है जब दूसरों के प्रति करुणा का भाव पैदा होता है। जब भी कोई आपको गाली देता है तो उस पर क्रोध करने के बजाय उस पर करुणा करें, और अपने भीतर उसकी गाली के द्वारा हो रहे प्रभाव की जांच करें। यदि उस व्यक्ति की गाली आपके भीतर उथल पुथल मचा रही है तो आपके पास अभी भी दूसरे की स्थिति को जानने के लिए हृदय नहीं है। और यदि उसकी गाली आपके भीतर गूंज कर समाप्त हो जाती है तो आपके पास वह हृदय विकसित हो गया है जिससे आप दूसरे की मानसिक स्थिति को आसानी से जान सकते हैं।

यह आप भलीभांति जान लें दूसरा आदमी तभी गाली देता है, या अपमान करता है जब वह अपने भीतर अनुपस्थित रहता है। और दूसरे की गाली पर आपको तभी क्रोध आता है जब आप अपने भीतर अनुपस्थित रहते हैं। और जब दूसरा भी अपने भीतर अनुपस्थित है, और आप भी अपने भीतर अनुपस्थित हैं तो यह गाली, और उस पर क्रोध उन्ही के द्वारा लेन देन होता है जो इस घर में रहने वाले नौकर हैं। और यह सिलसिला इस जन्म में हीं नही चला आ रहा है, बल्कि यह सिलसिला पिछले अनंत जन्मों से चला आ रहा है। अनंत जन्मों से हम इसी तरह से जीवन जीते चले आ रहे हैं। हम इस शरीर के मालिक हैं, लेकिन इतना भी पता नहीं है कि मन और बुद्धि रूपी नौकर अपनी मनमानी करते चले आ रहे हैं।

जिस शरीर में आत्मा के रहते हुए मन और बुद्धि मालिक पर हावी हो जाए उस शरीर में आत्मा रहते हुए भी ना रहने के बराबर हो जाती है। और जिस शरीर में आत्मा होते हुए भी आत्मा नहीं होने के बराबर हो जाती है वह शरीर मन और बुद्धि के द्वारा संचालित होने लगता है। और जो शरीर मन और बुद्धि के द्वारा संचालित होने लगता है उस शरीर में अनेक तरह के शत्रु वास करने लगते हैं। और यह शत्रु इस शरीर में कई तरह की विकृति को जन्म देते हैं। जब शरीर में कई तरह की विकृतियां आ जाती है तो आत्मा की ज्योति ओझल हो जाती है। और जब आत्मा की ज्योति ओझल हो जाती है तो वह आदमी चलता फिरता एक यंत्र हो जाता है।

अब ऐसा व्यक्ति जो मशीन के समान है वह दूसरे के अनुसार हीं प्रतिक्रिया करता रहता है। उदाहरण के लिए कोई जब भी उसका अपमान करता है तो वह व्यक्ति अपमान के कारण क्रोधित हो जाता है। और कोई जब भी व्यक्ति उसका जरा सा सम्मान कर देता है तो उसकी छाती गर्व से फूल कर चौड़ी हो जाती है। यह हमारा जो जीवन है यह करीब करीब हमारे हृदय की अनुपस्थिति में यंत्रवत हो गया है। क्या कभी आपने अनुभव किया है जो आप बाजार में खरीदने के लिए जाते हैं क्या वहीं लेकर आते हैं या वह लेकर आते हैं जो आप खरीदना नहीं चाहते थे। नहीं, आप जो खरीदने के लिए घर से जाते हैं वह आप खरीद करके नहीं लाते हैं, बल्कि वह खरीद लेते हैं जो दुकानदार बेचना चाहता है।

ठीक इसी तरह से हम जीवन भर उसी तरह से जीते चले जाते हैं जैसे दूसरे लोगों की मर्जी होती है। और बड़े मज़े कि बात तो यह है कि दूसरे भी उसी तरह से अपना जीवन जीते चले जाते हैं जैसे हमारी मर्जी होती है। यहां लगभग प्रत्येक आदमी एक दूसरे को यंत्रवत चला रहा है। और जब जीवन हीं यंत्रवत हो जाता है तो हृदय की विकसित होने की संभावना कम हो जाती है। हृदय तो उसी व्यक्ति के अंदर विकसित होता है जो यह जान लेता है कि जैसा मैं जीवन जी रहा हूं वह यंत्रवत है। और जब मेरा

जीवन हीं यंत्रवत है तो सबसे पहले इसको जान लेना जरूरी है कि यह जीवन यंत्रवत कैसे हो गया है...? और जो जान लेता है कि यह जीवन कैसे यंत्रवत हो गया है तो उसके यंत्रवत रहने की प्रक्रिया टूटने लगती है। और जैसे जैसे यंत्रवत रहने की प्रक्रिया टूटने लगती है भीतर उस हृदय का विकास होने लगता है जिससे इस मन और बुद्धि के कार्यप्रणाली को अनुभव किया जाता है।

आपके भीतर जिस दिन हृदय पुरी तरह से विकसित हो जाता है उस दिन आप भी यह अनुभव करके चकित रह जाते हैं कि हर व्यक्ति उन्हीं नियमों के अनुसार काम कर रहा है जिस तरह से आप करते हैं। आप अपने भविष्यद्दष्टा होने के साथ साथ दूसरों के भविष्यद्दष्टा हो सकते हैं। जब कोई आपका अपमान करता है तो आपके भीतर क्या होता है इसे गहराई से अनुभव करें, और फिर आप दूसरे को अपमान करके देखें। आप यह जान सकते हैं कि जो जो आपके भीतर हुआ है ठीक वही दूसरे के भीतर घटित होगा। अगर आपने अपने हृदय और मन को समझ लिया तो आप दूसरे के मन को आसानी से समझ सकते हैं।

जब हम अपने हृदय और मन को समझ लेते हैं तो यह भी जान जाते हैं कि जिससे हमें सुख मिलता है उससे दूसरे को दुःख भी मिलता है। और अगर हम इतना जान कर दुसरे को दुःख देने से बच सकते हैं तो हमने सही मायने में दूसरे को समझ लिया। दूसरे की जब समझ हो जाती है तो भीतर अहिंसा को साधने की जरूरत नहीं पड़ती है, बल्कि अहिंसा अपने आप भीतर प्रकट हो जाती है। अहिंसा का इतना हीं अर्थ है कि जो आप नहीं चाहते कि कोई आपके साथ वैसा व्यवहार करे तो आप भूल कर भी दूसरे के साथ वैसा व्यवहार मत करें। आप दूसरों के साथ वहीं व्यवहार करें जो आप चाहते हैं कि लोग आपके साथ वैसा व्यवहार करें।

लेकिन हम जीवन भर इसी भ्रांति में जिए चले जाते हैं कि जब कोई हमारा अपमान करता है तो हमें पीड़ा होती है। और जब हम दूसरे का अपमान करते हैं तो दूसरे को पीड़ा नहीं होती है। जब हमें कोई गाली देता है तो हमें क्रोध आता है। और जब हम दूसरे को गाली देते हैं तो दूसरे को क्रोध नहीं आता है। नहीं, ऐसा नहीं है जिस तरह दूसरे की गाली से हमें क्रोध आता है उसी तरह हमारी गाली से भी दूसरे को क्रोध आता है। और जिस तरह दूसरे के द्वारा अपमानित होने पर हमें पीड़ा होती है, उसी तरह हमारे द्वारा अपमानित होने पर दूसरे को भी पीड़ा झेलनी पड़ती है।

यह भ्रांति इसलिए हमारे मन में आती है, क्योंकि हम सदा दोहरे सिद्धांत में जीते हैं। अपने जीवन के लिए हमारा अलग सिद्धांत है, और दूसरे के जीवन के लिए अलग सिद्धांत है। और यह दोहरा सिद्धांत किसी और ने नहीं बल्कि हम खुद हीं अपने तथा दूसरे के संबंध में निर्मित कर लेते हैं। इस दोहरे सिद्धांत के निर्मित हो जाने के कारण

हम अपने लिए कुछ और हीं ढंग से सोचते हैं, और किसी दूसरे के लिए दूसरे ढंग से सोचते हैं। अगर दूसरा आदमी हमारा अपमान करता है तो हम सोचते हैं यह दुष्ट है, काहिल है। और जब हम दूसरे का अपमान करते हैं तो सोचते हैं कि हम उसे सुधारने की कोशिश कर रहे हैं। और यह जो हमारा दोहरा सिद्धांत है, यही अधर्म है। और इसी अधर्म रूपी कीचड़ में हमारे जीवन की गाड़ी कभी एक कदम आगे सरकती हुई मालूम पड़ती है तो कभी एक कदम पीछे सरकती हुई मालूम पड़ती है। और जीवन के अंत आते आते यह मालूम पड़ता है कि हमारी जीवन रूपी गाड़ी वहीं की वहीं रह गई।

हम जीवन में दौड़ते तो बहुत हैं, लेकिन पहुंचते कहीं भी नहीं हैं। हम कभी धन के लिए दौड़ते हैं। कभी पद के लिए दौड़ते हैं। कभी काम के लिए दौड़ते हैं और कभी यश के लिए दौड़ते हैं। लेकिन इनमें से कोई भी दौड़ पुरी नही होती है। चाहे सिकंदर हो या अकबर हो, चाहे हिटलर हो या तैमूर लंग सभी की दौड़ अधूरी रह जाती है। यह जो दौड़ है इसे जो समझ लेता है वह इस दौड़ से हमेशा के लिए बाहर हो जाता है। इस महत्वकांक्षा की पागल दौड़ को समझने वाला व्यक्ति यह जान लेता है चाहे मै कितना भी दौडूं लेकिन मेरी दौड़ कभी पूरी नहीं हो सकेगी। और जब यह दौड़ पुरी नही हो सकेगी तो क्यों न इस दौड़ से बाहर निकल जाऊं। और अपने भीतर उसकी खोज करूं जो बार बार दौड़ने के लिए मुझे भीतर से धक्का दे रहा है।

और जो भीतर उसकी खोज करने लगता है वह यह जानकर चकित रह जाता है कि यह जो दौड़ का धक्का है यह इसी जन्म से नहीं, बल्कि पिछले अनंत जन्मों का सिलसिला है। और मै इसी जन्म में हीं नहीं इस दौड़ का शिकार हुआ हूं, बल्कि मेरे पिछले अनंत जन्म इसी दौड़ में बीत चुके हैं। हमने हर बार इसी भांति जन्म लिया, और हर बार इसी महत्वकांक्षा की अंधी दौड़ में अपने जीवन के वह अमूल्य क्षण व्यर्थ में बीता दिए जिसमें जीवन को जाना जा सकता था, समझा जा सकता था। और अब इस जीवन को भी उसी भांति व्यर्थ में गवां रहे हैं।

हमारा जीवन हर बार कब चूक जाता है यह भी हमें मालूम नहीं पड़ता है। और हर बार जब भी जीवन मिलता है तब यह भी ख्याल नहीं आता है कि हम अपने रहने के लिए उस रेत से महल का निर्माण कर रहे हैं जो हवा के हल्के झोंके से गिर जायेगा। और हम जिस झूठे नाम के लिए यश, पद और झूठे मान सम्मान पाने का हर तरह इंतजाम करते हैं वह भी मिट जायेगा। नाम जो हमारा हो नहीं सकता उसके लिए हम क्या से क्या नहीं करते हैं। एक व्यक्ति धन के पीछे इसलिए भागता है ताकि उसके पास इतना धन हो जाए कि उसके नाम की ख्याति पूरी दुनियां में फैल जाए। और दूसरा व्यक्ति अपने धन का इसलिए त्याग कर देता है कि उसकी भी ख्याति पूरी दुनियां में फैल जाए। चाहे कोई धन संग्रह करके अपने नाम का प्रचार करे, या चाहे कोई धन का

त्याग करके अपने नाम का प्रचार करे बात तो उसी झूठे नाम की है जो ना कभी उसका था, और ना कभी उसका होगा।

नाम जो हमारा नहीं है उसके लिए कभी मंदिर बनवाते हैं, कभी उसके लिए गीत लिखते हैं, कभी उसके लिए धार्मिक होने की ढोंग करते हैं, और कभी उसके लिए वह हर शर्त पूरी करते हैं जिससे इस नाम से यश और सम्मान ज़ुड़ सके। आपने कभी सोचा है कि जो लोग मंदिर बनवाने के पीछे अपने जीवन के पूरे दिन और रात एक कर देते हैं वह मंदिर किसी देवता के लिए नहीं बनवाते हैं, बल्कि यह मंदिर उस नाम के लिए बनवाया जाता है जो मिट जायेगा। शायद हीं कोई आदमी मंदिर देवता के लिए बनवाता हैं, और जो सही मायने में मंदिर बनवाता है उस पर उसे अपना नाम अंकित करवाने का कोई उद्देश्य नहीं रह जाता है। यह जो नाम है यह मात्र काम चलाऊ है, संबोधन के लिए काफी है, लेकिन यह भी याद रहे यह नाम पानी पर खींची गई वह लकीर है जो पुरी तरह खीच भी नही पाती है कि मिट जाती है।

हम उस नाम के लिए एक दूसरे से लड़ते रहते हैं, जो हमारा नहीं है और उस नाम के लिए मिट जाना चाहते हैं जो मिट हीं जाने वाला है। बड़े मज़े की बात तो यह है कि जिस नाम के साथ हम एक हो जाते हैं क्या वह इस पृथ्वी पर एक हीं व्यक्ति का नाम होता है...? नहीं जिस नाम के साथ हम एक हो जाते हैं और नाम हीं अपने आपको मान लेते हैं वह नाम इस पृथ्वी के अलग अलग हिस्सों में अनेक व्यक्तियों से संबंधित होता है। जैसे हमारा नाम सुरेंद्र हैं तो इस पृथ्वी पर इस नाम से अकेला मैं हीं नहीं हूं बल्कि इस नाम से संबंधित अब तक अनेक व्यक्ति हो चूके हैं, और आगे भी होते रहेंगे।

नाम तो केवल संबोधन के लिए है, लेकिन जब कोई इस नाम से एक हो जाता है तो उसके जीवन में परेशानी खड़ी जाती है। और वह परेशानी यह है कि वह इस काम चलाऊं नाम के अतिरिक्त अपने बारे में वह जानने से वंचित रह जाता है जो इस नाम के पीछे छुपा हुआ है। नहीं, नाम से एक हो जाने वाला व्यक्ति इस नाम के पीछे छुपे हुए उस अनाम को तब तक नहीं जान सकता है जब तक उसकी इस नाम से संबंधित जुड़ी हुई वासना गिर ना जाए। अपने इस काम चलाऊं नाम से वहीं व्यक्ति अलग हो पाता है जो यह जान लेता है कि ना यह नाम मेरा है, और ना इस नाम से संबंधित वासना में मेरी कोई दिलचस्पी है। और जब इस नाम से जुड़ी समस्त वासनाएं गिर जाती हैं तो नाम भी ऐसे उस व्यक्ति से अलग हो जाता है जैसे कभी उसका हो हीं नहीं।

एक नवजात बच्चे को जब तक नाम नहीं दिया गया होता है तब तक वह उस विराट से एक होता है जो असीम है। लेकिन जैसे हीं उस नवजात बच्चे को नाम देते हैं, वैसे हीं उसे विराट से तोड़कर सीमा में कैद करने की पहली कोशिश शुरू हो जाती है। अब वह बच्चा जैसे जैसे बड़ा होता जाता है, वैसे वैसे वह अपने उस नाम के साथ

सीमित होने लगता है जो पहले भी न जाने कितनी बार उसे इसी तरह से सीमित कर चुका है। आपको जानकर यह आश्चर्य होगा यदि बच्चों को बचपन में नाम न दिया जाए तो उस बच्चे में वह अहंकार विकसित नहीं होगा जो उसके विराट व्यक्तित्व को जंजीरों में बांध करके रख देता है।

एक आदमी आपके बगल में बैठा है, लेकिन अभी तक उसका नाम पता नहीं तो वह आदमी आपके लिए अपरिचित है। और जब तक वह आदमी अपरिचित है तब तक उसकी सता विराट है। लेकिन जब आप उसका नाम पूछते हैं तो वह अपना नाम सुरेंद्र बता देता है। और जैसे हीं वह व्यक्ति अपना सुरेंद्र बता देता है उसकी असीम सता एक सीमा में बंध जाती है। इसके बाद आप फिर उस व्यक्ति से पूछते हैं आप हिंदू हैं या मुस्लिम तो वह अपने आपको हिंदू बताता है। और जैसे हीं वह अपने आपको हिंदू बताता है वह और सीमित हो जाता है। फिर आप उससे पूछते हैं हिंदू में कौन सी जाति के हैं तो वह अपनी जाति कुशवाहा बताता है। जब वह बताता है कि यह मेरी जाति है तो उसकी सता और सिमट कर छोटी हो जाती है।

आप पूछते चले जाते हैं और वह बताते बताते अपनी आखिरी जगह पर पहुंच जाता है। और जैसे हीं वह बताते बताते अपनी आखिरी जगह पर पहुंच जाता है वह एक बिंदु की भांति हो जाता है। और जब वह सिकुड़ कर एक बिंदु के समान हो जाता है तो आप उससे यह अपेक्षा कर सकते हैं वह आपके प्रश्न का कौन सा उत्तर देगा। अब आप उसके साथ सुरक्षात्मक मुद्रा में बैठ सकते हैं, और अपने प्रश्नों के जबाव सुनकर उसके बारे में तरह तरह की भविष्यवाणी भी कर सकते हैं। लेकिन किसी आदमी का केवल नाम और उसकी बाहरी रूप रेखा देखकर उसके बारे नहीं जाना जा सकता है। हम नाम के माध्यम से किसी व्यक्ति के बारे में जो भी जानने की कोशिश करते हैं वह उसके बारे ना होकर हमारा अपना हीं दृष्टिकोण होता है।

नाम के माध्यम से किसी के बारे नहीं जाना जा सकता है, क्योंकि नाम एक काम चलाऊं शब्द है। नाम उपयोगी है केवल संबोधन के लिए लेकिन नाम सत्य नही है। जब भी हम किसी व्यक्ति अथवा किसी वस्तु का नाम देते हैं तो उसको एक सीमा में बांधकर उसकी परम सता को विकृत कर देते हैं। और जब किसी व्यक्ति अथवा किसी वस्तु की परम सता नाम देने से विकृत हो जाती है तो हम उसके बारे वहीं जान पाते हैं जो क्षुद्र है लेकिन उसे जानने से वंचित रह जाते हैं जो उसके भीतर विराट मौजूद है।

नहीं नाम के माध्यम से किसी को नहीं जाना जा सकता है, क्योंकि नाम के माध्यम जो भी जाना जाता है वह असत्य होता है। नाम को जानकर उस व्यक्ति के रंग रूप, उसके आचरण उसके तथाकथित धर्म के बारे में पता तो लगाया जा सकता है, लेकिन उसकी अत्यांतिक गहराई के बारे में नहीं जाना जा सकता है। एक व्यक्ति का नाम

सुरेंद्र हैं, आप कहते हैं वह हिंदू है लेकिन सही मायने में देखा जाए तो क्या उसका नाम सुरेंद्र है...? नहीं उसका कोई नाम नहीं है, क्योंकि जिसे आप नाम देते हैं वह आज है कल नही हो जायेगा। आज वह हिंदू है कल वह गैर हिन्द हो जाएगा।

एक आदमी मंदिर में घंटी बजाता हुआ मिल जाता है तो उसे हम हिंदू कहते हैं, और एक आदमी मस्जिद में नमाज पढ़ता हुआ दिखाई देता है तो उसे हम मुस्लिम कहते हैं। लेकिन जो मंदिर में घंटी बजाता है वह शाम को मस्जिद में नमाज पढ़ता हुआ मिल जाए तो क्या आप उसे हिंदू कहिएगा...? और ठीक इसी तरह से जो आदमी मस्जिद में शाम को नमाज पढ़ता है वह सुबह मंदिर में घंटी बजाता हुआ मिल जाए तो क्या आप मुसलमान कहिएगा...? नहीं, आप ना तो उसे हिंदू कह सकते हैं, और ना उसे मुसलमान कह सकते हैं। असल में देखा जाए तो जिसे आप हिंदू कहते हैं वह कभी मुसलमान भी रह चुका है, और जिसे आप मुसलमान कहते हैं वह कभी हिंदू भी रह चुका है।

एक आदमी अपने आपको कट्टर हिन्द कहता है तो क्या वह यह जान पाता है कि जिसे वह कट्टर हिंदू कह रहा है वह इस जन्म के पहले भी कट्टर हिन्द रह चुका है...? और ठीक इसी तरह से एक आदमी बौद्ध होने पर गर्व करता है तो क्या वह यह जान पाता है कि इस जन्म से पहले भी वह बौद्ध रह चुका है। नहीं, इस रहस्य से आदमी परिचित नहीं हो पाता है। और यदि आदमी किसी भी तरह से अपने पिछले जीवन के रहस्य से परिचित हो जाए तो वह कभी भी अपने आपको न तो कट्टर हिंदू कहेगा, और ना वह बौद्ध होने पर गर्व कर पाएगा।

जो अपने पिछले जन्म से परिचित हो जाता है वह जान जाता है न तो मेरा कोई नाम है, न तो मेरी कोई जाति है, न तो मेरा कोई स्थाई घर है, और न तो मै पुरुष हूं, और न तो मैं स्त्री हूं। आप उस नाम के साथ अपने आपको कैसे एक कर सकते हैं जो मृत्यु के उपरांत अलग हो हीं जाने वाला है...? आप उस जाति से अपने आपको कैसे बांध सकते हैं जो मृत्यु के पश्चात वह बंधन टूट हीं जाने वाला है...? और आप उस घर को अपना कैसे मान सकते हैं जो आज नहीं तो कल छूट हीं जाने वाला है...? और आप अपने आपको पुरुष या स्त्री कैसे मान सकते हैं जिसके भीतर आधी स्त्री है, और आधा पुरुष है...?

जिस नाम को हम धन, पद और यश से हर बार जोड़ते है वह हर बार बदल जाता है। ना जाने हमने कितनी बार इस नाम को धन, पद, यश और धर्म के साथ जोड़ा, लेकिन हर बार मृत्यु ने उसे खाक में मिला दिया। हमने अपने रहने के लिए अनंत बार घर बनाए, लेकिन हर बार जब मृत्यु आई तो उसे छोड़ना पड़ा। यह सभ्यता आज से पहले भी इसी प्रकार अपने चरम सीमा पर पहुंची, लेकिन उसे भी मृत्यु निगल गई।

जिसे इतिहास आज हड़प्पा की संस्कृति के नाम से जानता है, और उसके अवशेष भी बरामद हुए हैं, आखिर वह सभ्यता कहां चली गई...? और जिसे आज इतिहास मोहनजोदड़ो और सिंधु घाटी की सभ्यता के नाम से जानता है उसका आखिर पतन क्यों हो गया...?

इस पृथ्वी पर अनेकों बार सभ्यताएं विकसित हुईं, और उनका पतन भी हो गया। अनेकों बार हजारों धर्म बने, और उनका पतन हो गया। अनेकों बार जीव जंतुओं की लाखों प्रजातियां विकसित हुई, और पतन के गर्त में समा गईं। एक समय था जब इस पृथ्वी पर हाथी से भी विशालकाय स्थलीय प्राणी पाए जाते थे लेकिन वे भी धीरे धीरे इस पृथ्वी से कम होते चले गए। और एक समय वह भी था जब इस पृथ्वी पर मनुष्य की लंबाई लगभग तेरह फिट होती थी, लेकिन अब वह घटकर मात्र पांच से सात फीट के मध्य रह गई है। और आने वाले समय में एक समय वह भी आयेगा जब मनुष्य की लंबाई मात्र दो या तीन फीट की रह जायेगी। और उसकी आयु साठ सत्तर वर्ष से घटकर बीस या तिस वर्ष की हो जायेगी।

हमारा कोई नाम नहीं है लेकिन फिर भी हम नाम से इस प्रकार बंध जाते हैं कि केवल नाम हीं हमारे मन में रह जाता है, और वह खो जाता है जो इस नाम के पीछे छुपा हुआ है। हमारा कोई धर्म नहीं है, लेकिन फिर भी हम तथाकथित धर्म के साथ एक हो जाते हैं जिसके कारण इस धर्म के पीछे वह धर्म अदृश्य हीं रह जाता है जिसे जानने के लिए आए थे। ठीक इसी तरह से हमारा कोई घर नहीं है, लेकिन फिर भी उस घर को अपना मान लेते हैं जो छूट हीं जाने वाला है। और जो घर छूट हीं जाने वाला है उस घर को अपना मानकर उस घर को भूल जाते हैं जो सदा से हमारा है।

बुद्ध का शिष्य बोधिधर्म जब चीन गया तो उससे चीन के सम्राट बू ने पूछा, बोधिधर्म उस परम सत्य के बारे कहो जिसे जानने के बाद कुछ और जानने की आकांक्षा शेष नहीं रह जाती है। बोधिधर्म ने सम्राट बू को उतर दिया कैसा परम सत्य...? क्योंकि कोई ऐसा परम सत्य नही है जिसे कहा जा सके। और अगर फिर भी तुम उस परम सत्य को जानना हीं चाहते हो तो सुनो, शून्य हीं एक मात्र परम सत्य है।

चीन के सम्राट बू ने जब बोधिधर्म से यह उतर सुना तो भीतर हीं भीतर सोचने लगा कि इसे तो कुछ भी मालूम नहीं है, और क्यों मै इसके पास आ गया। बोधिधर्म सम्राट बू के मन में चल रहे विचारों को देखकर मुस्करा रहा था, लेकिन फिर भी वह उससे कुछ भी नहीं बोला। फिर सम्राट बू ने बोधिधर्म से पूछा अच्छा तुम यह बताओ तुम्हारा नाम क्या है...? और कौन हो तुम...? बोधिधर्म ने सम्राट बू से कहा ना तो मेरा कोई नाम है, और ना मुझे अपने बारे में पता है कि मै कौन हूं। बोधिधर्म के उतर सुनकर चीन का सम्राट क्रोधित हो गया और बोधिधर्म से बोला जब तुम्हे अपने बारे में हीं अभी तक

नहीं पता है तो तुम मुझे क्या बताओगे। ऐसा कहकर चीन के सम्राट बू अपने राजमहल लौट गया।

चीन के सम्राट को बोधिधर्म की बातें समझ में नहीं आई, लेकिन उन बातों का सार निकाला जाए तो वहीं जीवन का सत्य है। हम जो भी अपने बारे में जानते हैं वह सत्य नहीं है, बल्कि वह हमारे इस जीवन की स्मृतियों की जोड़ है। एक आदमी हिंदू के घर में जन्म लेता है तो वह हिंदू हो जाता है, और एक आदमी ईसाई के घर में जन्म लेता है तो वह ईसाई हो जाता है। और जैसे हीं कोई व्यक्ति अपने आपको हिंदू मान लेता है या अपने आपको ईसाई मान लेता है उसकी जो जानने की असीम क्षमता है वह एक सीमा में कैद होकर रह जाती है। अब यह व्यक्ति जो अपने आपको हिंदू मान लिया है यह केवल उसी को जान पाएगा जो एक हिंदू की मान्यता है, लेकिन उसे जानने से वंचित रह जायेगा जो सभी धर्मों का उद्गम स्थल है।

यह स्मरण रहे जब तक आप अपने आपको कुछ मानते हैं तब तक आप उसे नहीं जान पाएंगे जो केवल आपके भीतर हीं नहीं, बल्कि सभी के भीतर स्थित है। वह सभी के भीतर मौजूद है, लेकिन उसे तभी जाना जा सकता है जब तक हमारा यह माना हुआ ज्ञान गिर नहीं जाता है। और यह माना हुआ ज्ञान तभी गिर सकता है जब हम यह जान लें कि अब तक जो भी मैंने जाना था केवल वह जानकारी मात्र थी। और जब यह ज्ञान गिर जाता है तब भीतर से ज्ञान का उद्भव होता है।

चाहे नाम हो या शब्द हो सब आपके मन से निर्मित होते हैं। सारा संसार भी मन से निर्मित होता है। और मन अज्ञान है, इस मन को कुछ भी पता नही है। लेकिन बड़े मज़े कि बात है कि मन उसे भी निर्मित कर लेता है जो उसे पता नहीं होता है। और यह इसलिए निर्मित करता है, क्योंकि उसे यह तृप्ति मिलती है कि अब मुझे पता है। अगर मैं आपसे कहूं कि आपको ईश्वर का कोई पता नहीं है तो आपको बड़ी बेचैनी होती है, लेकिन मै आपसे यह कहूं कि आपको ईश्वर का पता है तो आपको बड़ी राहत मिलती है। मन की ऊंची से ऊंची उड़ान ईश्वर की परिकल्पना है, लेकिन जो इस मन के भी पार चला जाए वह उससे एक हो जाता है जो ईश्वर के भी पार है। और जो ईश्वर के पार है उसका ना तो नाम दिया जा सकता है, ना रूप दिया जा सकता है।

जिस तरह से बूंद कभी सागर को नहीं जान पाती है उसी तरह से आदमी उसके संबंध में नहीं जान सकता है जो ईश्वर के पार है। बूंद सागर को तभी जान पाती है जब सागर से वह एक हो जाती है, और आदमी भी उसके बारे में तभी जान पाता है जब वह उससे एक हो गया होता है। लेकिन यह भी जानना नहीं है, क्योंकि जो जानने चला था वह समाप्त हो गया होता है। सागर से लहरें उठती हैं, छलांग लगाती है लेकिन वह सागर को जान भी नहीं पाती है तब तक वह सागर में पुनः विलीन हो चुकी होती

है। ठीक इसी तरह चेतना जब मनुष्य योनि में आती है तो वह भी छलांग लगाती है उसके संबंध में जानने के लिए लेकिन वह जानने से पहले हीं उसमें विलीन हो चुकी हो होती है।

कर्म क्षुद्र है फिर वह चाहे कितना हीं बड़ा कर्म क्यों न हो। कर्मशुन्य हो जाना महान घटना है लेकिन इस कर्म शून्यता को देखने के लिए आखें चाहिए। और इस कर्म शून्यता को पहचानने के लिए ह्रदय भी चाहिए। आखिर क्या है कर्म और क्या है कर्म शून्यता...?

चाहे कर्म छोटा हो या बड़ा प्रत्येक कर्म में हम सक्रिय हो जाते हैं। और जब भी कर्म में सक्रिय होते है तब अपने आप हम बाहर की तरफ चले जाते हैं। और जब भी हम किसी न किसी कर्म में अपने से बाहर जाते हैं तो किसी न किसी व्यक्ति अथवा वस्तु से संबंध जुड़ जाता है। वास्तव में देखा जाए तो कर्म का अर्थ हीं दूसरे से जुड़ जाना होता है। कर्म दूसरे से संबंधित है इसलिए कर्म के माध्यम से आत्मज्ञान का उदय नहीं होता है।

अब थोड़ा अकर्म यानी कर्म शून्यता को समझने का प्रयास करें। अकर्म का अर्थ है आप अकेले हैं, न कोई व्यक्ति है, न कोई वस्तु है आप किसी से जुड़े हुए नहीं हैं। और जब इस अकर्म में आप किसी दूसरे से संबंधित नही है तो इसी अकर्म में आत्मज्ञान का उदय होगा। एक और बात जो आत्मज्ञान के लिए महत्वपूर्ण है वह यह है कि कर्म में आप हमेशा बाहर जाते हैं, लेकिन अकर्म में आप अपने हीं पास होते हैं। कर्म में दूसरे से संबंध जोड़ना पड़ता है, लेकिन अकर्म में अपने से हीं संबध जोड़ना पड़ता है।

कर्म के माध्यम से कोई आत्मज्ञान को उपलब्ध नहीं होता है। लेकिन इसका अर्थ यह भी नहीं है आत्मज्ञानी कर्म नहीं करता है, नहीं आत्मज्ञानी से कर्म होता है, लेकिन वह कर्म उससे उसी प्रकार होता है जैसे नदी बहती चली जाती है। आप नदी का बहना नदी का कर्म नहीं कह सकते हैं, क्योंकि नदी युगों युगों से बहती चली आ रही है, लेकिन उसने अभी तक यह नहीं कहा की मैं बहुत समय से बहती हुई चली आ रहीं हूं। नदी है उसका बहना स्वाभाविक है, हवाएं है उसका बहना स्वाभाविक है, सूर्य है उसका उदय और अस्त होना स्वाभाविक है, चांद है उसका चमकाना स्वाभाविक है।

इस प्रकृति की ओर देखें क्या यह कर्म में सलग्न है। नहीं यह पूरी प्रकृति अकर्म में स्थित है, जो होता है उसके लिए भी यह प्रकृति कभी गर्व नहीं करती है। और जो नहीं होता है उसके लिए भी यह प्रकृति कभी उदास नहीं होती है। पेड़ पौधे बढ़ते हैं, फल फूल देते हैं, लेकिन वह इतना भी नहीं कहते हैं हम फल फूल देते हैं। अगर पेड़ पौधे भी आदमी की तरह कहने लगें कि हम फल फूल दे रहे हैं और आज तक कुछ मिला नहीं तो वे भी आदमी की तरह अकर्म से कर्म में उतर जायेंगे। और जिस दिन पेड़ पौधे

भी फल फूल देने से संबंधित कर्म करने लगेंगे तब उनसे फल तो क्या एक फूल भी मिलना दुर्लभ हो जायेगा।

प्रकृति कोई कर्म नहीं करती लेकिन फिर भी इससे विराट कर्म होता रहता है। सूर्य उदित होता है दिन भर प्रकाश देता है, और शाम को अस्त होता हो जाता है। और सूर्य भी यह कहने लगे कि मै दिन भर अनंत प्रकाश बिखेर कर थक गया हूं तो वह फिर से उदित नहीं हो सकता है। नहीं, सूर्य यह कभी नहीं कह सकता, क्योंकि उसके लिए दिन भर प्रकाश बिखेरना कोई कर्म नहीं है। सूर्य अकर्म में स्थित है, इसलिए वह अनंत काल से प्रकाश लूटा रहा है। तारे अनंत काल से चमक रहे हैं। जल अनंत काल से जीवन प्रदान कर रहा है। हवाएं अनंत काल से प्राण वायु प्रदान कर रही है, लेकिन इन सबकी मात्रा कभी क्षीण नहीं होती है।

गीता बहुत बार पढ़ी गई और बहुत बार समझी गई, लेकिन शायद हीं किसी आदमी के हृदय में उतर सकी। गीता इसलिए हृदय में नहीं उतर सकी क्योंकि उसमें कृष्ण एक बहुत हीं जटिल बात अर्जुन से कहते हैं कि " कर्म करो लेकिन फल की आकांक्षा मत करो "। यह स्मरण रहे कि फल पाने की आकांक्षा तभी कोई व्यक्ति नहीं करेगा जब वह आत्मज्ञान को उपलब्ध हो जाए। और जो व्यक्ति आत्मज्ञान को उपलब्ध हो जाता है वह अकर्म में स्थित हो जाता है। ऐसा नहीं है कि आत्मज्ञानी से कर्म नहीं होता है। नहीं, आत्मज्ञानी से भी कर्म होता है, लेकिन उसे कर्म के फल में कोई भी आकांक्षा नहीं होती है।

आत्मज्ञानी से कर्म होता है, लेकिन वह इस कर्म को एक अभिनय बना लेता है। आत्मज्ञानी यह जान लेता है कि जीवन है तो इस जीवन के लिए कोई न कोई कर्म करना स्वाभाविक है। और जब इस जीवन के लिए कर्म करना स्वाभाविक है तो जो कर्म होना है वह हो हीं जायेगा। और इस कर्म के मार्ग में जो मिलना होगा वह मिल जायेगा, और जो बिछड़ना होगा वह बिछड़ हीं जायेगा। जो मिल जायेगा उसके लिए ना तो मुझे गर्व होगा, और जो बिछड़ जायेगा उसके लिए ना तो मुझे पीड़ा होगी। यह जो जीवन की अनंत यात्रा है आत्मज्ञानी अपने आपको मात्र मुसाफिर की तरह जानता है। इस आत्मज्ञानी के लिए जीवन हीं एक मात्र मंजिल है जीवन जहां उसे ले जाए वह चलता हीं चला जाता है।

यदि हम अपनी बागडोर अपने जीवन के हाथों में भी सौंप सके तो फिर ना तो हमारे लिए कोई सुख होगा, और ना कोई दुःख होगा। फिर इस जीवन के इस मार्ग में जो भी मिल जायेगा वह हमें सहर्ष स्वीकार होगा, और जो भी बिछड़ जायेगा वह भी हमें स्वीकार होगा। असल में देखा जाए तो यह किसी से मिलना और मिलकर बिछड़ना यहीं तो जीवन का खेल है, और इस खेल में जो पारंगत हो जाता है वह किसी से मिलता

है तो भी यह जान लेता है कि आज नहीं तो कल इसका साथ छूट हीं जायेगा। और जब साथ छूट हीं जाना है तो फिर मिलने की खुशी और बिछड़ने की पीड़ा क्यों...? यह भी स्मरण रहे कि किसी से बिछड़ने की पीड़ा तभी होती है जब किसी से मिलने की खुशी में हम अपना होश खो बैठते हैं।

किसी से मिलने की खुशी भी तभी होती है जब हमारी उसके प्रति कोई न कोई अपेक्षाएं जागृत हो चुकी हैं। हमारी अपेक्षाएं अनंत हैं और उसके हिसाब से इस खुशी की मात्रा में परिवर्तन होता रहता है, लेकिन यदि किसी के प्रति कोई अपेक्षाएं न हो, तो ना उससे मिलने से खुशी होती है, और ना हीं उससे बिछड़ने पर पीड़ा होती है। आप जब ट्रेन, बस या हवाई जहाज में यात्रा करते हैं तो रास्ते में अनेक अपरिचित लोग मिलते हैं। जब आप इतने सारे लोगों से मिलते हैं तो क्या इनसे मिलकर खुश होते हैं, नहीं आप खुश नहीं होते क्योंकि आपका मन इनके प्रति अभी अपेक्षा रहित है। और मन अपेक्षा रहित है तो आप इनसे बिछड़ कर भी दुखी नहीं होते हैं।

आप जिस ट्रेन से यात्रा करते हैं, और जब आपकी यात्रा पूरी हो जाती है तो आप ट्रेन के छोड़ने पर दुखी होते हैं। नहीं, आप ट्रेन छोड़ देने पर दुखी नहीं होते हैं, क्योंकि ट्रेन का काम अब आपके लिए समाप्त हो चुका है। ना तो ट्रेन आपके लिए रोती है, और ना आप ट्रेन के लिए रोते हैं, क्योंकि ट्रेन के लिए आप महज एक यात्री हैं जो आज नहीं कल छूट जायेगा। आप मार्ग में कभी कभी सराय में ठहरते हैं तो सराय ना तो आपके आने पर खुश होता है, और ना वह आपके जाने पर दुखी होता है। ठीक इसी तरह से न तो आप सराय में ठहर कर खुश होते हैं, और ना उसको छोड़ने पर दुखी होते हैं क्योंकि वह आपके लिए मात्र एक सराय है।

मज़े की बात यह है कि ट्रेन, बस या हवाई जहाज के मिलने या उनके छोड़ने पर आपको खुशी या दुख नहीं होता है। यात्रा के दौरान मिलने वाले अपरिचित लोगों से आपको खुशी या दुख नहीं होता है। लेकिन यदि घर परिवार के लोग हों उनसे मिलने या बिछड़ने से खुशी और दुख जरूर होता है। यह स्मरण रहे जब तक आपकी खुशी या दुःख किसी व्यक्ति या किसी वस्तु पर निर्भर करता है, तब तक आप उससे मिलने पर खुश होंगे, और उससे बिछड़ने पर दुखी होंगे। आप जिसे अपना मानते हैं उससे भी आज नहीं तो कल बिछड़ना पड़ेगा। और जिसको आप गैर मानते हैं उससे भी आपको आज नहीं तो कल बिछड़ना पड़ेगा।

सच तो यह है कि यहां न तो कोई व्यक्ति अपना है, और ना कोई चीज अपनी है। आप जिस शरीर को अपना मानकर उसकी सुंदरता पर इतना गुमान करते हैं वह भी अपना नहीं है, क्योंकि आज नहीं तो कल यह शरीर भी उसी पंच तत्वों में विलीन हो जायेगा जिसके मिलने पर यह निर्मित हुआ है। शरीर अपना कैसे हो सकता है...?

क्योंकि वह पंच तत्वों का जोड़ है। मन कैसे अपना हो सकता है...? क्योंकि वह अनंत जन्मों का संग्रह है। और बुद्धि कैसे अपनी हो सकती है...? क्योंकि वह भी बाहरी अनुभवों के आधार पर बनती है। और जिसे चेतना कहते हैं वह भी अपना कैसे हो सकती है...? क्योंकि वह भी परम चैतन्य का अंश है जो आज नहीं तो कल उसी परम चैतन्य से एक हो जायेगी।

जब इस जगत में कुछ भी अपना नहीं है तो किसे हम अपना कहें... और किसे हम पराया कहें...। और किससे हम मित्रता करें...और किससे हम शत्रुता करें...? ना कोई यहां मित्र है और ना कोई शत्रु है, क्योंकि जिसे हम मित्र कहते हैं वह भी कभी परम शत्रु हो जाता है, और जिसे शत्रु कहते हैं वह भी कभी परम मित्र हो जाता है। इस जगत में जिसे हम अपना समझते हैं, और जिसके पास रहने के लिए यह मन व्याकुल रहता है उसका भी एक दिन साथ छूट जाता है। और जिसे हम पराया समझकर उसके पास जाने डरते हैं उसका भी कभी घड़ी दो घड़ी का साथ मिल हीं जाता है। सच तो यह है हम मात्र मुसाफिर हैं। और जन्मों जन्मों से एक शरीर से दूसरे शरीर, एक सराय से दूसरे सराय की यात्रा तब तक हम करते रहते हैं जब तक यह यात्रा पूरी नहीं हो जाती है।

कोई एक हीं जन्म में यात्रा पूरी कर लेता है, और किसी को यात्रा पूरी करने में अनेक जन्म लग जाते हैं। कोई एक हीं जन्म में अपने स्वभाव से एक हो जाता है तो किसी को अपने स्वभाव से एक होने में हजारों जन्म लग जाते हैं। कोई एक हीं जन्म में जीवन के समस्त अनुभव से पक कर इस जीवन का सार निकाल लेता है। और किसी को इस जीवन का सार निकालने के लिए अनंत जन्म लग जाते हैं। यात्रा तो उसी की पूरी होती है जो रास्ते से नहीं भटकता है। इसे ऐसा समझें कि आप दिल्ली जाने के लिए चलते हैं तो आप चाहें तो दिल्ली एक हीं दिन में पहुंच सकते हैं, या आप चाहें तो दिल्ली महीने भर में भी नहीं पहुंच सकते हैं। दिल्ली तो आप तभी पहुंच सकते है जब रास्ते से न भटकें।

मार्ग में अनेक पगडंडियां हैं जो काफी आकर्षक लगती हैं, मन को लुभाती है, और मन उन पगडंडियों पर निकल जाता है। और जब मन के वशीभूत होकर आप इन पगडंडियों पर निकल जाते हैं तो आप इन पगडंडियों पर दिखने वाले आकर्षक चीजों, और व्यक्तियों में ऐसे खो जाते हैं कि आपको अपने मंजिल का स्मरण हीं नहीं रह जाता है। और जब आपको मंजिल का स्मरण नहीं रह जाता है तो आप इन्हीं पगडंडियों पर रहने लगते हैं। ऐसा नहीं है कि आपको अपने मंजिल पर पहुंचने का स्मरण नहीं आता है। नहीं, मंजिल पर पहुंचने का स्मरण भी आता है और उस मंजिल पर पहुंचने के लिए आप रवाना भी होते हैं, लेकिन फिर कुछ दूर आगे चलकर मन किसी और पगडंडी पर

निकल जाता है। और इसी तरह से जीवन भर हम मंजिल तक नहीं पहुंच पाते हैं, और पूरा जीवन एक पगडंडी से दूसरी पगडंडी और दूसरी पगडंडी से तीसरी पगडंडी पर चलते चलते बीत जाता है।

मार्ग से भटकना और भटक करके खो जाना यह इसी जीवन का सिलसिला नहीं है, बल्कि यह मार्ग से भटकने और भटक करके खो जाने का सिलसिला अनेक जन्मों से चला आ रहा है। आप इसी जन्म में नहीं भटके हुए हैं, बल्कि पिछले अनंत जन्मों से भटकते हुए चले आ रहे हैं। आप इसी जन्म में काम, क्रोध, लोभ, मोह और अहंकार का शिकार नहीं हुए हैं, बल्कि आप अनंत जन्मों से इस काम, क्रोध, लोभ, मोह और अहंकार का शिकार होते चले आ रहे हैं। और इन सबकी स्मृतियां आपके अचेतन मन में दबी हुई हैं।

इस मन में उन अनंत जन्मों की स्मृतियां संग्रहित हैं जो अब तक हो चुका है। लेकिन हम उसी के पीछे जीवन भर भागते रहते हैं जिसके पीछे हम पहले भी अनंत बार भाग चुके हैं। हमारे मन में धन का लोभ है, और यदि यह ज्ञात हो जाए कि हम पिछले जन्मों में भी इसी तरह धन के लोभी रह चुके हैं तो एक क्षण भी नहीं लगेगा, और यह धन के प्रति लोभ इसी क्षण गिर जायेगा। हम जीवन भर यश, पद और प्रतिष्ठा पाने के लिए बेचैन रहते हैं, लेकिन यह चाहे कितना भी मिल जाए परंतु उनसे मन को तृप्ति नहीं मिलती है। और यदि यह ज्ञात हो जाए कि इसी तरह हम पिछले जीवन में भी यश, पद और प्रतिष्ठा पाने के लिए बैचेन रह चुके हैं तो एक क्षण में हीं मन शांत हो जायेगा।

धन चाहे कितना भी मिल जाए लेकिन धन से कभी तृप्ति नहीं मिलती है। और जब धन से तृप्ति नहीं मिलती है तो आदमी धर्म की ओर इसलिए जाता है, क्योंकि धर्म में उसे तृप्ति मिलती हुई प्रतीत होती है। लेकिन यह स्मरण रहे जो धन से धर्म की ओर मात्र तृप्ति के लिए जाता है उसे धर्म से भी निराशा हीं मिलती है। चाहें कोई धन से धर्म की ओर जाए या धर्म से धन की ओर जाए, लेकिन जब तक उसके मन में कुछ पाने की आकांक्षा है तब तक उसे निराशा हीं हाथ लगने वाली है। आदमी चाहे अपनी तृप्ति की खोज धन में करे या धर्म में करे, लेकिन उसे ना तो धन तृप्त कर सकता है और न उसे धर्म तृप्त कर सकता है। जिस धन से आदमी तृप्त होना चाहता है वह भी उसके बाहर है, और जिस धर्म में वह तृप्ति की खोज करता है वह धर्म भी उसके बाहर है।

और बाहर जो भी है वह मात्र प्रतिबिंब है, छाया है। इस जगत में बाहर जो भी है वह चेतना पर प्रतिबिंबित होता रहता है, और मन उसको पकड़ने के लिए, या उससे छूटने के लिए इधर से उधर भागता रहता है। यूं तो इस मन में अनंत जन्मों की स्मृतियां संग्रहित हैं, लेकिन मन कभी यह भी नहीं समझ पाता है जिसके पीछे वह भाग रहा है, और जिससे पीछा छुड़ा रहा है वह मात्र प्रतिबिंब है। रंग बिरंगे पत्थर के टुकड़े दिखाई

देते हैं मन कहता है कि मणि माणिक है। लेकिन जरा आप इन मणि माणिक को दूसरे पत्थर के सामने रख कर देखें तो इनकी सच्चाई एक हीं क्षण में मालूम पड़ जायेगी। जिसे आप मणि माणिक समझ रहे हैं वह ना तो दूसरे पत्थर को देखकर गर्व महसूस करेगा, और ना तो दूसरे पत्थर इसके सामने अपने को हीन महसूस करेंगे।

लेकिन मन इस सच्चाई को मानने के लिए तैयार नहीं होता है, क्योंकि इसके लिए मूल्यवान दिखाई देता है। हीरे, मणि माणिक, सोने चांदी का मूल्य तभी तक है जब यह दूसरे के पास न होकर आपके पास होता है। स्त्रियां जेवर इसलिए पहनती हैं ताकि वह दूसरे को दिखा सकें। स्त्री के लिए विभिन्न गहनों का महत्व तभी तक है जब तक वह गहने दूसरी स्त्री के पास नहीं हैं। लेकिन यदि सभी स्त्रियों के पास गहने और दूसरे जेवरात उपलब्ध हो जाए तो शायद हीं ऐसी कोई स्त्री होगी जो गहने पहनेगी। और तब इन सोने चांदी, हीरे जवाहरात एक साधारण पत्थर की तरह हो जाएंगे।

यह धन दौलत, हीरे मोती और जवाहरात पत्थर के समान हैं, लेकिन मन और बुद्धि इस बात को मानने के लिए तैयार नहीं होते हैं। मन और बुद्धि इसलिए मानने के लिए तैयार नहीं होते हैं, क्योंकि यह अल्प मात्रा में उपलब्ध हैं। और जो अल्प मात्रा में उपलब्ध है उसे मन जल्दी से पकड़ने की कोशिश करता है। बड़े मज़े कि बात तो यह है कि यह हीरे जवाहरात, सोने चांदी और मणि माणिक केवल आदमी के लिए महत्वपूर्ण दिखाई देता है। एक जानवर के नजर में हीरे मोती और जवाहरात का मूल्य दो कौड़ी का भी नहीं है। एक गाय के सामने हीरे मोती, सोने चांदी रख दीजिए वह इसे कोई मूल्य नहीं देगी, क्योंकि गाय आदमी की तरह पागल नहीं है। गाय ना तो उसे भोजन के लिए इस्तेमाल कर सकती है, और ना वह उसके लिए अपनी शोभा बढ़ाने के लिए उत्सुक हो सकती है।

मनुष्य को छोड़कर सभी जानवर अपने स्वभाव में लीन हैं इसलिए वे मनुष्य की तरह दुखी और परेशान नहीं होते हैं। और मनुष्य इसलिए दुखी है क्योंकि वह अपने स्वभाव के तरफ से मुंह मोड़ लिया है। जब भी कोई अपने स्वभाव के तरफ पीठ करके खड़ा हो जाता है तो वह इस भ्रम का शिकार हो जाता है कि सुख मेरे भीतर नहीं है, बल्कि किसी दूसरे व्यक्ति अथवा वस्तु में है। मज़े की बात तो यह है सुख किसी दूसरे में मिलता हुआ प्रतीत होता है लेकिन वह सुख होता नहीं है, और यदि दूसरे में सुख मिलता तो कभी के सारे लोग सुखी हो गए होते। लोग हजारों वर्षों से दुखी हैं, बेचैन हैं, क्रोधित हैं क्योंकि वह सुख को बाहर खोज रहे हैं।

दुनियां में दो तरह के लोग हैं। एक अंतर्मुखी जो जीने के लिए इस संसार में कोई न कोई कर्म तो करता है, लेकिन वह उस कर्म का कर्ता नहीं होता है। और जब वह किसी कर्म का कर्ता नहीं होता है तो उसे कर्म से मिलने वाले फल की आकांक्षा भी नहीं होती

है। अंतर्मुखी व्यक्ति यह जानता है मैं किसी कर्म का कर्ता नहीं हूं, और जब मैं किसी कर्म का कर्ता हीं नहीं हूं इससे मिलने वाले फल की आकांक्षा करना व्यर्थ है। इसलिए अंतर्मुखी व्यक्ति एक कर्म करता है, और फल की आकांक्षा किए बगैर दूसरे कर्म की ओर बढ़ जाता है। ऐसे व्यक्ति से जीवन में हजारों कर्म इसलिए होते चले जाते हैं, क्योंकि वह कभी रुक कर किसी कर्म से मिलने वाले फल की आकांक्षा नहीं करता है।

अंतर्मुखी व्यक्ति निस्काम भावना से कर्म किए चला जाता है इसलिए वह ना तो कभी दुखी होता है, और ना कभी अशांत होता है। दुखी और अशांत तो वही व्यक्ति होता है जिसके मन में कर्म से मिलने वाले फल की प्रबल आकांक्षा होती है। अंतर्मुखी व्यक्ति कर्म तो इस जगत में करता है, लेकिन भीतर से वह ऐसे शांत रहता है जैसे उसके द्वारा कोई कर्म हीं ना हो रहा हो। यह जो भीतर की शांति है यह उसके स्वभाव में लीन रहने के कारण होती है। और जो लोग अपने स्वभाव में लीन रहते हैं वे सुख के लिए किसी दूसरे व्यक्ति अथवा वस्तु पर निर्भर नहीं होते हैं। अंतर्मुखी व्यक्ति के लिए एक मात्र अपने स्वभाव में डूबना हीं सुख और शांति है।

दूसरे तरह का जो व्यक्ति है वह बहिर्मुखी होता है। ऐसा व्यक्ति का जो चित है वह बाहर की ओर उन्मुख होता है। बहिर्मुखी व्यक्ति जो भी कर्म करता है उसे उस कर्म से मिलने वाले फल की आकांक्षा होती है। यदि कर्म का फल उसके अनुसार मिलता है तो वह खुश होता है। और यदि कर्म का फल उसके अनुसार नहीं मिलता है तो वह दुखी होता है। ऐसे व्यक्ति के लिए फल की प्राप्ति हीं सुख और दुख का निर्धारण करती है। और जो व्यक्ति कर्म से मिलने वाले फल के बारे में अति उत्सुक होता है वह दूसरे कर्म की शुरुआत तभी करता है जब उसे पिछले कर्म का फल मिल गया हो।

बहिर्मुखी व्यक्ति का चित बाहर की ओर उन्मुख होता है इसलिए वह अपने स्वभाव के तरफ पीठ करके खड़ा हो जाता है। और जो अपने स्वभाव के तरफ पीठ करके खड़ा हो जाता है वह सुख के लिए दूसरे पर निर्भर हो जाता है। ऐसा व्यक्ति इस भ्रम का शिकार हो जाता है सुख मेरे भीतर नहीं है, बल्कि सुख बाहर है। सुख कहीं बाहर नहीं है, शांति कहीं बाहर नहीं है, परमात्मा भी कहीं बाहर नहीं है लेकिन स्वभाव के तरफ पीठ करने के कारण सभी कुछ बाहर मिलता हुआ प्रतीत होता है।

सुख कहीं बाहर होता तो सभी लोग कभी के सुखी हो गए होते। शांति कहीं बाहर होती तो सभी कभी के शांत हो गए होते। और परमात्मा कहीं बाहर होता तो सभी लोग परमात्मा को उपलब्ध हो गए होते। ना तो सुख बाहर है, ना तो शांति बाहर है और ना परमात्मा बाहर है। जो स्वभाव में लीन है उसके लिए अभी इसी वक्त सुख, शांति और परमात्मा सभी उपलब्ध हैं। इसे दूसरे शब्दों में कहा जाए तो स्वभाव हीं सुख है, स्वभाव हीं शांति है, स्वभाव हीं परमात्मा है। और स्वभाव का इतना हीं अर्थ है जो आप हैं।

परमात्मा कहीं एक जगह होता और स्वभाव कहीं कैद होता तो शायद हम उससे दूर निकल सकते थे। हम स्वभाव से कितने हीं जन्मों से पीठ कर लिए हों लेकिन स्वभाव से दूर नहीं जा सकते हैं। यदि हम लाखों वर्षों से भी स्वभाव के तरफ पीठ किए चले आ रहे हों तो उससे कोई फर्क नहीं पड़ता है। यदि हम आज हीं स्वभाव के तरफ मुंह करने को राजी हो जाएं तो लाखों वर्षों की यात्रा भी एक दिन में पूरी हो सकती है, और स्वभाव में आज हीं प्रविष्ट हो सकते हैं। स्वभाव में प्रविष्ट होने का एक हीं अर्थ है अब मुझे न तो दूसरे से सुख की आकांक्षा है, ना बाहर शांति की तलास है और ना मुझे परमात्मा की खोज करनी है। मेरी सारी खोज बंद हो गई, मेरी सारी यात्रा समाप्त हो गई, क्योंकि मैं अपने में लीन हो गया।

स्वभाव और आप कभी दो नहीं हो सकते हैं। स्वभाव और आप यदि दो होते तो उससे आप दूर निकल सकते थे। लेकिन स्वभाव से आप कैसे दूर जा सकते हैं क्योंकि स्वभाव का अर्थ हीं है जो आप हैं। आप अपने आप से कैसे दूर जा सकते हैं, क्योंकि दूर जाने का कोई उपाय नहीं है। हम चाहें कितने हीं जन्मों तक भटके लेकिन स्वभाव से दूर नहीं निकल सकते हैं क्योंकि स्वभाव की परिभाषा हीं यह है जिसे छोड़ा नहीं सकता वहीं स्वभाव है। जिसे खो कर भी खोया नहीं सकता वहीं स्वभाव है। जिसे विस्मृत करके भी एक क्षण में याद किया जा सकता है वहीं स्वभाव है।

बुद्ध को जब ज्ञान प्राप्त हो गया तो लोगों ने उनसे पूछा कि आपने क्या पाया और क्या खोया...? तो बुद्ध ने उतर दिया कि ना तो मैं कुछ पाया और ना कुछ खोया जो सदा से मेरा था उसका स्मरण हो गया, और वही मैं खोया जो मेरा नहीं था।

अध्याय 4

मृत्यु है अस्तित्व से एक हो जाना।

धर्म की खोज उस घर की खोज है जो घर कभी नहीं उजड़ता है, लेकिन यहां तो सभी घर आज नहीं तो कल उजड़ हीं जाने वाले हैं। यहां जो घर बनाने का ख्याल रखते हैं, वे यह भी नहीं जान पाते हैं कि यहां घर कभी बनाया नहीं जा सकता, क्योंकि यह मरघट है। इस मरघट में जो आदमी घर बनाता है वह घर के निर्माण में भी पीड़ा उठाता है, और जब यह घर उजड़ने लगता है तब भी वह पीड़ा उठाता है। इस मरघट में हर तरफ पीड़ा हीं पीड़ा है, दुख हीं दुख है। यहां चारों ओर चिताएं हीं चिताएं जल रही हैं। एक चिता की आग बुझ भी नही पाती है तब तक दूसरी चिता आग की लपटों में घिर जाती है। और दूसरी चिता अभी जल भी नही पाती है तब तक तीसरी चिता जलने के लिए तैयार हो जाती है।

बच्चा जन्म लेता है तो ऐसा नहीं है कि मृत्यु साठ सत्तर साल के बाद घटित होने वाली है, बल्कि बच्चे का हर उठता हुआ एक एक कदम मृत्यु की ओर लेकर जाता है। जन्म से हीं मृत्यु घटित होना शुरू हो जाती है, और आगे जाकर यह पूरी हो जाती है। जहां एक तरफ हम बच्चे के जन्म के अवसर पर खुश होते हैं तो वहीं दूसरी तरफ यह देखने वंचित रह जाते हैं कि इस बच्चे का जन्म हीं आगे चलकर मृत्यु में तब्दील हो जाएगा। और जहां एक तरफ हम किसी मृत्यु पर रोते बिलखते हैं वहीं हम दूसरी तरफ यह भी नहीं देख पाते हैं वह फिर से जन्म भी लेगा। जन्म एक बार होता है, लेकिन हम हर साल जन्मदिन मनाए हीं चले जाते हैं। और इस जन्मदिन की खुशी में यह भी देख पाते हैं कि मृत्यु हर जन्मदिन पर और करीब चली आ रही है। वास्तव में देखा जाए तो यह हर साल जन्मदिन मनाने के पीछे मृत्यु को भुला देने का राज छिपा हुआ है।

मृत्यु का कभी ख्याल न आए, और मौत के भय से हम ना घबराएं इसलिए यह हर साल जन्मदिन मनाकर मृत्यु को भुलाने की कोशिश जीवन भर जारी रहती है। चाहे हम कितना हीं जन्मदिन मना कर खुश हो लें, लेकिन मृत्यु तो फिर भी आ हीं जाती है। चाहे हम मृत्यु को कितना भी भुलाने की कोशिश करें, लेकिन फिर भी मृत्यु तो एक दिन घटित हो हीं जाती है। चाहे हम अपने आपको कितना भी सुरक्षित कर लें, लेकिन फिर भी मृत्यु हर सुरक्षा के घेरे को तोड़ हीं देती है। चाहे सम्राट हो या भिखारी, चाहे कमजोर हो या बलवान हर कोई यहां अपनी मृत्यु की प्रतिक्षा करता रहता है।

जो भी यहां जन्म लेता है उसके जन्म से हीं मृत्यु भी जुड़ जाती है। लेकिन हमारी आखें धोखा खा जाती है, और सत्य हम तक नहीं पहुंच पाते हैं। वास्तव में देखा जाए तो कसूर इन आंखों का नहीं, बल्कि कसूर हमारा है क्योंकि हम जीवन के एक हीं पहलू को देख पाते हैं। जन्म का दूसरा पहलू मृत्यु है, और दोनों पहलू एक दूसरे से ऐसे जुड़े हुए हैं कि जब हमें जन्म दिखाई देता है तो मृत्यु नहीं दिखाई देती है, और जब मृत्यु दिखाई देती है तो जन्म नही दिखाई देता है। जन्म में हम मृत्यु को और मृत्यु में जन्म को इसलिए नहीं देख पाते हैं, क्योंकि अनंत जन्मों से जीवन के एक हीं पहलू को देखने की आदत पड़ चुकी है। और जब तक यह देखने की आदत टूट नहीं जाती है तब तक ना तो जन्म में मृत्यु दिखाई दे सकती है, और ना मृत्यु में जन्म दिखाई दे सकता है।

यह जो जीवन के एक हीं पहलू को देखने की आदत है यह तभी टूट सकती है जब हमारी आंखें भीतर भी देखने क़ी आदी हो जाएं। और भीतर हम तभी देख सकते हैं जब तक यह न जान लें कि बाहर वही दिखाई देता है जो भीतर विपरीत दिखाई देता है। इसे ऐसा समझें जब बाहर किसी का जन्म दिखाई देता है तो उसी क्षण भीतर उसकी मृत्यु भी दिखाई दे रही होती है। और जब बाहर किसी की मृत्यु दिखाई देती है तो भीतर उसका जन्म भी दिखाई देता है। और यह जो देखने ढंग है यह सिर्फ जन्म और मृत्यु तक हीं सीमित नहीं है, बल्कि जीवन के हर पहलू पर निर्भर करता है। हम क्या देखते हैं यह मायने नहीं रखता है, बल्कि हम क्या समझते हैं यह मायने रखता है।

यदि देखने और सुनने का तरीका निष्पक्ष ना हो तो हम देखते कुछ और हैं और समझते कुछ और हैं, सुनते कुछ और हैं और समझते कुछ और हैं। जब हम किसी को सुखी देखते हैं तो यह नहीं देख पाते हैं इसका सुख हीं दुख में तब्दील हो जाएगा। और जब किसी को दुखी देखते हैं तो यह भी नहीं देख पाते हैं इसका दुख हीं सुख में तब्दील हो जाएगा। जब किसी को प्रेम में पड़ते हुए देखते हैं तो यह भी नहीं देख पाते हैं कि यह प्रेम हीं घृणा में तब्दील हो जायेगा। और जब किसी का घृणा देखते हैं तो यह भी नहीं देख पाते हैं इसकी घृणा हीं प्रेम में तब्दील हो जायेगी। जीवन द्वंद को अपने

भीतर समाए हुए है, लेकिन हम इस द्वंद के एक पहलू को देखते हैं तो दूसरे पहलू को देखने से वंचित रह जाते हैं।

जीवन के दोनों पहलू को वही आदमी देख पाता है जो जीवन से पूरी तरह राजी होता है। और जो जीवन से पूरी तरह राजी हो जाता है वह जन्म में मृत्यु को, मृत्यु में जन्म को, सुख में दुख को, दुःख में सुख को, प्रेम में घृणा और घृणा में प्रेम को देख हीं लेता है। जो जीवन के दोनों पहलू को एक साथ देख लेता है वह ना तो किसी की मृत्यु पर शोक करता है, और ना हीं किसी के जन्म पर खुश होता है। वह मृत्यु पर शोक इसलिए नहीं करता है, क्योंकि वह मृत्यु में यह देख लेता है कि मरने वाला फिर से जन्म लेगा। और किसी के जन्म पर वह खुश इसलिए नहीं होता, क्योंकि वह जान लेता है कि जन्म लेने वाला फिर से मर जाएगा।

जीवन के द्वंद को जानने वाला व्यक्ति ना तो किसी से मिलने वाले सम्मान के प्रति उत्सुक होता है, और ना किसी से मिलने वाले अपमान के प्रति भयभीत होता है। वह जानता है कि जो आज सम्मान दे रहा है वह कल अपमानित भी करेगा, और जो आज अपमानित कर रहा है वह कल सम्मान भी देगा। ऐसा व्यक्ति जो किसी से मिलने वाले सम्मान में अपमान को, और अपमान में सम्मान को देख लेता है वह ना तो किसी से सम्मान पाने की चेष्टा करता है, और ना हीं किसी से मिलने वाले अपमान पर दुखी होता है। सम्मान से उसी व्यक्ति को खुशी होती है जिसके मन में सम्मान पाने की चाह होती है। और अपमान से उसी व्यक्ति को दुख होता है जिसके मन में अपमान का भय समाहित होता है।

दुःख तभी पीड़ा देता है जब सुख के प्रति आसक्ति होती है। लेकिन दुःख उसे पीड़ा नहीं दे पाता है जिसके मन में सुख के प्रति कोई आसक्ति नहीं होती है। यदि मुझे सुख की तलाश है तो दुख को भी सुख की भांति हीं स्वीकार कर लेना चाहिए। और यदि मुझे दुख पीड़ित करता है तो सुख पाने की चेष्टा भी नहीं करनी चाहिए, क्योंकि प्रत्येक सुख की चेष्टा दुख की ओर लेकर जाती है। और यदि मुझे अपमान से पीड़ा होती है, भय लगता है तो सम्मान पाने की चाह भी नहीं रखनी चाहिए।

मैंने जब भी किसी से सम्मान पाने की चेष्टा की तब हर बार किसी से अपमानित हो गया। और जब भी किसी से सुख पाने की आकांक्षा किया तब हर बार मुझे दुख मिला। और जब भी किसी से प्रेम पाने की चाह प्रबल हुई तब हर बार किसी से घृणा मिली। जैसा हम चाहते हैं वैसा होता नहीं है, और जो होता है उसे हम स्वीकार नहीं करते हैं। और जो स्वीकार नहीं करते हैं वहीं इस जीवन का दूसरा पहलू है। और यदि हम दोनों पहलू को एक साथ स्वीकार कर लें तो दोनों पहलू को न सिर्फ हम जानने में सक्षम हो जायेंगे, बल्कि इस जीवन के दोनों पहलुओं से बाहर भी निकल जायेंगे।

जो जीवन के दोनों पहलू से बाहर निकल जाता है उसे ना सम्मान पाने की चाह होती है, और ना कोई उसे अपमानित कर पाता है। यदि मुझे आपसे सम्मान पाने की चाह हीं नहीं है तो आप कैसे मुझे अपमानित करिएगा...? और यदि मुझे आपसे मित्रता नहीं है तो कैसे आप मुझसे शत्रुता करिएगा...? और ठीक इसी तरह से यदि मुझे आपसे आगे निकलने की चाह नहीं है तो कैसे मुझे आप अपना प्रतिद्वंदी मानिएगा...? और यदि मैं आपसे पहले हीं हार चुका हूं तो आप कैसे मुझे हरा पाएंगे...? आप मुझे मार भी नहीं सकते हैं, क्योंकि मैं पहले हीं अपने आपको मार चुका हूं। उसे मारने का कोई उपाय नहीं है जो पहले से मर गया हो। जीवन को जो जान लेता है वह मृत्यु को भी जान लेता है, और जो मृत्यु को जान लेता है वह यह भी जान लेता है कि कुछ उसके अंदर ऐसा भी है जिसे मृत्यु छू भी नहीं पाती है।

कृष्ण कहते हैं कि न तो शस्त्र उसे काट सकते हैं, न जल उसे भिगो सकता है, न वायु उसे उड़ा सकती है और ना अग्नि उसे जला सकती है। वह अजर है अमर है, न तो उसपर प्रकृति के नियम लागू होते हैं, और ना वह समय के घेरे में आती है। आत्मा अमर है उसे तभी जाना जा सकता है जब कोई व्यक्ति जीवन रहते हीं मृत्यु का प्रयोग कर ले। शरीर नश्वर है आत्मा अमर है यह तभी पता लगता है जब कोई व्यक्ति ध्यान से गुजरकर यह जान लेता है कि उसका शरीर अलग है, और उस शरीर में रहने वाला जिसका कोई नाम नहीं है, वह अलग है।

आत्मा को ना तो कोई नाम दिया जा सकता है, ना तो कोई रूप दिया जा सकता है, क्योंकि न तो उसका कोई नाम है, और न तो कोई उसका रूप है। उसे शस्त्र काट नहीं सकते हैं क्योंकि शस्त्र उसे हीं काट पाते हैं जो दिखाई देता है, जिसे स्पर्श किया जाता है और जो निर्मित होता है। शरीर को काट सकते हैं, क्योंकि वह निर्मित होता है। वृक्ष को काट सकते हैं क्योंकि वह निर्मित होता है। लेकिन अंधेरे को कैसे काट सकते हैं जो सदा से है, और सदा रहेगा। जल को कैसे काट सकते हैं जो पहले भी था अब भी है, और आगे भी रहेगा। ना तो तलवार से जल को काट सकते हैं, क्योंकि वह कटता भी नहीं तब तक एक हो जाता है। अंधेरे को चाहे हम लाखों वर्षों तक तलवार से काटते रहें लेकिन फिर भी वह उसी भांति बना रहता है।

जल उसे हीं भिगो सकता है जो जल से अलग हो। वायु उसे हीं उड़ा सकती है जो वायु से अलग हो। और अग्नि उसे हीं जला सकती है जो अग्नि से अलग हो। वह समय के घेरे में इसलिए नहीं आती है क्योंकि वह समय के पहले भी थी, और जब समय नहीं रहेगा तब भी रहेगी। प्रकृति के नियम उस पर इसलिए लागू नहीं होते हैं, क्योंकि वह गुणातीत है। शरीर प्रकृति के अंतर्गत आता है, मन प्रकृति के अंतर्गत आता है, क्योंकि शरीर और मन प्रकृति के तीन गुणों से निर्मित होते हैं।

शरीर के तल पर कोई पुरुष होता है तो कोई स्त्री होती है। शरीर के तल पर कोई मनुष्य होता है, शरीर के स्तर पर कोई जानवर और पेड़ पौधा होता है। लेकिन आत्मा के तल पर ना तो कोई पुरुष होता है, और ना कोई स्त्री होती है। ना तो कोई आत्मा के तल पर मनुष्य होता है, और ना कोई जानवर या पेड़ पौधा होता है। शरीर के तल पर अंतर है, लेकिन आत्मा के तल पर देखा जाए तो ना तो एक पुरुष और स्त्री में कोई अंतर है। और न एक मनुष्य और जानवर में कोई अंतर है। जिस दिन आप यह देखने लगें कि एक पुरुष में भी वही है जो स्त्री में है। और मनुष्य में भी वही है जो जानवर में है उस दिन आपकी आंखें निर्मल हो जायेगी। और जिस दिन आखें निर्मल हो जाती हैं इस दिन सबमें आपको वहीं दिखाई देने लगता है जो आप हैं।

जो आप हैं वहीं सबमें है, और यह दिखाई देने लगे तो आप ना अपने को पुरुष कह सकते हैं, और न स्त्री कह सकते हैं। ना तो आप अपने को मनुष्य कह सकते हैं, और ना जानवर कह सकते हैं। यदि यह अंतर्चक्षु खुल जाए तो सभी में आप अपने आप को हीं पाएंगे। फिर ना तो कोई आपके लिए स्त्री पुरुष रह जाता है, न तो कोई मनुष्य और जानवर में भेद रह जाता है और ना कोई शत्रु या मित्र रह जाता है। आप जिसे पुरुष कहते हैं वह भी आप हैं, और जिसे स्त्री कहते हैं वह भी आप हैं। आप जिसे मनुष्य कहते हैं वह भी आप हैं, और जिसे जानवर कहते हैं वह भी आप हैं। आप जिसे कीड़े मकोड़े कहते हैं वह भी आप है, और जिसे पत्थर कहते हैं वह भी आप हैं। आप जिसे शत्रु कहते हैं वह भी आप हैं, और जिसे मित्र कहते हैं वह भी आप हैं। फिर आप किसे मित्र कहिएगा, और किसे आप शत्रु कहिएगा।

आप जिस दिन सभी में अपने आप को देखने लगते हैं उस दिन ना तो आप पुरुष रह जाते हैं और ना स्त्री रह जाते हैं। आप जिस दिन सभी में अपने आप को देखने लगते हैं उस दिन न तो आप मनुष्य रह जाते हैं और न जानवर। आप जिस दिन शत्रु और मित्र में अपने आप को देखने लगते हैं उस दिन आप ना तो किसी के मित्र रह जाते हैं और ना किसी के शत्रु।

जिस दिन आपके अंतर्चक्षु खुलते हैं उस दिन सारा जगत हीं आपके अंदर दिखाई देने लगता है। फिर ना कोई अपना रह जाता है, और ना कोई पराया रह जाता है। एक जगत बाहर है जो बनता है मिट जाता है, और एक जगत भीतर है जो न कभी बनता है, और न कभी मिटता है। आप जिस बाहरी जगत को देखते हैं वह इस आंतरिक जगत का प्रतिबिंब मात्र है। इस भीतरी जगत को जानकर हीं ज्ञानियों ने इस जगत को माया कहा है। यह जगत माया है, क्योंकि इस जगत में हम वही देखते हैं जो यह मन दिखाने की कोशिश करता है। और जो भी मन के द्वारा दिखाई देता है वह भ्रम के अतिरिक्त और कुछ भी नहीं है।

धन में सुख दिखाई देता है भ्रम है, और यह अगर भ्रम नहीं होता तो टूटता हीं क्यों...? जब धन नहीं होता है तो धन में सुख दिखाई देता है और जब धन आता है तो पता चलता है कि धन तो आ गया, लेकिन जिसे खोज रहे थे वह कहीं खो गया। एक स्त्री सुंदर दिखाई देती है भ्रम है, और यह भ्रम नहीं होता तो टूटता हीं क्यों...? जिस सुंदरता से हम प्रेम करते हैं वह सुंदरता कहीं गायब हो जाती है। और यदि हमारा प्रेम सुंदरता पर आधारित है तो इस प्रेम की नींव भी सुंदरता के ना रहने पर उखड़ जाती है। पद में सुख दिखाई देता है भ्रम है, और यह भ्रम नहीं होता तो सभी ऊंचे ऊंचे पद पर प्रतिष्ठित होने वाले हजारों चिंताओं से ग्रस्त दिखाई नहीं देते।

यश में सुख दिखाई देता है भ्रम है, और यदि यश में सुख मिलता तो सभी प्रसिद्ध व्यक्ति अत्यंत सुखी दिखाई देते। जितना यश मिलता है उतना हीं व्यक्ति अकेला होता चला जाता है। जितने प्रसिद्ध लोग आत्महत्या करते हैं उतने दूसरे लोग आत्महत्या नहीं करते हैं। प्रसिद्ध आदमी प्रसिद्ध होने पर यह जान लेता है कि जिसे मैं पाने चला था वह मिला नहीं, बल्कि इस पाने की राह में वह भी खो गया जो मेरा अपना था। महलों में सुख दिखाई देता है भ्रम है, और अगर यह भ्रम नहीं होता तो यह महल खंडहर में तब्दील नहीं होते। ना जाने कितने महल बने, और खंडहर में तब्दील होते चले गए। ना जाने अब तक कितनी बस्तियां बसी, और मरघट में तब्दील होती चली गईं।

इस जगत में जो भी निर्मित होता है वह मिट जाता है, लेकिन वह नहीं मिटता जो निर्मित नहीं होता है। जगत माया है यह मान लेने से नहीं जाना जा सकता है, बल्कि जगत माया है यह तभी जाना जा सकता है जब इस जगत के अनुभव का सार तत्व उपलब्ध हो सके। यह जगत तभी माया होता है जब आप इस जगत के सभी अनुभव को निचोड़कर परमात्मा हीं ना हो जाएं। मनुष्य चाहे तो वह परमात्मा भी हो सकता है, और चाहे तो वह प्रकृति से एक होकर अचेतन भी हो सकता है। लेकिन मनुष्य की सारी विडंबना यही है वह ना तो प्रकृति से एक हो पाता है, और ना वह परमात्मा हो पाता है। और जब तक वह इन दोनों के बीच में अटका रहता है तब तक वह दुखी और चिंतित होता हीं रहेगा।

जब तक जगत सत्य है तब तक परमात्मा मिथ्या है, क्योंकि जब तक आप जगत को ना जानकर जगत में दौड़ते रहेंगे तब तक जगत को सत्य मानते रहेंगे। और जब आप यह जान लेंगे कि इस जगत में जो कुछ भी दिखाई देता है वह प्रतिबिंब की भांति बनता है, और मिट जाता है तब यह जगत मिथ्या हो जाएगा, और परमात्मा सत्य हो जायेगा। परमात्मा वह है जो आप हैं, और यह जगत वह है जो आप नहीं है। आपके लिए जिस दिन जगत मिट जायेगा उस दिन आप परमात्मा हीं हो जायेंगे।

ऐसा नहीं कि आत्मा अलग है, परमात्मा अलग है और ब्रह्म अलग है। नहीं, चाहे कोई इसे जिस भी नाम से पुकारे लेकिन वह एक हैं। ना तो आत्मा अनेक है, ना तो

परमात्मा अनेक है, और ना ब्रह्म अनेक है। और अगर ऐसा होता तो बड़ी मुश्किल हो जाती, और यह पूरा ब्रह्मांड एक नहीं होता। यह ब्रह्मांड एक है, और यह उसी एक परमात्मा का फैलाव है। शरीर अनेक होते हैं, मन अनेक होते हैं लेकिन उनमें रहने वाली आत्मा एक है। आत्मा एक है, इसे ऐसा समझें कि आपके घर में अनेकों बल्ब लगे हुए हैं, पंखे लगे हुए हैं और उनका रंग अलग अलग है लेकिन जो विद्त इनमे से होकर प्रवाहित होती है वह एक है। चाहे वह बल्ब किसी भी रंग की रोशनी प्रकट करे, लेकिन उसमें प्रवाहित होने वाली विद्त ऊर्जा का न तो कोई रंग है और ना तो वह अनेक है।

आत्मा एक है। सूक्ष्म शरीर जिसे मन कहते हैं वह अनेक है। स्थूल शरीर अलग अलग होते हैं, लेकिन इन सभी शरीरों को उत्तत्प करने वाली आत्मा एक है। आप अलग है और हम अलग हैं ऐसा दिखाई पड़ता है, क्योंकि अनंत जन्मों से अपने स्वभाव के तरफ पीठ करते हुए चले आ रहे हैं। हमने स्वभाव को विस्मृत कर दिया है जिसके कारण मैं अलग हूं, विशेष हूं का भाव इस मन में परत दर परत बैठता चला गया है। सूक्ष्म शरीर वह शरीर है जिसमें अनंत जन्मों के अच्छे बुरे कर्मों के बीज और स्मृतियां संग्रहित हैं। एक जन्म में हम जो कर्म करते हैं उन कर्मों के अच्छे बुरे फल का बीज अगले जन्म का कारण बन जाता है। एक जन्म में किए गए कर्मों का फल तो मिल हीं जाता है, लेकिन उसका बीज अनेक जन्मों तक अपने जैसे बीजों का निर्माण करता हीं चला जाता है।

कर्मों का बीज तब तक निर्मित होता रहता है जब तक कोई कर्म करते हुए कर्म से मुक्त नहीं होता है। और कर्म से मुक्त कोई तभी हो पाता है जब उसमें फल पाने की आसक्ति समाप्त हो जाती है। जब कोई निस्काम भावना से कर्म करता है तो उस कर्म के द्वारा मिलने वाले फल से बीज निर्मित नहीं होता है। और जब किसी कर्म से बीज निर्मित नहीं होता है तो यह सूक्ष्म शरीर धीरे धीरे गिरने लगता है। और जब यह सूक्ष्म शरीर पूरी तरह से गिर कर समाप्त हो जाता है फिर से जन्म लेने का कोई कारण हीं नहीं बचता है। जिस दिन सूक्ष्म शरीर की भी मृत्यु हो जाती है उस दिन परम मृत्यु घटित होती है जिसे मुक्ति कहते हैं। मुक्ति का अर्थ हीं यह है अब न तो कोई जन्म है और ना हीं कोई मृत्यु है।

हम अनंत बार जन्में है, कई शरीरों में रह कर यात्राएं भी की है, लेकिन ना तो कहीं पहुंचे हैं, और ना हीं मृत्यु के दौरान मृत्यु को जान पाए हैं। मृत्यु को वही व्यक्ति जान पाता है जो जीवन को होश पूर्वक जीता है। और जो आदमी जीवन को होश पूर्वक जीता है वह मृत्यु का अनुभव करके जान लेता है कि वह नहीं मरता है, बल्कि जिसकी मृत्यु होती है वह केवल शरीर है। जो जन्मता है उसकी मृत्यु होती है, लेकिन जिसका जन्म हीं नहीं होता है उसकी मृत्यु नहीं होती है। शरीर मरण धर्मा है क्योंकि दो मरण धर्मा

व्यक्तियों के संयोग से यह शरीर बनता है, लेकिन जो इस शरीर में निवास करने वाली आत्मा है वह ना तो कभी जन्म लेती है, और ना कभी मरती है।

आत्मा कभी मरती नहीं और शरीर हमेशा रहता नहीं, और जो हमेशा रहता नहीं उसकी अवस्थाएं भी बदलती रहती है। हर जन्म में शरीर तो बदल हीं जाता है, लेकिन एक हीं जन्म में जो शरीर मिलता है उसकी भी अवस्थाएं बदलती रहती है। जन्म होता है शरीर शिशु रूप में होता है, फिर बाल्यावस्था आती है, किशोरावस्था आती है, युवावस्था आती है, जवानी आती है, जवानी के बाद शरीर अधेड़ और वृद्धावस्था से गुजरकर जर्जर होकर सूखे हुए पते की भांति जीवन के वृक्ष से टूट कर गिर जाता है। शरीर का होना या ना होना उसी वस्त्र की भांति है जो कभी नया होता है तो हम उसे धारण करते हैं, और जब पुराना हो जाता है, धारण करने योग्य नहीं रह जाता है तब उसे उतार देते हैं।

बड़े मज़े कि बात तो यह है कि वस्त्र जब पुराने हो जाते हैं तो हम उसके लिए शोक नहीं करते हैं, लेकिन जब यह शरीर जर्जर और कमजोर हो जाता है तो इसे छोड़ने के लिए शोक करते हैं। वृद्ध से वृद्ध आदमी भी अपने शरीर से उतना हीं मोह ग्रस्त होता है जितना जवान आदमी शरीर से मोह ग्रस्त होता है। वृद्ध आदमी भी सुंदर से सुंदर स्त्री को पाने की उतनी हीं कल्पना करता है जितना जवान आदमी सुंदर स्त्री को पाने की कल्पना करता है। शरीर जीर्ण हो जाता है, लेकिन इस सूक्ष्म शरीर में विद्यमान वासना जवान हीं बनी रहती है। मृत्यु के दौरान अक्सर वही वासना बीज के रूप संग्रहित हो जाती है जिस वासना के पीछे हम पूरा जीवन बिता चुके होते हैं।

जो जीवन भर वासना पूर्ति में रह जाते हैं वे मृत्यु के दौरान भी सोचते हैं चलो इस जन्म में इच्छाएं नहीं पूरी हुई तो अगले जन्म में पुरी हो जायेगी। और जब अगला जन्म होता है तो वे फिर जीवन भर वासना पूर्ति में दौड़ते हैं, लेकिन फिर भी उनकी वासनाएं पुरी नहीं होती है। वासनाएं पुरी होंगी कैसे... क्योंकि प्रत्येक वासना कई वासनाओं को जन्म देती है। पुरानी वासनाएं नई वासनाओं को जन्म देती है और यह जन्म मरण का सिलसिला युगों युगों तक चलता हीं रहता है। ना वासनाओं को सिलसिला रुकता है और ना जन्म मरण का सिलसिला रुकता है।

पुरुष और स्त्री का शरीर हीं नहीं, बल्कि दूसरे प्राणियों के शरीर भी आकांक्षाओं के कारण हीं मिलते हैं। अगर हम पुरुष हैं और स्त्री को पाने के लिए मन में आकांक्षा रहती है तो निश्चित हीं अगले जन्म में हम स्त्री हो जायेंगे। अगर हम स्त्री हैं और पुरुष को पाने के मन में आकांक्षा रहती है तो निश्चित हीं अगले जन्म में पुरुष हो जाएंगे। हम जिस स्त्री शरीर को भोगने के लिए बैचेन रहते हैं वह शरीर अब तक हमें कई बार मिल चुका है। और जिस पुरुष शरीर को भोगने लिए इस मन में बार बार आकांक्षा उठती

रहती है वह शरीर भी कई बार हमें मिल चुका है। हमने अनंत जन्मों तक स्त्रियों और पुरुषों को भोगा, लेकिन अभी तक फिर से भोगने की वासना इसलिए अंगड़ाई लेती रहती है, क्योंकि हम पिछले जीवन को भूल चुके हैं।

जब मृत्यु होती है तो पिछला जीवन भूल हीं जाता है, लेकिन एक जन्म में वे भी सारे कर्म, सभी घटनाएं विस्मृत हो जाती हैं जिनसे हम गुज़र चुके होते हैं। एक महीने की प्रति दिन घटित होने वाली घटनाओं को भी हम याद नहीं रख पाते हैं तो पूरे जीवन की घटनाओं का स्मरण रखना तो बहुत दूर की बात है। जो भी जीवन में होता है वह तो विस्मृत हो हीं जाता है, क्योंकि अगर कोई व्यक्ति महीने भर की बातों और घटनाओं को स्मरण रख सके वह पागल हो जायेगा। और कोई पागल ना हो सके इसलिए प्रकृति उस अचेतन के गर्त में डाल देती है जो इस सूक्ष्म शरीर का हिस्सा है।

इस सूक्ष्म शरीर में इसी जन्म की नहीं, बल्कि उन सारे जन्मों की स्मृतियां संग्रहित हैं जो अब तक हो चुका है। इस सूक्ष्म शरीर में वह भी स्मृति मौजूद है जब पहली बार यह सूक्ष्म शरीर निर्मित हुआ था, और इस सूक्ष्म शरीर में वह भी स्मृति मौजूद है जब यह सूक्ष्म शरीर गिर जायेगा। इस सूक्ष्म शरीर में वह भी स्मृति मौजूद है जब पहली बार वासनाओं को भोगने के लिए स्थूल शरीर मिला था। और इस सूक्ष्म शरीर में वह भी स्मृति मौजूद है जब यह स्थूल शरीर वासनाओं के क्षीण होने के कारण निर्मित होना बंद हो जायेगा।

वासनाएं मन को अपनी तरफ बुलाती हैं, और इंद्रियां उनके तरफ भागती हैं। और मन तब तक इंद्रियों को वासनाओं की तरफ भगाए चला जाता है जब तक मन यह नहीं जान लेता है कि समस्त वासनाएं मोह और लोभ के द्वारा उत्पन होने वाली भ्रम हैं। जो न कभी पूरी हुई हैं, और ना कभी पूरी हो सकती है। जब मन इस सत्य को जान लेता है तो यह इंद्रियों को उसी भांति अपने भीतर सिकोड़ लेता है जैसे कछुआ जरा सा खतरे की आहट पाते हीं अपने अंगों को भीतर सिकोड़ लेता है।

यह जो शरीर के प्रति इतना मोह उत्पन होता है वह मन के कारण हीं होता है। यह मन शरीर से भी मोह करता है, सुख से भी मोह करता है, और दुख से भी मोह करता है। कभी यह मन सुख मिलने पर सुख से भरे गीत गाता है तो कभी दुःख में दुख से भरे गीत गुनगुनाने लगता है। कभी यह मन भविष्य के प्रति चिंतित होता है तो कभी बीते हुए समय के सुख की कल्पना करने लगता है। कभी यह मन दूसरे के सुखों से मोह ग्रस्त होता है और कभी यह मन अपने दुख में दूसरे को शामिल करना चाहता है। मन जीवन भर किसी भी प्राणी को मोह के बंधन से जल्दी निकलने नहीं देना चाहता है। मन इसलिए किसी भी प्राणी पर अपने मोह का जाल डालता रहता है, क्योंकि वह अपनी सुरक्षा चाहता है।

मन इसलिए सुरक्षा चाहता है ताकि उसकी वासनाएं पूरी होती रहे। लेकिन वासनाएं न तो कभी पूरी होती हैं और ना कभी पूरी हो सकती हैं। मन चाहे कितने भी अनंत काल तक वासनाओं की तृप्ति करता रहे, लेकिन उसकी वासना कभी तृप्त नहीं होती है। चाहे इस मन को सम्पूर्ण पृथ्वी का धन मिल जाए, लेकिन वह फिर भी अतृप्त हीं रहेगा। चाहे यह मन कितने भी बड़े पद पर आसीन हो जाए, लेकिन वह पद भी उसे तृप्त नहीं कर सकता है। चाहे यह मन कितने भी यश अर्जित कर ले, लेकिन उसे कोई भी यश तृप्त नहीं कर सकता है। मन को कोई भी सुख, भोग, यश तृप्त नहीं कर सकते हैं क्योंकि यह वह पात्र है जिसमें पेंदी नहीं है। चाहे हम जन्मों जन्मों तक इस मन रूपी पात्र को भरते रहें, लेकिन वह कभी भर नहीं सकता है।

यह जो सुख का अहसास होता है, शांति कभी कभी महसूस होती है और खुशियों के पल कभी कभी आते हैं वह मन की उस अवस्था का अनुभव है जब इस खाली पात्र में कुछ डाल रहे होते हैं। जिस क्षण धन आता है उस क्षण धन में सुख का अहसास होता है। जिस क्षण कोई कामना नहीं होती है, विचार नहीं चल रहे होते हैं उस क्षण शांति की अनुभूति होती है। और जिस क्षण कोई प्यार के दो मीठे बोल बोल देता है, या कोई मनचाही चीज प्राप्त हो जाती है उस क्षण खुशी मिलती है। जिस समय स्त्री पुरुष संभोग करते हैं, या प्रेम से बातें कर रहे होते हैं उतने समय के लिए सुख और खुशी मिलती है लेकिन जैसे हीं दोनों अलग अलग होते हैं यह सुख और खुशी बादल की तरह छीन भिन्न हो जाते हैं।

मन बिना पेंदी का वह पात्र है जो न कभी भरा है, और ना कभी भरेगा। इसको जो भरने की कोशिश करता है उसके हाथ रिक्त रह जाते हैं। ना जाने अब तक कितने सम्राट हुए जो पुरी पृथ्वी पर एकक्षत्र राज्य होते हुए भी इस मन को भरने में नाकाम रहे। सिकंदर आता है उसके भी हाथ रिक्त रह जाते है, अकबर आता है उसके भी हाथ रिक्त रह जाते हैं। जिन्होंने भी इस मन को भरने की जिद किया उन्होंने अंत में पाया उनके हाथ रिक्त है। मन को भरने वाले खाली हाथ रह हीं जाते हैं, क्योंकि मन को भरने का कोई उपाय नहीं है। जो मन को भरने की कोशिश करता है वह सबकुछ गवां कर लौटता है, और जो यह जान लेता है मन को कभी भरा नहीं जा सकता है वह भरने की कोशिश हीं छोड़ देता है। और जो मन को भरने की कोशिश छोड़ देता है वह सबकुछ पाकर लौटता है।

जीसस का एक वचन है जो यहां अंतिम होने के लिए राजी हैं वह मेरे प्रभु के राज्य में प्रथम हो जायेंगे। और जो यहां प्रथम होने के लिए दौड़ रहे हैं वह मेरे प्रभु के राज्य में अंतिम हो जाएंगे। जीसस का वचन बड़ा उल्टा दिखाई देता है और उल्टा दिखाई देगा हीं, क्योंकि आमतौर पर हमलोग यहीं जानते हैं कि जो यहां प्रथम है वह सदा प्रथम

रहेगा, और जो अंतिम है वह अंतिम हीं रहेगा। प्रथम रहने वाला भले हीं बाहरी जगत में प्रथम होता हुआ दिखाई देता है, लेकिन वह आंतरिक जगत में पिछड़ता हीं चला जाता है। जितना हम बाहरी चीजों से संबंध जोड़ते हैं उतने हीं हम अपने से दूर होते चले जाते है। और यदि आप इस बाहरी जगत में सबकुछ हासिल भी कर लें तो भी आप संतुष्ट नहीं होंगे, क्योंकि जिसे बाहर खोजते हैं वह बाहर कहीं भी उपलब्ध नहीं है।

अंतिम खड़ा हुआ व्यक्ति भले हीं हमें पिछड़ता हुआ दिखाई देता है, लेकिन वह अंतिम खड़े होने से राजी होता है। और जब वह अंतिम खड़े होने से राजी हो जाता है उसका संबंध अपने आप से जुड़ने लगता है। और जिसका संबंध अपने आप जुड़ गया हो, वह भले हीं हमें पिछड़ता हुआ दिखाई देता हो, लेकिन वह आंतरिक जगत में प्रथम हो जाता है। इस बाहरी जगत में कुछ पाना हों तो दौड़ना पड़ता है, लेकिन आंतरिक जगत में कुछ पाना हो तो अपने पास हीं लौट जाना पड़ता है। बड़े मज़े की बात है कि इस आंतरिक जगत में जिसे हम पाने की कोशिश करते हैं, वह मिला हीं हुआ है, और यदि उसका स्मरण हो जाए तो आपको उसी क्षण यह भी ज्ञात हो जाएगा कि जिसे पाने लिए दौड़ रहे थे वह स्वयं आप हीं हैं।

आकाश में बादल बनते और मिटते रहते हैं। सूर्य, चांद, तारे और अनेकों आकाशगंगाएं दिखाई देते हैं, और अदृश्य हो जाते है, लेकिन ना तो आकाश बादलों के बनने और मिटने से प्रभावित होता है। और ना हीं आकाश सूर्य, चांद, तारों और आकाशगंगाओं के होने, और ना होने से प्रभावित होता है। जब हम नहीं थे तब भी आकाश इसी तरह था। बादल बनते और मिटते थे, सूर्य, चांद, तारे उस समय भी थे। और जब हम नहीं रहेंगे तब भी आकाश इसी तरह से रहेगा। इसमें बादल बनते और मिटते रहेंगे। सूर्य, चांद, तारे भी इसी भांति चमकते रहेंगे।

जब हम नहीं थे तो आकाश हमारी प्रतीक्षा नहीं करता था, और जब नहीं होंगे तो आकाश को कोई पीड़ा नही होगी। उस समय भी सूर्य इसी भांति आकाश में चमकता रहेगा, चांद चांदनी लुटाता रहेगा और तारे चमकते रहेंगे। जब हमारा जन्म होता है तब भी यह आकाश खुश नहीं होता है, और जब हमारी मृत्यु होती है तब भी आकाश को कोई दुःख नहीं होता है। हमारे होने या न होने से न तो इस आकाश पर कोई फर्क पड़ता है, और ना हीं इस प्रकृति पर कोई फर्क पड़ता है। जब आप नहीं थे तब भी प्रकृति इसी तरह थी। फूल खिलते थे हवाओं में नाचते थे, पक्षियों का चहचहाना होता था, वर्षा होती थी। और जब आप नहीं होंगे तब भी इस प्रकृति में इसी तरह फूल खिलते रहेंगे और हवाओं में नाचते रहेंगे, पक्षी चहचहाते रहेंगे, और वर्षा भी होती रहेगी।

हम जब होते हैं तब भी इस प्रकृति को कोई फिक्र नहीं होती है, और जब हम नहीं होंगे तब भी इस प्रकृति को कोई फिक्र नहीं होगी। जिस दिन हम नहीं थे उस दिन भी

इसी भांति फूल खिला था, और जिस दिन हम नहीं होंगे उस दिन भी फूल इसी भांति खिलता रहेगा। फूल किसी के जन्म पर खुश नहीं होता है, इसलिए वह किसी की मृत्यु पर शोक भी नहीं करता है। फूल ना तो किसी मंदिर में जाकर गर्व का अनुभव करता है, और ना किसी शव पर हीन भावना का शिकार होता है। फूल जब खिलता है तो उसका खिलना भी आनंद है, और जब मुरझाकर गिर जाता है तो उसका मुरझाना भी आनंद है।

इस प्रकृति में जो कुछ भी होता है वह आंनद है, लेकिन हमारी विडंबना हीं यह है कि हम न तो इस आंनद से एक हो पाते हैं, और ना इस आंनद को पहचान पाते हैं। इस आंनद को पहचानना हो तो देखें इस प्रकृति की ओर, चारों तरफ आंनद हीं आंनद बरस रहा है। कहीं कोयल गा रहीं है, कहीं मोर नाच रहा है, कहीं पक्षी चहचहा रहे हैं, कहीं फूल खिल रहा है और कहीं पेड़ पौधे खुशी में झूम रहे हैं। प्रकृति चारों तरफ से आंनद हीं आंनद लूटा रही है लेकिन इस प्रकृति में हम वहीं देख लेते हैं जो हमारे देखने की अनंत जन्मों की आदत है।

अनंत जन्मों की आदतें, विचार, कामनाएं, अहंकार और वासनाएं इन सबका जो बीज है वह सूक्ष्म शरीर में संग्रहित है। और जब भी जन्म होता है तो स्थूल शरीर बढ़ने के साथ साथ सूक्ष्म शरीर में संग्रहित आदतों, वासनाओं और अहंकार का बीज अंकुरित होने लगता है, और हम उन्ही के अनुसार जीवन जीने लगते हैं। इसे ऐसा समझें एक बच्चा आपके घर मे पैदा होता है तो वह ना तो क्रोध करता है, और ना किसी अहंकार के वशीभूत होता है। लेकिन इसका यह मतलब नहीं है कि वह आगे चलकर क्रोध नहीं करेगा और अहंकार के वशीभूत नहीं होगा। नहीं, वह बच्चा आगे चलकर क्रोध भी करेगा और अहंकार के वशीभूत भी होगा, क्योंकि उसके मन रूपी सूक्ष्म शरीर में क्रोध और अहंकार के बीज पहले से हीं मौजूद हैं।

जो बच्चा आपके घर में पैदा होता है उसके बारे यह भ्रांति मत बना लें कि यह पहली बार इस घर में जन्मा है। और अगर इस भ्रांति में आप रहते हैं तो आप भी उस बच्चे के साथ वहीं करेंगे जो आपके माता पिता आपके साथ किए हैं। अक्सर माता पिता अपने बच्चों के साथ वहीं करते हैं जो उनके माता पिता ने उनके साथ किया था। छोटे छोटे बच्चों पर माता पिता अपनी राय, अपनी अधूरी महत्वकांक्षा थोपते चले जाते हैं जिसके कारण वह बच्चा यह भी नहीं जान पाता है वह किसके लिए आया था... और उसे क्या करना चाहिए था...? और जब वह बच्चा यह नहीं जान पाता है वह भी माता पिता की तरह हीं कभी न पूरा होने वाली कामनाओं के अंधेरी गलियारों में खो जाता है।

अब यह जो बच्चा कामनाओं के अंधेरी गलियारों में खो चुका है वह कल पिता बनेगा तो वह भी अपने बच्चे के साथ वहीं करेगा जो उसके माता पिता ने उसके साथ

किए हैं। और यह सिलसिला पीढ़ी दर पीढ़ी चलता हीं चला जाता है, और वह खोज रुक जाती है जिसके लिए कोई जन्म लेता है। जन्म होता है और जीवन इन अंधियारी गलियों में भटकते हुए कब समाप्त हो जाता है यह भी हमें ज्ञात नहीं रहता है। सभी बच्चे जीवन को जानने की असीम क्षमता लेकर पैदा होते हैं, लेकिन शायद हीं कभी कोई बच्चा बड़ा होकर अपने जीवन को जानने की ओर कदम उठाता है। और जो एक बार जीवन को जानने की ओर कदम उठा लेता है वह जीवन को हीं नहीं, बल्कि उसको भी जान लेता है जो जीवन के पीछे छिपा हुआ है।

सभी लोग बच्चे की तरह पैदा होते हैं, लेकिन सभी लोग प्रौढ़ होकर नहीं मरते हैं। अधिकांश लोग शरीर से वृद्ध हो जाते हैं, लेकिन उनकी बुद्धि, उनका व्यवहार बच्चों की तरह हीं रह जाता है। जिस तरह बच्चा छोटी छोटी बातों पर क्रोध करता है, उसी तरह बूढ़ा आदमी भी छोटी छोटी बातों पर क्रोध करता है। जिस तरह बच्चा तितिलियों के पीछे भागता है, उसी तरह बूढ़ा आदमी भी कभी न पुरी होने वाली वासनाओं के पीछे भागता है। जिस तरह बच्चा बोतल से दूध पीता है, उसी तरह बूढ़ा आदमी भी हुक्का और बीड़ी पिता है। एक बच्चे और बूढ़े व्यक्ति में हमें अंतर इसलिए नहीं दिखाई देता हैं, क्योंकि बच्चे और बूढ़े व्यक्ति के करने के ढंग अलग अलग हैं लेकिन भीतर की अनुभूति की बात करें तो वह दोनों में एक तरह की हैं।

हम अनंत बार बच्चों की तरह हीं मरे हुए हैं, लेकिन हमें यह इसलिए याद नहीं आता हैं, क्योंकि हम कभी अपने तरफ मुंह करके एक क्षण के लिए खड़े भी नहीं होते हैं। और यदि एक क्षण भी हम अपने तरफ मुंह करके खड़े हो जाएं तो यह भी जानना हो जायेगा कि जिसके पीछे हम अनंत काल से भाग रहें हैं उससे कुछ मिलने वाला नही है। जो दौड़ता है वह सबकुछ पाकर भी अपने को खो देता है, और जो ठहर जाता है वह सबकुछ खो कर भी अपने को पा लेता है। यदि सबकुछ पाने पर भी अपने को खो दिया जाए तो वह सबकुछ दो कौड़ी का भी नहीं हैं, क्योंकि आज नहीं तो कल मृत्यु उसे छीन हीं लेती है। और यदि सबकुछ खोकर भी खुद को पा लिया जाए तो मृत्यु उसे नहीं छीन सकती है। और जिसे मृत्यु छीन नहीं पाती है वहीं आप हैं।

दुनियां में जो मनुष्य जाति का जीवन, और चेतना रोज गिरती जा रही है इसका एकमात्र कारण यह है पति पत्नी श्रेष्ठ आत्माओं को शरीर में उतरने के अवसर नहीं दे पा रहे हैं। पति पत्नी जिस तरह के आत्माओं के अवतरण के अवसर दे पा रहें हैं उसके कारण निकृष्ट आत्माएं हीं गर्भ में प्रवेश कर रहीं हैं। जब किसी की मृत्यु होती है तो यह जरूरी नहीं है कि वह आत्मा जल्दी किसी गर्भ में प्रवेश कर जाए। कम से कम मृत्यु के तेरह चौदह दिन बाद हीं किसी नए शरीर में प्रवेश संभव हो पाता है। जो आत्माएं श्रेष्ठ होती हैं वह भी जल्दी किसी गर्भ में प्रवेश नहीं करती हैं, और जो आत्मा अत्यंत निकृष्ट

है वह भी किसी गर्भ में जल्दी प्रवेश नहीं करती है। श्रेष्ठ आत्माएं इसलिए जल्दी गर्भ में प्रवेश नहीं करती है, क्योंकि उनके लिए श्रेष्ठ गर्भ नहीं मिल पाता है। और अत्यंत निकृष्ट आत्माएं इसलिए जल्दी किसी गर्भ में प्रवेश नहीं करती है, क्योंकि उनके लिए अत्यंत निकृष्ट गर्भ नहीं मिल पाता है।

श्रेष्ठ आत्माओं को भी श्रेष्ठ गर्भ में प्रवेश करने के लिए सदियों सदियों तक प्रतीक्षा करना पड़ता है, क्योंकि अनंत जन्मों के उतम कर्मों के कारण हीं किसी स्त्री का गर्भ और पुरुष का वीर्य इस योग्य हो पाता है कि इसमें श्रेष्ठ आत्मा उतर सके। इसलिए युग बीत जाते हैं, सदियां बीत जाती हैं तब कोई माता पिता कृष्ण को जन्म देते हैं, बुद्ध और महावीर को जन्म देते हैं, कबीर और जीसस को जन्म देते हैं, लाओत्से और ओशो जैसे परम ज्ञानियों को जन्म देते हैं। श्रेष्ठ आत्माओं को शरीर धारण करने की आवश्यकता भी नहीं रह जाती है, क्योंकि शरीर से वासना शून्य हो चुकी होती है, लेकिन फिर भी कभी कभी श्रेष्ट आत्माएं इस धरा पर इसलिए अवतरित होती हैं, ताकि जनमानस का कल्याण हो सके। और जो लोग दुविधा में अटके हुए हैं उन्हे सही राह मिल सके।

निकृष्ट आत्माओं को भी सदियों सदियों तक प्रतीक्षा करना पड़ता है तब जाकर उन्हे निकृष्ट गर्भ मिल पाता है। जब कोई स्त्री पुरुष अनंत जन्मों तक निकृष्ट कर्म करते हैं तो स्त्री का गर्भ और पुरुष का वीर्य अति निकृष्ट होकर निकृष्ट आत्माओं को उतरने के लिए सुविधा जुटा देता है। इसलिए युग बीत जाते हैं, सदियां बीत जाती हैं तब किसी माता पिता के माध्यम से रावण और कंस पैदा होते है, हिटलर और मुसोलिनी पैदा होते हैं तथा तैमूर लंग और चंगेज खान पैदा होते हैं। हिटलर और मुसोलिनी के माता पिता कैसे रहे होंगे यह हिटलर और मुसोलिनी के कर्मों से हीं जाना जा सकता है। और कृष्ण, बुद्ध, महावीर, कबीर के माता पिता कैसे रहे होंगे यह भी उनके कर्मों से हीं जाना जा सकता है।

जो आत्माएं न तो श्रेष्ठ होती हैं और ना अति निकृष्ट होती हैं वह शरीर छोड़ने के तेरह चौदह दिन बाद दूसरा शरीर धारण कर लेती है। यह जो तेरह चौदह दिन का अंतराल है यह इसलिए निर्मित हो जाता है, क्योंकि शरीर छूटने के बाद सूक्ष्म शरीर को जल्दी यकीन हीं नहीं आता है कि अब स्थूल शरीर नहीं रहा। शरीर छूटने के बाद सूक्ष्म शरीर को स्थूल शरीर के प्रति मोह बना हीं रहता है। और यह मोह तब तक बना रहता है तब तक सूक्ष्म शरीर अपने प्रियजनों और घर के आस पास चक्कर काटता रहता है। जब यह सूक्ष्म शरीर मृत्यु उपरांत अपने प्रियजनों और सगे संबंधियों को रोता हुआ देखता है तब भी उसे यकीन नहीं होता है कि अब स्थूल शरीर नहीं रहा। इस सूक्ष्म शरीर की बेचैनी तो तब बढ़ जाती है जब उसके स्थूल शरीर को उसके अपने हीं प्रियजन और सगे संबंधी, उसके अपने हीं घर से बाहर लाकर जमीन पर लिटा देते हैं।

सूक्ष्म शरीर कभी पत्नी को रोता बिलखता हुआ देखता है तो कभी पुत्रों को रोता बिलखता हुआ देखता है। सूक्ष्म शरीर कभी माता पिता को रोता बिलखता हुआ देखता है तो कभी दूसरे संबंधियों को रोता बिलखता हुआ देखता है। सूक्ष्म शरीर कभी माता पिता को सांत्वना देता है तो कभी पत्नी और बच्चों को सांत्वना देने की कोशिश करता है। लेकिन ना तो उसकी सांत्वना किसी तक पहुंच पाती है, और ना उसकी आवाज किसी को सुनाई दे पाती है। जब मृत शरीर को प्रियजन और सगे संबंधी अर्थी पर लेकर जाते हैं तो सूक्ष्म शरीर उनके साथ साथ मरघट तक जाता है। वह मरघट में अपने शरीर को देखता है, लेकिन उसे फिर भी यह यकीन नहीं आता है कि जिस शरीर को वह अपना समझ रहा था वह उससे अलग हो चुका है।

यह जो मृत्यु उपरांत शरीर को जलाने की बात है वह सूक्ष्म शरीर को एक तरह से यह यकीन दिलाने की कोशिश है अब वह शरीर से मोह त्याग दे। जब मृत शरीर आग में जलने लगता है तो सूक्ष्म शरीर को यह यकीन हो जाता है कि जिस शरीर को वह अपना समझ रहा था वह अब पंचतत्वों में विलीन हो रहा है। मृत्यु उपरांत सूक्ष्म शरीर तेरह चौदह दिनों तक घर और प्रियजनों के आस पास हीं भ्रमण करता रहता है। और जब उसे पुरी तरह से यकीन हो जाता है कि जिसे वह अपना समझ रहा था वह सब छीन चुका है तो वह किसी दूसरे गर्भ में प्रवेश कर जाता है।

साधारण आत्माएं जब शरीर छोड़ती हैं तो शरीर छोड़ते हीं आस पास सैकड़ों जोड़े संभोग करते हुए दिखाई देते हैं। साधारण आत्माएं उन्हीं जोड़ों के प्रति आकर्षित हो जाती हैं जिनसे उनकी अधूरी कामनाएं पूरी होती हुई दिखती हैं। साधारण आत्माएं इन्ही किसी एक जोड़े के गर्भ में प्रवेश कर जाती हैं, और फिर से वहीं जन्मना, उठ कर चलना, दौड़ना और लड़खड़ा कर गिर जाने का चक्र शुरू हो जाता है। साधारण व्यक्ति की इच्छाएं भी साधारण होती हैं, इसलिए वह मृत्यु उपरांत किसी भी साधारण गर्भ में प्रवेश कर जाता है। साधारण गर्भ की कमी नहीं है, इसलिए कोई भी गर्भ इसके लिए ठीक होता है।

पहले भूत प्रेत, राक्षस बहुत होते थे, इनकी भी मनुष्यों की तरह एक दुनियां थी, लेकिन आज उनकी दुनियां लगभग उजड़ चुकी है। और इन भूत प्रेतों, तथा राक्षस की आत्माएं मनुष्य के शरीर में प्रविष्ट हो चुकी हैं। जो भूत प्रेत मनुष्य के शरीर में प्रवेश करने के लिए आतुर थे, वे अब मनुष्य योनि में जन्म ले चुके हैं। पहले भूत प्रेत छाया की भांति आसानी से दिख जाते थे लेकिन अब वे बहुत कम दिखाई देते हैं। भूत प्रेत मनुष्य के रूप में जन्म लेकर इस धरा पर विचरण कर रहे हैं। आप ऐसे अनेकों लोगों को देख कर उनमें मौजूद भूत प्रेत की झलक देख सकते हैं। ऐसा आदमी खोजना मुश्किल है जो क्रोध नहीं करता हो, घृणा नहीं करता हो, लोभ से ग्रसित नहीं हो, काम लोलूप नहीं हो और अपने होने का हजारों तरह से अहंकार का प्रदर्शन नहीं करता हो।

एक समय था जब आदमी में देवता की छवि आसानी से दिख जाती थी। और एक समय यह है कि आदमी में भूत प्रेत की छवि आसानी से दिख जाती है। देवता अदृश्य हो गए और भूत प्रेत प्रकट हो गए। एक समय था जब स्त्री पुरुष बच्चे को जन्म देने से पहले तपस्या, यज्ञ, हवन और विशेष तरह की पूजा, प्रार्थना करते थे तब जाकर उनके यहां कृष्ण, बुद्ध और महावीर पुत्र के रूप जन्म लेते थे। और एक समय यह है कि स्त्री पुरुष बच्चे को जन्म देने से पहले ना तो किसी तरह की तपस्या और यज्ञ करते हैं, और ना पूजा और प्रार्थना करते हैं। एक समय था जब स्त्री पुरुष को संभोग में उतरना होता था तो उसके पहले वे दोनों इतना प्रेम पूर्ण हो जाते थे कि उनके लिए संभोग मात्र तन और मन की तृप्ति नहीं, बल्कि श्रेष्ठ आत्मा को अवतरित होने के लिए प्रार्थना होता था। और एक समय यह है स्त्री पुरुष के लिए संभोग मात्र तन और मन की तृप्ति का माध्यम हो गया है।

एक समय था जब स्त्री पुरुष का मिलन प्रेम का आधार होता था। और एक समय यह है कि स्त्री पुरुष का मिलन मात्र काम की तृप्ति बन कर रह गया है। और जब तक स्त्री पुरुष का मिलन का आधार काम की तृप्ति रहेगा तब तक बच्चे के रूप में भूत प्रेत हीं जन्म लेते रहेंगे। काम जीवन का आधार है लेकिन यह मात्र तन और मन की तृप्ति का माध्यम बन कर रह गया है। और जब काम तन और मन की तृप्ति का माध्यम बन जाता है तो संभोग के दौरान वही आत्माएं आकर्षित होती हैं जो अतृप्त होती है। और जब यह अतृप्त आत्माएं गर्भ में प्रवेश करती हैं तो वैसे बच्चे भी जन्म लेते हैं जो अतृप्त रहते हैं। जब कोई बच्चा जन्म लेता है तो उसकी अतृप्ति जन्म के साथ हीं प्रकट होने लगती है। ऐसा बच्चा प्रत्येक चीजों को पकड़ने की कोशिश करता है, उसकी खुली हुई आंखे किसी चीज की तलाश करती रहती है। और वह ज्यादातर रोता रहता है, बेचैन रहता है।

नवजात शिशु के हाव भाव को देखकर यह पता लगाया जा सकता है कि वह अंतर्मुखी है अथवा बहिर्मुखी है। जो बच्चे अंतर्मुखी होते हैं वह ज्यादातर सोते रहते हैं और उन्हें जब भूख लगता है तभी वह रोकर भूख लगने के इशारे करते हैं। ऐसे बच्चे न तो अपने माता पिता को परेशान करते हैं, और ना वह आगे चलकर असंतुष्ठ होते हैं। और जो बच्चे बचपन से संतुष्ट होते हैं वह दिखने में तो आलसी लगते हैं, लेकिन वह कभी दुखी और परेशान नहीं होते हैं। संतोष जीवन की परम अवस्था है, और जो अपने आप से संतुष्ट है उसे दुखी करने का कोई उपाय नहीं है।

जो बच्चे बहिर्मुखी होते हैं वह जन्म के बाद ज्यादातर रोते रहते हैं। उनकी आंखें ज्यादातर खुली हुई रहती हैं, और किसी न किसी चीज की तलास करती रहती हैं। बहिर्मुखी बच्चे जन्म से हीं लगभग असंतुष्ठ होते हैं। और जो बच्चे जन्म से असंतुष्ठ होते हैं वह आगे चलकर तेज तर्रार, बुद्धिमान दिखाई पड़ते हैं, लेकिन उनके अंदर

एक असंतोष की पीड़ा बराबर बनी रहती है। और जिसके मन में असंतोष है वह चाहे कितना भी धन एकत्रित कर ले, और चाहे वह कितने हीं सुख के साधन जुटा ले, लेकिन वह फिर भी असंतोष की पीड़ा से ग्रस्त हीं रहेगा। असंतोष का अर्थ है सुख मुझमें नहीं, बल्कि किसी व्यक्ति अथवा वस्तु में है। और संतोष का अर्थ है कि सुख किसी व्यक्ति अथवा वस्तु में नहीं, बल्कि मुझमें है।

कोई भी व्यक्ति किसी दूसरे के कारण नहीं, बल्कि अपने कारण हीं दुःख और सुख भोगता है। इसे ऐसा समझें तो ख्याल में आ जायेगा। यदि आप सुख की तलाश बाहर करते हैं तो सुख के साथ साथ दुख भोगना पड़ेगा, क्योंकि जिससे सुख मिलता है उससे दुख भी मिलता है। और यदि आप सुख की तलास अपने भीतर करते हैं तो ना आपको किसी से सुख मिलेगा, और ना हीं आपको किसी से दुख मिलेगा। असल में सुख और दुख आपके सोचने के ढंग पर निर्भर करते हैं। जब आप सोचते हैं कि मै दूसरे के कारण दुखी हूं तो आपको वह सुख नहीं दिखाई देता है जो आपके भीतर मौजूद है। और जब आप सोचते हैं कि मै दूसरे के कारण सुखी हूं तो आपको वह दुख नहीं दिखाई देता है जो दूसरे से मिलने वाला है।

जीवन किसी गणित की तरह नहीं है बल्कि एक पहेली की तरह है। और जो जीवन को गणित की तरह देखने की कोशिश करता है वह यहीं समझता है दो और दो मिलकर चार होते हैं। भले हीं गणित की दृष्टि से दो और दो मिलकर चार होते हों, लेकिन जीवन पर गणित के नियम काम हीं नहीं करते हैं, क्योंकि गणित बुद्धि की उपज है, और जीवन परमात्मा का दिया हुआ अनुपम उपहार है। जो जीवन को गणित की तरह समझने की भूल करता है वह उलझता चला जाता है। और जो जीवन को पहेली की तरह देखता है उसके लिए जीवन अपने रहस्यों का द्वार खोल देता है।

जीवन का भवन जिस नींव और दीवारों पर खड़ा है उसकी ईंटे सीधी नहीं बल्कि एक दूसरे के विपरीत रखी गई हैं। और यदि जीवन का भवन ऐसे नींव तथा दीवारों पर खड़ा होता जिसकी ईंटे सीधी जुड़ी होती तो यह भवन बनता हीं नहीं या बनते हीं गिर गया होता। इसे ऐसा समझें जीवन का एक पहलू सुख है तो दूसरा पहलू दुःख भी है। जीवन का एक पहलू प्रेम है तो दूसरा पहलू घृणा भी है। जीवन का एक पहलू जन्म है तो दूसरा पहलू मृत्यु भी है। इसलिए जो सुख खोजता है उसे दुःख मिलता है, और जो दुःख खोजता है उसे सुख मिलता है। जो सुख को खोजने निकल पड़ता है उसके लिए सुख तिरोहित हो जाता है, और जो दुख को खोजने निकल पड़ता है उसके लिए दुख तिरोहित हो जाता है।

आज अगर मनुष्य जाति दिन हीन और दुखी होती चली जा रहीं है तो उसके पीछे दाम्पत्य जीवन की स्वीकृति नहीं, बल्कि दाम्पत्य जीवन की अस्वीकृति है। आज जितना

दाम्पत्य जीवन विकृत होता चला जा रहा है उतना पहले कभी विकृत नहीं था। ऐसा नहीं है लोग आपस में पहले एक दूसरे से लड़ते नहीं थे, चोरी नहीं करते थे, अपराध नहीं करते थे। नहीं, ऐसा पहले भी होता था, लेकिन उस बीते हुए समय और आज के समय में एक हीं अंतर है कि लोग उस समय ज्यादातर आत्मवान होते थे, और आज आत्म हीन होते चले जा रहे हैं। और अगर यह दौर ऐसा हीं चलता रहा तो लगभग दो तीन सौ वर्षों के बाद लोग पुरी तरह आत्महीन हो जायेंगे।

कालांतर में मनुष्य जाति की स्थिति और भी दयनीय होने वाली है, क्योंकि एक तरफ लगभग पूरी मनुष्य जाति महत्वकांक्षा के रोग से ग्रस्त हो चुकी है तो दूसरी तरफ वह अपने आप को भूलती चली जा रही है। एक तरफ लोग गीता को पढ़कर कहते हैं मत डरो आत्मा अमर है तो दूसरी तरफ ऐसे लोग मौत के भय से कापतें रहते हैं। यदि आत्मा अमर है तो उसको दोहराने से क्या लाभ...क्योंकि आत्मा अमर है तो शरीर तो मरेगा हीं। आत्मा की अमरता का सिद्धांत वहीं लोग दोहराते रहते हैं जो जीवन को कस कर पकड़े रहते हैं। लेकिन जीवन को चाहे कोई कितना हीं कस कर पकड़े उसकी मौत आज नहीं तो कल आ हीं जाती है। जीवन को पकड़ने वाला ना तो जीवन को जान सकता है, और ना हीं आत्मा की अमरता को जान सकता है।

असल में जीवन और आत्मा की अमरता को वही जान पाता है जो मृत्यु को जीने लगता है। और जो जीवन रहते हीं मृत्यु को भी जीवन समझ कर जी लेता है वह यह भी जान जाता है कि मृत्यु उस शरीर की होती है जो पल पल विकसित होकर क्षीण होता चला जाता है। लेकिन मृत्यु उसे छू भी नहीं पाती है जिसके कारण यह शरीर चलायमान है। एक दीपक की ज्योति तब तक विद्यमान रहती है जब तक उस दिए में तेल और बाती रहती है, लेकिन जैसे तेल और बाती चूक जाता है उस दिए की ज्योति बुझ जाती है। इस ज्योति के बुझ जाने का मतलब यह नहीं है वह ज्योति अब नहीं है। नहीं, वह ज्योति अभी भी है, क्योंकि दूसरा दिया उसी ज्योति के कारण प्रकाशित हो रहा है। दिए अलग अलग हो सकते हैं कोई कच्ची मिट्टी के होते हैं तो कोई पक्की मिट्टी के होते हैं, कोई चांदी के होते हैं तो कोई सोने के होते हैं, लेकिन इन दियों में जो ज्योति प्रकाशित होती है वह एक है।

इस एक का अनुभव तभी हो पाता है जब कोई अंतर्मुखी हो जाता है। यदि थोड़े से भी स्त्री पुरुष अंतर्मुखी हो जाएं तो वह ऐसी संताने जन्म दे सकते हैं जो आगे चलकर एक ऐसे समाज का निर्माण कर सकते हैं जहां प्रेम हीं प्रेम हो, करुणा हीं करुणा हो, और आनंद हीं आंनद हो। अंतर्मुखी स्त्री पुरुष जब संतान उत्पति के लिए संभोग करते हैं उनके संभोग में आत्मा को उतरने के लिए एक विशेष तरह की प्रार्थना सम्मिलित होती है, नृत्य होता है, प्रेम पूर्वक निमंत्रण होता है। लेकिन जब बहिर्मुखी स्त्री पुरुष

संभोग करते हैं उस संभोग में आत्मा को उतरने के लिए ना तो कोई प्रार्थना सम्मिलित होती है और ना हीं कोई नृत्य होता है। और जिस संभोग में कोई प्रार्थना और प्रेम सम्मिलित नहीं होता है उस संभोग में वही आत्माएं आकर्षित होती है जो तृप्ति की तलाश कर रहीं होती हैं।

आदमी शिक्षा की फिक्र करता है, मकान की फिक्र करता है, वस्त्रों और भोजन की फिक्र करता है लेकिन उसकी फिक्र हीं नहीं करता है जो नया जीवन उसके माध्यम से आने वाला है। आदमी लगभग भूल गया है वह कैसे बच्चे पैदा करना चाहता है। यदि अब भी आदमी आने वाली पीढ़ी के बारे में सचेत नहीं होता हैं तो आने वाले दिनों में और भी स्थिति भयावह होने वाली है। स्त्री पुरुष जिस तरह से रुग्ण, और विकृत बच्चे को जन्म देते चले जा रहे हैं उस तरह से यहीं लगता है आने वाले दिनों में हर तरफ रुग्ण और विकृत लोग होंगे। और जब चारों तरफ रुग्ण और विकृत लोग हो जायेंगे तब युद्ध की आवश्यकता नहीं रह जायेगी, क्योंकि तब मनुष्य जाति का अस्तित्व हीं समाप्त हो जायेगा।

माता पिता कहते हैं बच्चे बिगड़ते चले जा रहे हैं, शिक्षक कहते हैं कि बच्चे उनका सम्मान नही करते हैं। ऐसा तो होना हीं था और यह तो मात्र उस आने वाले समय की झलक है जिस समय बच्चे अपने हीं माता पिता का अपमान करेंगे, उनकी हत्या करेंगे। और जो शिक्षक उन्हे शिक्षा देंगे वे उन्ही को अपमानित करेंगे। बच्चों की इस मानसिकता के पीछे ना तो शिक्षक जिम्मेवार हैं, ना तो बच्चे जिम्मेवार है और ना हीं ऐसे बच्चों को जन्म देने वाले माता पिता जिम्मेवार हैं। जिम्मेवार है दाम्पत्य जीवन की व्यवस्था, जिम्मेवार है बंधी हुई सोच, जिम्मेवार है दाम्पत्य जीवन को आध्यात्मिक ना होना।

स्त्री पुरुष जितने एक दूसरे के गहरे प्रेम उतरते हैं, और जितनी हीं उनके जीवन में आध्यात्मिकता होती है उसी तरह की श्रेष्ठ आत्माएं उनके गर्भ में उतर पाती है। स्त्री पुरुष के मिलन से जिस बच्चे का जन्म होता है उसकी मानसिकता इस बात पर निर्भर करती है कि वह स्त्री पुरष एक दूसरे से कितना प्रेम करते हैं...? वे आध्यात्मिक जीवन में कितने गहरे उतरे हैं...? उनके संभोग में कितनी पवित्रता है और वे कितने प्रार्थना पूर्ण हृदय से एक दूसरे के पास आए हैं...? स्त्री पुरुष के मिलन में जितनी पवित्रता होती है, और जितनी नए जीवन के आगमन के लिए प्रार्थना होती है उतनी हीं श्रेष्ठ आत्माएं उनके गर्भ में प्रवेश करती है।

अगर स्त्री पुरुष पांच सात रुग्ण बच्चों को जन्म ना देकर मात्र एक हीं ऐसे स्वस्थ और दिव्य बच्चे को जन्म देते हैं तो वह बच्चा ना सिर्फ अपने माता पिता और शिक्षकों को सम्मान देगा, बल्कि उससे एक स्वस्थ पीढ़ी भी विकसित होगी। अगर इस पृथ्वी पर

मनुष्य जाति को बरकरार रखना है तो मात्र थोड़े से हीं ऐसे स्त्री पुरुष काफी होगें जो ऐसे दिव्य बच्चे को जन्म देना चाहते हों। और ऐसे दिव्य बच्चे इस पृथ्वी पर जन्म लेते रहें तो ना सिर्फ मनुष्य जाति सुरक्षित बची रहेगी, बल्कि उनके जीवन में आध्यात्मिक विकास भी होगा।

जीवन एक घूमता हुआ चाक है। इस जीवन में फिर से वही घटना घटित होती है जो पहले घट चुकी होती है। जो जन्म लेता है वह मरता भी अवश्य है और जो मरता है वह जन्म भी अवश्य लेता है। यह जो जन्म के बाद मृत्यु और मृत्यु के बाद फिर से जन्म लेने की प्रक्रिया है यह अनंत काल से चली आ रही है। हम हर बार जन्म लेते हैं, जीवन में रसलीन हो जाते हैं, और मृत्यु हमें मिटा देती है। हम हर बार रहने के लिए सुंदर भवन बनाते हैं, लेकिन वह भवन हर बार खंडहर हो जाता है। यह जो जिंदगी है यह कोल्हू की बैल की तरह है, इसलिए हर बार हम उसी जगह आ जाते हैं जहां से हम चले थे। हम जीवन में यात्रा तो बहुत करते हैं, लेकिन पहुंचना कहीं भी नहीं होता है। यह जो जीवन के प्रति इतनी रसलीनता है यह पिछले जीवन को भूल जाने के कारण है।

एक पुरुष स्त्री के प्रेम में पड़ जाता है, और स्त्री पुरुष के प्रेम में पड़ जाती है लेकिन ना तो पुरुष यह जानता है कि वह इसी तरह कई बार स्त्रियों के प्रेम में पड़ चुका है। और ना तो वह स्त्री यह जानती है वह इसी तरह कई बार पुरुषों के प्रेम में पड़ चुकी है। पुरुष और स्त्री दोनों यह भूल चुके हैं कि दोनों इसी तरह अनंत बार एक दूसरे के प्रेम पड़ चुके हैं, लेकिन उन्हे कभी तृप्ति नहीं मिली है। एक आदमी धन इकठ्ठा करता है तो यह भी नहीं जानता है वह पिछली बार भी इसी तरह धन इकठ्ठा किया था, लेकिन मृत्यु ने उसे छीन लिया। इसी तरह एक आदमी घर निर्मित करने के लिए दिन रात एक कर देता है तो वह यह भी नहीं जानता है कि इसी तरह उसने पिछले बार भी घर निर्मित करने के लिए दिन रात एक कर दिया था, लेकिन मृत्यु ने उस घर को भी छीन लिया।

जो पुरुष स्त्री की सुंदरता पर मोहित हो जाता है उसे यह भ्रम होता है वह पहली बार किसी सुंदर स्त्री पर मोहित हुआ है। ठीक इसी तरह पुरुष पर मोहित होने वाली स्त्री भी इसी भ्रम की शिकार होती है। लेकिन यदि स्त्री पुरुष को अपना बिता हुआ जीवन याद आ जाए कि जिस सुंदरता के पीछे हम भाग रहे हैं वह घटना पहले भी हजारों बार घट चुकी है तो इस सुंदरता के पीछे भागने का कोई अर्थ नहीं रह जाएगा। जो लोग धन के पीछे पागल हैं, और धन के लिए एक दूसरे की हत्या करने से भी बाज नही आते हैं वे यदि अपने पिछले जीवन को जान लें कि इसी तरह हम हजारों बार धन के पीछे पागल हो चुके हैं, और इस धन के लिए किसी की हत्या करने से भी बाज नहीं आए हैं तो उनके लिए धन का पागलपन व्यर्थ हो जायेगा।

चाहे कोई भी कामना हो इसके प्रति आसक्ति तभी समाप्त होती है जब कोई अपने पिछले जीवन की स्मृतियों में प्रवेश करने लगता है। पिछले जीवन की स्मृतियों से हीं यह राज उजागर होता है कि जिस भांति हम आज किसी कामना पूर्ति के लिए दौड़ रहे हैं उसी भांति हम पिछले जीवन में भी कई बार दौड़ चुके हैं। हम हर बार जब भी शरीर बदलते हैं तो संजोई हुई स्मृतियों का द्वार बंद हो जाता है और फिर से नया खेल शुरू हो जाता है। फिर से वही खेल, फिर से वही बात और फिर से वही घटना घटती चली जाती है जो पहले भी कई बार घटित हो चुकी है।

जाति स्मरण यानी पिछले जन्मों की स्मृतियों में प्रवेश करने से स्मरण आ जाता है कि यह तो बहुत बार हो चुका है। जिस धन के पीछे हम भाग रहे हैं इसी तरह पहले भी इस धन के पीछे भाग चुके हैं। जिस सुंदर स्त्री के पीछे आज भाग रहे हैं उसी तरह पहले भी सुंदर स्त्रियों के पीछे भाग चुके हैं लेकिन ना तो हमारी कामनाएं पहले पुरी हुई और ना अब पूरी हो रही है। इस जीवन की कहानी बहुत बार दोहर चुकी है। इसलिए अब यह बात हद के बाहर हो गई। जब पिछले अनेक जीवन की स्मृतियों पर से पर्दा उठ जाता है तो जीवन से संबंधित सभी भोगों की आशक्तियां अपने आप गिरती चली जाती हैं।

चाहे सुख हो, पद हो, प्रतिष्ठा हो या जीवन से संबंधित कोई भी आसक्ति हो इनके प्रति तभी वैराग्य उत्पन होता है जब पिछले अनेक जीवन का स्मरण हो जाता है। पिछले जीवन के स्मरण के वगैर ना तो सुख के प्रति वैराग्य घटित होता है और ना धन, पद, प्रतिष्ठा और यश के प्रति वैराग्य उत्पन होता है। बुद्ध और महावीर ने महलों का सुख और वैभव छोड़ा इसलिए नहीं की उनके मन में सुख और वैभव को त्याग देने भावना थी। नहीं बल्कि बुद्ध और महावीर ने महल और वैभव इसलिए छोड़ने को राजी हो गए, क्योंकि उन्हे पिछले जन्मों का स्मरण हो गया था।

पिछले जीवन के स्मरण से न केवल मनुष्य का मन निर्मल होने लगता है बल्कि उसकी आत्मा भी धीरे धीरे ऊपर उठने लगती है। मनुष्य अपने पिछले जीवन के बोध से न केवल अहंकार शून्य होता है, बल्कि अंहकार के कारण उसने जो अपने आप को मान लिया है वह भ्रांतियां भी गिर जाती है। और जब मनुष्य के अहंकार, अपेक्षाएं, और सभी तरह की आशक्तियाँ गिर जातें हैं तो वह फिर से उसी बच्चे की भांति निर्मल हो जाता है जिसका न तो कोई तथाकथित धर्म है, ना संस्कार है, न नाम है, और ना कोई सभ्यता है। यह नाम, तथाकथित धर्म, संस्कार और सभ्यता मनुष्य को इस कदर जकड़ देते हैं कि मनुष्य उड़ना चाहकर भी उड़ने से वंचित रह जाता है।

अगर थोड़ी सी भी आत्माएं उपर उठ जाएं, और उनकी मौजूदगी दूसरी आत्माओं को ऊपर उठाने लगे तो धीरे धीरे पुरी मनुष्य की आत्माएं उपर उठ जाएंगी। और

जिस दिन पुरी मनुष्य जाति की आत्माएं उपर उठ जाएंगी उस दिन ना कहीं युद्ध का वातावरण निर्मित होगा, और ना किसी को मृत्यु का भय होगा। जिस दिन मनुष्य की आत्मा उठ जायेगी उस दिन ना जीवन से संबंधित किसी भी भोग में कोई आसक्ति होगी, और ना कोई व्यभिचार तथा लोभ होगा। एक एक मनुष्य को सुधारा नहीं जा सकता है, क्योंकि मनुष्य के ऊपर जन्मों जन्मों के संस्कारों का बोझ है। चाहे लाख माता पिता समझाएं कि क्रोध मत करो लेकिन बच्चे फिर भी क्रोध करते हैं। चाहें लाख स्कूल कालेज के शिक्षक विद्यार्थियों को समझाएं झूठ मत बोलो, चोरी मत करो, किसी को बुरी नजर से मत देखो, लेकिन फिर भी विधार्थी वही करते हैं।

सदियों सदियों से साधु महात्मा लोगों को समझाते चले आ रहे हैं, लेकिन लोगों पर कोई प्रभाव नहीं पड़ता दिखाई दे रहा है। और ना हीं इन सबसे कुछ होने वाला है, क्योंकि जब तक कोई अपने पिछले जीवन की स्मृतियों में प्रवेश करके यह जान नहीं लेता है कि मै जैसा यह जीवन जी रहा हूं इसी तरह पहले भी कई बार जी चुका हूं। जब भी जीवन मिला तब मैंने इस तरह क्रोध किया, लोभ का शिकार हुआ, चोरी किया, अनेक स्त्रियों और पुरुषों को भोगा, लेकिन किसी से तृप्ति नहीं मिली। अनेकों बार महल बनवाए और वे महल खंडहर में तब्दील होते चले गए। अनेक बार महत्वकांक्षा की अंधी दौड़ में शामिल हुआ, लेकिन हर बार अंत में निराशा हाथ लगी। अनेकों बार चिताएं जली, लेकिन एक बार भी यह बोध नहीं आया कि जिस शरीर पर अहंकार करता हूं वह शरीर एक दिन आग में जल कर राख हो जायेगा।

अगर इतना भी स्मरण हो जाए तो मन पर अंकुश लगाने की जरूरत नहीं है क्योंकि यह स्मरण आते हीं मन की सारी चंचलता समाप्त हो जायेगी और मन स्थिर हो जायेगा। और मन जब स्थिर हो जाता है तभी वह आत्मा के करीब लेकर जा पाता है। इसे ऐसा समझें कि यह शरीर रथ है, और पांचों इंद्रियां इस शरीर रूपी रथ को खींचने वाली घोड़े हैं। मन इस रथ का सारथी है, और आत्मा इस रथ में बैठने वाला रथी है। पांचों इंद्रियां भोगों के प्रति आकर्षित होती हैं, और मन इस शरीर रूपी रथ को आत्मा की परवाह किए बिना भोगों के तरफ दौड़ाएं चला जाता है। और यह तभी तक होता है जब तक इस रथ में बैठी हुई आत्मा को इस बात की खबर नहीं होती है।

आत्मा अविनासी है, अजर है, अमर है उसे ना तो शस्त्र काट सकते हैं, और न अग्नि जला सकती है। आत्मा किसी मानवीय चिंतन के घेरे में नहीं आती है, और ना हीं इस पर सृष्टि और प्रकृति के नियम लागू होते हैं। आत्मा की अनुभूति हो सकती है, लेकिन आत्मा के बारे कुछ कह कर भी कहा नहीं जा सकता है। आत्मा के बारे में जो भी शब्द निर्मित होते हैं वह निर्मित होते हीं झूठे हो जाते हैं। आत्मा को ना तो यह आंखे देख सकती हैं, न कान उसको सुन सकते हैं, और ना बुद्धि उसके बारे कोई तर्क कर

सकती है। लेकिन फिर भी योगी जन आत्मा का साक्षात्कार कर लेते हैं। योगी आत्मा का साक्षात्कार इसलिए कर पाते हैं, क्योंकि उनकी इंद्रियां और मन अंतर्गामी हो जाते हैं। योगी अपने हीं भीतर रमण करने लगता है, और रमण करते करते एक दिन पाता है कि उसकी इंद्रियां और मन एक तरफ हट गए हैं, और वह ना कुछ हो चुका है। और जिस दिन योगी ना कुछ हो जाता है उस दिन उसे आत्मा का साक्षात्कार हो जाता है।

जितने आप तरल हैं उतने आप आत्मवान हैं, और जितने आप ठोस हैं उतने हीं आप आत्महीन हैं। जितने आप नहीं है, उतनी हीं आपकी विजय निश्चित है। और जितने आप हैं, उतनी आपकी पराजय निश्चित है। जितने आप झुकते हैं उतने हीं आप शरीर और मन से मजबूत होते हैं, और जितने आप कठोर बने रहते हैं उतने हीं आप शरीर और मन से कमजोर होते चले जाते हैं। कठोरता मृत्यु है, और नमनीयता जीवन है। यदि मैं जीवित रहकर भी कठोरता को धारण किए हुए हूं तो मैं मरे हुए के समान हूं। इसलिए मर कर भी कोई नहीं मरता है, और कोई जीवित रहते हुए भी मरे हुए के समान हो जाता है। मृत्यु एक बार नहीं आती है, बल्कि बार बार आती है। और नरक कहीं दूर आकाश या पाताल लोक में नहीं है, बल्कि यहीं और अभी है।

जितना मैं हूं उतना हीं मृत्यु की पीड़ा भोगनी पड़ेगी और जितना मैं नहीं हूं उतना हीं मृत्यु का गहरा अनुभव घटित हो सकेगा। बहुत बार मृत्यु घटित हो चुकी है, लेकिन हर बार जब भी मृत्यु आई है तो हम इतने हताश और भयभीत हो चुके हैं कि मृत्यु घटित होने से पहले हीं बेहोशी छा गई है। जिस तरह से चिकित्सक मरीज को बेहोश करके उसका आपरेशन कर देता है, और मरीज को यह खबर भी नहीं होती है कब उसके शरीर का चिर फाड़ किया गया उसी तरह से मृत्यु के भय से आदमी भयभीत होकर बेहोश हो जाता है, और यह भी उसे मालूम नहीं होता है कि उसकी मृत्यु कब और कैसे घटी...? मृत्यु हमें मारने से पहले वह सबकुछ छीन लेती है जो जो हमने इकट्ठा किया है। मृत्यु हर वह रिश्ता तोड़ देती है जो जो हमने रिश्ता निर्मित किया है।

मृत्यु के बाद ना कोई किसी का पुत्र रह जाता है, ना पिता रह जाता है, ना पति रह जाता है, ना पत्नी रह जाती है और न कोई किसी का मित्र और शत्रु रह जाता है। जन्म के कारण सभी रिश्ते निर्मित होते हैं, और मृत्यु के कारण सभी रिश्ते टूट जाते हैं। रिश्ते बनते हीं हैं टूटने के लिए, और जन्म होता है मृत्यु के लिए। जो रिश्ता आज है वह आने वाले समय में नहीं रह जाएगा, और जो रिश्ता आज नहीं है वह आने वाले समय में निर्मित हो जायेगा। आप जिसे अपना पत्नी समझकर रोते हैं, विलाप करते हैं उससे पिछले जन्म में आपसे क्या रिश्ता था यह आप नहीं बता सकते हैं। आप जिसे अपना पत्नी मानकर रोते हैं वह हो सकता है कि पिछले जन्म में आपकी माता रही हो, और अगले जन्म में आपकी महा शत्रु हो जाए।

ठीक इसी तरह आप जिसे पुत्र समझकर रोते हैं, विलाप करते हैं उससे पिछले जन्मों में आपके साथ क्या रिश्ता था, यह आप नहीं बता सकते हैं। आप जिसे आप पुत्र समझकर विलाप करते हैं वह हो सकता है कि पिछले जन्म में आपका पिता रहा हो, और अगले जन्मों में कोई और रिश्तेदार बन जाए, या आपका महा शत्रु बन जाए। आप जिसे पति समझकर विलाप करती हैं, रोती हैं उससे पिछले जन्मों में आपसे क्या रिश्ता था, और अगले जन्मों में आपसे क्या रिश्ता होगा... यह भी आप नहीं बता सकती हैं, लेकिन हो सकता है कि वह पिछले जन्मों में आपकी पत्नी रहा हो और अगले जन्म में आपका महा शत्रु बन जाए। सभी रिश्ते जन्म और मृत्यु के कारण बनते, मिटते और बदलते रहते हैं।

मृत्यु अनंत बार घटित हो चुकी है लेकिन आप यह बता सकते हैं कि जब पिछले जन्म में आपकी मृत्यु घटित हुई थी तो आपकी पर मृत्यु कौन कौन से लोग उपस्थित थे, और किसने कितना विलाप किया था...? ठीक इसी तरह से इस जन्म में भी जब आपकी मृत्यु घटित होगी तो इस मृत्यु के उपरांत ना तो कोई रिश्ता रह जायेगा, और ना यह ज्ञात रह जायेगा कि कौन कौन से लोग आपकी मृत्यु पर शोक करते हैं, आंसू बहाते हैं। कोई दो क्षण रोएगा, शोक करेगा। और कोई महीनों रोता रहेगा, शोक करता रहेगा। और कोई वर्षों रोता रहेगा, शोक करता रहेगा। लेकिन सबके आंसू धीरे धीरे सुख जायेंगे और उन आंखों में फिर से जीवन के प्रति चमक उभर आयेगी।

जन्म के कारण रिश्ते बनते हैं और मन उन रिश्तों को इतना कस कर पकड़ लेता है कि उन रिश्तों के मोह में न तो किसी को कुछ सुझाई देता है। और ना किसी को अच्छे बुरे के बाबत कोई ख्याल रह जाता है। मन वह बहुरूपिया है जो पल प्रति पल अपना रूप बदलता रहता है। कभी यह मन रिश्ते के निर्मित होने से खुशियों से भरे गीत गुनगुनाता है तो कभी यही मन रिश्ते टूटने के कारण दुख भरे गीत गाता है। कभी यह मन धन के पीछे भागता है तो कभी यही मन धन को त्याग कर धर्म के पीछे भागता है। कभी यह मन सुंदर नारी पर आसक्त हो जाता है तो कभी इसी मन को सुंदर से सुंदर नारी भी कुरूप लगने लगती है।

यह जो पिता पुत्र, पति पत्नी, भाई बहन और जो भी नाते हैं यह शरीर के आधार पर बनते और मिटते रहते हैं। मन इन नातों से भी मोह करता है और शरीर से भी मोह करता है। जब शरीर जवान और सुंदर होता है तो इस पर खुश होने का नाटक भी मन हीं करता है। और जब शरीर वृद्ध तथा जर्जर हो जाता है तो इस पर रोने का नाटक मन हीं करता है। जब शरीर युवा होता है तो यह मन जोश की अवस्था में दूसरे की कमजोरी और बुढ़ापा पर खुश होता है, लेकिन इस मन को यह नहीं दिखाई देता है जिस कमजोरी तथा बुढ़ापा पर हंस रहा हूं कल उसी तरह इस शरीर की हालत भी

होने वाली है। इस मन को जवानी के पीछे छुपा बुढ़ापा दिखाई नहीं देता है, लेकिन जब यौवन की शक्ति क्षीण होने लगती है और बुढ़ापा उजागर होने लगता है तो यह मन रोने चिल्लाने लगता है।

किसी भी मनुष्य का मन अंत समय तक मनुष्य पर अपनी कामनाओं का जाल डालता हीं रहता है। इसलिए मृत्यु के समय भी वासनाओं का मोह बना रहता है। मृत्यु के समय जीवन भर की वासनाएं पुनः एक बार इकट्ठी हो जाती हैं, और मन इतना बेचैन हो जाता है कि मृत्यु को नहीं जा सकता है। मृत्यु को जानने के लिए चाहिए शांति, लेकिन शरीर छूटने के भय और वासनाओं के लोभ के कारण पूरे शरीर मे बेचैनी भर जाती है। मृत्यु के दौरान जीवन भर की अधूरी वासनाएं, अच्छे बुरे कर्मों के फल बीज के रूप संग्रहित होते हैं, और सूक्ष्म शरीर के साथ चल जाते हैं। और फिर से जब नया शरीर मिलता है तो वही अधूरी वासनाएं, और कर्मों के फल प्रकट होने लगते हैं।

मनुष्य का सूक्ष्म शरीर यानी मन में अनंत जन्मों की स्मृतियां संग्रहित हैं। और यह स्मृतियां कभी कभी अचेतन मन से निकल कर अचानक चेतन मन को धक्का देने लगती हैं। यह जो अचानक क्रोध, काम, लोभ, ईर्ष्या की भावना उभरती है यह उसी अचेतन मन में संग्रहित स्मृतियों का परिणाम है। और कभी कभी अचानक प्रेम और दया की भावना उभरती है यह भी अचेतन मन में संग्रहित स्मृतियों का परिणाम है। कभी यही मनुष्य दयावान हो जाता है, और कभी यही मनुष्य क्रूरतम रूप भी धारण कर लेता है। कभी यही मनुष्य अचानक किसी की हत्या कर देता है, और कभी यही मनुष्य दूसरे के जीवन रक्षा के लिए अचानक कूद भी पड़ता है।

मन का पतन शुरू होता है विषय के चिंतन से, और मन का उधर्वगमन शुरू होता है विषयों के चिंतन के गिर जाने से। काम से क्रोध आता है, क्रोध से लोभ आता है, लोभ से मोह आता है, मोह से बुद्धि भ्रष्ट होती है और जब बुद्धि भ्रष्ट हो जाती है तो मनुष्य का पतन हो जाता है। इसे ऐसा समझें तो ख्याल में आ जायेगा कि काम से क्रोध इसलिए आता है, क्योंकि कामना पूर्ति में बाधा उत्पन होती है। अगर कामना पूर्ति में बाधा हीं उत्पन ना हो क्रोध के आने का कोई कारण नहीं रह जाएगा।

कल्पना करें आप कल्प वृक्ष के नीचे बैठे हैं, और आपके मन में जो भी कामना उठती है वह तत्क्षण पूरी हो जाती है। आप स्वादिष्ट भोजन की कल्पना करते हैं तत्क्षण स्वादिष्ट भोजन सामने आ जाता है। आप सुंदर वस्त्र की कल्पना करते हैं तत्क्षण सुंदर वस्त्र आपके सामने आ जाता है। आप सुंदर स्त्री की कल्पना करते हैं तत्क्षण सुंदर स्त्री आपको मिल जाती है। अगर कामना करते हीं तत्क्षण आपकी कामनाएं पूरी हो जाएं तो आपको कभी क्रोध नहीं आएगा। लेकिन ऐसा संभव नहीं होता है, क्योंकि इस संसार में आप अकेले नहीं हैं, और ना हीं आपकी इच्छाएं अकेली हैं। इस संसार में जितने

भी लोग हैं इन सबकी अपनी इच्छाएं हैं। और उनकी भी इच्छाएं हैं जिन आत्माओं को अभी तक शरीर नहीं मिला है। इन सबकी इच्छाएं आपकी इच्छाओं से टकराती हैं। और जब इतनी सारी इच्छाएं आपकी इच्छाओं से टकराती हैं तो कामना पूर्ति में बाधा उत्पन होती है। और जब कामना पूर्ति में बाधा उत्पन होती हैं तो इस बाधा को हटाने के लिए क्रोध आता हैं।

नदी बहती चली जा रही है, उसमें तब तक उथल पुथल नहीं होता है जब तक उसकी राह में बड़ी चट्टान या पथरीली जमीन नहीं आ जाती है। जैसे हीं उसके राह में पथरीली जमीन या बड़ी चट्टान आ जाती है तो उसके बहने के मार्ग में रुकावट पैदा हो जाता है। और जब रुकावट पैदा हो जाता है नदी का जल स्तर बढ़ने लगता है। और जब नदी का जल स्तर बढ़ जाता है तो वह इतनी शक्तिशाली हो जाती है वह सामने पड़े हुए बड़े से बड़े चट्टान को तोड़कर आगे निकल जाती है। ठीक इसी तरह से मनुष्य के मन में कामना उठती है तो उस कामना पूर्ति में बाधा उत्पन होने के कारण उसकी कामना प्रगाढ़ होकर क्रोध का रूप धारण कर लेती है।

कभी कभी क्रोध से कामना पूर्ति के मार्ग में पड़ी बाधाएं हट जाती हैं और कामना पूर्ति हो जाती हैं। लेकिन जो भी कामनाएं पूरी होती हैं उससे और भी कामनाएं जन्म लेती रहती हैं, और यह बढ़ती हुई कामनाओं के कारण लोभ का जन्म होता है। जितना लोभ पूरा होता है, उतना मोह उत्पन होता है और जब मोह आता है बुद्धि का नाश हो जाता है। और जब बुद्धि का नाश हो जाता है तो मनुष्य का पतन हो जाता है।

मनुष्य अपने पतन के लिए खुद जिम्मेवार है। वह चाहे तो मन को उधर्वगामी बना सकता है, और चाहे तो मन को अधोगामी बना सकता है। जब मन उधर्वगामी होता है तो निर्वासना से प्रेम का जन्म होता है। और जब मन अधोगामी होता है वासना से मोह का जन्म होता है। प्रेम का जन्म होता है निर्वासना के अंतिम कड़ी में, और ठीक इसी तरह मोह का भी जन्म होता वासना के अंतिम कड़ी में। इसलिए जिस तरह से प्रेम से मन की स्मृति पुष्ट होती है उसी तरह वासना से मन की स्मृति भ्रष्ट होती है।

मोह व्यक्तित्व का नीचे गिरता हुआ सोपान है, और प्रेम व्यक्तित्व का चढ़ता हुआ सोपान है। जहां मोह में व्यक्ति अपने व्यक्तित्व से नीचे गिर जाता है वहीं प्रेम में व्यक्ति व्यक्तिव से मजबूत हो जाता है। मोह से घिरा हुआ व्यक्ति बिछिप्त हो जाता है, और प्रेम में व्यक्ति मुक्त हो जाता है। मोह का संबंध सदा दूसरे है और प्रेम का संबंध खुद से है। कोई भी व्यक्ति दो तरह की यात्राएं कर सकता है एक स्वयं को खोने की, और दूसरी स्वयं को पाने की। इस दुनियां में दो तरह के लोग हैं, और दो तरह के मार्ग भी हैं। एक मार्ग है दूसरों को पाकर स्वयं को खोने का, और दूसरा मार्ग है दूसरों को खोकर स्वयं को पाने का। जो दूसरों को पाने के मार्ग पर कदम बढ़ा देता है वह स्वयं

को खो देता है। और जो दूसरों को खोने के मार्ग पर कदम बढ़ा देता है, वह स्वयं को पा लेता है।

यह जो दूसरे को पाने की यात्रा है इसमें कभी सुंदर स्त्री भी दिखाई देती है। कभी सुंदर पुरुष भी दिखाई देता है। कभी चमकता हुआ हीरा भी दिखाई देता है। कभी सुंदर भवन दिखाई देता है, और कभी पद, प्रतिष्ठा भी दिखाई देते हैं। और जब यह सब दिखाई देते हैं तो इन्हे पा लेने की कामना जन्म लेती है। फिर इस कामना पूर्ति में बाधा उत्पन होती है तो क्रोध आता है। क्रोध से मोह उत्पन होता है, और मोह से स्मृति का क्षय होता है। जब स्मृति का क्षय हो जाता है तो बुद्धि का दिवालियापन निकल जाता है। और जिसकी बुद्धि का दिवालियापन निकल जाता है वह स्वयं को खो देता है।

करीब करीब हर आदमी किसी न किसी के आस पास घूम रहा है। कोई धन के आस पास घूम रहा है। कोई पद के आस पास घूम रहा है। कोई काम के आस पास घूम रहा है। कोई यश के आस पास घूम रहा है। और जब तक कोई व्यक्ति दूसरे को केंद्र बनाकर उसके आस पास घूमता रहेगा, तब तक वह स्वयं को ना पा सकेगा। स्वयं को वही व्यक्ति पा सकता है जो स्वयं को केंद्र बनाकर स्वय के आस पास घूमने लगता है। जो स्वयं हीं अपना केंद्र बन जाता है वह सम्राट हो जाता है, और जो दूसरे को केंद्र बना लेता है वह दरिद्र हो जाता है। जो व्यक्ति स्वयं हीं अपना केंद्र हो जाता है वह परम ज्ञान, परम शांति और परम आनंद को उपलब्ध हो जाता है।

जो व्यक्ति दूसरे को केंद्र बनाकर उसके आस पास घूमता है वह मृत्यु से भयभीत हो जाता है, क्योंकि मृत्यु उससे वह सबकुछ छीन लेती है जिसके पीछे वह पूरा जीवन घूमता रहता है। लेकिन मृत्यु उसे नहीं छीन पाती है जो स्वयं के आस पास घूमता है। दूसरे को छीनने का उपाय है, क्योंकि दूसरा कभी भी दूसरा है, लेकिन स्वयं को छीनने का कोई उपाय नहीं है, क्योंकि स्वयं को कोई कितना भी छीनने का प्रयास करे फिर भी स्वयं बच हीं जाता है।

जन्म के बाद अगर कुछ जीवन में निश्चित है तो वह मृत्यु है। जन्म के बाद अगर किसी चीज की भविष्यवाणी हो सकती है तो वह सिर्फ मृत्यु है। मृत्यु को छोड़कर बाकी किसी चीज की भविष्यवाणी की जा सकती है तो वह सिर्फ जन्म है। भविष्यवाणी का यह अर्थ नहीं है जन्म और मृत्यु का समय और तारीख बताई जा सकती है। नहीं, भविष्यवाणी में केवल यहीं बताया जा सकता है जन्म के बाद कभी न कभी मृत्यु अवश्य होगी। और मृत्यु के बाद कभी न कभी जन्म अवश्य होगा। जीवन में बाकी सब चीजें हो या न हों लेकिन जन्म और मृत्यु का होना निरंतर चलता हीं रहता है। लेकिन मृत्यु के बाद जन्म उसी का होता है जिसका संसार का प्रशिक्षण पूरा नहीं हो पाता है। और

जिसका संसार का प्रशिक्षण पूरा हो जाता है उसका जन्म लेने का कोई कारण भी नहीं बचता है।

जन्म के बाद मृत्यु निश्चित है और बाकी सब चीजें अनिश्चित है। और जो जीवन में निश्चित है उसे हम न जानकर उसके पीछे दौड़ते रहते हैं जो जीवन में मिल भी सकता है, और नहीं भी मिल सकता है। धन के पीछे भागते हैं लेकिन वह मिल भी सकता है, और नहीं भी मिल सकता। स्वास्थ्य के पीछे भागते हैं स्वास्थ्य मिल भी सकता है, और नहीं भी मिल सकता है। ज्ञान के पीछे भागते हैं ज्ञान मिल भी सकता है, और नहीं भी मिल सकता है। धन आए या न आए, स्वास्थ्य मिले या न मिले, ज्ञान मिले या न मिले लेकिन मृत्यु अवश्य आ जाती है। अमीर से अमीर व्यक्ति को भी मृत्यु नहीं छोड़ती है, और गरीब से गरीब व्यक्ति को भी मृत्यु नहीं छोड़ती है। सम्राट को भी मौत नहीं छोड़ती है, और भिखारी को भी मौत नहीं छोड़ती है। अगर कोई चीज है इस दुनियां में जिसकी दृष्टि में सभी बराबर है तो वह है मौत।

यहां जो भी प्राणी जन्म लेते हैं उनकी मृत्यु निश्चित है। और जो निश्चित है उससे भयभीत होने का कारण केवल इतना है कि हम मृत्यु को जानने से वंचित हैं। अनेकों बार मृत्यु हो चुकी है, लेकिन हर बार मृत्यु के भय ने इतना भयभीत कर दिया है मृत्यु आने के पहले हीं एक गहरी बेहोशी हमारे चित पर छा गई है। मृत्यु को कोई तभी जान सकता है जो मृत्यु के समय पुरी तरह होश में रहता है। लेकिन मृत्यु के समय भी होश वही व्यक्ति रख पाता है जो जीवन के कुछ वर्ष होश में बिताया हो। आइए जानते हैं कि मृत्यु कैसे घटित होती हैं...?

मृत्यु के समय शरीर में प्रवाहित होने वाली ऊर्जा अपने केंद्र बिंदु पर सिकुड़ने लगती है, और पुनः नई यात्रा पर जाने के लिए बीज बनने लगती है। इसी ऊर्जा के सिकुड़ाव के कारण आदमी भय से घबराने लगता है। जब ऊर्जा इंद्रियों से वापस लौटने लगती है तो इंद्रियां धीरे धीरे अपना काम करनी बंद कर देती है। कान सुनना बंद कर देते हैं, आंखे देखना बंद कर देती है, जीभ स्वाद लेना बंद कर देती है, और मुंह से आवाज निकलनी बंद हो जाती है। लेकिन यह घटनाएं साधारण मृत्यु में करीब करीब मृत्यु से लगभग नौ महीने पूर्व से घटनी शुरू हो जाती हैं। जब यह घटनाएं घटनी शुरू हो जाएं तो समझ जाना चाहिए अब शरीर छोड़ने का समय आ चुका है। और घर का मालिक इस घर से रवाना होने की तैयारी करने लगा।

मृत्यु से नौ महीने पूर्व इंद्रियों के माध्यम से संकेत मिलने शुरू हो जाते हैं, और मृत्यु के करीब तीन दिन पूर्व मन की बेचैनी भी मृत्यु की तरफ इशारे करने लगती है। मृत्यु आने से पहले इसलिए इशारे करने लगती है ताकि इस शरीर और संसार के प्रति जो मोह है वह भंग हो जाए, और इस शरीर में रहने वाला जाने की तैयारी कर ले। ये तो

रही साधारण मृत्यु की बात जिसके संकेत नौ महीने पहले से घटित होने लगते हैं, और तीन पूर्व पुरी तरह से मृत्यु के संकेत मिल जाते हैं। अब रही बात आकस्मिक मृत्यु की तो उसके भी संकेत तीन दिन पहले हीं सूक्ष्म शरीर यानी मन में दिखाई देने लगते हैं। मृत्यु के तीन दिन पूर्व हीं मन अनेक तरह से संकेत देने लगता है और मन की बेचैनी धीरे धीरे बढ़ने लगती है। मन की इस बेचैनी को लोग समझ नहीं पाते हैं, और उसे भुलाने के लिए तरह तरह से इंतजाम करते हैं।

मृत्यु हमें हरेक दिशाओं से खबर देती है, लेकिन हम उसे दरकिनार कर देते हैं। सुबह फूल खिलता है शाम को मुरझा जाता है। फूल का मुरझा जाना इस बात संकेत करता है कि मौत हैं। सुबह सूर्य उदय होता है सांझ को डूब जाता है। सूर्य सांझ को जब डूबता है तो यह संकेत कर देता है कि मौत है। जवानी आती है और बुढ़ापा में बदलने लगती है। जवानी का बुढ़ापा में बदलने की प्रक्रिया भी मौत की ओर संकेत करता है। पेड़ पर नए पते आते हैं, और पतझड़ में पेड़ से टूट कर इशारे कर जाते हैं कि मौत है। जब कोई पड़ोस में मरता है तो असल में उसकी मृत्यु भी हमारी मृत्यु की तरफ इशारे कर देती है। पड़ोसी की मृत्यु भी यह संकेत करती है यहां घर बनाने की चेष्टा मत करना, क्योंकि यहां किसी का घर नहीं है, बल्कि सभी मुसाफिर की तरह आते हैं कुछ पल ठहरते हैं, और चले जाते हैं।

यहां ना कोई चीज अपनी है और ना कोई लोग अपने हैं, क्योंकि जिसे हम अपना कहते हैं वे लोग भी एक एक करके बिछड़ते चले जाते हैं। और जिन चीजों पर अपना दावा करते हैं वे चीजें भी छिनती चली जाती हैं। जिस शरीर को हम अपना कहते हैं, और इसकी सुंदरता पर इतना गुमान करते हैं वह शरीर भी धीरे धीरे कुरूप होने लगता है। शरीर का धीरे धीरे कुरूप होना भी मृत्यु की ओर संकेत करता है, लेकिन हम सब बड़े होशियार हैं इस मृत्यु को भुलाने के लिए शरीर की कुरूपता पर तरह तरह के लेप चढ़ाने की कोशिश करते रहते हैं। बड़े मज़े कि बात है कि मृत्यु हमें हर तरफ से इशारे करती है और हम उसे हर तरह से भुलाने की कोशिश करते हैं।

जितने भी नाते रिश्ते हैं वे एक तरह से मृत्यु को भुलाने की कोशिश है। जितने भी साधन हैं वे भी मृत्यु को भुलाने की कोशिश है। मृत्यु को भुलाने के लिए कभी हम किसी के साथ प्रेम करने लगते हैं तो कभी मृत्यु को भुलाने के लिए शराब और दूसरी मादक चीजों का उपयोग करते हैं। मृत्यु को भुलाने के लिए कभी हम धन, पद, प्रतिष्ठा और यश की यात्रा करते हैं तो कभी इस मृत्यु को संभोग में भूलने की कोशिश करते हैं। लेकिन मृत्यु को कोई कितना भी भुलाने की कोशिश करे परंतु मृत्यु फिर भी घटित होती है। मौत प्रतिक्षण घटती है, और जो घटना प्रतिक्षण घटती है उसे भुलाने की कोशिश बेकार है।

जब कोई अर्थी निकलती है रास्ते से तो लोग छोटे बच्चों को अपने घर के भीतर लेकर चले जाते हैं ताकि उसके मन में मृत्यु के प्रति कोई प्रश्न ना खड़ा हो सके। और जिस बच्चे में मृत्यु के बारे बचपन में प्रश्न खड़ा नही होता है वह बाद में इसे जानने की कोशिश भी नहीं कर पाता है। और जो बच्चा बचपन में हीं मृत्यु के प्रति तरह तरह के सवाल खड़े करने लगता है वह आगे चलकर मृत्यु को भी जान लेता है। जो मृत्यु को जान लेता है वह रहता तो इसी संसार में है, लेकिन संसार में उसकी आशक्ति नहीं रह जाती है। ऐसा व्यक्ति जो संसार में रहते हुए संसार के प्रति अनासक्त हो जाए वह मुसाफिर की तरह इस संसार से विदा हो जाता है। ऐसा व्यक्ति का जन्म तो आंनद हैं हीं उसकी मृत्यु भी महा आंनद होती है।

मृत्यु महा आंनद है, क्योंकि जन्म की पूर्णाहुति हीं मृत्यु है। मृत्यु इसलिए महा आंनद है क्योंकि मृत्यु जीवन का परम शिखर है, परम अनुभव है, समस्त जीवन के अनुभव का गहरा निचोड़ है। मृत्यु का अर्थ है अब जीवन का प्रशिक्षण पूरा हो गया, और यह आत्मा उसमें लीन हो जायेगी जहां से यह जीवन यात्रा पर निकली थी। मृत्यु का अर्थ हीं यह है कि जो हम जन्म के पहले थे वहीं हम मृत्यु के बाद हो जायेंगे। जन्म के पहले न तो हमारा कोई नाम था, ना धर्म था, ना जाति थी, ना संस्कार था और मृत्यु के बाद भी न तो हमारा नाम होगा, ना धर्म होगा, न जाति होगी और न संस्कार होगा। जन्म के पहले भी यह शरीर नहीं था, और मृत्यु के बाद भी यह शरीर नहीं रह जाएगा।

मृत्यु वह प्रेमिका है जिससे कभी बिछड़ना नहीं होता है। मृत्यु वह दुल्हन है जो जन्म से हीं अपने प्रियतम को तरह तरह से इशारे करने लगती है कि देखो मुझे सदा स्मरण रखना और जब भी तुम्हे थकान महसूस होने लगे तो मेरी बाहों में आकर समा जाना। मृत्यु अपने आगोश में लेकर जीवन भर की थकान मिटा देती है, और उस परम से एक कर देती है जहां से हम अलग हुए थे। जब भी कोई व्यक्ति निराश होता है तो उसे मृत्यु की याद क्यों आती है इसका भी कारण है क्योंकि मृत्यु इस जीवन से अलग नहीं है बल्कि इसी जीवन का अभिन्न अंग है।

जिसे हम जीवन भर भूलने की कोशिश करते हैं वह सदा साथ साथ चलती है। मृत्यु को भुला नहीं जा सकता है, क्योंकि हमारा हर बढ़ता हुआ कदम मृत्यु के तरफ हीं लेकर जाता है। एक राजा था। बड़ा भरा पूरा उसका राज्य था, हर तरफ उसके राज्य में खुशहाली थी। एक दिन की बात है वह भरी दोपहरी में अपने महल में विश्राम कर रहा था, और विश्राम करते करते कब उसकी आंख लग गई यह भी उसे पता नहीं चला। जब नींद आ गई तो उसने स्वप्न देखा कि कोई उसके कंधे पर हाथ रखे हुए है। जब राजा ने पूछा की कौन हो तुम तो उसके तरफ से आवाज आई कि मै तुम्हारी मृत्यु हूं, और देखो कल शाम को ठीक जगह पर तुम पहुंच जाना, क्योंकि मैं तुम्हारी प्रतीक्षा करूंगी। ऐसा

कहकर वह छाया की तरह दिखने वाली आकृति राजा के आखों से ओझल हो गई। जब राजा ऐसा स्वप्न देखा तो तत्क्षण उसकी नींद टूट गई।

मौत का भय अंदर है तो अक्सर नींद टूट हीं जाती है। चाहे कितना भी बड़ा सुख हो वह तिरोहित हो हीं जाता है। और मौत का डर भीतर मौजूद है तो कितना भी स्वादिष्ट भोजन हो वह स्वादहीन हो हीं जाता है। और मौत डर हो भीतर और सामने कितनी भी सुंदर स्त्री हो तो उसकी सुंदरता तिरोहित हो जाती है। राजा मृत्यु का स्वप्न क्या देखा वह भय से व्याकुल हो गया और उसने उसी समय सभा आयोजित कर दिया। इस सभा में बड़े बड़े ज्योतिष और पंडित भी विद्यमान थे। राजा ने स्वप्न का पूरा वृतांत बता दिया और इस स्वप्न का अर्थ पूछा। ज्योतिष कहने लगे महाराज यह मृत्यु का संकेत है, और कल शाम तक आपकी मृत्यु हो जायेगी। अतः आपके लिए उचित यहीं होगा कि आप कल सुबह हीं यह महल छोड़ कर कुछ दिन के लिए इतनी दूर चले जाएं कि वहां मृत्यु न पहुंच सके।

राजा को तरकीब समझ में आ गई वह महल छोड़ने के लिए तैयार हो गया। लेकिन मौत से कोई कितना भी दूर भाग जाए परंतु फिर भी मौत तो आ हीं जाती है। मरने वाला आखिर उस जगह पहुंच हीं जाता है जहां मृत्यु उसे बुलाती है। राजा अपने दरबार का काम निबटा करके महल लौट आया लेकिन उसे रात भर नींद नहीं आई। नींद आ भी कैसे सकती है जब भीतर मौत का डर है। और जब मृत्यु का डर हो तो अक्सर रातें लंबी हो हीं जाती है। प्रतीक्षा करते करते सुबह हुई और राजा अपने सबसे तेज दौड़ने वाले घोड़े पर सवार होकर राजमहल से रवाना हो गया।

दोपहर हो गई थी, घोड़ा तेज गति से दौड़ता हीं चला जा रहा था। राज्य छूटा, राजधानी छूटी और अब वह दूसरे राज्य में प्रवेश कर गया था। राजा सोचने लगा अब काफी दूर निकल आया हूं इसलिए थोड़ा विश्राम कर लेना चाहिए। मन में ऐसा विचार आते हीं वह एक पेड़ की छांव में घोड़े को बांध दिया और विश्राम करने लगा। घोड़ा भी थक गया था वह भी विश्राम करने लगा। जब दोनों विश्राम कर चुके तो वे फिर आगे की यात्रा पर रवाना हो गए। शाम होते होते राजा काफी दूर निकल गया था। और मन हीं मन खुश भी था चलो कम से कम मृत्यु का पीछा तो छूटा। मृत्यु बेचारी महल में मेरी प्रतीक्षा कर रही होगी और मैं यहां आ गया। ऐसा सोचते सोचते वह एक बगीचे में पहुंच गया। बगीचा बहुत हीं सुंदर था, रंग बिरंगे फूल खिले हुए थे, वृक्ष फलों से लदे हुए थे। बगीचे के पास में हीं एक नदी भी बह रही थी। और रहने के लिए एक कुटियां भी बनी हुई थी।

राजा यह सब सुविधाएं देखकर वहां कुछ दिन रुकने के लिए निर्णय कर लिया। घोड़े से उतरकर उसने घोड़े से कहा जाओ अब तुम भी भरपेट भोजन कर लो अब हम दोनों कुछ दिन यहीं रुक कर वापस अपने राजधानी लौट जायेंगे। ऐसा कहकर

राजा घोड़े को छोड़ दिया और फलों से लदे हुए वृक्षों को देखने लगा। सूर्यास्त हो चुका था, अंधेरा घिर रहा रहा था तभी राजा को अपने पीछे किसी की उपस्थिति का अनुभव हुआ। वह तत्क्षण पीछे मुड़ा उसके सामने वही छाया मौजूद थी। आवाज भी वही थी जो उसने पिछले दिन स्वप्न में सुना था। राजा उस छाया से पूछा कि कौन हो तुम...? छाया बोली मैं तुम्हारी मृत्यु हूं और मैं हीं तुमसे कल कही थी कि तुम कल शाम को सही जगह पहुंच जाना मैं वहां तुम्हारी प्रतीक्षा करूंगी।

जीवन में जो निश्चित है उससे बचने का कोई भी उपाय नहीं है। लेकिन हम उसी से बचना चाहते हैं जो जीवन में निश्चित है। मौत याद न आए इसके लिए तरह तरह से भुलाने के इंतजाम करते हैं। जिस मरघट को बस्ती के बीच बनाना चाहिए उसे बस्ती से दूर बनाते हैं। जैसे हीं कोई बस्ती का आदमी मरता है उसे जल्दी से मरघट पहुंचाने का इंतजाम करते हैं। मरे हुए आदमी को इतनी जल्दी मरघट पहुंचाने की जल्दी क्या है... उसे थोड़ी देर घर में रहने दें ताकि लोग इस मरे हुए आदमी को अच्छी तरह देखकर यह स्मरण रख सकें कि जो इस आदमी के साथ घटना घटी है, वह उनके साथ भी घटने वाली है।

मरे हुए आदमी को घर में थोड़ी देर रहने देना चाहिए, क्योंकि जिस आदमी ने जीवन भर सगे संबंधियों को चाहा, प्रेम किया उसको विदा करने के लिए इतनी शीघ्रता करने की कोई जरूरत नहीं है। लेकिन सगे संबंधी और गांव के लोग मरे हुए आदमी को मरघट ले जाने की इसलिए जल्दी करते हैं, क्योंकि उस आदमी की मौत उनके मौत की खबर लेकर आती है। लोग जल्दी जल्दी मृत्यु के निशान को इसलिए मिटा देना चाहते ताकि वे अपनी मौत को भुला सकें। जन्म के बाद अगर किसी चीज का होना निश्चित है तो वह है मृत्यु, लेकिन उसे भी भुलाया जाता है।

जिस आदमी की अर्थी निकलती है उसके पूरे शरीर को ढंक दिया जाता है ताकि उसका शरीर दिखाई नहीं पड़े। मरे हुए आदमी के हाथ को भी कम से कम अर्थी के बाहर लटका देना चाहिए ताकि इतना तो बोध हो जाए कि यहां से खाली हाथ हीं जाना पड़ता है। लेकिन नहीं, ऐसा इसलिए नहीं करते हैं क्योंकि ऐसा करने पर जीवन निरर्थक लगने लगेगा। सिकंदर की जब मृत्यु हुई तो उसके दोनों हाथ अर्थी से बाहर लटके हुए थे और उसकी अर्थी को मरघट ले जाने पूर्व पूरे यूनान में घुमाया गया। सिकंदर की अर्थी को पूरे यूनान में इसलिए घुमाया गया, क्योंकि मरने से पूर्व सिकंदर ने यह आदेश दिया था जब मैं मर जाऊं तो मेरे शरीर को आग्नि के हवाले करने के पूर्व पूरे शहर में घूमा दिया जाए। और इस शरीर को जब अर्थी पर रखा जाए तो दोनों हाथ अर्थी से बाहर लटका दिया जाए ताकि लोग देख सकें कि मरने के बाद इस विश्व विजेता सिकंदर के हाथ पुरी तरह से रिक्त थे।

आदमी मरता है लोग उसकी अर्थी को ले जाते हैं। जिन लोगों ने जीवन भर कभी राम का नाम नहीं लिया वे लोग अर्थी के साथ राम नाम सत्य कहते हुए जाते हैं। असल में यह अर्थी के साथ राम नाम सत्य की एक साथ गूंज मरे हुए आदमी के लिए नहीं है, क्योंकि जो मर गया वह सुन कैसे सकता है। यह राम नाम सत्य की गूंज इसलिए है ताकि इस गूंज में अर्थी की याद न आए, मरने वाले के तरफ से सारा ध्यान हट जाए। अर्थी कांधे पर रहती है और लोग राम नाम सत्य है कहते हुए जाते हैं। और इस तरह कहने के कारण अर्थी को भूलना आसान हो जाता है। और यदि कुछ न कहें और अर्थी को चुपचाप उठाए चले जाएं तो अर्थी के साथ खुद की मौत को नहीं भुलाया जा सकता है।

आदमी भयभीत है और उसका भय अनेक कारणों से है। और जब भी उसे भय लगता है तो वह इस भय को छुपाने के लिए कभी राम का नाम लेता है, कभी हनुमान चालीसा पढ़ने लगता है। अंधेरी रात है, रास्ता सुनसान है और आदमी जब भी इस रास्ते से अकेला गुजरता है तो उसे भय लगता है। और जितना उसे भय लगता है वह इस भय को छुपाने के लिए, भूलने के लिए राम का नाम लेता है। असल में यह राम का नाम राम के लिए नहीं है, बल्कि भीतर भय है उसके लिए है। सर्दी का मौसम है, पानी बिल्कुल ढंडा है और स्नान करना है तो अक्सर आदमी किसी मंत्र का जाप करने लगता है या कोई नाम लेने लगता है। स्नान करते हुए मंत्र का जप मंत्र के लिए नहीं है, बल्कि उस ठंड को भुलाने लिए है जो भीतर कंपकपी मचाए हुए है।

राम तो उसी को मिलते हैं जिसके अंदर भय नहीं है। राम से मिलन उन्ही का हो पाता है जो मौत का आमना सामना करने के लिए तैयार रहते हैं। लेकिन राम उन्हे नहीं मिल पाते हैं जो भय को भुलाने के लिए राम का नाम लेते हैं। मृत्यु को भुलाया नहीं जा सकता है, क्योंकि उसे जितना भुलाने की कोशिश करते हैं वह और ज्यादा प्रकट होने लगती है। प्रेम के क्षण में मृत्यु और सघन होकर प्रकट होती है। प्रेम जहां एक तरफ सुख लेकर आता है तो वहीं दूसरी तरफ मृत्यु का स्मरण भी लेकर आता है। जीवन में जहां जहां सुख है वहां वहां मृत्यु सुख के पीछे खड़ी दिखाई देती है। मृत्यु के कारण हीं सुख क्षणभंगुर हो जाता है। हम सुख को पूरी तरह भोग भी नहीं पाते हैं तब तक मृत्यु इस सुख को छीन लेती है।

ना तो सुख स्थाई है, और ना दुःख स्थाई है। सुख आया तो वह भी सदा नहीं रहेगा, और दुःख आया तो वह भी सदा नहीं रहेगा। जीवन सदा चलता रहता है, और सुख दुख आते जाते रहते हैं। यदि दुख आया तो दुख को भी सुख की भांति हीं भोग लेना चाहिए। और सुख आया तो उसे भी यह जानकर भोगना लेना चाहिए कि वह आज है कल नहीं रहेगा। जब ज्ञान उतरता है तो सभी दुख सुख जैसे हो जाते हैं। ज्ञानी व्यक्ति को पतझड़

में भी वसंत ऋतु के पदचाप सुनाई देने लगते हैं। सांझ डूबते हुए सूरज में भी सुबह के उगने वाले सूरज की तैयारी दिखाई देने लगती है। अंधेरा भी उसे प्रकाश के पूर्व की भूमिका मालूम पड़ती है। मृत्यु में भी जन्म का द्वार दिखाई देने लगता है। ज्ञान में दृष्टि बदल जाती है इसलिए जो अज्ञान में दिखाई देता है वह ज्ञान में दिखाई नही देता है। और जब दृष्टि बदल जाती है जीने का तरीका भी बदल जाता है।

ज्ञान में दुःख भी सुख बन जाता है, इसलिए ज्ञानी दुख भोगते हुए भी कभी विषाद से ग्रस्त नहीं होता है। अज्ञान में सुख भी दुःख बन जाता है, इसलिए अज्ञानी दुख भोगते हुए विषाद से ग्रस्त हो जाता है, और सुख मिलने पर हर्षोल्लास से भर जाता है। अज्ञान में वरदान भी अभिसाप जैसे हो जाते हैं, क्योंकि वरदान का अर्थ अज्ञान के कारण समझ में नहीं आता है। ज्ञान में श्राप भी वरदान हो जाते हैं, क्योंकि ज्ञान में श्राप के पीछे छुपा हुआ वरदान समझ में आ जाता है। अज्ञानी जीवन भर द्वंद में जीता है, और ज्ञानी द्वंद को जानकर द्वंध से पार हो जाता है। और जो व्यक्ति जीवन रहते द्वंद से पार हो जाता है उसके लिए मोक्ष यहीं और अभी उपलब्ध है।

जिसके भीतर हीं परलोक है उसे बाहर के जगत में दुख की कोई रेखा दिखाई नहीं देती है, लेकिन जिसके भीतर संसार है उसे बाहर के जगत में चारों तरफ दुख हीं दुख दिखाई देता है। जिसके भीतर ज्ञान रूपी कमल खिल जाता है उसके ऊपर आनंद की वर्षा होने लगती है। और जिसके भीतर अज्ञान है उसे इस संसार में दुखों के सिवाय कुछ हाथ नहीं लगता है। अज्ञान मनुष्य का दुश्मन नहीं है, बल्कि अज्ञान को अगर मनुष्य पुरी तरह स्वीकार कर ले यह अज्ञान हीं मनुष्य का मित्र हो जाता है, क्योंकि अज्ञान को स्वीकार कर लेने के बाद हीं ज्ञान का उदय होता है।

अज्ञान रात्रि है तो ज्ञान दिन का प्रकाश, और अगर रात्रि ना हो तो दिन नहीं हो सकता है। असल में रात्रि के गर्भ से हीं प्रकाश रूपी दिन का जन्म होता है। अज्ञान स्वाभाविक है। जिस तरह से जागने के पूर्व निद्रा स्वाभाविक है उसी तरह ज्ञान के पहले अज्ञान स्वाभाविक है। जिस तरह होश में आने के पूर्व बेहोशी स्वाभाविक है, उसी तरह ज्ञान के पहले अज्ञान स्वाभाविक है। जो अभी नींद में है वह जाग हीं जायेगा, और जो अभी बेहोश है उसे होश भी आयेगा। लेकिन अज्ञान इसलिए अस्वभाविक जान पड़ता है, क्योंकि हमें यह भ्रम हो जाता है कि हम ज्ञान में हैं। हम रहते अज्ञान के गहन अंधकार में हीं हैं, लेकिन अपनी आंखे मूंदकर कहते रहते हैं हम ज्ञान में हैं।

उपनिषद का एक वचन है अज्ञानी अंधकार में भटकते हीं है, जबकि ज्ञानी महा अंधकार में भटक जाते हैं। बड़े मज़े कि बात है कि इस वचन में अज्ञानी का भटकना तो समझ में आता है, लेकिन ज्ञानी का भटकना समझ में नहीं आता है। ज्ञानी भला क्यों भटकेगा...अज्ञानी को हीं भटकना चाहिए लेकिन नहीं, असल में ज्ञानी इसलिए महा

अंधकार में भटक जाता है, क्योंकि वह बाहर से एकत्रित की गई जानकारी को हीं ज्ञान मान लेता है। बाहर की जानकारी ज्ञान नहीं हो सकता है, क्योंकि बाहर जो भी है वह मृत है। और मृत कभी ज्ञान नहीं हो सकता है।

ज्ञान तो तभी उदय होता है जब हम अज्ञान को स्वीकार कर लेते हैं। जिस क्षण हम अज्ञान को स्वीकारते हैं उसी क्षण ज्ञान के बीज अंकुरित होने की तैयारी करने लगता है। फिर यही ज्ञान का बीज अंकुरित होकर पौधा बनता है, वृक्ष बनता है और उस पर ज्ञान के फूल और फल भी उग आते हैं। और ज्ञानी अगर ज्ञानी होकर भी यह स्वीकार करता रहे कि वह कुछ नहीं जानता है तो उसका ज्ञान निरंतर बढ़ते हुए दसों दिशाओं में फैल जाता है। बड़े मज़े कि बात है जिस ज्ञानी का ज्ञान दसों दिशाओं में फैल जाता जाता है वह फिर भी वह अपने आपको ज्ञानी न कहकर अज्ञानी हीं कहता है। ज्ञानी की पहचान यही है कि वह ज्ञानी होकर भी ज्ञान की उद्घोषणा नहीं करता है।

जानकारी कभी ज्ञान नहीं हो सकती है, क्योंकि जानकारी सदा दूसरे के माध्यम से आती है। वही ज्ञान सच्चा ज्ञान हैं जो स्वयं के अंदर प्रकट हुआ हो और जिसे जीवन की कसौटी पर कसा गया हो। लेकिन वह ज्ञान, ज्ञान नही हैं जो दूसरे के माध्यम से आया हो। उदाहरण के लिए किसी ने गीता पढ़ ली और कृष्ण के कही हुई बातों को कंठस्थ कर लिया, लेकिन उसे अपने अंदर खोजा नही, जाना नहीं और तब वह कहने लगे कि आत्मा अमर है तो यह ज्ञान उसके लिए खतरा बन जायेगा। यदि बीज यह कहने लगे की मैं वृक्ष हूं तो वह कभी वृक्ष नहीं बन पायेगा। ज्ञानी होने के लिए अज्ञानता के अंधकार से गुजरना पड़ता है, तभी ज्ञान का सूर्य उदित हो पाता है।

ज्ञान, अज्ञान के अंधकार से जन्म लेता है। जब कोई व्यक्ति मिथ्या ज्ञान को, दूसरे के ज्ञान को अपना बना लेने की कोशिश करता है तब ज्ञान का जन्म नहीं हो पाता है। कोई भी व्यक्ति दूसरे के ज्ञान को इसलिए अपना बनाने की कोशिश करता है, क्योंकि ज्ञान के लिए मेहनत करना पड़ता है, स्वयं चेष्टा करना पड़ता है। मिथ्या का ज्ञान कोई भी व्यक्ति इसलिए ओढ़ लेता है क्योंकि उसके लिए कोई प्रयास, कोई मेहनत नहीं करना पड़ता है। लेकिन जब भी कोई व्यक्ति मिथ्या के ज्ञान को अपना ज्ञान मान लेता है तब उसके अंदर का ज्ञान का बीज अंकुरित होने से वंचित रह जाता है। मिथ्या का ज्ञान स्वयं का ज्ञान तो नहीं बन पाता है, लेकिन वह मेमोरी जरूर बन जाता है। और मेमोरी केवल मेमोरी है, ज्ञान नहीं।

कोई भी व्यक्ति मिथ्या का ज्ञान इसलिए ओढ़ लेता है, क्योंकि उसके अंदर आलस्य रहता है। और जो व्यक्ति आलसी होता है, वह अहंकारी भी होता है। आलस्य और अहंकार अलग अलग दिखाई तो पड़ते हैं, लेकिन ये दोनों एक हीं सिक्के के दो पहलू

होते हैं। जहां जहां आलस्य रहता है, वहां वहां अहंकार भी रहता है। और जहां जहां अहंकार रहता है, वहां वहां आलस्य भी रहता है। अहंकार जितना सघन होता है, उतना हीं आलस्य बढ़ता है। और आलस्य जितना बढ़ता है उतना अहंकार फैलता चला जाता है। इसलिए पंडित से ज्यादा अहंकारी और आलसी व्यक्ति खोजना मुश्किल है, क्योंकि पंडित शास्त्रों को कंठस्थ कर लेता है, गीता को कंठस्थ कर लेता है और इसी स्मृति को वह ज्ञान समझ लेता है।

अज्ञानी को इतना इसलिए अहंकार होता है, क्योंकि वह स्वयं को अज्ञानी कहने से इंकार करता है। अहंकार को यह स्वीकारने में भारी पीड़ा होती है मैं अज्ञानी हूं, मुझे कुछ पता नहीं है, मालूम नहीं है। और जो अपने अज्ञान को हीं इंकार कर देता है उसके अंदर ज्ञान का जन्म नहीं होता है। इसलिए ज्ञान पाने के लिए पहली सीढ़ी है अज्ञान की पूर्ण स्वीकृति। और जिसने अपने अज्ञान को पूर्णतः स्वीकार कर लिया वह ज्ञान की पहली सीढ़ी पार कर लिया। जिसे पता चल गया की मैं पूर्णतः अज्ञानी हूं उसे ज्ञान की पहली झलक मिलनी शुरू हो गई। अपने अज्ञान को पहचानना या जान लेना कोई छोटी मोटी घटना नहीं है, बल्कि यह एक बहुत बड़ी घटना है फिर इसके बाद जो घटता है वह बहुत छोटा है।

जिस व्यक्ति को यह पता चल गया कि वह जन्मों जन्मों से सोया हुआ है, बेहोश है तत्क्षण उसका जागरण एवम होश शुरू हो जाता है। यह जो जन्मों जन्मों की नींद है यह तभी पता चलती है जब वह अपने अज्ञान को स्वीकार कर लेता है। जिसने यह जान लिया मै कुछ नहीं जानता हूं उसके अंदर जानने वाला उठ कर खड़ा हो जाता है। और जिसके अंदर यह जानने वाला उठ कर खड़ा हो जाए उसके अंदर ज्ञान का उदय हो जाता है। और जिसके अंदर ज्ञान का उदय हो जाता है वह यह भी जान लेता है कि मृत्यु उसकी होती है जो सदा रहता नहीं, लेकिन उसकी मृत्यु नहीं होती है जो जन्म से पहले भी था, और जो मृत्यु के बाद भी रहेगा।

जन्म के पहले ना तो यह शरीर होता है, और न मृत्यु के बाद यह शरीर रह पाता है। जन्म के पहले भी यह शरीर पंच तत्वों में बंटा होता है, और मृत्यु के बाद भी यह शरीर पंच तत्वों में विलीन हो जाता है। जन्म के पहले भी हम न कुछ होते हैं, और मृत्यु के बाद भी न कुछ हो जाते हैं। एक तरह से देखा जाए तो ना तो इस शरीर की मृत्यु होती है, और न इस शरीर में रहने वाली शरीरी की मृत्यु होती है। जिसे हम शरीर कहते हैं वह जन्म के पहले नहीं होता है, और जो नहीं है उसकी मृत्यु असंभव है। और जो इस शरीर में रहने वाली शरीरी यानी आत्मा है वह भी जन्म के पहले न इस शरीर में होती है, और ना मृत्यु के बाद इस शरीर में रहती है। और जो जन्म के कारण प्रकट और अप्रकट होती रहती है उसकी मृत्यु नहीं हो सकती है।

जिसे हम शरीर कहते हैं वह पंच तत्वों की जोड़ है, पदार्थ है। और जिसे आत्मा कहते हैं वह शरीर को संचालित करने वाली असीम ऊर्जा है। इसे ऐसा समझें तो ख्याल में आ जायेगा। उदाहरण के लिए शरीर बल्ब है और आत्मा इस बल्ब में प्रवाहित होने वाली विद्त ऊर्जा है। जब तक इस बल्ब में विद्त ऊर्जा प्रवाहित होती रहती है तब तक यह बल्ब प्रकाशित होता रहता है। लेकिन जैसे हीं विद्त ऊर्जा का प्रवाह रुक जाता है बल्ब का प्रकाश लुप्त हो जाता है। बल्ब के प्रकाशित न होने का अर्थ यह नहीं है बल्ब अब प्रकाशित होने योग्य नहीं रहा। और विद्त ऊर्जा के प्रवाह रुक जाने के अर्थ यह नहीं है की वह अब इस बल्ब में प्रवाहित नहीं होगी। नहीं वह बल्ब भी फिर से प्रकाशित होगा जब उसमें से विद्त ऊर्जा पुनः प्रवाहित होने लगेगी।

बल्ब केवल उसी समय प्रकाशित नहीं हो पाता है जब वह प्रकाशित होने योग्य नहीं रह जाता है। और विद्त ऊर्जा बल्ब में केवल उसी समय प्रवाहित नहीं हो पाती है जब बल्ब विद्त ऊर्जा के प्रवाहित होने योग्य नहीं रह जाता है। बल्ब के प्रकाशित होने या न होने, और विद्त ऊर्जा के प्रवाहित होने या न होने का यह मतलब नहीं है बल्ब की मृत्यु हो गई, या विद्त ऊर्जा की मृत्यु हो गई। नहीं दोनों अभी भी हैं अंतर केवल इतना है बल्ब अब उसी में लीन हो जाने के लिए राजी हो गया है जिससे वह निर्मित हुआ था। और विद्त ऊर्जा अब उस बल्ब में प्रवाहित हो रही है जो अभी निर्मित हुआ है।

जिस शरीर पर हम इतना गुमान करते हैं वह कभी रहता नहीं, क्योंकि उसके असंख्य रूप हैं। और जिस शरीर को हम अपना मानते हैं क्या वह सचमुच हमारा है...? नहीं, ना तो यह शरीर हमारा है और न इसका रूप एक है क्योंकि जिस शरीर को हम अपना मानते हैं यह शरीर करीब करीब इतना बड़ा नगर है कि इसमें करीब करीब सात से आठ अरब जीवाणु रहते हैं। और अगर यह जीवाणु न रहें तो यह शरीर टिक नहीं पाएगा। यह जो पुरुष शब्द बना है यह इसी नगर के बीच रहने वाले के लिए बना है। बड़े मज़े की बात यह है की न तो आपको इन जीवाणुओं की कुछ खबर है, और ना इन जीवाणुओं को आपके बारे में कोई खबर है। इस शरीर में रहने वाले कुछ जीवाणुओं की उम्र इतनी है कि उतनी इस शरीर की उम्र भी नहीं होती है। इसलिए कब्र में भी इस शरीर के कुछ अंग जैसे बाल और नाखून तब तक बढ़ते रहते हैं जब तक शरीर का मांस मज्जा गल नहीं जाता है।

जिस शरीर को हम अपना मान लेते हैं क्या वह सचमुच हमारा है...? नहीं यह शरीर न तो पहले हमारा था, न अब है और न यह शरीर छूटने के बाद हमारा रहेगा। सच तो यह है कि यह शरीर पहले भी किसी और का था, अब भी किसी और का है, और जब यह शरीर छूट जाएगा तब भी किसी और का होगा। जब हम इस शरीर में नहीं थे तब भी यह शरीर असंख्य शरीर का अंश था, और जब हैं तब भी यह शरीर असंख्य शरीरों

का अंश है, और जब इस शरीर में नहीं होंगे तब भी यह शरीर असंख्य शरीरों का अंश होगा। इसे ऐसा समझें तो बहुत सारी बातें ख्याल में आ जाएंगी। जब हम इस शरीर में नहीं थे तब यह शरीर का अंश कभी पहाड़ों में मौजूद था, कभी पेड़ पौधों में मौजूद था, कभी जीवाणुओं में भी मौजूद था, कभी जीव जंतुओं में भी मौजूद था।

और जब हम इस शरीर में हैं तब भी यह शरीर असंख्य शरीरों का अंश हैं। हम जो भी भोजन करते हैं उससे यह शरीर निर्मित होता है। और यह भोजन कभी पेड़ पौधों के माध्यम से आता है तो कभी जीवों के माध्यम से आता है। एक तरह से देखा जाए तो यह शरीर घास, केमिकल्स और खनिज पदार्थों का जोड़ है। और जिस दिन इस शरीर में हमारी अनुपस्थिति हो जायेगी पुनः यह शरीर उसी में विलीन हो जायेगा। जब हम इसी शरीर में नहीं रहेंगे तब यह शरीर असंख्य शरीरों में प्रवेश कर जाएगा।

इस मन में जो कभी कभी पत्थर जैसी कठोर भावना उभरती है, और किसी के प्रति मनुष्य कठोर हो जाता है तो वह अचेतन मन में संग्रहित पत्थर रह चुकने की स्मृति है। ठीक इसी तरह किसी के प्रति मनुष्य इतना हिंसक हो जाता है कि वह उसकी हत्या कर देता है, यह हिंसा की भावना भी अचेतन मन में संग्रहित उस समय की स्मृति है जब वह हिंसक जानवर हुआ करता था। मनुष्य के मन में उन सारी यात्राओं के चरण चिन्ह छुपे हुए हैं जो उसने पत्थर से लेकर मनुष्य तक का सफर तय किया है। अगर कोई भी मनुष्य अपने अचेतन मन की स्मृतियों को खंगालता चला जाए तो उसे ना तो अपने होने का अहंकार रह जायेगा, और ना उसके होने या होने की चिंता और भय रह जायेगा।

त्रिगुणात्मक प्रकृति के कारण शरीर निर्मित होता हैं। और आत्मा के कारण उसमें जीवन का संचार होता है। फिर यह शरीर बालक, किशोर, जवान होता है और जब इसकी शक्ति क्षीण होने लगती है तो यह वृद्ध होकर अंत में सूखे हुए पते की भांति वृक्ष से टूट कर अलग हो जाता है। हरेक जन्म में आत्मा पुराने शरीर को छोड़कर नए शरीर धारण कर लेती है। और जो पुराना शरीर छूट जाता है वह उन अंशों में प्रवेश कर जाता है जिससे वह आया हुआ था। ना तो यह शरीर मरता है, और ना इस शरीर में रहने वाली आत्मा मरती है, लेकिन फिर भी मृत्यु होती हुई दिखती है, सगे संबंधी रोते बिलखते हुए दिखते हैं, शरीर जलता हुआ दिखता है।

शरीर एक पदार्थ है, और ऐसा आप मत सोचना पदार्थ मरता है और इस पदार्थ में रहने वाली चेतना नहीं मरती है। नहीं, पदार्थ भी नहीं मरता है और चेतना भी नहीं मरती है। पदार्थ इसलिए नहीं मरता है, क्योंकि वह जीवित नहीं है, और जो जीवित नहीं है उसे मरने का कोई उपाय नहीं है। और चेतना इसलिए नहीं मरती है, क्योंकि वह सदा से है। जब यह शरीर नही था तब भी यह चेतना किसी और शरीर में वास करती थी। और जब यह शरीर नहीं होगा तब भी यह चेतना किसी और शरीर में वास करेगी। शरीर के

रहने या ना रहने से इस चेतना पर कोई प्रभाव नहीं पड़ता है, क्योंकि चेतना शरीर में रहते हुए भी शरीर से मुक्त होती है।

शरीर सिर्फ है, लेकिन उसे अपने होने का कोई बोध नहीं है। आत्मा है भी और उसे अपने होने का बोध भी है। शरीर और आत्मा के मध्य है मन, और इस मन के कारण हीं संसार बनता बिगड़ता हुआ दिखाई देता है। जब मन आत्मा के उपर अच्छादित हो जाता है तो आत्मा को इतना हीं बोध रहता है कि वह है, लेकिन यह बोध विस्मृत हो जाता है वह क्या है। यदि होने का बोध हो और यह बोध नहीं हो वह क्या है तब अज्ञान की स्थिति उत्पन हो जाती है। और जब अज्ञान की स्थिति उत्पन हो जाती है तो इस चेतना पर अहंकार और कामनाओं के बादल छा जाते हैं। और जब तक यह बादल छाए रहते हैं तब तक यह बोध नहीं होता है कि वह कौन है...?

यदि हमें अपने होने का पता हो, और यह पता न हो कि हम कौन हैं...? तो यह अज्ञान की स्थिति है। और यदि होने का पता हो और इसके साथ में यह भी पता हो कि हम कौन हैं...? तो यह ज्ञान की स्थिति है। बड़े मज़े की बात है कि जो हम नहीं होते हैं वह अपने आपको मान लेते हैं, और जो हम होते हैं उसे हमें पता हीं नहीं होता है। इसलिए हमारे जीवन में एक मजेदार घटना घटती है कि जो हम होते हैं वह हम हो नहीं पाते हैं, और जो नहीं हैं वह हम हो जाते है। अज्ञानी में उतनी हीं आत्मा होती है, जितनी ज्ञानी में आत्मा होती है। लेकिन अज्ञानी और ज्ञानी में एक हीं अंतर है कि अज्ञानी अपने प्रति बेहोश है, और ज्ञानी अपने प्रति पूरी तरह होश से भरा हुआ है।

ज्ञानी व्यक्ति जान लेता है कि वह आत्मा है शरीर नहीं। और जब वह जान लेता है कि वह आत्मा है उसके लिए शरीर एक पदार्थ की भांति रह जाता है। आत्मा सदा से है उसका ना तो प्रारंभ है, और ना हीं अंत है। और जिसका न तो प्रारंभ है और ना अंत है, वह न तो कभी जन्मता है और ना कभी मरता है। लेकिन हमारे चारों तरफ जो दिखाई देता हैं वह शरीर रूपी पदार्थ है। वह शरीर रूपी पदार्थ जन्मता हुआ भी दिखाई देता है, और मरता हुआ भी दिखाई देता है। उसकी उत्पति होती हुई भी दिखाई देती है, और उसका विनाश होता हुआ दिखाई देता है।

पदार्थ हम उसे कहते हैं जो हमें वास्तविक मालूम पड़ता है, जिसे देख और पहचान सकते हैं। पदार्थ हम उसे कहते हैं जिसे छुआ जा सकता है, पकड़ा जा सकता है, देखा जा सकता है, और जिसे सुना जा सकता है। और पदार्थ हम उसे कहते हैं जो एक क्षण को वैसा नहीं रहता है, जैसा वह पिछले क्षण में था। पदार्थ का स्वभाव हीं परिवर्तन है, और जिसका स्वभाव हीं परिवर्तन हो वह क्षण प्रतिक्षण परिवर्तन होता हीं चला जाता है। शरीर की अवस्थाएं हर क्षण बदलती हीं चली जाती हैं। और इस बदलती हुई अवस्थाओं के कारण शरीर बच्चे से लेकर बूढ़े तक का रूप धारण करता रहता हैं।

आत्मा अनित्य है, सदा से है, सनातन है। आत्मा को ना इन इंद्रियों के माध्यम से देखा जा सकता है, ना सुना जा सकता है, ना छुआ जा सकता है और ना बुद्धि के द्वारा पकड़ा जा सकता है। आत्मा वह है जिसमें कोई परिवर्तन नहीं होता है। इसलिए योगियों ने आत्मा को आकाश भी कहा है। आकाश सदा से है, हर जगह है। आपके भीतर भी है और बाहर भी है। आकाश का न तो कभी परिवर्तन होता है, और ना तो उसकी उत्पति होती है। इस आकाश के ऊपर बादल घिरते हैं, और चले जाते हैं, लेकिन आकाश अपनी जगह वैसा का वैसा बना रहता है। जिस तरह इस आकाश पर बादल घिरते हैं, घने होते हैं, और आकाश ओझल हो जाता है। ठीक उसी तरह भीतर के आकाश रूपी आत्मा पर भी कामनाओं के बादल घिरते हैं, घनीभूत होते हैं, और आत्मा ओझल हो जाती है।

आकाश रूपी आत्मा के ओझल हो जाने का यह मतलब नहीं है कि अब आत्मा पर से कामनाओं के बादल नहीं छटेंगे। नहीं, फिर से यह बादल छंट जायेंगे, क्योंकि ना तो इन बादलों का संबध आत्मा से है, और ना आत्मा का संबंध इन बादलों से है। बादल भी अपनी जगह हैं, और आत्मा भी अपनी जगह है। आत्मा और इन कामनाओं के बादल में अंतर केवल इतना है कि आत्मा सनातन है, और बादल परिवर्तनशील हैं। मनुष्य की सारी विडंबना यही है कि वह अपने आपको शरीर मान लिया है, आते जाते बादल मान लिया है। मनुष्य की सारी विडंबना यही है कि वह अपने भीतर के उस आकाश से परिचित नहीं है जो सदा से है, और जिसका कोई परिवर्तन नहीं होता है।

मनुष्य उन चीजों को भूल जाता है जो बिल्कुल थिर है, कभी नहीं बदलती है। और मनुष्य उन चीजों को याद रखने लगता है जो चीजें बदलती रहती हैं। मनुष्य उन चीजों को याद रखता है जिनमें गति है, परिवर्तन है। और मनुष्य उन चीजों को भूल जाता है जिनमें ना तो कोई गति है, और ना हीं परिवर्तन है। यह परिवर्तन और गति आखिर क्यों दिखाई पड़ता है...? अगर यह परिवर्तन और गति मनुष्य के समझ में आ जाए तो मनुष्य इस परिवर्तन शील संसार में रहते हुए भी अपने भीतर थिर हो सकता है। यह परिवर्तन और गति इसलिए दिखाई पड़ता है, क्योंकि मनुष्य की इंद्रियां बाहर की ओर खुलती हैं। और यदि कोई मनुष्य अपने घर के देहली पर खड़ा होकर बाहर हीं देखता रहे तो उसे सदा बाहर की वह चीजें हीं दिखाई पड़ती है जो पल प्रति पल बदलती रहती हैं, लेकिन उसे घर के भीतर वह चीज नहीं दिखाई पड़ती है जिसमें न तो कोई परिवर्तन है, और ना हीं कोई गति है।

जो चीजें बदलती हैं उनसे मन बेचैन होता है। और मन इसलिए बेचैन होता है, क्योंकि मन को बदलती हुई चीजों के साथ फिर से तालमेल बिठाना पड़ता है। मन जिन चीजों के साथ तालमेल बिठाता है वह याद रह जाता है और जिसके साथ तालमेल

बिठाने की जरूरत नहीं पड़ती है वह याद नहीं रह पाता है। मन को सिर्फ एक हीं चीज के साथ तालमेल बिठाने की जरूरत नहीं पड़ती है जो कभी नही बदलती है। और जो कभी नहीं बदलती है वही आत्मा है, भीतर का आकाश है। हरेक जन्म में मन बदलती हुई चीजों, बदलते हुए रिश्तों और बदलते हुए परिवेश के साथ तालमेल बिठाता है और उन स्मृतियों को संग्रहित करता चला जाता है। और जिसमें सारी स्मृतियां संग्रहित होती चली जाती हैं वह मन का निचला हिस्सा यानी अचेतन है। इस मन में वह भी स्मृति मौजूद है जब प्रथम बार जन्म हुआ था, और इस मन में वह भी स्मृति मौजूद है जब अंतिम बार जन्म होगा।

यह अंतिम जन्म यह जन्म भी हो सकता है, और लाखों जन्मों के बाद भी हो सकता है। यह मनुष्य पर हीं निर्भर करता है कि वह और कितने जन्मों तक भटकना चाहता है, या वह इसी जन्म में अपने वास्तविक स्वरूप को जानकर परम आकाश में लीन होना चाहता है। वह जो परम आकाश है वह भीतर भी उसी प्रकार फैला हुआ है, जैसे वह बाहर फैला हुआ है। जब हम नहीं थे तब भी वह आकाश था, और जब हम नहीं होंगे तब भी वह आकाश होगा। जब हम जागते हैं तब भी वह आकाश वैसा ही रहता है, और जब हम सो जाते हैं तब भी वह आकाश वैसा हीं रहता है। जब इस आकाश में सूर्य, चांद, तारे नहीं थे तब भी यह आकाश ऐसा हीं था। और जब इस आकाश में सूर्य, चांद, तारे नहीं रहेंगे तब भी यह आकाश ऐसा हीं रहेगा। आकाश अपने होने की घोषणा नहीं करता है, लेकिन फिर भी वह है। और हम इस आकाश को भूल जाएं तो इसमें कोई आश्चर्य नहीं है।

आखिर हम क्यों भूलते हैं अपने भीतर और बाहर मौजूद इस आकाश को...? क्योंकि आकाश का खालीपन हमें आकर्षित नहीं करता है। आकर्षित करते हैं इस आकाश पर आते जाते बादल। आकर्षित करते हैं इस आकाश पर परिभ्रमण करने वाले सूर्य, चांद और तारे। आकर्षित करते हैं इस आकाश पर बनते और बिगड़ते हुए प्रतिबिंब। लेकिन यह आकाश वैसा का वैसा रहता है। यह आकाश ठीक वैसा है जैसे आइना। आइना में प्रतिबिंब बनते हुए दिखाई देते हैं, लेकिन आइना पर इस प्रतिबिंब का कोई प्रभाव नहीं पड़ता है। जब आप आईने के सामने नही होते हैं तब भी आईने में कुछ नहीं होता है। और जब आप आईने के सामने से हट जाते हैं तब भी आईने में कुछ नहीं होता है।

आकाश चारों ओर से न केवल हमें घेरे हुए है, बल्कि भीतर भी आकाश मौजूद हैं, लेकिन इस आकाश का हमें पता नहीं चलता है। ठीक इसी तरह मछली सागर में रहती है, लेकिन उसे सागर का पता नहीं चलता है। मछली सागर में हीं जन्म लेती है और विकसित होती है, इसलिए उसे सागर का पता नहीं चलता है। असल में सागर का

होना मछली के लिए न के बराबर है, और उसके होने में तथा सागर के होने में कोई अंतर नही है। और जब कोई अंतर हीं नहीं है तो सागर का पता नही चल सकता है। सागर का पता हीं तभी चल सकता है जब सागर और मछली के बीच में कोई अंतर हो। मछली को सागर का पता तभी चल सकता है जब उसे सागर से बाहर निकाला जाए।

मछली को जब सागर से बाहर निकाला जाता है तो पहले उसे सागर का हीं पता चलता है, फिर उसके बाद बाहर के वातावरण का पता चलता है। मछली को सागर से बाहर निकाला जा सकता है, क्योंकि निकाल लेना आसान है। लेकिन मनुष्य को परमात्मा से बाहर नहीं निकाला जा सकता है, क्योंकि मनुष्य को परमात्मा से अलग करने का कोई उपाय नहीं है। मनुष्य परमात्मा में हीं उपस्थित है, इसलिए उसे परमात्मा से अलग नहीं किया जा सकता है। और यहीं कारण है कि मनुष्य को उसका पता नहीं चलता है। पता तो तभी चल सकता है जब मनुष्य उससे अलग हो, उससे दूर हो। एक तरह से देखा जाए तो मनुष्य हीं परमात्मा है, लेकिन उसे अपने होने का कोई बोध नहीं है। और जिन्हे बोध हो गया है उन्ही को हम कभी कृष्ण के नाम से जानते हैं, कभी बुद्ध के नाम से जानते है। कभी महावीर के नाम से जानते है। नाम उसके अनेक हैं, लेकिन फिर भी वह एक है, क्योंकि उसका कोई नाम नहीं है।

परमात्मा नहीं है, लेकिन उसके नहीं होने में हीं उसका होना समाया हुआ है। वह है भी, और नहीं भी है, क्योंकि ना तो उसके होनेपन को सिद्ध किया जा सकता है। और न हीं उसके न होनेपन से इंकार किया जा सकता है। आप चाहे उसे गाली दें तो भी वह आप पर क्रोध नहीं कर सकता है, और चाहे आप उसकी प्रार्थना करें, भोग लगाएं तब भी वह आप पर प्रसन्न नहीं हो सकता है। और जो परमात्मा गाली पर क्रोध करने लगे, और प्रार्थना पर प्रसन्न होने लगे वह परमात्मा नहीं है। परमात्मा है शून्य की भांति, इसलिए आपकी गाली और प्रार्थना उसमें कुछ क्षण गूंजती है और खो जाती है। अगर आप यह समझते हैं कि उसे गाली देने से आपको दुःख होता है, पीड़ा होती है तो यह उसी प्रतिध्वनि की गूंज है जो आप गाली देते समय सुनते हैं। चाहे आपकी गाली हो या चाहे आपकी प्रार्थना हो वह गुंजायमान होकर आपके पास पहुंच हीं जाती है। इसलिए एक प्रसिद्ध कहावत है जो आप देते हैं वही आप पाते हैं।

मनुष्य परमात्मा भी हो सकता है, और पदार्थ भी हो सकता है क्योंकि मनुष्य परमात्मा और पदार्थ दोनों के बीच में खड़ा है। मनुष्य जब पूर्ण चेतन हो जाता है तो वह परमात्मा हो जाता है, और जब वह पूर्ण अचेतन हो जाता है तो वह पदार्थ हो जाता है। मनुष्य परमात्मा और पदार्थ दोनों के बीच में है इसलिए वह कभी परमात्मा होने की तरफ झुकता है तो कभी पदार्थ होने की तरफ झुकता है, लेकिन ना तो परमात्मा हो पाता है और ना पदार्थ हो पाता है। मनुष्य जीवन एक महान अवसर भी है, और सुख

दुख का कारण भी है। मनुष्य जीवन महान अवसर इसलिए है, क्योंकि उसके पास चुनाव है वह चाहे तो परमात्मा हो जाए, या चाहे तो पदार्थ हो जाए। और मनुष्य जीवन सुख दुख का कारण इसलिए है, क्योंकि वह संसार के द्वंद को नहीं जान पाता है।

मनुष्य के परमात्मा हो जाने के दो उपाय हैं या तो वह अपने आपको पूर्ण रूप से जीवन के हवाले कर दे, और या तो वह स्वयं की बागडोर अपने हाथों में ले ले। मनुष्य जब अपने आपको जीवन के हवाले कर देता है तब यह जीवन की नदी प्रवाहित होती हुई परमात्मा के सागर में मिल जाती है। और जब मनुष्य अपने जीवन की बागडोर स्वयं के हाथों में ले लेता है तो वह ना दुख से दुखी होता है, और ना सुख से प्रसन्न होता है। ना तो उसे अपमान दुखी करता है, और न सम्मान उसे खुशी देता है। ना तो प्रेम उसे प्रभावित करता है, और न घृणा उसे विचलित करती है। ऐसा मनुष्य जानता है कि यह सुख – दुख मौसम की तरह आते जाते रहते हैं, लेकिन इससे उसका जीवन प्रभावित नहीं होता है। ऐसा मनुष्य यह भी जानता है जो उसे प्रेम देगा वह उससे घृणा भी करेगा, और जो उसे घृणा करेगा वह उससे प्रेम भी करेगा।

और जो उसे सम्मान देगा वह उसे अपमानित भी करेगा। असल में प्रेम भी दूसरे से मिलता है, घृणा भी दूसरे से मिलती है। अपमान भी दूसरे से मिलता है, और सम्मान भी दूसरे से मिलता है। सुख भी दूसरे से मिलता है और दुख भी दूसरे से मिलता है। और जो दूसरे से मिलता है वह स्थाई नहीं है, लेकिन जो स्वयं के द्वारा मिलता है वह स्थाई है। असल में यह प्रेम और घृणा, सम्मान और अपमान दूसरे के द्वारा मिलने वाली वह उपाधियां है जो कभी दूसरे के द्वारा दी जाती हैं तो कभी दूसरे के द्वारा छीन ली जाती हैं। जब मनुष्य इस संसार के द्वंद को जान लेता है तो वह द्वंद के बीच नही उलझता, बल्कि द्वंद के बाहर आ जाता है। फिर ऐसे मनुष्य को बाहर के उपद्रव प्रभावित नहीं करते है, और वह अपने भीतर स्थित हो जाता है। और जो मनुष्य अपने भीतर स्थित हो जाता है, वह परमात्मा हो जाता है।

परमात्मा क्या है...? कैसा है...? और परमात्मा के पहले क्या था...? यह मै नहीं जानता, लेकिन इतना अवश्य उसके बारे कह सकता हूं कि वह जरूर आकाश की भांति होगा। इसलिए इस आकाश पर बादल भी बनते हैं, बिजली भी चमकती है, सूर्य चांद तारे भी चमकते हैं, लेकिन यह आकाश वैसा का वैसा हीं बना रहता है। इस खाली आकाश में ना जाने कितने सूर्य आए और चले गए, अनेकों पृथ्वियां आई और विलीन हो गई, जीवन अनेकों बार अस्तित्व में आया है और पुनः विलीन हो गया, लेकिन इस आकाश पर कोई चिन्ह निर्मित नहीं हुआ। चिन्ह तो उसी पर निर्मित हो सकता है जिस पर कोई प्रभाव पड़ता हो। लेकिन जिस पर कोई प्रभाव हीं नहीं पड़ता हो उस पर कोई चिन्ह निर्मित नहीं हो सकता है।

जिंदगी पूरे समय बदलती है। पदार्थ पूरे समय बदलता है। परमात्मा कभी नहीं बदलता है। परमात्मा निराकार है, शून्य की भांति है इसलिए उसमे कोई बदलाहट नहीं होती है। परमात्मा का पता इसलिए नहीं चलता है, क्योंकि उसमें कोई बदलाहाट नहीं होती है। परमात्मा नहीं बदलता है इसलिए उसका होना नहीं होने जैसा है। और जिसका होना, नहीं होने जैसा हो उसका विनाश नहीं हो सकता है। और जिसका होना, होने जैसा हो उसका विनाश हो सकता है। इस नहीं होने का अर्थ समझ लें तो बहुत सारी बातें ख्याल में आ जाएंगी। नहीं होने का अर्थ साक्षी हो जाना है। अब हम न कर्ता रहे, और ना भोग्ता रहे बल्कि इन दोनों से उपर उठकर देखने वाले हो गए, साक्षी हो गए।

जो अपने जीवन का साक्षी हो जाता है वह पूरे जगत का साक्षी हो जाता है। इसे ऐसा समझें, देख रहे हैं कि जन्म हो रहा है और शरीर बदलते हुए बालक बन रहा है, किशोर बन रहा है, युवक बन रहा है, जवान बन रहा है, और अधेड़ बनकर वृद्ध भी बन रहा है। लेकिन इस शरीर के भीतर रहने वाली आत्मा ना तो बालक बन रही है, और न वृद्ध बन रही है। जब शरीर बालक बनता है तब भी आत्मा वैसी हीं होती है, और जब शरीर वृद्ध बन जाता है तब भी आत्मा वैसी हीं होती है। जब शरीर स्वस्थ होता है तब भी आत्मा वैसी हीं होती है, और जब शरीर अस्वस्थ हो जाता है तब भी आत्मा वैसी हीं होती है।

जब शरीर रहता है तब भी आत्मा वैसी हीं होती है, और जब शरीर पंच तत्वों में विलीन हो जाता है तब भी आत्मा वैसी हीं होती है। ना तो शरीर की बदलती हुई अवस्थाएं आत्मा को प्रभावित करती हैं, और ना शरीर के बनने और मिटने की प्रक्रिया आत्मा को प्रभावित करती हैं। शरीर के भीतर है मन, और मन किसी भी प्राणी का सबसे शक्तिशाली हिस्सा है। शक्तिशाली इसलिए क्योंकि एक तो वह शरीर के भीतर खोजने से भी नहीं मिलता है, और दूसरा वह जन्मों जन्मों की प्रवृत्तियों और संस्कारों से भरा हुआ है। मन से लड़कर कोई अपने मन पर विजय नहीं पा सकता है, क्योंकि विजय उसी पर पाया जा सकता है जिससे लड़ने की सुविधा हो। लेकिन जिससे लड़ने की कोई सुविधा न हो उस पर विजय नहीं पाया जा सकता है।

मन पर विजय तभी पाया जा सकता है जब मन की गहरी समझ हो जाए। इसे ऐसा समझें। शरीर बदलता है, मन भी बदलता है। इस क्षण जो मन की अवस्था है वह अगले क्षण नही रहती है। इस क्षण जिसके प्रति क्रोध आया है, वह अगले क्षण दया में रूपांतरित हो जाता है। और इस समय जिसके प्रति आसक्ति जन्मी है, वह अगले क्षण विरक्ति में तब्दील हो जायेगी। इसी मन में कभी क्रोध भी उठता है, कभी दया भी उठती है। इसी मन में कभी वासना भी प्रगाढ़ होती है, और इसी मन में प्रेम का अंकुर भी फूटता है। इसी मन में कभी लोभ भी उठता है, और इसी मन में कभी त्याग की

भावना उठती है। इसी मन में कभी जीवन के प्रति आसक्ति जन्म लेती है, और इसी मन में कभी जीवन के प्रति विरक्ति भी जन्म लेती है। कभी यही मन संसार के तरफ भागता है तो कभी यही मन संसार को त्याग कर मोक्ष के तरफ भागता है। कभी यही मन धन के तरफ भागता है तो कभी यही मन धन को छोड़कर धर्म के तरफ भागता है।

यह सभी अवस्थाएं मन की हैं। मन की इन बदलती हुई अवस्थाओं का संबंध आत्मा से नहीं है, क्योंकि आत्मा अनित्य है, अविनाशी है, सर्वव्याप्त है। कभी प्राणी शरीर में उलझ कर अपनी जीवन आयु समाप्त कर देता है, और कभी प्राणी मन की इस बदलती हुई अवस्थाओं में उलझकर अपनी जीवन आयु समाप्त कर देता है। अनंत बार जीवन मिलता है, और अनंत बार चूक जाता है, लेकिन शायद हीं कोई प्राणी अपने वास्तविक स्वरूप को जान पाता है। और जो प्राणी अपने वास्तविक स्वरूप को नहीं जान पाता है वह जन्म जन्मांतर तक भटकता चला जाता है।

शरीर को जानकर प्राणी शरीर से मुक्त हो जाता है, और मन को जान कर प्राणी मन से मुक्त हो जाता है। शरीर भी एक यंत्र है और मन भी एक यंत्र है। शरीर से बड़ा जटिल यंत्र इस पृथ्वी पर दूसरा कोई नहीं है, और मन से बड़ा जटिल यंत्र इस ब्रह्माण्ड में दूसरा कोई नहीं है। शरीर को भलीभांति वहीं उपयोग कर पाता है जो इस यंत्र को सब तरह से जान लेता है। और मन को भलीभांति वही उपयोग कर पाता है जो मन को सब तरह से जान लेता है। शरीर की भी अपनी आवश्यकताएं हैं, और मन की भी अपनी वासनाएं हैं। आवश्यकताओं और वासनाओं में उतना हीं अंतर है जितना ब्रह्मांड के एक छोर से दूसरे छोर की दूरी। आवश्यकता हीं बढ़ते बढ़ते वासना का रूप धारण कर लेती है।

आवश्यकता जब तक आवश्यकता है तब तक उसे पूरा किया जा सकता है, लेकिन जब आवश्यकता वासना का रूप धारण करने लगती हैं तो उनकी पूर्ति होना असम्भव हो जाता है। पेट की भूख मिटाने के लिए भोजन की आवश्यकता है। एक बात जान लें कि पेट कभी स्वादिष्ट भोजन की मांग नहीं करता है, और ना हीं मन स्वादिष्ट भोजन के लिए आपको प्रेरित करता है। स्वादिष्ट भोजन के पिछे भागने के लिए ना तो आपका शरीर दोषी है, और ना हीं मन दोषी है, क्योंकि शरीर भी एक यंत्र है और मन भी एक यंत्र है। शरीर और मन तभी स्वादिष्ट भोजन के पिछे भागते हैं जब आप स्वादिष्ट भोजन पाने लिए चिंतन करते हैं। यदि आप स्वादिष्ट भोजन की चिंतन ना करें, और जो भोजन मिलता हो उसे स्वीकार कर लें तो शरीर और मन भी ठहर जायेंगे।

काम, शरीर और मन की जरूरत है, लेकिन यहीं काम तब वासना का रूप धारण कर लेता है जब आप सोते जागते काम से मिलने वाले क्षणिक सुख का बार बार चिंतन करते हैं। जब आप काम का बार बार चिंतन करते हैं तो मन की पटल पर काम की

रेखाएं खींचने लगती हैं। आप जितने ज्यादा काम का चिंतन करते हैं उतनी हीं काम की रेखाएं गहरी होती चली जाती हैं। और इन रेखाओं के खीच जाने के कारण मन उसी के पीछे भागने लगता है। यह याद रहे मन कभी अपने आप काम के पीछे नहीं भागता है, बल्कि आप इसे भगाते हैं तभी यह भागता है। आपने अनंत जन्मों से काम का चिंतन किया है, इसलिए मन भाग रहा है। आप चाहें तो इस मन की दिशा मोड़ भी सकते हैं, और आप चाहें तो इस मन की दौड़ समाप्त भी हो सकती है।

मन एक अद्‌त यंत्र है, और आज तक न कभी ऐसा यंत्र बन पाया है, और ना आगे कभी ऐसा यंत्र बन पाएगा। यह मन इतना विशाल है कि इसमें दुनियां के सभी पुस्तकालय एक साथ समा सकते हैं। इस मन की इतनी क्षमता है कि सभी तरह का ज्ञान यह अपने में संग्रहित कर सकता है, और उनको शब्द तथा वाणी भी दे सकता है। आज विज्ञान ने जितनी तरक्की की है, वह इसी मन की अद्‌त कार्यक्षमता की देन है। आज मानव ने जितने बाहर की दुनियां में कामयाबी के झंडे गाड़े हैं, वह इसी मन की अद्‌त शक्तियों की देन है। लेकिन मानव यह भूल गया है उसे बाहर प्रगति करने के साथ साथ अपने भीतर भी प्रगति करना चाहिए। मानव ने सुख सुविधा के अनेकों साधन तो विकसित कर लिए हैं, लेकिन जिसे सुख मिलता है उसका कोई पता नहीं है।

बाहर से तो हम जानकारी एकत्रित करके अपने बारे कुछ न कुछ मान लेते हैं, लेकिन भीतर जाकर हम कभी यह खोजने की कोशिश नहीं करते हैं जिसे हमने बाहर से जाना हुआ है क्या वह भीतर से भी वही है, या दूसरा है...? हम आईने में अपने शरीर और चेहरे को देखकर अपने को पहचान लेते हैं, लेकिन क्या कभी भीतर से यह जान पाते हैं कि भीतर भी वहीं हमारा चेहरा हैं...? नहीं, भीतर वह चेहरा नहीं है, और न बाहर से जो जाना हुआ है वह है। बाहर कुछ और है, भीतर कुछ और है। बाहर जो चेहरा है वह और है, और जो भीतर चेहरा है वह और है। बाहर और भीतर के चेहरे में न तो कोई मेल आज तक बना है, और ना आगे कभी बन पाएगा। बाहर और भीतर का चेहरा एक कैसे हो सकता है, क्योंकि बाहर का जो चेहरा है वह हर जन्म में बदल जाता है। और जो भीतर का चेहरा है, वह वैसा का वैसा हीं रह जाता है। भीतर के चेहरे पर ना तो समय की छाया पड़ती है, और ना शरीर के बदल जाने पर इसकी आकृति में कोई परिवर्तन होता है।

जिस चेहरे की सुंदरता पर हम इतना गुमान करते हैं उस पर समय की छाया भी पड़ती है, और हर शरीर के साथ इसकी आकृति में बदलाव भी होता है। एक जन्म में जो चेहरा मिलता है वह भी स्थाई नहीं रहता है। जब यह शरीर बालक होता है तब यह चेहरा कुछ और होता है। जब शरीर युवा होता है तब यह चेहरा कुछ और होता है। जब यह शरीर जवान होता है तब यह चेहरा कुछ और होता है, और जब यह शरीर वृद्ध हो

जाता है तब यह चेहरा कुछ और हो जाता है। धर्म कहता है तुम उस चेहरे की खोज करो जो सदा से तुम्हारा अपना है। आखिर कौन सा है हमारा असली चेहरा...? बाहर का जो हर जन्म में बदल जाता है, या भीतर का जो कभी नहीं बदलता है। भीतर का चेहरा हीं हमारा है, जो कभी नहीं बदलता है।

इसी तरह धर्म कहता है कि तुम उस नाम की खोज करो जो तुम्हारा अपना है। आखिर कौन सा नाम अपना हो सकता है...? वह जो हर जन्म में बदल जाता है या वह जो कभी नहीं बदलता है। जो नाम हर जन्म में बदल जाता है वह नाम अपना नहीं है, बल्कि जो नाम कभी नहीं बदलता है वही नाम अपना है। और एक हीं नाम है जो कभी नहीं बदलता है, वह अनाम है। ठीक इसी तरह से जो चेहरा, जो रूप कभी नहीं बदलता है वह अरूप है। लेकिन बड़ी कठिनाई होगी इस तरह जीने में क्योंकि हम सभी लोग चेहरे और नाम द्वारा हीं अपने आप को पहचान पाते है, या दुसरे को पहचान पाते हैं। और चेहरे और नाम के द्वारा हीं एक दूसरे के अहंकार का भरण पोषण हो पाता है। यदि यह चेहरा और नाम खो जाए यह अहंकार एक हीं क्षण में विसर्जित हो जायेगा।

नाम के द्वारा आता हैं अहंकार, और रूप के द्वारा होता है भरण पोषण। नाम इसलिए दिया जाता है, क्योंकि इससे अनाम को सीमा में घेरने के लिए सहायता मिलती है। एक बच्चा जन्म लेता है उसका कोई नाम नहीं होता है, लेकिन जल्दी से उसे अ, ब, स नाम दे देते हैं। सभी लोग उसे इसी नाम से बुलाने लगते हैं और वह बच्चा यही नाम सुनकर धीरे बड़ा होने लगता है। और जैसे जैसे वह बच्चा बड़ा होने लगता है वह इसी नाम को पकड़ने लगता है। और जैसे जैसे वह अ, ब, स नाम को पकड़ता जाता है वैसे वैसे उसकी चेतना पर धुंध निर्मित होने लगती है। और जब चेतना ढंक जाती है तो वह बच्चा इसी नाम के आस पास पूरा जीवन बिता देता है।

नाम की जरूरत है, लेकिन नाम के साथ जुड़ जाना कोई जरूरी नहीं है। नाम हमें मिला है ठीक है, संबोधन के लिए काफी है, लेकिन नाम के चिपक जाने की कोई जरूरत नहीं है। नाम बाहर है, उसे बाहर हीं रहने दें और भीतर उसकी खोज करते रहें जो अनाम है। रूप बाहर है, सुंदर है तो भी ठीक है, कुरूप है तो भी ठीक है, लेकिन भीतर उस रूप की खोज करते रहे जो अरूप है। यदि कोई भी व्यक्ति उस अनाम तथा अरूप की खोज कर लेता है तो वह तत्क्षण पाता है कि मै हीं सबके भीतर स्थित हूं, और सभी मुझमें स्थित हैं। यह जगत मुझसे हीं उत्पन होता है, और मुझमें हीं लीन होता है।

धर्म की खोज परमात्मा की खोज नहीं है, बल्कि धर्म की खोज स्वयं की खोज है। धर्म यह नहीं कहता है तुम मुझे खोज कर परमात्मा तक पहुंच जाओगे, बल्कि धर्म कहता है तुम स्वयं को खोज कर परमात्मा हीं हो जाओगे। धर्म है मिटने की कला, और जब कोई मिट जाता है तो वह परमात्मा हीं जाता है। मनुष्य और परमात्मा दो नहीं हैं,

बल्कि एक हैं। जिस दिन मनुष्य विदा हो जाता है उस दिन परमात्मा हीं शेष बचता है। इस संबंध में कबीर कहते हैं कि " प्रेम गली अति सांकरी जिसमें दो ना समाहि ", वह यही है। जब तक आप हैं तब तक परमात्मा नहीं है, और जब आप नहीं रहते हैं तो केवल परमात्मा हीं रहता है।

ऐसा नहीं है कि जब हम नहीं रहेंगे तो हमारी धड़कने हमसे अलग हो जायेगी। नहीं, बल्कि ऐसा है कि हमारी धड़कने उस महा अस्तित्व की धड़कनों से एक हो जायेगी जो सभी के दिलों को धड़काती है। और ऐसा नहीं है कि जब हम नहीं रहेंगे तो हमारे पैर नाच ना सकेंगे। नहीं, बल्कि ऐसा है कि हमारे पैर उस महा अस्तित्व के पैरों से एक हो जायेंगे जो सभी के पैरों में नाच बनकर उभरते हैं। जिसे हम मृत्यु समझते हैं वह मृत्यु नहीं है, बल्कि उस महा अस्तित्व से एक होने का द्वार है जिससे हम अलग हुए थे। मृत्यु उसकी नहीं होती है जो है बल्कि मृत्यु उसकी होती है, जो नहीं है।

मृत्यु न तो आत्मा की होती है, और ना शरीर की होती है, बल्कि मृत्यु उसकी होती है जो जन्म और मृत्यु के मध्य में इकट्ठा होता है। जन्म के बाद जो जो हमने इकट्ठा किया है, माना है, वह सब जीवन के अंतिम क्षण में गिरता चला जाता है। जीवन भर जिसे हम इकट्ठा करते हैं, मानते हैं, वह अहंकार के अतिरिक्त और कुछ भी नहीं है। धन इकट्ठा करते हैं अहंकार की तृप्ति के लिए, किसी से प्रेम करते हैं अहंकार की तृप्ति के लिए, ज्ञान इकट्ठा करते हैं अहंकार की तृप्ति के लिए, रिश्ते निर्मित करते हैं अहंकार की तृप्ति के लिए, धर्म के पीछे दौड़ते हैं अहंकार की तृप्ति के लिए, दान इकट्ठा करते हैं अहंकार की तृप्ति के लिए, पद की यात्रा करते हैं अहंकार की तृप्ति के लिए। यह सब कुछ इसलिए करते हैं ताकि मन में यह संतोष हो सके कि में भी कुछ हूं।

जितना हम अपने आपको मानते हैं कि मै भी कुछ हूं उतना यह अहंकार और सघन होता चला जाता है। और जितना यह अहंकार सघन होता चला जाता है उतना हीं जीवन कष्टमय होता चला जाता है। कोई गाली दे देता है उसकी गाली तीर की तरह चुभ जाती है। कोई नमस्कार नहीं करता है तो अपने अहंकार की जगह उसका अहंकार याद आ जाता है। कोई हमारे नाम का गलत उच्चारण कर देता है तो उस पर तुरंत क्रोध आ जाता है। यह क्रोध आना, तीर की तरह गाली का चुभना अहंकार नहीं तो और क्या है। यदि अहंकार है तो किसी की गाली तीर की तरह चुभ हीं जायेगी, और यदि अहंकार नहीं है तो उसकी गाली पर हंसी आएगी। यदि अहंकार है तो किसी का नमस्कार अच्छा लगेगा, मन प्रसन्न होगा। और यदि अहंकार नहीं है तो किसी के नमस्कार करने या ना करने से इस मन में कोई परिवर्तन नहीं होगा।

चाहे धन हो, पद हो, यश हो, धर्म हो, ज्ञान हो यह सब अहंकार की तृप्ति के साधन हैं। और जिनसे अहंकार की तृप्ति होती है मन उसे जोर से पकड़ता चला जाता है। यह

जो इन सब पर मन की पकड़ है वह मोह के अतिरिक्त और कुछ भी नहीं है। इस मोह में मन का कोई दोष नहीं है, बल्कि दोष हमारा है, क्योंकि हम जो भी मन को पकड़ाते हैं मन उसी को पकड़ता चला जाता है। इस मन में चाहें आप बेहोशी में भी कुछ डाल सकते हैं यह मन उसे भी पकड़ लेता है। और इस मन में चाहें आप होश की अवस्था में भी कुछ डाल सकते हैं यह मन उसे भी पकड़ लेता हैं। मन निर्दोष है, क्योंकि मन उसी चीज की पुनरावृत्ति करता है जो आपने इसमें संग्रहित किया है। और मन उस चीज की पुनरावृत्ति नहीं करता है जो आपने इसमें संग्रहित नहीं किया है।

मृत्यु दो प्रकार की होती है साधारण मृत्यु और परम मृत्यु। साधारण मृत्यु में केवल अहंकार की मृत्यु होती है, लेकिन मन रह जाता है। मृत्यु के समय में जो पीड़ा होती है वह ना शरीर की पीड़ा है और ना मन की पीड़ा है, बल्कि यह पीड़ा उस अहंकार की पीड़ा होती है जो हमने स्वयं को माना है। जितना अहंकार सघन होता है उतनी हीं ज्यादा मृत्यु के समय में अहंकार को पीड़ा होती है। अहंकार इसलिए पीड़ित होता है, क्योंकि यह बचना चाहता है। अहंकार देखता है कि जिसे मैंने अपना समझा था वह छूट रहा है, छीन रहा है। पत्नी छूट रही है, पति छूट रहा है, बच्चे छूट रहे हैं, मां बाप छूट रहे हैं, समाज छूट रहा है, घर छूट रहा है, पद छूट रहा है और धन छूट रहा है।

अहंकार का भवन दूसरे के कारण निर्मित होता है। इसे ऐसा समझें तो ख्याल में आ जायेगा। यदि आप किसी व्यक्ति में सुख खोज रहे हैं तो उसके मिलने से सुख होगा और उसके बिछड़ने से दुख होगा। यदि आप धन में, पद में, प्रतिष्ठा में सुख खोज रहे हैं तो इसके रहने से सुख होगा, और इसके ना रहने से दुख होगा। असल में सुख और दुख का अहसास तब होता है जब अहंकार पुष्ट होता है या निर्बल होता है। जितना अहंकार पुष्ट होता है उतना हीं सुख मिलता हुआ प्रतीत होता है। और जितना अहंकार निर्बल होता है उतना हीं दुख मिलता हुआ प्रतीत होता है

हम बड़े हीं यत्न से अपने हीं अहंकार के भवन को निर्मित करते हैं, इसे सजाते संवारते हैं, लेकिन जब जीवन छूटने लगता है तो इस भवन की एक एक एक खंभे और दीवारें खिसकने लगती हैं। मृत्यु के समय में अहसास होता है अब मैं डूब रहा हूं, जा रहा हूं और सब छूट रहा है। जिसे मैंने अपना समझा था वह छूट रहा है, जिसके पीछे मैंने पूरा जीवन बिता दिया वह भी छूट रहा है। यह जो पीड़ा है यह अहंकार की पीड़ा है। जितना मैं सघन हूं, दूसरों से घिरा हुआ हूं उतना हीं अहंकार में हूं। और जितना मैं अहंकार में हूं उतना हीं नरक में हूं। अहंकार है नरक की अग्नि, और जितना यह अग्नि जलाती है उतना हीं मैं पीड़ित होता हूं। यह जो मैं की पीड़ा है यह अहंकार की पीड़ा है।

अहंकार का अर्थ है जो हो रहा है वह मुझे स्वीकार नहीं है। और जितना यह ना स्वीकारने का भाव प्रबल होता है, उतना हीं कष्ट देता है। मृत्यु इसलिए भय और कष्ट

देती हुई मालूम पड़ती है, क्योंकि जो छूट रहा होता है वह स्वीकार नहीं होता है। जितना छूटने का अस्वीकार होता है उतना हीं कष्ट होता है। इसलिए मृत्यु घटित होने पूर्व हीं हम इतना भयभीत हो जाते हैं कि यह भय बेहोशी का कारण बन जाता है। हम अपनों की मृत्यु पर इसलिए रोते बिलखते हैं, क्योंकि अपनों की मृत्यु स्वीकार नहीं होती है। और यह स्वीकारने का भाव इसलिए नहीं आता है, क्योंकि अपनों से अहंकार की तृप्ति होती है।

यह स्मरण रहे इस जगत में कोई किसी के लिए आंसू नहीं बहाता है, बल्कि हर आदमी सिर्फ अपने लिए आंसू बहाता है। सभी लोग अपने लिए रोते हैं क्योंकि उनकी अहंकार की तृप्ति अब मरने वाले व्यक्ति से नहीं हो पाएगी। कोई दो घड़ी आंसू बहाता है, कोई दो दिन आंसू बहाता है, और कोई महीनों आसूं बहाता है, लेकिन सबके आंसू धीरे धीरे सुख जाते हैं। और फिर से उन आखों में चमक और आशा की किरण उभर आती है।

इस जगत में आपका अगर कोई है तो वह स्वयं आप हैं। आप स्वयं हीं अपने आप के लिए हैं, इसके अलावा कोई दूसरा आपका नहीं है। ना कोई व्यक्ति अपना है, ना धन अपना है, ना घर अपना है और ना यह शरीर अपना है। आप जिस घर को निर्मित करने के लिए पूरा जीवन एक कर देते हैं, मृत्यु उपरांत उसी घर से आपके शरीर को निस्कासित कर दिया जाता है और अर्थी उठते हीं उस घर को शुद्ध किया जाता है। आप जिसे अपना मानते हैं, और जिसके लिए जीवन भर चिंतित रहते हैं, वे हीं लोग मृत्यु उपरांत आपकी चिता को आग लगा देते हैं। जिसके लिए आप जल के समान आप रक्त बहाते हैं, वे हीं लोग आपकी अस्थियों को जल में प्रवाहित कर देते हैं।

मनुष्य अकेला आता है, और अकेला हीं जाता है, उसका कोई संगी साथी नहीं है। मार्ग में क्षण दो क्षण का साथ किसी का मिल जाता है, लेकिन इसका यह मतलब नहीं है वह हमेशा के लिए संगी साथी हो गया। जिसका साथ मिला है वह छूट हीं जायेगा। भले हीं प्रेमी एक दूसरे के साथ जीने मरने की कसमें खाते हों, वायदे करते हों और एक दूसरे के साथ इस शरीर को छोड़ भी देते हों, लेकिन वे एक दूसरे के साथ कभी जा नहीं सकते हैं। मनुष्य अकेला हैं और यदि वह अपने अकेलेपन को पूरी तरह स्वीकार कर ले तो उसे ना किसी के मिलने से खुशी होगी, और न किसी के बिछड़ने का उसे दुःख होगा।

असल में देखा जाए तो यह मिलना, और मिलकर बिछड़ना प्रकृति का नियम है। यहां ना कोई किसी का पुत्र है, और ना किसी का कोई माता पिता हैं। यहां ना किसी की कोई पत्नी है, और ना किसी का कोई पति है। यहां सभी रिश्ते क्षणिक हैं, क्योंकि मृत्यु के बाद ना कोई किसी का पुत्र रह जाता है और ना किसी की कोई माता रह जाती है।

मृत्यु के बाद ना तो किसी का कोई पति रह जाता है, और ना किसी की कोई पत्नी रह जाती है। यहां ना कोई अपना है, और ना कोई पराया है, क्योंकि पराया हीं कभी अपना हो जाता है, और कभी अपना हीं पराया हो जाता है। यहां ना कोई किसी का शत्रु है, और ना कोई किसी का मित्र है, क्योंकि मित्र भी कभी शत्रु हो जाता है, और शत्रु भी कभी मित्र हो जाता है।

जिसे आप अपना समझकर उसके मोह में पड़ गए हैं वह भी कभी पराया हो जायेगा। और जिसे पराया समझकर उससे दूर रहते हैं वह भी कभी अपना हो जायेगा। आप जिसकी मृत्यु पर शोक करते हैं, और कई कई दिन रोते बिलखते रहते हैं उसके बारे में क्या आप इतना बता सकते हैं कि वह पिछले जीवन में आपका कौन था, और अगले जन्म में कौन होगा...? नहीं, यह आप नहीं बता सकते हैं कि उस व्यक्ति से पिछले जीवन में आपके साथ क्या रिश्ता था...? और अगले जन्म में उससे क्या रिश्ता होगा...? रिश्ते क्षणिक हैं, मन के भ्रम हैं। इसलिए यह रिश्ते सदा स्थाई नहीं रहते हैं, और ना यह भ्रम स्थाई रहता है। रिश्ते बादलों की तरह निर्मित होते हैं, और अन्ततः टूट कर बिखर जाते हैं, और आकाश वैसा का वैसा हीं रहता है। इस आकाश पर ना बनते हुए बादलों की कोई छाप पड़ती है, और ना बिखरते हुए बादलों की कोई छाप पड़ती है। यह आकाश और कोई नहीं बल्कि स्वयं आप हैं।

जो आकाश की भांति हो जाता हैं उस पर कोई प्रभाव नहीं पड़ता है। वह ना किसी के जन्म पर खुशियां मनाता है, और ना किसी की मृत्यु पर शोक करता है, क्योंकि वह जानता है जिसने आज जन्म लिया है उसकी आने वाले दिनों में मृत्यु भी हो जायेगी। और जो मर गया है वह आने वाले दिनों में फिर से जन्म भी लेगा। ऐसा व्यक्ति ना तो किसी का साथ मिलने से सुखी होता है, और किसी के बिछड़ने से दुखी होता है, क्योंकि ऐसा व्यक्ति जानता है कि जो आज मिला है वह आने वाले दिनों में बिछड़ भी जायेगा। और जो आज बिछड़ा है, वह आने वाले दिनों में कभी किसी रूप में मिल भी जायेगा। ऐसे व्यक्ति के लिए जन्म और मृत्यु, सुख और दुख, प्रेम और घृणा, मान और अपमान, लाभ और हानी, अमीरी और गरीबी सब कुछ एक समान होते हैं। और वह सभी परिस्थितियों में एक समान अविचल रहता है।

जैसा मैंने पहले कहा था कि मृत्यु दो प्रकार की होती है, एक साधारण मृत्यु जिसमें शरीर छूट जाता है, और मन आत्मा के संग इस जीवन की सभी स्मृतियों को संग्रहित करके दूसरे जन्म की यात्रा पर निकल जाता है। लेकिन जब अनेक जन्म बीत जाते हैं तब किसी जन्म में यह ख्याल आता है कि मैं अनंत जन्मों से कोल्हू की बैल की तरह एक हीं ढंग से जीवन जीता चला आ रहा हूं। इस यात्रा में चलना तो बहुत होता है, लेकिन कहीं पहुंचना नहीं होता है। हम इस जन्म में वहीं करते हैं जो हमने पिछले जन्म में

किया था। पिछले जीवन में भी वासना प्रगाढ़ थी, और इस जीवन में भी वासना प्रगाढ़ है। पिछले जीवन में भी छोटी छोटी बातों पर क्रोध आता था, और इस जीवन में भी छोटी छोटी बातों पर क्रोध आता है। पिछले जीवन में भी हम कामनाओं के पीछे भाग रहे थे, और इस जीवन में भी कामनाओं के पीछे भाग रहे हैं।

अगर पिछले जीवन को स्मरण करना हो तो जीवन में पल पल होश रखना जरूरी है। हम आज वहीं करते हैं जो हमने कल किया था। और आने वाले कल में भी वहीं करेंगे जो आज कर रहे हैं। हम जीवन भर वैसे के वैसे रह जाते हैं, जैसे की आज हैं। हम बचपन में भी वैसे रहते हैं, और वृद्ध होने पर भी वैसे रहते हैं। बचपन में भी छोटी छोटी बातों पर क्रोध आता है और वृद्ध होने पर भी छोटी छोटी बातों पर क्रोध आता है। बचपन में भी खिलौने के पीछे भागते हैं, और वृद्धावस्था में भी उन्हीं चीजों के पीछे भागते हैं जिनका मूल्य दो कौड़ी का भी नहीं है। बचपन और वृद्धावस्था में एक हीं अंतर होता है कि एक बच्चा दूसरी चीजों से खेलता है, और एक वृद्ध दूसरी चीजों से खेलता है। लेकिन खेलने का तरीका एक हीं होता है।

वृद्धावस्था जीवन की परम ऊंचाई है, शिखर है। वृद्धावस्था का मतलब हीं यह है कि अब संसार का प्रशिक्षण पूरा हो गया, जीवन का जो सार था वह उपलब्ध हो गया, जीवन में जो अमृत था उसका स्वाद ले लिया। अब ना तो इस जीवन से कोई आसक्ति है, और ना इस संसार से कोई अपेक्षा है। अब ना नरक में जाने का डर है, और ना स्वर्ग में जाने की इच्छा है। अब ना मृत्यु का भय है, और ना जीवन से कोई लोभ है। सच तो यह है कि वृद्धावस्था हीं जीवन की परम सुंदरता है जिसमें व्यक्ति मृत्यु से एक होने के लिए तैयार हो जाता है। और जब कोई ऐसा व्यक्ति मृत्यु का आलिंगन करने के लिए तैयार हो जाता है तो उसके जीवन में परम मृत्यु घटित होती है।

परम मृत्यु का अर्थ हैं अब ना कोई जन्म है, और ना कोई मृत्यु है, क्योंकि यह अस्तित्व अब उस परम अस्तित्व में विलीन हो गया जिससे यह प्रकट हुआ था। धर्म कहता है कि तुम मृत्यु को इस तरह जीओ ताकि मृत्यु तुम्हारे जीवन की एक सुंदरतम सांझ हो सके। मृत्यु जीवन की कुरूपता नहीं है, बल्कि जीवन की परम सुंदरता है। मृत्यु कोई जीवन से अलग घटना नहीं है कि इस पर शोक किया जाए या इससे भयभीत हुआ जाए। नहीं, मृत्यु जीवन से अलग नहीं है, बल्कि जीवन से उसी प्रकार जुड़ी है जैसे की जन्म जुड़ा है। जीवन के एक छोर पर जन्म है तो दूसरी छोर पर मृत्यु भी है। जीवन हीं बढ़ते बढ़ते मृत्यु बन जाता है, और आप यह नहीं बता सकते हैं कि कहां से जीवन शुरु होता है, और कहां से मृत्यु शुरू होती है।

मृत्यु को इस प्रकार समझें तो बहुत सारी बातें ख्याल में आ जाएंगी। आती हुई स्वांस जीवन का प्रतीक है, और जाती हुई स्वांस मृत्यु की प्रतीक है। एक कदम पर

जीवन है तो दूसरे कदम पर मौत भी है। जीवन जितना धड़कता है मृत्यु उतनी हीं इसे अपने आगोश में लेती हीं चली जाती है। और जितना कदम जीवन चलता है उतना हीं कदम मृत्यु और नजदीक आती हीं चली जाती है। जब आने वाली स्वांस लड़खड़ाने लगती है, और जीवन के कदम डगमगाने लगते हैं तो मृत्यु जीवन को अपने आगोश में समाहित कर लेती है। एक तरह से देखा जाए तो मृत्यू जीवन का परम विश्राम है जहां से जीवन फिर शक्ति लेकर पुनः एक नई यात्रा पर निकल जाता है।

मृत्यु से डरें नहीं, क्योंकि मृत्यु आज नहीं कल आने हीं वाली है। मृत्यु को इस तरह जिएं जैसा कि जीवन को जी रहें हैं। देखें इस संसार की ओर यहां हर पल मौत घटित हो रही है, और हर पल जीवन भी प्रकट हो रहा है। फूल सुबह खिलता है जीवन का संकेत देता है, और सांझ मुरझा जाता है मृत्यु की ओर इशारे कर जाता है। पेड़ पर नया पता उगता है जीवन की ओर संकेत कर देता है, और सूखा पता गिरता है मौत की ओर संकेत कर देता है। सूरज सुबह उगता है जीवन की ओर संकेत कर देता है, और सांझ को डूबता है मृत्य की ओर इशारे कर जाता है। बच्चा जन्म लेता है जीवन का संकेत मिल जाता है, और कोई पड़ोस में वृद्ध जीवन से चूक कर मृत्यु की ओर इशारे कर जाता है।

यहां हर तरफ मरघट हीं मरघट है। यहां किसी का घर नहीं है। यहां लोग बसते नहीं हैं, बल्कि उजड़ते हैं। यहां जो बस्ती दिखाई देती है वह भी कभी मरघट थी। हम जहां खड़े है वहां पहले भी अनेकों लोग खड़े रह चुके हैं। और जहां पर हमारी चिताएं जल चुकी है वहां पहले भी अनेक लोगों की चिताएं जल चुकी है। इस पृथ्वी पर सुई की नोक बराबर ऐसी कोई भूमि नहीं है जिसपर किसी की चिताएं न जली हो, और उसकी धूल मौजूद ना हो। और इस पृथ्वी पर सुई की नोक बराबर ऐसी कोई भूमि नहीं है जिसपर गुजरे हुए प्राणियों के अवशेष न हो। न जाने कितनी सभ्यताएं विकसित हुईं और विलीन हो गईं। न जाने मनुष्य इस पृथ्वी पर कितनी बार आए, विकसित हुए, और विलीन हो गए। यह सभ्यता केवल इसी समय इतनी विकसित नहीं हुई है, बल्कि पहले भी इसी तरह और भी अनेकों सभ्यताएं विकसित हो चुकीं हैं। और अब उनके केवल अवशेष हीं कभी कभी प्राप्त होते हैं।

यहां एक तरफ जन्म की खुशियां मनाई जाती हैं तो दूसरी तरफ मौत का दुख भी मनाया जाता है। यहां एक तरफ किसी डोली उठती है तो दूसरी तरफ किसी की अर्थी भी उठती है। जहां एक तरफ प्रिय से मिलने की खुशी होती है तो दूसरी तरफ प्रिय से अलग होने का गम भी होता है। यहां एक तरफ कोई घर बनता है तो दूसरी तरफ दूसरा घर उजड़ता भी है। धर्म कहता है तुम वहां घर बनाओ जहां कभी उजड़ता नहीं हो। धर्म कहता है तुम यहां आए हो ठीक है, लेकिन यहां बसने की चेष्टा मत करना नहीं

तो उजाड़ दिए जाओगे। धर्म कहता है तुम यहां मात्र मुसाफिर हो जिसे आज नहीं तो कल चले हीं जाना है, इसलिए यहां ना बसने की चेष्टा करना, और ना हीं वासना के प्रति लोभ ग्रस्त होना।

धर्म कहता है कि जन्म मिला हैं ठीक है, लेकिन इस संसार के प्रशिक्षण से भी मत चूकना, क्योंकि वहीं तुम्हारी समस्त जीवन का सार है। और जो इस सार को जान लेता है वह यह भी जान लेता है कि मृत्यु जीवन की परम अवस्था है जिसमें से गुजरकर प्राणी परम अस्तित्व से एक हो जाता है।

अध्याय 5

कर्मकांड!

कर्मकांड का अर्थ है जिसे हम करना ना चाहते हों, लेकिन करने की मजबूरी बन जाए। कर्मकांड वे हीं लोग बनाते हैं जो लोगों को तरह तरह से शोषण करने की कोशिश करते हैं। और यह शोषण इसलिए होता है, क्योंकि लोग कर्मकांड के पीछे छिपी हुई सच्चाई को नहीं देख पाते हैं। देखा जाए तो कर्मकांड बुद्धि की उपज है, और बुद्धि से जो भी उपजता है वह तुक्ष और दो कौड़ी का होता है। कर्मकांड हृदय की उपज नहीं है, इसलिए हृदय कभी कर्मकांड को नहीं मानता है। लेकिन फिर भी इस कर्मकांड को लोग इसलिए मानते हैं, क्योंकि दूसरे लोग क्या कहेंगे इसका भय बना रहता है।

मृत्यु के बाद जरूरी नहीं है मरने वाले व्यक्ति की आत्मा की शांति के लिए श्राद्ध और पूजा पाठ का आयोजन किया जाए। लेकिन फिर भी घर के सदस्य इसलिए श्राद्ध और पूजा पाठ आयोजन करते हैं ताकि लोग यह न कह सकें कि देखो इन्होंने मरने वाले व्यक्ति के लिए कुछ नहीं किया। श्राद्ध के पीछे अनेक मान्यताएं प्रचलित हैं, और यह मान्यताएं उन लोगों के द्वारा संचालित होती है जो अपना स्वार्थ सिद्धि में लगे रहते हैं। ऐसे लोग कहते हैं मृत्यु के बाद अगर श्राद्ध और पूजा पाठ आयोजन ना किया जाए तो मरने वाले व्यक्ति की आत्मा भटकती रहती है। एक तरफ ऐसे लोग पितरों का डर भी दिखाते हैं तो दूसरी तरफ उनके भटकने का दावा भी करते हैं। एक तरफ ऐसे लोग पुनर्जन्म की बात भी करते हैं तो दूसरी तरफ नरक में तरह तरह के कष्ट भोगने की बात भी करते हैं।

नरक और स्वर्ग मृत्यु के बाद नहीं है, बल्कि अभी और यहीं है। ऐसा नहीं है कि पाप कर्म करने वाले के लिए कहीं दूर किसी परलोक में नरक की व्यवस्था की गई है। और

पुण्य कर्म करने वाले के लिए कहीं दूर किसी परलोक में स्वर्ग की व्यवस्था की गई है। नहीं, नरक भी यहीं और अभी है और स्वर्ग भी अभी और यहीं है। ना तो पाप कर्मों के बुरे फल भोगने के लिए नरक की अग्नि में जलना पड़ता है। और ना पुण्य कर्मों के फल को भोगने के लिए स्वर्ग में जाना पड़ता है। इसे ऐसा समझें मैं जितना अहंकार ग्रस्त हूं उतना मैं नरक में हूं, और मैं जितना तरल हूं उतना हीं स्वर्ग में हूं। मेरा होना हीं नरक की पीड़ा है, और मेरा नहीं होना हीं स्वर्ग का सुख है।

शास्त्रों में जिस मुक्ति की बात कही गई है वह भी अभी और यहीं है। ऐसा नहीं है कि अनेक जन्मों तक पुण्य कर्म करने के पश्चात कोई मुक्ति को उपलब्ध हो पाता है। नहीं, अगर ऐसा होता तो सभी लोग कभी के मुक्त हो गए होते। जिस प्रकार पाप कर्म भी अंततः बंधन का कारण हो जाता है उसी प्रकार पुण्य कर्म भी बंधन का कारण बन जाता है। पाप कर्म करने वाला भी अपनी हीनता से ग्रस्त हो जाता है, और पुण्य कर्म करने वाला भी अपनी अच्छाई से ग्रस्त हो जाता है। एक तरह से पाप करने वाला भी अहंकारी है, और पुण्य कर्म करने वाला भी अहंकारी है। पाप और पुण्य एक हीं सिक्के के दो पहलू हैं। संसार के द्वंद हैं, और जो भी इसमें उलझ जाता है उसे मुक्ति नहीं मिलती है।

पाप और पुण्य अहंकार के दो रूप हैं। पाप कर्म तभी कोई करता है जब उसमें कुछ होने का अहंकार होता है, और पुण्य कर्म भी तभी कोई करता है जब उसमें कुछ होने का अहंकार होता है। और अहंकार हीं बंधन है। इस अहंकार को ऐसे समझें। जितना मैं हूं उतना हीं बंधन में हूं, और जितना मैं नहीं हूं उतना हीं मुक्ति में हूं। मेरा होना हीं बंधन है, और मेरा नहीं होना हीं मुक्ति है। मैं जो भी अपने आपको मानता हूं वह सभी बंधन का कारण है और अगर मैं अपने आपको कुछ मानता हीं नहीं हूं तो कोई भी बंधन नहीं है। मैं जितना ठोस हूं उतना हीं अहंकार ग्रस्त हूं, और मैं जितना हीं तरल हूं उतना हीं अहंकार शून्य हूं।

एक पत्थर पर लकीर खींचें तो लकीर खींच जाती है, और उसे मिटाने की कोशिश करें तो जल्दी मिटती भी नहीं है। और पानी पर लकीर खींचें तो वह लकीर खींच भी नहीं पाती है तब तक मिट जाती है। और यदि आकाश में लकीर खींचे तो वह लकीर खींच भी नहीं पाती है। इन तीनों में भेद है पत्थर ठोस है, पानी तरल है और आकाश होकर भी नहीं है। ठोस अहंकार का सघन रूप है, पानी अहंकार का विरल रूप है, और आकाश अहंकार शून्यता का प्रतीक है। ठोस कहीं भी रखा जाय तो वह स्थान घेरता है, अपनी सीमा निर्धारित करता है। पानी का कोई आकर हीं नहीं है, इसलिए वह कोई भी आकार आसानी से ग्रहण कर लेती है। और आकाश नहीं होने के समान है, इसलिए वह हर तरफ मौजूद है। धर्म कहता है कि तुम अपने भीतर, और बाहर फैले

हुए आकाश की भांति हो जाओ की तुम्हारा होना हीं, नहीं होना हो जाए तभी तुम मुक्त हो सकते हो।

हमारे भीतर और बाहर आकाश हीं फैला हुआ है, और आकाश होना हीं हमारा ओरिजनल स्वभाव है। आकाश सभी को अपने भीतर समाए हुए है, लेकिन कभी अपने होने का दावा नहीं करता है। जिस पृथ्वी पर हमलोग रहते हैं क्या वह इस आकाश से बड़ी है...? नहीं वह आकाश से बड़ी नहीं है क्योंकि इसी तरह की लाखों पृथिवियां और इस आकाश में मौजूद हैं, और उन पर भी जीवन है। जो सूर्य हमें ऊर्जा देता है, और जिसके कारण इस पृथ्वी पर जीवन है उससे जरा पूछें क्या वह इस आकाश से बड़ा है। नहीं वह भी कहेगा की मैं इस आकाश में चमकने वाला सबसे छोटा सूर्य हूं, क्योंकि और भी महासुर्य हजारों की संख्या में मौजूद हैं, और मैं उनका परिभ्रमण भी करता हूं। अब चलिए उन महासुर्य से पूछें क्या आप इस आकाश से बड़े हैं...? वे महासुर्य भी उतर देते हैं हमलोग इस आकाश से बड़े नहीं हैं, क्योंकि हमसे भी बड़े विशाल तारें हैं जिनका हमलोग परिभ्रमण करते रहते हैं।

यह आकाश अनंत अनंत दिशाओं में फैला हुआ है, और इसका कोई ओर है न छोर है। मजे की बात यह है कि आकाश सभी को घेरे हुए है, लेकिन आकाश किसी से घिरा हुआ नहीं है। इसी आकाश में सूर्य भी निर्मित होता है कुछ काल तक प्रकाशित होता है, और उसकी भी जीवन आयु समाप्त हो जाती है। इसी आकाश में महा सूर्य भी निर्मित होते हैं, और कुछ काल तक अस्तित्व में रहते हैं, और फिर इसी आकाश में विलीन भी हो जाते हैं। इसी आकाश में पृथ्वी भी निर्मित होती है कुछ काल तक अस्तित्व में रहती है, और फिर इसी आकाश में विलीन हो जाती है। इसी आकाश में बादल बनते हैं, बिजली चमकती है, तारे जगमगाते हैं, आकाश गंगाएं निर्मित होती है और पुनः सभी इसी आकाश में विलीन भी हो जाते हैं।

आकाश में सभी कुछ निर्मित होता है, और नष्ट हो जाता है, लेकिन इस आकाश पर ना तो किसी के निर्मित होने चिन्ह निर्मित होता है, और ना किसी के नष्ट होने का चिन्ह निर्मित होता है। सूर्य उदय होता है तब भी आकाश वैसा हीं रहता है, और सूर्य जब अस्त होता है तब भी आकाश वैसा हीं रहता है। ना तो इस आकाश पर दिन का प्रभाव का पड़ता है, और ना इस आकाश पर रात होने का प्रभाव पड़ता है। इस आकाश से पूछें तुम्हे दिन रात की कुछ खबर है तो यह आकाश यहीं उतर देता है जिसे तुम दिन रात का होना समझते हो वह इसी पृथ्वी पर नहीं, बल्कि और भी कई पृथिवियों और ग्रहों पर होता है, लेकिन इससे मेरा कोई संबंध नहीं है। क्योंकि मैं यह होने या न होने से बाहर हूं। सभी मुझमें स्थित हैं, और सभी में मैं स्थित हूं लेकिन स्थित होते हुए भी सभी के पकड़ से बाहर हूं।

इस आकाश को पकड़ने का कोई उपाय नहीं है, क्योंकि यह सभी के भीतर स्थित होते हुए भी पकड़ के बाहर है। आकाश को छोड़िए इस आकाश में स्थित हवा को पकड़ने की कोशिश कीजिए क्या वह पकड़ में आ जायेगा। नहीं हवा भी पकड़ से बाहर है। हाथ जब खुला होता है तो सारा हवा हाथ के उपर होता है, और हाथ जब बंद हो जाता है, मुट्ठियां भींच जाती हैं तो सारा हवा हाथ के बाहर हो जाता है। मनुष्य का अहंकार भी बंद हो गई मुट्ठी की तरह है। जब वह अहंकार शून्य हो जाता है तो वह परमात्मा हो जाता है, और जब वह अहंकार ग्रस्त हो जाता है तो वह मनुष्य से भी नीचे गिर जाता है। इस संसार में अगर कोई पतन का मार्ग है तो वह अहंकार का हीं मार्ग है। और इस संसार में अगर कोई मोक्ष का मार्ग है तो वह अहंकार शून्यता का मार्ग है।

मृत्यु ना तो मनुष्य के भीतर स्थित आत्मा अर्थात आकाश को मारती है, और ना उसके शरीर को मारती है। ना तो आत्मा अर्थात आकाश को मारने कोई उपाय है, और ना शरीर को मारने का उपाय है। आत्मा अर्थात आकाश सदा हैं, और सदा रहेगा, और जो सदा से है उसे मारने का कोई उपाय नहीं

है। शरीर आज है कल नहीं रह जायेगा, और जो कभी होता हो और कभी नहीं हो जाता हो उसे भी मारने का कोई उपाय नहीं है। अगर कुछ मरता है तो वही है जो जन्म और मृत्यु के मध्य रहता है। जन्म और मृत्यु के मध्य अगर कुछ रहता है तो वह अहंकार है। और यही अहंकार अपने बचाव के लिए तरह तरह के आडंबर रचता है, भयभीत होता है, और अंत में मृत्यु भी इसी अहंकार की होती है। यह जो विभिन्न तरह के कर्मकांडों की रचना है वह भी अहंकार की हीं रचना है। अहंकार कहता है मै सबसे अलग हूं, सबसे भिन्न हूं।

मजे की बात यह है स्वर्ग और नरक कहीं नहीं हैं, और अगर स्वर्ग नरक होंगे भी यहीं और अभी होते हैं। कर्मकांड की धारणा है कि पाप कर्म करने वाला व्यक्ति मरने के बाद नरक का कष्ट भोगता है, और धार्मिक व्यक्ति मरने के बाद स्वर्ग का अधिकारी होता है। कर्मकांड की यह भी मान्यता है कि जो यहां दान देता है वह स्वर्ग का सुख भोगता है, और जो दान नहीं देता है वह नरक की पीड़ा भोगता है। नहीं, ऐसा नहीं है, बल्कि ऐसा है कि चाहे कोई पाप कर्म करे या धार्मिक कर्म करे सभी कर्मों के फल यहीं और अभी मिल जाते हैं। पापी से पापी व्यक्ति भी अपने कर्मों के फल को यहीं भोग लेता है। और धार्मिक से धार्मिक व्यक्ति भी अपने कर्मों का फल यहीं और अभी भोग लेता है।

इसे ऐसा समझें एक व्यक्ति हत्या जैसे जघन्य पाप करता है तो वह हत्या तभी कर पाता है जब उसके मन में उत्पात मचा होता है। और हत्या करते वक्त ऐसा भी नहीं है केवल मरने वाले व्यक्ति की पीड़ा होती है, नहीं यह पीड़ा उसके मन में भी होती

है जो हत्या करता है। जिसकी हत्या होती है वह मृत्यु के बाद पीड़ा से मुक्त हो जाता है, लेकिन जो हत्या करता है वह जीवन भर पीड़ा से मुक्त नहीं हो पाता है। और यहीं पीड़ा उसे जीवन भर अशांत किए रहती है। जिसकी हत्या होती है वह एक बार मरता है, लेकिन जो हत्या करता है वह जीवन में हर पल मरता है। यह जो अशांति है, हर पल मरने की पीड़ा है यह नरक की पीड़ा से भी बढ़कर है। हत्या छोड़िए, क्रोध को लीजिए। क्रोध करने वाला भी क्रोध करके शांत नहीं रह पाता है, घृणा करने वाला भी घृणा करके शांत नहीं हो पाता है। यह जो क्रोध अथवा घृणा के बाद अशांति है यह नरक की पीड़ा है।

जिस पर हम क्रोध करते हैं उस पर इस क्रोध का असर पड़े ना पड़े, लेकिन हमारे क्रोध का असर हम पर जरूर पड़ता है, क्योंकि क्रोध की चिंगारी जब बाहर ज्वाला बनकर निकलती है उसका असर दूसरे पर कम होता है, खुद पर ज्यादा होता है। ठीक इसी तरह से जब हम किसी से घृणा करते हैं तो घृणा करने से पहले खुद को घृणा की अग्नि में तपाना पड़ता है तभी जाकर यह घृणा की तपन किसी के पास पहुंच पाती है। ठीक इसी तरह से जब हम किसी के प्रति काम भाव से ग्रस्त होते हैं तो यह काम की लपटें किसी के पास पहुंचे या न पहुंचे, लेकिन पहले खुद हीं इन काम की लपटों में घिरना पड़ता है। और खुद हीं इस काम की अग्नि में जलना भी पड़ता है।

प्रकृति उन्ही चीजों को लौटाती है जो हम दूसरे को देते हैं। प्रकृति का काम हीं यहीं है कि जो भी हम देते हैं वह उसे कई गुना बनाकर हमें लौटा देती है। अगर हम क्रोध देते हैं तो क्रोध कई गुना होकर मिल जाता है। अगर घृणा देते हैं तो घृणा भी कई गुना होकर मिल जाती है। और अगर किसी के प्रति काम भाव रखते हैं तो काम भी कई गुना होकर मिल जाता है। जो भी हम देते हैं प्रकृति उसी से हमें भर देती है। और फिर यह सिलसिला जन्मों जन्मों तक चलता हीं रहता है। ना यह देने का सिलसिला रुकता है, और ना जन्म और मृत्यु का सिलसिला रुक पाता है। एक जीवन में प्राणी जो अच्छा बुरा कर्म करता है उसका फल तो यहीं भोग लेता है, लेकिन उसके बीज अगले जन्म के लिए संचित हो जाते हैं।

यह जो जन्म और मृत्यु का चक्र है यह असल में इस बात की ओर इशारा करता है कि यात्रा जहां से शुरुआत होती है ठीक वहीं पर यात्रा समाप्त भी होती है। यात्रा तो जन्मों जन्मों तक बहुत होती है, लेकिन पहुंचना कहीं पर भी नहीं होता है। अहंकार कहता हैं हम सफल होकर रहेंगे, दौड़ेंगे सबसे आगे हो जायेंगे, लेकिन जीवन के अंत मिलता हैं क्या...? कुछ भी नहीं। अहंकार कभी धन की यात्रा करता है तो कभी धर्म की यात्रा करता है, लेकिन वह कभी सफल नहीं होता है। अहंकार कभी नरक से बचने की व्यवस्था करता है तो कभी स्वर्ग का सुख भोगने के लिए तरह तरह का इंतजाम भी

करता है। यह जो कर्मकांड की शुरुआत हुई है यह इसी अहंकार की सुरक्षा व्यवस्था की देन हैं।

अहंकार कर्मकांड निर्मित करके कभी परमात्मा का डर दिखाकर धार्मिक कृत्य करने पर विवश कर देता है। और कभी यह अहंकार हीं नास्तिकता का जाल फेंक कर पाप कर्म करने के लिए बाध्य कर देता है। यह अहंकार आखिर क्या है...? यह अहंकार और कुछ नहीं, बल्कि मेरे होने का दावा है। इस पृथ्वी पर एक मात्र मनुष्य को छोड़कर कोई भी कभी अपने होने का दावा नहीं करता है। पृथ्वी अनंत काल से सभी जीवों को भोजन प्रदान करती है, और उनको अपने आंचल में समेटे रहती है, लेकिन कभी कोई दावा नहीं करती है। इस पृथ्वी के लिए एक पत्थर से लेकर मनुष्य तक सभी उसकी संतान हैं। और वह सभी उसके लिए समान हैं। इस पृथ्वी से पूछें कि मनुष्य के बारे में तुम्हे पता है वह उतर देगी हां पता है, क्योंकि सभी मेरे गर्भ से पैदा होते हैं, और सभी मुझमें हीं समा भी जाते हैं।

चाहे सुख या दुख प्राणी अपने कर्मों के कारण हीं भोगता है। किसी को दुख देने के लिए न प्रकृति उतरदायी है, और ना परमात्मा उतरदायी है। ठीक इसी प्रकार किसी को सुख देने के लिए ना तो प्रकृति उतरदायी है, और ना किसी को सुख देने के लिए परमात्मा उतरदायी है। यहां तक की किसी को सुखी या दुखी करने के लिए दूसरा व्यक्ति उतरदायी नहीं है। अगर प्रकृति भी किसी को सुखी अथवा दुखी करने लगे तो उसे प्रकृति नहीं कह सकते हैं। और अगर परमात्मा भी किसी को दुख अथवा सुख देने लगे तो उसे परमात्मा नहीं कह सकते हैं। परमात्मा ना तो किसी के पाप कर्मों से नाराज होकर उसे दंडित करता है। और ना किसी के पुण्य कर्मों से खुश होकर उसे सुख देता है। और अगर परमात्मा भी ऐसा करने लगे तो उसे बहलाया, और फुसलाया जा सकता है। और जिसे बहलाया जा सके वह परमात्मा नहीं होकर लोभ से ग्रसित आदमी हो गया।

प्रकृति और परमात्मा को छोड़िए इस पृथ्वी को लीजिए। यह पृथ्वी ना तो कभी किसी को चलने के लिए, ठीक से खड़े होने के लिए उसे सहारा देती है। और ना किसी को गिराने के लिए कोशिश करती है। हम ठीक से खड़े रहते हैं, इसलिए क्योंकि पृथ्वी के गुरूत्वाकर्षण बल से एक होते हैं। हम ठीक चल पाते हैं, इसलिए क्योंकि गुरूत्वाकर्षण बल से एक होते हैं। और हम गिरते भी इसलिए हैं, क्योंकि हम गुरूत्वाकर्षण बल से एक नहीं हो पाते हैं। एक तरह से देखा जाए तो हम गिरते भी तभी हैं जब हम आड़े तिरछे होकर चलते हैं। चाहे हमारा गिरना हो या चलना हो यह हमारे चलने के ढंग पर हीं निर्भर करता है। चाहे दुःख हो या सुख हो यह भी हमारे जीने के ढंग पर निर्भर करता है। अगर भीतर अहंकार का घाव छुपा है तो दुख मिलता है, और अगर अहंकार का घाव भीतर नहीं है तो सुख मिलता है।

यह जो सफलता, असफलता की बातें हैं यह भी अहंकार हीं करता है। सफल भी अहंकार हीं होना चाहता है, और असफल भी अहंकार हीं होता है। यदि भीतर अहंकार है तो सफलता के लिए दौड़ होगी, और असफलता के लिए पीड़ा होगी। और यदि भीतर अहंकार नहीं है तो, न सफलता के लिए दौड़ होगी, और न असफलता के लिए पीड़ा होगी। निरअहंकार सफलता की मांग नहीं करता है, क्योंकि उसे सफलता की मूढ़ता मालूम होती है। उसे यह मालूम होता है सफल होकर भी कोई सफल नहीं होता है। फिर चाहे वह सिकंदर हो या कोई दूसरा हो सभी सफल होकर भी असफल हो जाते हैं।

अहंकारी व्यक्ति सफलता के लिए क्यू में खड़ा होता है, क्योंकि एक वही सफलता का भूखा नहीं है, बल्कि और भी लोग सफलता के लिए भूखे हैं। जबकि निरअहंकारी व्यक्ति क्यू के बाहर हो जाता है, क्योंकि उसे पता चल जाता है कि सफल होकर भी कुछ नहीं पाया जा सकता है। क्या मिला सिकंदर को आधी दुनियां जीतकर कुछ भी तो नहीं, और क्या मिला नेपोलियन को कुछ भी तो नहीं। यदि सफलता की चाह है तो सफल होकर भी क्या करिएगा, और जो सफल हो गए हैं जरा उनके जीवन को देखिए कि वे लोग सफल होकर क्या पा लिए हैं...? नहीं, निरअहंकारी सफलता की मांग नहीं करता, इसलिए उसे असफलता का दुख भी नहीं भोगना पड़ता है।

अहंकारी व्यक्ति बाहर का धन जीवन भर एकत्रित करता रहता है, और निरअहंकारी भीतर के धन को पा लेता है। अहंकारी व्यक्ति बाहर के सुख को खोजता रहता है। और निरअहंकारी व्यक्ति सुख दुख रूपी द्वंद से निकलकर जीवन से एक हो जाता है। जहां एक तरफ अहंकारी व्यक्ति लोगों की नजरों में ऊंचा उठता है तो वहीं निरअहंकारी व्यक्ति परमात्मा की नजरों में ऊंचा उठ जाता है। अहंकारी व्यक्ति सब कुछ पाकर स्वयं को खो देता है, और निरअहंकारी व्यक्ति सब कुछ खोकर स्वयं को पा लेता है।

यदि सारी दुनियां की सुख सम्पदा भी मिल जाए, और आप स्वयं को खो दें तो ऐसी सफलता पाकर भी आप क्या कीजिएगा, क्योंकि इस सफलता का मूल्य स्वयं के आगे दो कौड़ी का भी नहीं है। यदि लोगों की नजरों में ऊंचे उठ जाएं, और स्वयं की नजरों में नीचे गिर जाएं तो तो आप लोगों की नजरों में ऊंचे उठकर भी क्या कीजिएगा। अहंकारी व्यक्ति लोगों की नजरों में ऊंचा उठने की कोशिश करता है, क्योंकि उसे नीचे रहने में बड़ी पीड़ा होती है। निरअहंकारी व्यक्ति को किसी की नजरों में उपर उठने की कोशिश नहीं करता है, क्योंकि उसे नीचे रहने में कोई पीड़ा नहीं होती है। निरअहंकारी व्यक्ति को मान मिलता है तब भी ठीक है, और अपमान मिलता है तब भी ठीक है। निरअहंकारी व्यक्ति को प्रेम मिलता है तब भी ठीक है, और घृणा मिलती है तब भी ठीक है।

निरअहंकारी व्यक्ति कभी जितने की आकांक्षा नहीं करता है, इसलिए उसे कोई हरा भी नहीं पाता है। हराया तो उसी को जा सकता है जो जितने की कोशिश करे, लेकिन जो जितने की कोशिश हीं नहीं करे उसे हराने का कोई उपाय नहीं है। अपमान उसी का किया जा सकता है जो सम्मान पाने की आकांक्षा रखता हो, लेकिन उसे अपमानित नहीं किया जा सकता है जो सम्मान पाने की आकांक्षा हीं नहीं रखता हो। निरअहंकारी व्यक्ति किसी का प्रतिद्वंदी नहीं होता है, इसलिए उसका कोई शत्रु भी नहीं होता है। शत्रु तो उसी व्यक्ति के होते हैं जो दूसरे का प्रतिद्वंदी होता है। लेकिन उसके शत्रु नहीं हो सकते हैं जो ना किसी का प्रतिद्वंदी होता है, और ना किसी महत्वकांक्षा से ग्रस्त होता है।

निरअहंकार का अर्थ हीं यही है मैं जैसा भी हूं, मैं खुद को स्वीकार करता हूं और प्रतियोगिता की बेवकूफी को छोड़ता हूं। और जिसे इतना बोध हो जाए उसे कोई दुख नहीं होता है। दुख तो तभी होता है जब अहंकार का घाव भीतर रिसता रहता है। दुख तो तभी होता है जब कोई इस घाव पर अंगुली रख देता है। और चोट भी उसी जगह पर लगती है जहां पर घाव होता है। अहंकार घाव है, और जब तक अहंकार रहता है तब तक इस घाव से पीड़ा होती रहती है। एक आदमी रोज आपको नमस्कार करता है तो छाती गर्व से फूल कर चौड़ी हो जाती है, और एक दिन नमस्कार करना भूल जाता है तो आपको पीड़ा होती है। एक आदमी गाली दे देता है आपको पीड़ा होती है। यह पीड़ा इसलिए होती है, क्योंकि इन दोनों व्यक्तियों ने आपके घाव पर अंगुली रख दी हैं।

कोई नमस्कार करे न करे यह भी उसकी मर्जी है। कोई अपने मुंह से गाली दे या तारीफ करे यह भी उसकी मर्जी है। लेकिन नहीं, अहंकार को बड़ी पीड़ा होती है, क्योंकि अहंकार नहीं चाहता है कोई मुझे नीचा दिखाए। अहंकार चाहता है सभी लोग मेरे कदमों में झुकें, क्योंकि मैं सबसे ऊपर हूं, सबसे अलग हूं। जिस क्षण यह बोध हो जाए कि मै अपने हीं कारण दुखी होता हूं, और अपने हीं कारण सुखी होता हूं उस क्षण अहंकार छूट जाता है। और अहंकार के छूटने का हीं यह मतलब है अब भीतर घाव नहीं रहा। और जब घाव नहीं रहा तो पीड़ा होनी भी बंद हो गई।

महावीर को लोगों ने गलियां भी दी हैं, और उनपर पत्थर भी फेंके हैं। महावीर लोगों से कहते हैं तुम किसको गलियां दे रहे हो, और किस पर पत्थर फेक रहे हो...? अगर तुम इस शरीर को गालियां दे रहे हो और इस पर पत्थर फेक रहे हो तो इस शरीर के लिए मै तुमलोगों पर नाराज कैसे होऊं, क्योंकि यह शरीर कुछ दिन बाद मिट हीं जायेगा। और अगर तुम मुझे गाली दे रहे हो, और पत्थर मार रहे हो तब भी मैं तुमलोगों को कुछ नहीं बोल सकता क्योंकि तुम लोगों को जब अपने बारे में हीं पता नहीं है तो मेरे बारे में क्या पता होगा...!

अहंकार तभी तक पीड़ा देता है जब तक आप इस अहंकार से अपना तादात्म्य बना कर रखते हैं। अहंकार तब तक घाव बनकर पीड़ा देता है जब तक अहंकार को हीं आप अपना होना मानते रहते हैं। अहंकार से हटकर देखें आपका तादात्म्य अहंकार से टूट जायेगा। अहंकार से पीछे हटकर अपने आपको देखें अहंकार तुरंत हीं गिर जायेगा। जिस दिन अहंकार से आप हट जाते हैं उसी दिन आपको स्वयं से पहचान होती है। अहंकार से हटते हीं ना कोई शत्रु रह जाता है, और ना कोई मित्र रह जाता है। अहंकार से हटते हीं ना कोई प्रिय रह जाता है, और ना कोई अप्रिय रह जाता है। जिस क्षण आप अहंकार से हटते हैं उस क्षण यह पूरा जगत हीं आपके भीतर दिखाई देना लगता है।

सच तो यह है कि निरअहंकारी व्यक्ति हीं जीवन में सफल होता है, लेकिन उसकी सफलता दूसरे आयाम की होती है। उसकी सफलता को इस संसार की सफलता से तुलना नहीं किया जा सकता है, और ना उसकी सफलता को धन, पद, यश, सुख की तराजू में तौला जा सकता है। बुद्ध कितने सफल हुए उनकी सफलता को आंका नहीं जा सकता है...! महावीर कितने सफल हुए उनकी सफलता को इस संसार की तराजू में तौला नहीं जा सकता है...! और कृष्ण कितने सफल हुए उनकी सफलता को आंका नहीं जा सकता है, क्योंकि इन सभी की सफलताएं दूसरे आयाम की हैं।

निरअहंकारी व्यक्ति हीं शांत होता है। और उसकी शांति सभी दिशाओं में धीरे धीरे फैलने लगती है। बुद्ध के पास धन नहीं है, राजमहल नहीं है, पत्नी नहीं है, बच्चे नहीं है, लेकिन फिर भी वह शांत हैं, क्योंकि उनकी शांति किसी दूसरे आयाम की है। बुद्ध की छाया में जो भी अशांत व्यक्ति चला जाता है बुद्ध की शांति तत्क्षण उसे घेर लेती है। बड़े मज़े कि बात तो यह है कि एक तरफ हमें बुद्ध की शांति भी आकर्षित करती है, और दूसरी तरफ हम महत्वकांक्षा की दौड़ में भी सबसे आगे निकल जाना चाहते हैं। लेकिन हम यह भूल जाते हैं जिसे महत्वकांक्षा होती है वह कभी शांत नहीं हो सकता है।

शांत तो वही होता है जिसे महत्वकांक्षा का पागलपन पता चल गया है, दौड़ने की मूर्खता पता चल गई है। लेकिन नहीं हम दोनों चाहते हैं, इसलिए जीवन में कभी शांत नहीं हो पाते हैं। हमारी जो चेष्ठा है वह सभी कुछ पा लेनी जैसी है। नदी का यह तट भी बड़ा प्यारा लगता है, लुभाता है और दूसरे तट पर भी पहुंच जाना चाहते हैं, क्योंकि उस तट से आती हुई शांति की सुंगन्ध व्याकुल करती रहती है। शांति की सुगंध तो तभी मिल सकती है जब इस तट से मोह छूट जाए, पकड़ छूट जाए। जिस क्षण इस तट से मोह छूट जाता है, उसी क्षण शांति की आभा हमें घेर लेती है।

शांति के लिए धन छोड़ने की जरूरत नहीं है, परिवार छोड़ने की जरूरत नहीं है, संसार छोड़ने की जरूरत नहीं है, क्योंकि यह सभी आपके बाहर हैं। और जो सोचता है कि मै सबकुछ छोड़कर शांत हो जाऊंगा तो भी वह शांत नहीं हो सकता है, क्योंकि वह

सबकुछ छोड़कर यदि हिमालय भी चला जाए तो भी उसके भीतर संसार की भीड़ उसी तरह मिलेगी जैसे पहले थी। शांति तभी उपलब्ध होती है जब भीतर संसार का कोलाहल नहीं रहता है, जब भीतर कुछ पाने चाह नहीं रह जाती है। शांति तभी उपलब्ध होती है जब आप यह स्वीकार कर लेते हैं कि इस संसार में मै अकेला आया हूं, और अकेला हीं जाऊंगा। इस आने जाने के मध्य किसी का क्षण दो क्षण का साथ मिल जाता है तो भी अच्छा है, और किसी का साथ नहीं मिलता है तब भी अच्छा है।

इस आने जाने के मध्य किसी का प्रेम मिल जाता है तो भी अच्छा है, और किसी की घृणा मिल जाती है तो भी अच्छा है। क्योंकि ना तो मुझे किसी से प्रेम पाने की आकांक्षा है, और ना किसी से घृणा मिलने का कष्ट है। इस आने जाने के मध्य किसी से सम्मान मिल जाता है तो भी अच्छा है, और किसी से अपमान मिल जाता है तो भी अच्छा है। क्योंकि ना तो मुझे किसी से सम्मान पाने की चाह है और ना किसी से अपमान मिलने की पीड़ा है। इस आने जाने के मध्य अगर मुझे ज्ञान मिल जाता है तो भी अच्छा है, और अज्ञानी हीं होकर इस संसार से विदा हो जाता हूं तब भी अच्छा है। क्योंकि ना तो मुझे ज्ञानी होने की आकांक्षा है, और ना तो मुझे अज्ञानी रहने की पीड़ा है। मैं जैसा हूं, मुझे स्वीकार है।

जीवन जैसा है उस तरह हम इसे देखने की कोशिश नहीं करते हैं, बल्कि जीवन जैसा नहीं है उस तरह हम इसे देखने की कोशिश करते हैं। बचपन से हीं हमारे आखों पर झूठ के, पाखंड के, कर्मकांड के चश्में चढ़ जाते है और हम इन्ही चश्मों के माध्यम से जीवन को देखते हैं। एक आदमी महत्वकांक्षा के चश्में लगा लेता है तो उसे दूसरे तरह का जीवन, और यह दुनियां दिखाई देने लगती है। एक आदमी लोभ के चश्में लगा लेता है तो उसे हर तरफ कुछ न कुछ मिलता हुआ हीं दिखाई देता है। हमारी आखों पर हजारों तरह के चश्में चढ़े हुए हैं, और जब जैसा इस जीवन और संसार को देखना चाहते हैं ठीक वैसा यह जीवन और संसार दिखाई देने लगता है।

यह हजारों तरह के चश्में हमारी बेहोशी के प्रतीक हैं। और जो लोग कभी कभी हमारी बेहोशी को तोड़ने के लिए आते हैं हम उन्हे कभी पत्थरों से मारते हैं, कभी उन्हें गाली देते हैं, और कभी उन्हे जहर पीने की सजा दे देते हैं। बुद्ध और महावीर को हमने गाली दिया, उन पर पत्थर भी फेंके क्योंकि वे लोग हमें हमारी बेहोशी से मुक्त कर रहे थे। सुकरात को हमने जहर इसलिए दे दिया, क्योंकि सुकरात हमारे आखों के उपर छाए हुए भ्रम को दूर करने का प्रयत्न कर रहा था। जीसस को हमने सूली पर इसलिए चढ़ा दिया, क्योंकि जीसस अपने आपको परमात्मा का पुत्र कह रहे थे। हम हजारों वर्षों से संतों और सदगुरुओं के साथ इसी तरह से करते आ रहे हैं ताकि हमारे जो देखने का ढंग है वह बरकरार रहे।

चाहे हम इस जीवन और संसार को किसी भी ढंग से देखें, लेकिन इस जीवन और संसार की हकीकत झुठलाई नहीं जा सकती है। सत्य फिर भी सत्य है। और सत्य है तो उसे उजागर होना हीं पड़ता है। कौन है जो सफल हो गया, और सफल होकर भी उसने क्या पा लिया...? कौन है जो तृप्त हो गया और तृप्त होकर भी उसने क्या पा लिया...? सभी लोग बंधी मुठ्ठी लेकर जन्म लेते हैं लेकिन अंत में मुट्ठी खोल कर चले जाते हैं। जो हम यहां इकठ्ठा करते हैं वह यहीं रह जाता है, और खाली हाथ हीं जाना पड़ता है। मनुष्य भी गजब करता है जब तक जीवन रहता है तब तक तृप्ति का साधन इकठ्ठा करता रहता है, और जा मृत्यु के करीब आता है तो वह स्वर्ग में सुख भोगने का इंतजाम करने लगता है।

यह स्वर्ग का सुख, अप्सराओं का नृत्य, सदा जवान रहने की कल्पना उन्हीं लोगों के द्वारा की गई है जिनको यहां सुख नहीं मिलता है। और अप्सराओं की कल्पना वही लोग करते हैं जिनको यहां की स्त्रियों से घृणा होती है। ऐसे लोग कहते हैं क्यों इस संसार के क्षणभंगुर सुख में उलझे हुए हो जबकि शाश्वत सुख तुम्हारा इंतजार कर रहा है। और क्यों इस स्त्री में उलझे हुए हो क्योंकि आज नहीं कल यह कुरूप हो हीं जायेगी। ऐसे लोग यहां तक की स्त्री को नरक का द्वार भी बता देते हैं। लेकिन यदि स्त्री नरक का द्वार है तो सबसे पहले तो उन्ही के लिए नरक का द्वार खुलेगा जो स्त्री से जन्म लेकर भी स्त्री को नरक का द्वार बता रहे हैं। स्त्री नरक की द्वार नहीं है लेकिन जो स्त्री को नरक का द्वार कहते हैं उनके विषय में इतना तो सत्य अवश्य है की वे स्त्री शक्ति को अभी तक समझ नहीं पाए हैं।

जहां तक स्त्री की बात है तो स्त्री पुरुष को जन्म देती है। स्त्री के कारण पुरुष का अस्तित्व है। स्त्री जननी है। और जिससे जीवन अंकुरित होता हो वह साधारण नहीं, बल्कि असाधारण है। पुरुष न भी रहे तो स्त्री बच्चे को पाल सकती है, बड़ा कर सकती है, लेकिन स्त्री ना रहे तो पुरुष बच्चे को पाल नहीं सकता है। स्त्री परमात्मा का दूसरा रूप है, क्योंकि स्त्री के पास हृदय है। हृदय सिर्फ एक हीं भाषा को समझ सकता है, और वह भाषा है प्रेम की। और प्रेम हीं तो परमात्मा है। एक बात तो तय है जिसको इस संसार में सुख नहीं मिलता है उसे कहीं भी सुख नहीं मिल सकता है। जिसको इस संसार में संतोष नहीं मिलता है उसे कहीं भी संतोष नहीं मिलता है।

सच तो यह है कि यह संसार प्रशिक्षण का केंद्र है, और जो इस संसार का प्रशिक्षण पूरा कर लेता है वही व्यक्ति इस संसार से पार जा सकता है। यह जीवन, यह संसार, यह प्रकृति एक रहस्य है। और जो बुद्धि से जीवन, संसार, और प्रकृति के रहस्यों को समझने की कोशिश करता है उसे संसार और प्रकृति तो समझ में आना दूर की बात है खुद अपना जीवन हीं नहीं समझ में आता है। बुद्धि न तो जीवन को समझ सकती है, न

तो संसार को समझ सकती है, और ना प्रकृति को समझ सकती है क्योंकि बुद्धि जिसे भी समझने की कोशिश करेगी वह समझने से पहले खंडों में विभाजित करेगी। और इस तरह यह संसार, यह जीवन और, यह प्रकृति बुद्धि की समझ के बाहर रह जाते हैं, क्योंकि संसार, जीवन और यह प्रकृति अखंड है।

बुद्धि चाहे कितनी भी तर्कशील हो, लेकिन बुद्धि एक बंद मुट्ठी की तरह है, उसकी एक सीमा है। और जिसकी सीमा है उससे असीम को नहीं समझा जा सकता है। आदमी जानकारी इकट्ठी करके पंडित या विद्वान बन सकता है, तर्क करने की क्षमता जुटा सकता है, लेकिन ना तो जीवन को समझ सकता है, और ना प्रकृति को समझ सकता है। इसलिए पंडित एक अर्थों में केवल पंडित हीं रह जाता है ज्ञानी नहीं हो पाता है। ज्ञानी होने के लिए दुस्साहस की जररूत होती है, और वह दुस्साहस है बाहर के ज्ञान को छोड़ने की क्षमता। ज्ञानी वही है जो बाहर का सभी ज्ञान भुला दिया हो लेकिन यहीं तो सबसे बड़ी बाधा है। धन छोड़ा जा सकता है, क्योंकि धन बाहर है। परिवार छोड़ा जा सकता है, क्योंकि परिवार बाहर है। संसार छोड़ा जा सकता है, क्योंकि संसार बाहर है। लेकिन सीखे हुए को इतनी आसानी से नहीं छोड़ा जा सकता है, क्योंकि वह भीतर है।

भीतर का ज्ञान तभी प्रकट होता है जब बाहरी ज्ञान को भुला दिया जाय। भीतर का ज्ञान हीं स्वयं का ज्ञान है जबकि जिसे हम बाहर से एकत्रित करते रहते हैं वह मात्र जानकारी है। भीतर ज्ञान है, और ज्ञानी होना हीं हमारा स्वभाव है लेकिन यह तभी प्रकट होता है जब कोई यह स्वीकार कर लेता है कि वह कुछ नहीं जानता है। और जिस दिन कोई पुरी तरह से स्वीकार कर लेता है कि वह कुछ नहीं जानता है उसी क्षण वह अपने भीतर प्रवेश करके यह भी जान लेता है जिसे वह बाहर खोज रहा था वह तो सदा से भीतर था। लेकिन यह स्वीकार करने के लिए किसी के लिए अनंत जन्म लग जाते है, किसी के लिए वर्षों लग जाते हैं, और किसी के लिए एक क्षण भी पर्याप्त होता है।

बाहर के ज्ञान से ना तो आत्मा को जाना जा सकता है, और ना हीं परमात्मा को जाना जा सकता है, क्योंकि बाहर का ज्ञान केवल मस्तिष्क तक हीं सिमट कर रह जाता है। और इस मस्तिष्क से हम क्या जान सकते हैं और इसकी क्षमता हीं कितनी है...? मानता हूं मैं इस मस्तिष्क में पूरी दुनियां की जानकारियां भरी जा सकती है, और इससे एक से बढ़कर एक अविष्कार किए जा सकते हैं, चांद और मंगल पर पहुंचा जा सकता है, लेकिन फिर भी इसकी क्षमता है। इस मस्तिष्क से सुख के साधन तो जुटाए जा सकते हैं, लेकिन जीवन को नहीं समझा जा सकता है। इस मस्तिष्क से चांद और मंगल पर पहुंचा जा सकता है, लेकिन प्रकृति के रहस्यों को नहीं जाना जा सकता है, क्योंकि प्रकृति मस्तिष्क के पहुंच के बाहर है।

जहां मस्तिष्क की सीमा समाप्त होती है वहां से हृदय की सीमा प्रारंभ होती है। जीवन को समझने के लिए चाहिए एक ऐसा हृदय जो बिल्कुल शून्य हो। अगर कोई ऐसा शून्य हृदय लेकर जीवन और प्रकृति के पास जाए तो उसे जीवन भी समझ में आ जाता है, और उसके लिए प्रकृति भी अपने रहस्यों के द्वार खोल देती है। लेकिन इस हृदय की भी अपनी सीमा है इससे भी विशाल और अनंत नाभी है जिसमें आदि से अनादि तक रहस्य समाए हुए हैं, और उन रहस्यों को कहा नहीं जा सकता है, क्योंकि उसके लिए शब्द निर्मित हीं नहीं होते हैं।

एक मनुष्य असीम संभावनाएं लेकर जन्म लेता है, लेकिन वह विभिन्न तरह के जंजीरों में बंधकर अपनी असीम संभावनाओं को सीमित कर लेता है। यह जंजीरे है रीति रिवाजों की, संस्कारों की, धर्मों और कर्मकांडो की। जब जन्म होता है तो ना नाम होता है, और ना कोई जाति होती है। जब जन्म होता है तो ना कोई धर्म होता है, और ना कुछ होने का अहंकार होता है। मनुष्य जन्म के पहले भी न कुछ होता है, और मृत्यु के बाद भी न कुछ हो जाता है, लेकिन अगर जीवन रहते हीं ना कुछ हो सके तो उसके अंदर बीज रूप में स्थित अनंत संभावनाएं अंकुरित होने लगती हैं। मनुष्य योनि में जन्म लेने का कोई दूसरा उद्देश्य नहीं है, बल्कि मनुष्य योनि में जन्म में लेने का एक मात्र उद्देश्य यही है कि मनुष्य अपने संभावनाओं के माध्यम से यह जान ले वह कौन है...? और उसका असली चेहरा क्या है...?

मैं कौन हूं...? इतना हीं जान लेना इस जीवन असली उद्देश्य है। मैं अपने को पहचान लूं इतना हीं काफी है। न तो मुझे अपने को जानने में वेद शास्त्र काम आयेंगे, और ना अपने को जानने में किसी का ज्ञान सहायता करेगा। यदि मुझे अपने को जानना है तो बाहर की सभी जनकारियों को बाहर हीं छोड़कर भीतर प्रवेश करना पड़ेगा। और भीतर घोर अंधेरे में मुझे अपने को खोजना पड़ेगा। और जो भीतर स्वयं को खोजने लगता है वह स्वयं को पा हीं लेता है। हम जिस परमात्मा को प्राप्त करने के लिए मंदिर, मस्जिद, काबा, कैलाश जाते हैं वह वहां नहीं है, बल्कि वह स्वयं के भीतर है। यह शरीर हीं उसका मंदिर है, यह मन हीं उसके मंदिर की सीढियां है, और भीतर आत्मा रूप में वही विराजमान है।

जीवन जैसा है ठीक है, संसार जैसा है ठीक है, और प्रकृति जैसी है ठीक है। ना तो जीवन में हस्तक्षेप करने की जरूरत है, ना तो संसार में हस्तक्षेप करने की जररूत है, और ना प्रकृति में हस्तक्षेप करने की जरूरत है। क्योंकि जब हम नहीं थे तब भी यह जीवन था। जब हम नहीं थे तब भी यह संसार था। और जब हम नहीं थे तब भी यह प्रकृति थी। जब हम नहीं होंगे तब भी यह जीवन होगा। जब हम नहीं होंगे तब भी यह संसार होगा और जब नही होंगे तब भी यह प्रकृति होगी। और जो अनादि है अनंत है वह

जैसा भी है ठीक है। उसमें हस्तक्षेप करने की जरूरत नहीं है। लेकिन नहीं फिर भी हम इन तीनों में हस्तक्षेप करने की कोशिश करते हैं, और तरह तरह के नियम बनाते हैं।

जब भी हम जीवन में, संसार में और प्रकृति में हस्तक्षेप करते हैं उसका नतीजा भोगना पड़ता है। जीवन दुख नहीं है, लेकिन जीवन में हस्तक्षेप करने से जीवन दुख बन जाता है। संसार गलत नही है, लेकिन संसार में हस्तक्षेप करने के कारण संसार गलत लगने लगता है। प्रकृति हमें दुखी नहीं करती है, लेकिन प्रकृति में किया गया हस्तक्षेप दुखी करने लगता है। जब भी हम दुखी होते हैं तो इस दुख का कारण कभी जीवन को मानते हैं तो कभी इस दुख का कारण संसार और प्रकृति को मानते हैं। यह स्मरण रहे जीवन आपको दुखी नहीं करता है, संसार आपको दुखी नहीं करता है और प्रकृति आपको दुखी नहीं करती है, क्योंकि यह तीनों निष्पक्ष हैं। लेकिन अहंकार यह नहीं स्वीकार करता है कि दुख का कारण मैं हीं हूं।

अहंकार इतना प्रबल है कि वह दुख का कारण स्वयं को नहीं मानता है, बल्कि दुख का कारण दूसरों को मानकर दुख से बचने के लिए तरह तरह का उपाय करता रहता है। अहंकार कहता है भाग्य खराब है, इसलिए दुख मिल रहा है। अहंकार कहता है दूसरे लोग दुख दे रहे हैं, इसलिए दुख मिल रहा है। अहंकार कहता है ग्रह, नक्षत्र मुझ पर भारी हैं, इसलिए दुख मिल रहा है। जब अहंकार दुख का कारण दूसरों को मान लेता है तब वह सुखी होने के लिए, शांत होने के लिए जो उपाय करता है उस उपाय को हीं कर्मकांड के नाम से जानते है।

अहंकार भले हीं अपने बचने के लिए लाख उपाय कर ले, लेकिन उसे तो दुख हीं मिलेगा, अशांति हीं मिलेगी। आज तक कर्मकांड से किसका भला हुआ है जो आगे होगा। ना तो कर्मकांड से किसी का भला हुआ है, और ना तथाकथित ज्योतिष से किसी का भला हुआ है, क्योंकि यह दोनों अहंकार से निकले हुए उपाय हैं। बात उपाय तक हीं सीमित रह जाय तब तो ठीक है, क्योंकि इससे क्षण दो क्षण के लिए सुख और शांति मिलने का भ्रम होता है। लेकिन अड़चन तब होती है जब अहंकार कर्मकांड और तथाकथित ज्योतिष जैसे उपाय को खोज कर खुद को ज्ञानी मानने लगता है।

मनुष्य अपना भाग्य विधाता स्वयं है उसका भाग्य किसी नक्षत्र, किसी ग्रह, किसी राशि पर निर्भर नही करता है। वह चाहे तो अपने जीवन को बना भी सकता है, और चाहे तो अपने जीवन को अपने हीं हाथों बिगाड़ भी सकता है। वह चाहे तो अपने जीवन में सुख भी पा सकता है, और चाहे तो दुख भी पा सकता है। ना तो उसके सुख के लिए नक्षत्र, ग्रह जिम्मेवार हैं, और ना उसके दुख के लिए नक्षत्र और ग्रह जिम्मेवार हैं। मनुष्य की सारी विडंबना यही है कि वह जब सुख पाता है तो अपने को जिम्मेवार मानता है, और जब दुख पाता है तो वह दूसरों को, ग्रह, नक्षत्र और भाग्य को जिम्मेवार मानता है।

किसी के सुख, शांति, यश, लाभ, दुख और अशांति के लिए ग्रह, उपग्रह, नक्षत्र उत्तरदाई नहीं हैं, लेकिन उन्हें भी उतरदाई बनाया जाता है, क्योंकि इससे अहंकार को बड़ी राहत मिलती है। अहंकार अपने आपको कभी दोषी नहीं मानता, क्योंकि अहंकार भी अगर अपना दोष स्वीकार करने लगे तो अहंकार के बचे रहने में बड़ी कठिनाई होती है। कोई कठिनाई न हो इसलिए अहंकार ख़ुद को बचाने के लिए अपना दोष दूसरों पर डाल देता है। जिस तरह पृथ्वी का अपना जीवन है उसी तरह सूर्य, चंद्रमा, मंगल, बुध, शनि और नक्षत्रों का भी अपना जीवन है। ना तो पृथ्वी हमें दुख देती है, और ना सूर्य, चंद्रमा, मंगल, बुध और शनि दुख देते हैं।

मजे की बात यह है कि जिनको अहंकार दुख का जिम्मेवार मानता है उनको इतनी फुर्सत नहीं है वे कि किसी को दुख देने लगें। जिस तरह पृथ्वी अपनी धुरी पर घूमने के साथ साथ सूर्य की परिक्रमा करती है उसी तरह सौर मंडल के दूसरे ग्रह भी अपनी धुरी पर घूमने के साथ सूर्य की परिक्रमा करते हैं। ना तो पृथ्वी एक क्षण के लिए रुकती है, और ना सौर मंडल के दूसरे ग्रह एक क्षण के लिए रुकते हैं। सौर मंडल के नौ ग्रह जिस सूर्य की परिक्रमा करते हैं क्या वह स्थिर हैं...? नहीं वह भी स्थिर नहीं है, बल्कि सूर्य भी महा सूर्य की परिक्रमा करता है। जो सूर्य इस पृथ्वी को प्रकाशित करता है वह इस ब्रह्माण्ड का सबसे छोटा सूर्य है। इससे और भी विशाल हजारों की संख्या में महा सूर्य इस ब्रह्माण्ड में मौजूद हैं, और उनका भी अपना सौर मंडल परिवार है।

जिस पृथ्वी पर हमलोग रहते हैं वह पृथ्वी भी इस ब्रह्माण्ड में अकेली नहीं है, बल्कि और भी इससे भी बड़ी पृथ्वियां लाखों की संख्या में इस ब्रह्मांड में मौजूद हैं, और उनपर भी जीवन है। जिसे मनुष्य सुख, दुख, यश अपयश, लाभ हानि, शोक खुशी मानता है वह सभी मानसिक स्थितियां हैं, अहंकार की देन है। जब तक अहंकार है तब तक जीवन में सुख दुख आते रहते हैं, यश अपयश प्रभावित करते रहते हैं, लाभ हानि होती रहती है, और शोक खुशी मिलती रहती है। लेकिन जैसे हीं अहंकार विदा हो जाता है उसी क्षण मनुष्य का मन ठहर जाता है, और तब उसे न दुख प्रभावित करता है और न सुख प्रभावित करता है। ना तो उसे यश प्रभावित करता है, और ना उसे अपयश प्रभावित करता है। ना तो उसे लाभ प्रभावित करता है, और ना उसे हानी प्रभावित करती है।

जब तक अहंकार है तब तक जीवन में द्वंद है, और जब तक द्वंद है तब तक सुख की खोज जारी रहेगा। और जब तक सुख की खोज जारी रहेगा तब तक दुख भी आता हीं रहेगा। जो सुख खोजता है उसे दुख भी मिलता है। इसलिए जिसे सुख पाना है उसे दुख के लिए भी तैयार रहना चाहिए। और उसे दुख भी उसी तरह स्वीकार कर लेना चाहिए जैसे वह सुख को स्वीकार करता है। जो दुख को भी सुख की भांति हीं स्वीकार

कर लेता है तब उसे दुख उतना दुखी नहीं करता है जितना की उसे जो दुख को अस्वीकार करता है। लेकिन जो दुख को भी सुख की हीं भांति, सुख का भाग समझकर स्वीकार कर लेता है उसे दुख उतना दुखी नहीं करता है।

हम जिसे दुख कहते हैं वह मात्रा का भेद है। दुख वह है जिसमें सुख की मात्रा कम है, और सुख वह है जिसमें दुख की मात्रा कम है। ठीक इसी तरह प्रेम वह है जिसमें घृणा की मात्रा कम है, और घृणा वह है जिसमें प्रेम की मात्रा कम है। इसलिए दुख हीं सुख बन जाता है, और सुख हीं दुख बन जाता है। प्रेम हीं घृणा बन जाता है, और घृणा हीं प्रेम बन जाती है। आप यह नहीं बता सकते हैं कि कहां से सुख की शुरुआत होती है, और कहां से दुख की शुरुआत होती है। और आप यह भी नहीं बता सकते हैं कि कहां से प्रेम की शुरुआत होती है, और कहां से घृणा की शुरुआत होती है। आज सुख है तो कल दुख भी आयेगा। आज जिससे प्रेम मिलता है वह कल घृणा भी करेगा। जब कोई सुख भोग रहा होता है तो दूसरे तरफ यह सुख दुख में बदल भी रहा होता है। और जब कोई दुख भोग रहा होता है तो दूसरे तरफ यह दुख सुख में बदल रहा होता है।

जब कोई प्रेम कर रहा होता है तो दूसरे तरफ प्रेम घृणा में भी बदल रहा होता है, और जब कोई घृणा कर रहा होता है तो दूसरे तरफ घृणा प्रेम में बदल रही होती है। लेकिन हमारी बेहोशी ऐसी है हमें यह पता नहीं चलता है। जब हम सुख भोगते हैं तब भी बेहोश होते है, और जब किसी से प्रेम मिलता है तब भी हम बेहोश होते हैं। ठीक इसी तरह जब हम दुख भोगते हैं तब भी बेहोश होते हैं, और जब किसी से घृणा मिलती है तब भी बेहोश होते हैं। इस बेहोशी के कारण हीं हम दुख के लिए दूसरों पर इल्जाम लगा देते हैं, और इस बेहोशी के कारण हीं घृणा के लिए दूसरे को उत्तरदाई ठहरा देते हैं।

यह जो बेहोशी है इसे आध्यात्मिक निद्रा भी कहते हैं। यह आध्यात्मिक निद्रा इसी जन्म से नहीं है, बल्कि जन्मों जन्मों से चली आ रही है। अगर यह आध्यात्मिक निद्रा टूट जाए तो दुख में भी सुख दिखाई देने लगेगा, और सुख में भी दुख दिखाई देने लगेगा। ना तो सुख में आकर्षण रह जायेगा, और न दुख में विकर्षण रह जायेगा। जिस दिन आध्यामिक निद्रा टूटती है उसी दिन होश आता है। और होश से बढ़कर इस जगत में दूसरा आंनद नहीं है। जब होश आता है तभी कोई संसार के सभी द्वंदों के उपर उठ पाता है। फिर ऐसा व्यक्ति सम भाव हो जाता है।

जीवन के सभी भावों में सम भाव रखने वाला पुरुष न तो सुख मिलने पर खुशी जाहिर करता है, और न दुख मिलने पर हताश होता है। ना तो वह किसी से प्रेम करता है, और ना तो वह किसी से घृणा करता है। ना तो वह किसी के जन्म पर खुशियां मनाता

है, और ना तो वह किसी के मृत्यु होने पर शोक करता है। यह सुख दुख, प्रेम घृणा, जन्म मृत्यु जीवन के प्रति सम भाव रखने वाले पुरुष को प्रभावित नहीं करते हैं, बल्कि यह उसे प्रभावित करते हैं जो जीवन के प्रति सम भाव नहीं रखता है। जो जीवन के प्रति सम भाव रखता है उसके लिए कोई बंधन नहीं रह जाता है।

चार तरह के लोग हैं इस पृथ्वी पर, और चार तरह के हीं वर्ण भी हैं। ब्राह्मण, क्षत्रीय, वैश्य और शूद्र। इन सभी चार वर्गों की वृत्तियां निश्चित करती हैं कि कौन क्या है। कौन क्या है इसका निर्धारण जन्म से नहीं होता है, बल्कि कर्म से होता है। एक व्यक्ति ब्राह्मण कुल में जन्म लेकर क्षत्रिय हो सकता है, और एक व्यक्ति क्षत्रिय कुल में जन्म लेकर ब्राह्मण हो सकता है। ठीक इसी तरह से एक व्यक्ति शुद्र कुल में जन्म लेकर ब्राह्मण अथवा क्षत्रिय हो सकता है, और एक व्यक्ति ब्राह्मण अथवा क्षत्रिय कुल में जन्म लेकर शुद्र हो सकता है। जन्म से ना तो कोई ब्राह्मण होता है, और ना कोई क्षत्रिय। ठीक इसी तरह से जन्म से ना तो कोई शुद्र होता है, और ना कोई वैश्य।

ब्राह्मण भी सत्य को उपलब्ध हुए हैं, क्षत्रीय भी सत्य को उपलब्ध हुए हैं, वैश्य भी सत्य को उपलब्ध हुए हैं, और शूद्र भी सत्य को उपलब्ध हुए हैं। कुछ लोग हैं, जो केवल बुद्धि में जीते हैं, विचारशील होते हैं वे ब्राह्मण होते हैं। कुछ लोग हैं जो शक्ति में जीते हैं, शक्ति के पूजक होते हैं ऐसे लोग क्षत्रिय होते हैं। कुछ लोग हैं जिनकी हजारों महत्वकांक्षाएं होती हैं वे वैश्य होते हैं। और कुछ लोग हैं जिनकी कोई महत्वकांक्षा नहीं होती है, ऐसे लोगों को जो भी मिल जाए उसी में संतुष्ट होते है वे शुद्र होते हैं। ये चार तरह के लोग हैं, और चार तरह की वृत्तियां भी हैं।

प्रत्येक वृत्ति के अपने लाभ, और अपनी हानियां भी है। जैसे ब्राह्मण अगर अपनी बुद्धि, और मन को निखारता हीं चला जाए तो उसकी बुद्धि और मन निखरकर चैतन्य बन जाती है, होश और जागरूकता बन जाती है। और इसी होश और जागरूकता के माध्यम से वह व्यक्ति सत्य को उपलब्ध हो जाता है। लेकिन अगर बुद्धि और मन मात्र संग्रह का माध्यम बन जाए तो वह ब्राह्मण केवल शब्दों को संग्रह करके पंडित बन जाता है। शब्दों को संग्रह करके कोई पंडित हो सकता है, लेकिन शब्दों को संग्रह करके कोई ज्ञानी नहीं हो सकता है। ज्ञानी तो वही हो सकता है जो शब्दों के भी पार चला जाए।

एक अर्थों में ब्राह्मण होने का लाभ भी है तो दूसरे अर्थों में ब्राह्मण होने का नुकसान भी है। ब्राह्मण होने का लाभ यह है कि ब्राह्मण जितनी आसानी से ध्यान में उतर सकता है उतनी आसानी से क्षत्रीय, वैश्य और शूद्र ध्यान में नहीं उतर सकते हैं। और दूसरी तरफ ब्राह्मण होने की हानी भी है ब्राह्मण ध्यान में उतरने के बजाय शब्दों को संग्रह करके पंडित भी हो सकता है। शब्दों को सीख लेना आसान है लेकिन बोध को जगाना,

होश से भरना कठिन है। और लोग कठिन रास्ते नहीं चुनकर आसान रास्ते से सत्य को उपलब्ध होना चाहते हैं, लेकिन इसका परिणाम यह होता है सत्य तो ओझल रह जाता है, लेकिन हाथ में केवल शब्दों की राख रह जाती है।

शब्द केवल राख की भांति है आग तो इनके हटने पर प्रकट होती है। शब्द तो केवल सत्य की ओर संकेत करते हैं, लेकिन शब्द सत्य नहीं हो जाते हैं। शब्द तो केवल छत पर जाने के लिए सीढ़ी की तरह है, और यदि कोई सीढ़ी को नहीं छोड़े तो वह छत पर नहीं पहुंच सकता है। ठीक इसी तरह जीवन में सत्य की प्राप्ति तभी होती है जब शब्द भी छोड़ दिए जाते हैं। सत्य की कोई भाषा नहीं है, इसलिए वह अभाष्य है। सत्य के लिए कोई शब्द नहीं निर्मित होते हैं, इसलिए वह निशब्द है। और यही कारण है कि बुद्ध और महावीर सत्य प्राप्ति के पश्चात मौन हो गए।

दूसरा वर्ण है क्षत्रिय। क्षत्रीय शक्ति का उपासक होता है, वह युद्ध करता है लोगों की रक्षा करता है। क्षत्रीय में एक खूबी यह होती है कि ना तो वह जान लेने से संकोच करता है, और न जान देने में संकोच करता है। ना तो वह दूसरे से लड़ने में संकोच करता है, और ना वह अपने आप से लड़ने में संकोच करता है। क्षत्रीय की कुशलता इतनी है कि अगर उसको सही राह मिल जाए तो वह तीर्थंकर हो जायेगा। जैसे उदाहरण के लिए बुद्ध और महावीर क्षत्रिय कुल में जन्म लेकर तीर्थंकर हो गए। क्षत्रीय जब तक दूसरे पर तलवार चलाता रहता है तब तक वह अहंकार से घिरा रहता है, लेकिन जब वह स्वयं पर तलवार चलाने लगता है तो उसका अहंकार कट कर गिर जाता है।

जिस दिन क्षत्रिय का अहंकार गिर जाता है उसी दिन से जीवन में सत्य की खोज प्रारंभ हो जाती है। ठीक ऐसे हीं वैश्य की भी अनंत संभावनाएं है। वैश्य पूरा जीवन धन इकट्ठा करता रहता है, लेकिन उसे उस परम धन की याद नहीं आती है जो उसके भीतर हीं छुपा हुआ है। वैश्य 100 में से 99 मौके पर धन इकठ्ठा करेगा, और अनन्तः इसी धन के लिए अपनी जीवन आयु समाप्त कर देगा। और जो वैश्य अपनी जीवन आयु धन को संचय करने में व्यर्थ गवां देता है उसके बारे में एक कहावत है कि वह मृत्यु उपरांत सर्प हो जाता है।

वैश्य धन का खोजी है, और धन पाने के लिए अपना जीवन भी दांव पर लगा देता है। और इसलिए उसके अंदर एक खूबी भी है कि वह दूसरों के आगे कभी हाथ नहीं फैलाता है। अगर एक बार वैश्य को यह समझ में आ जाए कि एक धन मेरे भीतर है जिसका मैंने अब तक खोज नहीं किया, और जिस पर आज तक मेरी दृष्टि नहीं पड़ी तो वैश्य जितनी आसानी से अपने भीतर जा सकता है उतनी आसानी से दूसरा कोई भीतर नहीं जा सकता है। वैश्य को भीतर का धन समझ में आने की देर है, लेकिन उसे पाने के लिए देर नहीं है, क्योंकि वह धन पहले से हीं मिला हुआ है।

ठीक इसी तरह शुद्र भी 100 में से 99 मौके पर इधर उधर घूमते हुए, छोटा मोटा काम करते हुए अपनी जीवन आयु समाप्त कर देता है। शुद्र में एक खास बात है जो किसी में नहीं मिलती है, और वह बात यह है कि उसे ना तो धन इकठ्ठा करने की महत्वकांक्षा होती है, और ना उसे सुख सुविधा में जीने की आकांक्षा होती है। शुद्र के लिए रूखा सूखा भोजन भी अमृत के समान होता है, टूटा फूटा छप्पर भी महल के समान होता है, और फटे पुराने कपड़े भी राजशाही पोशाक की तरह होते हैं। शुद्र जमीन पर भी ऐसे गहरी नींद का आनंद लेता है जैसे क्षीर सागर में विष्णु शेष शैय्या पर विश्राम कर रहे होते हैं।

शुद्र को ज्यादा की फिक्र नहीं है, भविष्य में जीने की आकांक्षा नहीं है, बल्कि वर्तमान हीं पर्याप्त है। शुद्र भी 100 में से 99 मौके पर जीवन ऐसे हीं समाप्त कर देता है, और यदि वह सौ में से एक मौके पर भी जाग जाए तो वह बोध को उपलब्ध हो जाता है। वह जो सौ में से एक है यह जान जाए कि जीवन में कुछ पाना नहीं है, जो चाहिए वह पहले से हीं मिला हुआ है। उसे कहीं पहुंचना नहीं है, बल्कि उसे जहां होना चाहिए, वहां वह पहले से हीं मौजूद है। एक तरह से शुद्र जितना जल्दी गहरे विश्राम को उपलब्ध हो सकता है उतना जल्दी से दूसरे वर्ण के लोग गहरे विश्राम को उपलब्ध नहीं हो सकते हैं।

हम जिसे मृत्यु कहते हैं वह परम विश्राम के अतिरिक्त और कुछ भी नहीं है। मृत्यु में समाकर सभी प्राणी विश्राम में चले जाते हैं, और विश्राम से फिर शक्ति लेकर जीवन की धरातल पर कदम रखते हैं। लेकिन जो जीवन रहते हीं गहरे विश्राम में समा जाता है उसकी मृत्यु परम विश्राम बन जाती है। परम विश्राम में लीन होने के पश्चात न तो जन्म है, और मृत्यु है। तो ये चार तरह के वर्ण हैं, चार तरह के लोग भी हैं, और चार हीं तरह के रास्ते भी हैं। रास्ते चाहें कोई भी हों, लेकिन सभी रास्ते प्राणी को मोक्ष के द्वार तक लेकर जाते हैं।

रास्ते तो रास्ते हीं हैं, इन रास्तों पर चला जा सकता है, लेकिन इन रास्तों पर मात्र चलते रहने से कहीं पहुंचना नहीं होता है। पहुंचना तो तभी होता है जब इन रास्तों को भी अनन्तः छोड़ दिया जाता है। विधियां तो सिर्फ विधियां हैं लेकिन कोई विधियां सत्य का दर्शन नहीं करा पाती हैं। सत्य का दर्शन तो तभी होता हैं जब विधियों की विदाई हो जाती है। चाहे ध्यान हो या कोई भी विधियां हो उनका उपयोग तभी तक है जब तक अहंकार विदा नहीं होता है। लेकिन जैसे हीं अहंकार विदा हो जाता है वैसे हीं ध्यान और प्रत्येक विधि को भी छोड़ देना पड़ता है तभी जाकर जीवन में सत्य उपलब्ध होता हैं।

सत्य अर्थात परमात्मा अनेक नहीं है, बल्कि एक है और वह तभी उपलब्ध होता है जब हम मिट जाते हैं। जिसके पास मिट जाने की साहस है वही परमात्मा से एक हो पाता है। बूंद अपने को सागर से अलग मानती है तब तक वह सागर से अलग रहती है,

लेकिन जैसे हीं अपने आप को सागर के हवाले कर देती है तब वह सागर हीं हो जाती है। ठीक इसी प्रकार मनुष्य जब तक अपने आपको परमात्मा से अलग मानता है तब तक वह मनुष्य रहता है, लेकिन जैसे हीं अपने आपको परमात्मा के हवाले कर देता है वह मनुष्य ना होकर परमात्मा हीं हो जाता है।

आप कहां हैं इसकी फिक्र छोड़ दें, इसकी चिंता छोड़ दें, क्योंकि आप जहां हैं वहीं से परमात्मा को पाया जा सकता है। और यह स्मरण रहे परमात्मा को पाना नहीं है, बल्कि परमात्मा तो मिला हीं हुआ हैं अंतर सिर्फ इतना है हमें इसका स्मरण नहीं है। ठीक इसी तरह आप जहां हैं, जैसे हैं ज्ञान को उपलब्ध हैं, लेकिन इस ज्ञान का स्मरण खो गया है, इसलिए आप ज्ञान के लिए बाहर दौड़ते हैं। ज्ञानी वही है जिसे ज्ञानी होने का अहंकार नहीं है। लेकिन ऐसा व्यक्ति ढूढना करीब करीब असंभव है, क्योंकि हरेक व्यक्ति कुछ न कुछ जानने के अहंकार से पीड़ित है। कभी कभी कोई व्यक्ति हीं निरअहंकारी हो पाते हैं जिसे कृष्ण कहते हैं, बुद्ध कहते हैं और महावीर कहते हैं।

लाखों व्यक्तियों में से कोई एक व्यक्ति परमात्मा को पाता है, लाखों व्यक्तियों में से कोई एक व्यक्ति ज्ञानी हो पाता है। आप कहां हैं...? कैसे हैं...? इसकी चिंता छोड़ दें। आप वह एक व्यक्ति बन जाएं जो परमात्मा को उपलब्ध हो जाता है, जो ज्ञान को उपलब्ध हो जाता है। भटकने वाले तो भटक हीं जाते हैं क्योंकि भटकने के लिए हजारों रास्ते मौजूद हैं, और उन रास्तों पर हजारों पगडंडियां भी मौजूद है। बाहर का धन खोज कर भी कहां कोई धन को खोज लेता हैं, क्योंकि बाहर धन है हीं नहीं जो खोजा जा सके। बाहर तो मृग मरीचिका है, दिखाई पड़ता है लेकिन पास जाने पर पता चलता हैं जिसे हम धन समझ रहे थे वह राख का ढेर निकला।

आखें वहीं देखती हैं जो इन्हें दिखाई देता है, लेकिन आखें वह नहीं देख पाती हैं जो असलियत है। जैसे उदाहरण के लिए आखें देखती हैं कि आकाश कुछ दूर आगे झुका हुआ है, जमीन से मिला हुआ है। और ऐसा दिखाई देने के कारण यह भ्रम भी पैदा हो जाता हैं हम आकाश को छू सकते हैं। लेकिन यह केवल भ्रम भर है क्योंकि जैसे हीं हम वहां पहुंचते हैं यह भ्रम टूट जाता है। ना तो आकाश कहीं झुका हुआ है, और ना कहीं जमीन से मिला हुआ है, लेकिन हमारी आखें भ्रम पैदा कर देती हैं। कसूर इन आंखों का नहीं है, बल्कि कसूर हमारा है, क्योंकि हम जो देखना चाहते हैं आंखे वही दिखा भी देती हैं।

जो हम देखते हैं, जो सुनते हैं और जो बुद्धि ग्रहण करती है वह वही नहीं होता है जो है, बल्कि जो असली है वह छूट जाता है, और जो नकली है वह पकड़ में आ जाता है। धन के लोभी व्यक्ति को धन में हीं सबकुछ दिखाई देता है, लेकिन धन के पीछे छुपी हुई वह आसक्ति दिखाई नहीं देती है जो उसे भीतर के धन से भी बहुत दूर लेकर जा

रही है। एक जवान और कामी व्यक्ति को हर तरफ भोग हीं दिखाई देता है, लेकिन जवानी के पीछे छुपा हुआ वह बुढ़ापा और कमजोरी नहीं दिखाई देता है जो उसे आगे चलकर मानसिक रूप से पीड़ित कर देने वाला है। ठीक इसी तरह एक तथाकथित ज्ञानी को हर तरफ अज्ञानी लोग हीं नजर आते हैं, लेकिन उसे खुद का अहंकारी जनित ज्ञान दिखाई नहीं देता है।

जिसे हम ज्ञान समझते हैं वह अहंकार के अतिरिक्त और कुछ भी नहीं है। आखिर क्या जानते हैं हम कुछ भी तो नहीं। यह पूरा जीवन अहंकार में निकल जाता है, बेहोशी में निकल जाता है, और हमें पता भी नहीं चलता है। हम जो भी जीवन भर करते हैं उसमें अहंकार समाहित है। प्रेम करते हैं उसमें भी अहंकार समाहित है। पूजा करते हैं उसमें भी अहंकार समाहित है। यज्ञ, हवन, दान करते हैं उसमे भी अहंकार समाहित है। इसलिए ना तो प्रेम परमात्मा का रूप ले पाता है, और ना पूजा प्रार्थना बन पाती है। और ना यज्ञ, हवन अपनी आहुति के माध्यम बन पाते हैं।

यज्ञ वह नहीं है जो हम समझते हैं, बल्कि यज्ञ वह है जिसे हम नहीं समझ पाते हैं। यज्ञ वह नहीं है जो यश, धन, स्वर्ग और मोक्ष प्राप्ति के लिए किया जाता है, बल्कि यज्ञ वह है जिसमें स्वयं की आहुति देनी पड़ती है। इस यज्ञ में साधक अपने समस्त अहंकार और कामनाओं की आहुति दे देता है। और जो इस यज्ञ के उपरांत उसके पास बच जाता है वही उसके समस्त जीवन का सार है।

लोग हठ के कारण व्रत उपवास करते हैं, और अपने शरीर को कष्ट देते रहते हैं। भोजन की कमी के कारण शरीर और इंद्रियां तो कमजोर हो जाती हैं लेकिन मन तरह तरह के भोग और भोजन में हीं उलझा रहता हैं। ऐसे व्रत और उपवास से क्या प्रयोजन है जिसमें शरीर कमजोर हो जाए, और मन अपना खेल दिखाता हीं चला जाए। व्रत, उपवास करने से ईश्वर के दर्शन हो या न हों, लेकिन भोग और भोजन के दर्शन अवश्य हो जाते हैं। इसलिए इस बात की जल्दी रहती है कि कब व्रत तोड़ने का समय आ जाए ताकि भरपेट भोजन मिल सके। अगर भोजन की इतनी हीं जल्दी है तो फिर उपवास निरर्थक है। उपवास से अच्छा है कि भोजन कर लिया जाए ताकि इतनी व्यर्थ की व्याकुलता, और तकलीफ न बढ़े।

कोई कहता है कि वह सात सोमवार का व्रत करेगा, लेकिन सात सोमवार हीं क्यों...? मंगल क्यों नहीं... बुध क्यों नहीं... आखिर सोमवार से इतना लगाव क्यों हैं... और क्या मंगल, बुध, और वृहस्पति शुक्र बुरे हैं..., लेकिन नहीं, इससे अहंकार को भारी पीड़ा होगी, अहंकार को बल नहीं मिलेगा। यह सात सोमवार इसलिए, क्योंकि इससे और कुछ हो या ना हो लेकिन अहंकार जरूर पुष्ट होगा इसलिए यह व्रत करते हैं। यह अहंकार क्या है...? यह अहंकार हमारा होना है, दिखावा है। यह सात सोमवार

इसलिए ताकि लोग यह जान सकें कि देखो इस व्यक्ति ने सात सोमवार का व्रत किया। अधिकांश लोग उपवास हीं इसलिए करते हैं ताकि लोगों की नजरों में धार्मिक हो सकें।

लोग मंदिर, मस्जिद, काबा, कैलाश परमात्मा के लिए नहीं बल्कि अपनी कामनाओं की पूर्ति के लिए जाते हैं। कोई धन के लिए जाता है, कोई पद और यश के लिए जाता है, कोई सुख के लिए जाता है और कोई स्वर्ग पाने की चाह में जाता है। सबके मन में कोई न कोई चाहें हैं। और जब मन अनेक प्रकार की कामनाओं में भटक रहा हो, और शरीर मंदिर, मस्जिद, काबा, कैलाश में भी चला जाए तो सिर्फ शरीर के जाने से क्या प्रयोजन है। और यदि कभी मन मंदिर में पहुंच भी जाता है तो अहंकार इतना प्रबल होता है कि शरीर झुक जाता है, लेकिन अहंकार पीछे खड़ा रह जाता है। अहंकार खड़े होकर देखता रहता है कि कितने लोग देख उसे देख रहे हैं। अगर लोग देख रहे होते हैं तो अहंकार को बड़ा बल मिलता है, लेकिन लोग उसे देख नहीं रहे होते हैं तो अहंकार को बड़ी पीड़ा होती है।

धर्म के नाम पर जितने पाखंड और कुरीतियां समाज में फैली हुई हैं वह जेब गर्म करने लिए, और अहंकार को पोषण प्रदान के लिए है। धर्म, कर्मकांड, रीति रिवाज के नाम पर अनपढ़ लोग तो मूर्ख बनते हीं हैं, लेकिन जब पढ़ा लिखा आदमी भी मूर्ख बन जाता है तो बात चिंताजनक हो जाती है। कर्मकांड और रीति रिवाज से किसी का भला हो या न, लेकिन नुकसान जरूर होता है। कर्मकांड और रीति रिवाज जितने पीड़ा दायक होते हैं उतनी पीड़ा नरक में भी नहीं होती है। मजे की बात तो यह है कि चाहे कर्मकांड, रीति रिवाज को निभाने में कितनी भी पीड़ा और परेशानी हो, लेकिन लोग इस पीड़ा और परेशानी को इसलिए झेल लेते हैं, क्योंकि अगर इन सबसे इंकार किया तो लोग क्या कहेंगे।

लोग क्या कहेंगे...? इसका भय सदा बना रहता है। लेकिन बड़े मज़े की बात है कि लोगों की चक्कर में अपना बेड़ा गर्क हो रहा होता है इस बात की कोई फिक्र हीं नहीं होती है। फिक्र होगी भी कैसे... क्योंकि अपने अंदर उठती हुई आवाज को उठने से पहले हीं दबा लेते हैं। यह आवाज इसलिए दबा लेते हैं कि चारों तरफ से भय लगता है। समाज क्या कहेगा इसका भय लगता है। धर्मगुरुओं का भय लगता है। कहीं मैं नरक में ना चला जाऊं इसका भय लगता है। लेकिन इससे बड़ा और नरक क्या हो सकता है जहां जीवित रहते हीं इतना भय होता हो, और इतनी मानसिक पीड़ाएं झेलनी पड़ती हों। धर्म गुरु जिस नरक और स्वर्ग की बात करते हैं वह कहीं आकाश या पाताल में स्थित दूसरा लोक नहीं है, बल्कि यहीं और अभी है। और ऐसा भी नहीं है मृत्यु के उपरांत नरक या स्वर्ग में दुःख या सुख भोगने के लिए जाना पड़ता है। नहीं, बल्कि बल्कि ऐसा है कि दुख और सुख भोगने के लिए यहीं और अभी नरक और स्वर्ग दोनों है।

आप चाहें तो अभी और इसी क्षण नरक का दुख भी भोग सकते हैं। और आप चाहें अभी और इसी क्षण स्वर्ग का सुख भी भोग सकते हैं। एक प्यारी कहानी है। किसी देश में एक राजा था। उसके राज्य में चारों ओर सुख शांति थी, लेकिन राजा को हमेशा एक हीं प्रश्न परेशान करता था कि लोग जिस नरक की बात करते हैं वह कैसा होता है...? और कहां मौजूद है...? इस सवाल का जवाब खोजने के लिए उसने बहुत सी यात्राएं की, धर्मगुरुओं, और एक से एक विद्वानों के पास गया। लेकिन किसी ने उसके सवाल का संतोष जनक उतर नहीं दिया। उत्तर मिलता भी कैसे... क्योंकि जिससे भी वह सवाल पूछता था वे लोग शास्त्रों में वर्णित शब्दों के आधार पर उतर देते थे।

जब भी राजा ऐसा उतर सुनता तो वह कहता नहीं यह मेरे प्रश्न का जीवंत उतर नहीं है, बल्कि यह तो रटे रटाए हुए शब्द हैं जो शास्त्रों से सिख लिए गए हैं। यात्राएं बहुत हुई, धर्मगुरु और विद्वान बहुत मिले, लेकिन किसी ने ऐसा जीवंत उतर नहीं दिया जिससे राजा संतुष्ट हो सके। एक दिन की बात है राजा अपने बगीचे में टहल रहा था कि अचानक उसका मंत्री आया, और उससे बोला कि महाराज अपने राज्य में हीं एक फकीर रहता है। वह ज्यादा कुछ तो नहीं जानता है, लेकिन हो सकता है कि वह आपको संतुष्ट कर सके। राजा बोला कि जब इतने बड़े बड़े धर्मगुरु और विद्वान हमें संतुष्ट नहीं कर सके तो ये भला छोटा मोटा फकीर क्या हमें संतुष्ट कर पाएगा...? मंत्री बोला महाराज आपकी बात ठीक है, लेकिन चलने में कोई बुराई नहीं है और कहीं हो सकता है कि वह इस प्रश्न का सही उतर दे दे।

राजा को मंत्री की राय पसंद आ गई, और दोनों चार पांच सिपाहियों को लेकर फकीर के पास रवाना हुए। जब वे लोग फकीर के पास पहुंचे तो फकीर अपने शिष्यों के साथ बैठा हुआ था। राजा बोला मैं इस राज्य का राजा हूं, और यह मेरा मंत्री है। फकीर राजा की बात सुनकर थोड़ा भी प्रभावित नहीं हुआ, और उससे बोला तुम और इस राज्य के राजा... शक्ल सूरत से तो यह नहीं लगता है, लेकिन फिर भी अगर तुम आ हीं गए हो तो आने का प्रयोजन बताओ। जब फकीर ने ऐसी बातें कही तो राजा और मंत्री भीतर हीं भीतर क्रोध से तिलमिला उठे, लेकिन राजा ने क्रोध पर संयम रखा, क्योंकि ऐसी बातें उससे पहले किसी ने कभी नहीं कही थी। अब तक राजा जिनके पास भी गया था वे लोग राजा के आगमन पर उसका स्वागत सत्कार किए थे, उसे आसन पर विराजमान कराया था, लेकिन यहां न उसका स्वागत हुआ, और ना हीं किसी ने उसे बैठने के लिए कहा।

बातें अटपटी हो गईं, यहां तो उल्टी हीं गंगा बह रही थी। खैर राजा ने जैसे तैसे अपने आप पर काबू किया, और वह अपने आने का प्रयोजन बताया। फकीर ने जब

ऐसी बातें सुनी तो वह खिलखिला कर हंस पड़ा, और जब उसकी हंसी रुकी तब वह बोला जाओ भी कहीं ऐसे भी प्रश्न होते हैं। मैं ऐसे प्रश्न का उतर नहीं देता हूं, और ना हीं दे सकता हूं ऐसा कहकर फकीर फिर से अपने शिष्यों से बातें करने लगा। राजा को फकीर की बातों ने काफी क्रोधित किया, लेकिन फिर भी वह बोला कि आप इस प्रश्न का उतर दे क्यों नहीं देते, क्योंकि मै पहले भी बहुत भटका हुआ हूं, अब और नहीं भटकना चाहता हूं। फकीर राजा की बात सुनकर फिर हंसने लगा, लेकिन बोला कुछ भी नहीं।

आखिर राजा तो राजा हीं था वह कितनी देर क्रोध को दबाए रखता। राजा की सहन शक्ति जवाब दे चुकी थी तब राजा ने झट से तलवार निकालकर फकीर के गर्दन पर रख दिया। वश एक क्षण की देरी राजा की तलवार फकीर की गर्दन पर धरी की धरी रह गई। फकीर मुस्कराया और बोला कि यह रहा नरक का द्वार। फकीर की बात सुनकर राजा को तत्क्षण होश आया और उसने बोला... उतर तो मुझे बहुत लोग दिए थे, लेकिन ऐसा जीवंत उतर किसी ने नहीं दिया, और ऐसा कहकर उसने तलवार म्यान के भीतर रखकर फकीर की चरणों में शिर रख दिया। जब राजा का शिर फकीर की चरणों में था तब फकीर फिर बोला यह रहा स्वर्ग का द्वार।

स्वर्ग भी यहीं और अभी है, और नरक भी अभी और यहीं है। आप अभी क्रोध कीजिए अभी आपको नरक की अग्नि झुलसाने लगेगी। और आप अभी दया करिए अभी आप पर स्वर्ग से फूल बरसने लगेंगे। आप अभी किसी से घृणा कीजिए आप अभी नरक की पीड़ा से गुजरने लगेंगे। और आप अभी प्रेम लुटाइए आप पर अभी आंनद बरस पड़ेगा। अभी आप किसी चीज का लोभ कीजिए तत्क्षण आप अशांत हो जायेंगे, और अभी आप लोभ छोड़ दीजिए आप तत्क्षण शांत हो जायेंगे। लोग शांति के लिए तरह तरह का आयोजन करते हैं, लेकिन क्या तरह तरह के आयोजन करने से शांति प्राप्त होती है...? नहीं, आयोजन से कभी शांति प्राप्त नहीं होती है, क्योंकि जितना आयोजन किया जाता है उससे मन और अशांत होता चला जाता है।

चाहे कोई लाख उपाय कर ले, लेकिन कोई भी उपाय मन को शांत नहीं कर पाते हैं, क्योंकि जिससे आप शांत करने की कोशिश कर रहे होते हैं वह तो वही होता है। मन से भला मन कैसे शांत हो सकता है...? जितना आप शांत होने का विचार करते हैं उतने हीं विचारों का जाल निर्मित होता चला जाता है। विचार तो विचार हीं ठहरे, और जब तक विचार चलते रहते हैं तब तक एक हीं विचार से हजारों विचार जन्म लेते रहते हैं। हालत ऐसी हो जाती है कि शिर फटने लगता है, अनिद्रा की बीमारी हो जाती है। आज करीब करीब हालत ऐसी है हर दस आदमी में पांच आदमी अशांत है, अनिद्रा की बीमारी से जूझ रहा है। और इसका कारण है विचारों का वह जाल जो उसके अपने हीं

कारण निर्मित हो गया है। जिस तरह से मकड़ी जाल बुनकर भोजन की व्यवस्था जुटा लेती है उसी प्रकार आदमी भी विचारों का जाल बुनकर विचारों का शिकार हो जाता है।

विचार से विचार कभी शांत नहीं होते, लेकिन बढ़ते अवश्य हैं। मन से मन कभी शांत नहीं होता है, लेकिन अशांत जरूर होता है। बुद्ध के जीवन के संबंध में एक घटना है जिससे काफी कुछ सीखने को मिल सकता है। एक दिन की बात है बुद्ध और उनका शिष्य आनंद किसी जंगल से गुजर रहे होते हैं मार्ग में एक नदी पड़ती है। नदी छिछली है, और उसका जल बिल्कुल साफ है। बुद्ध और आनंद दोनों नदी के जल से अपना प्यास बुझाते हैं, और नदी पार करके फिर आगे की यात्रा पर निकल पड़ते हैं। बुद्ध चुपचाप चल रहे होते हैं, लेकिन आंनद कुछ न कुछ बोलता हीं रहता है। वह बार बार बुद्ध से कोई कोई न सवाल पूछता रहता है, और बुद्ध उसके सवालों का जबाव ना देकर चुपचाप चलते हीं रहते हैं।

जो सच में ज्ञानी होते हैं वे हर प्रश्नों का उतर नहीं देते हैं, क्योंकि उनकी भाषा हीं मौन की होती है। जिनको उतर सुनना आता है वे मौन की भाषा से हीं उतर सुन लेते हैं। और जिनको उतर सुनना नहीं आता है वे बोलने से भी नहीं सुन पाते हैं। यह तो सुनने वाले पर निर्भर करता है वह कितना सजग होकर सुन रहा है, या बेहोशी में सुन रहा हैं। चलते चलते जंगल समाप्त हो जाता है तब बुद्ध आंनद से कहते हैं कि जाओ आंनद जल लेकर आओ मुझे प्यास लगी हुई है। बुद्ध के ऐसी बातें सुनकर आनंद कहता है कि भगवान आप यहीं पर विश्राम करें मै अभी जल लेकर आता हूं। बुद्ध कहते हैं कि आनंद तुम उसी नदी से जल लेकर आना जो कुछ देर पहले हमदोनों ने पार किया था। आंनद कहता है कि भगवान वह नदी तो काफी दूर है, और जाने आने काफी समय लग जायेगा। बुद्ध कहते हैं कि आनंद कोई बात नहीं हम यहीं रहकर तुम्हारी प्रतीक्षा करेंगे, लेकिन तुम जल केवल उसी नदी से लेकर आना।

आंनद करे भी तो क्या करे वह बुद्ध की बातों को मानकर जल लेने के लिए उसी नदी की ओर चल पड़ता है। चलते चलते आखिर उस नदी के पास पहुंच हीं जाता है, लेकिन जब वह नदी के जल को देखता है तो वह दंग रह जाता है। नदी का जल साफ नहीं है, बल्कि किसी के गुजरने के कारण गंदा हो चुका है। आंनद सोचने लगता है कि अब मैं जल कैसे लेकर जाऊं, क्योंकि जल पीने योग्य नहीं है, और यदि खाली हाथ लौटकर गया तो बुद्ध की प्यास का क्या होगा। यह सब वह सोच हीं रहा होता है कि एक किसान बैलगाड़ी लेकर नदी पार करने लगता है। आंनद करे भी तो क्या करे, क्योंकि बैलगाड़ी के गुजरने के कारण नदी का जल और गंदा हो जाता है। नदी के जल को देखकर आंनद की बेचैनी और बढ़ जाती है, और वह नदी के भीतर जाकर जल में मौजूद गंदगी को साफ करने की कोशिश करने लगता है।

आंनद जितना नदी के गंदे जल को साफ करने की कोशिश करता है उतना हीं नदी की तलहटी पर मौजूद सड़े हुए पते, और मिट्टी ऊपर आने लगते हैं। आंनद जब कोशिश कर करके हार जाता है तब उसे बुद्ध की वह बात स्मरण आती है जो उन्होंने उसके आते समय कही थी। जब आंनद जल लेने के लिए आ रहा था तब बुद्ध ने आंनद से कहा था कि देखो आनंद अगर नदी का जल गंदा हो तो थोड़ी प्रतीक्षा कर लेना, क्योंकि कुछ समय पश्चात जल अपने आप शुद्ध हो जाता है। आंनद को जब यह बात याद आई तो वह नदी से बाहर निकल आया और नदी के तट पर बैठकर प्रतीक्षा करने लगा। वह नदी के जल को अपलक देखने लगा, और देखने के कारण वह इतना ध्यानस्थ हो गया कि वह अपने आप को भी भूल गया। उसे यह भी स्मरण हीं नहीं रहा कि वह जल लेने के लिए आया है।

आंनद नदी के जल को अपलक देख रहा था। वह देख रहा था कि जल धीरे धीरे साफ होता चला जा रहा है, और अब जल के भीतर मौजूद नदी की तलहटी भी दिखाई पड़ने लगी है। जब जल पुरी तरह साफ हो गया तो आंनद को यह तत्क्षण ख्याल आया की आखिर क्यों बुद्ध उसे जल लेने के लिए भेजे थे। वह जिस मन को शांत करने के लिए वर्षों से बुद्ध से पूछता आ रहा रहा था उसका उतर मिलने के साथ साथ प्रत्यक्ष प्रमाण भी मिल चुका था। जिस मन को शांत करने की कोशिश किया जाता है वह एक नदी की तरह है, और इसमें चलने वाले विचार नदी के तलहटी पर मौजूद सड़े हुए पते, और मिट्टी की तरह हैं। जो इस मन रूपी नदी के जल को विचार रूपी सड़े हुए पते और मिट्टी से शांत और शुद्ध करने की कोशिश करता है वह नदी के जल को और अशांत तथा गंदा कर देता है।

मन तो तभी शांत होता है जब मन रूपी नदी के तट पर बैठ कर मन को देखा जाता है। विचार से विचार कभी समाप्त नहीं होते हैं, लेकिन विचारों से अलग होकर विचारों को देखा जाता है तो विचार अपने आप गिरने लगते हैं। आप कुछ न करें सिर्फ मन रूपी नदी की तट पर बैठ कर विचारों को देखते चले जाएं। अच्छे विचार आते हैं तो उन्हे भी आने दें। बुरे विचार आते हैं तो उन्हे भी आने दें। एक विचार से दूसरे विचार को कभी काटने की कोशिश नहीं करें, क्योंकि विचार कभी कटते नहीं है, लेकिन काटे जाने का भ्रम अवश्य पैदा हो जाता है। विचारों में उलझे नहीं, बल्कि विचारो को देखते रहें। यदि आप विचारों को केवल देखने वाले हो जाते हैं तो यह बोध धीरे धीरे आने लगता है कि आप ना तो मन हैं, और ना हीं विचार हैं। जिस दिन यह बोध गहरा हो जाता है उसी दिन आप पाते हैं कि यह मन अलग है, और आप अलग हैं।

आप मन नहीं हैं, और ना हीं इसमें चलने वाले विचार हैं। इसी मन में कभी क्रोध भी उठता है वह भी आप नहीं है। इसी मन में कभी काम भी अंगड़ाई लेता है वह भी आप

नहीं हैं। इसी मन में प्रेम भी उठता है वह भी आप नहीं है। इसी मन में घृणा भी उठती है वह भी आप नहीं हैं। इसी मन में अहंकार भी उठता है वह भी आप नहीं हैं। और इसी मन में दया भी उठती है वह भी आप नहीं हैं। आकाश पर बादल बनते हैं, घनीभूत होते हैं और आकाश की नीलिमा बादलों से ढंक जाती है, लेकिन इसका यह मतलब नहीं है आकाश बादलों से एक हो गया। नहीं, आकाश बनते और बिगड़ते बादलों से पहले भी अलग था, अब भी अलग है और आगे भी अलग रहेगा।

जीवन परमात्मा का दिया हुआ अनुपम उपहार है, लेकिन यह अभिशाप तब बन जाता है जब आप मन से अपने आपको जोड़ लेते हैं। जीवन दुःख नहीं है, लेकिन जीवन तब दुःख बन जाता है जब आप मन से अपने आपको जोड़ लेते हैं। ना तो यह संसार दुख का कारण है, और ना किसी दूसरे के कारण दुःख मिलता है, बल्कि यह संसार दुःख का कारण तब बन जाता है जब हम इस मन में उठने वाली महत्वकांक्षाओं से एक हो जाते हैं। आप जरा खुली नेत्रों से देखें यहां कौन सिकंदर, और कौन नेपोलियन अपनी महत्वकांक्षा को पूरा कर सका है। यहां अभी तक कोई भी नहीं जन्मा है जिसकी समस्त महत्वकांक्षाएं पूरी हो चुकी हों, और ना आगे कोई जन्मेगा जिसकी समस्त महत्वकांक्षाएं पूरी हो जाएंगी।

यहां जो भी दौड़ते हैं वह आधे रास्ते में हीं समाप्त हो जाते हैं। महत्वकांक्षा भी पूरी नहीं होती है, और जीवन भी व्यर्थ चला जाता है। बाहर का धन भी साथ नहीं जाता है, और भीतर के धन से भी परिचय भी नहीं हो पाता है। जीवन भर रिश्ते नाते के पीछे दौड़ते हैं, लेकिन यहां कौन है... जो साथ जाता है। जब विदाई की अंतिम वेला आती है तो प्रिय से प्रिय व्यक्ति भी साथ छोड़ देता है। मृत्यु के बाद ना तो कोई पराया रह जाता है, और ना कोई अपना रह जाता है। ना कोई शत्रु रह जाता है, और ना कोई मित्र रह जाता है। लेकिन पूरा जीवन अपने – पराए, शत्रु – मित्र, प्रिय – अप्रिय के चक्कर में बीत जाता है। जो चीज स्थाई नहीं है उसके लिए पूरा जीवन नष्ट हो जाता है, और जो चीज स्थाई है उससे परिचय भी नहीं हो पाता है।

धन आज है कल नहीं रहेगा। पद आज है कल नहीं रहेगा। रिश्ता आज है कल टूट जायेगा। जवानी आज है कल नही रहेगी। आज शरीर है कल नही रहेगा। और जो आज है कल नही रहनेवाला है, वह है तब भी अच्छा है, और नहीं रहता है तब भी अच्छा है। ना तो उसके लिए गर्व किया जा सकता है, और ना उसके लिए शोक किया जा सकता है। लाखों बार हम मृत्यु से गुजर चुके हैं, और लाखों बार इन सबके होने अथवा न होने से गर्व, और शोक भी कर चुके हैं, लेकिन फिर भी इस जन्म में वहीं गलती दोहरा रहे हैं जो गलती लाखों बार कर चुके हैं। एक हीं गलती बार बार तभी दोहराई जाती है जब बेहोशी छाई होती है। इस बेहोशी का धर्म की भाषा में अनुवाद किया जाए तो यह आध्यात्मिक निद्रा है।

करीब करीब पूरी मनुष्य जाति इस आध्यात्मिक निद्रा से ग्रस्त है। जन्म भी इसी निद्रा में होता है, जीवन भी इसी आध्यात्मिक निद्रा में गुजरता है, और मृत्यु भी इसी आध्यात्मिक निद्रा में होती है। ना तो जन्म की कोई खबर होती है, और ना जीवन की कोई खबर होती है, और न मृत्यु की कोई खबर होती है। जन्म से मरण तक अगर होश की बात किया जाए तो साठ सत्तर साल के जीवन में करीब करीब बीस या पच्चीस क्षण हीं होश का क्षण होता है। और इसी क्षण में आंनद का अनुभव होता है। बड़े अचरज की बात है साठ सत्तर का लम्बा जीवन, और वह भी नींद में गुजर जाता है। रात में नींद आती है नींद आनी स्वाभाविक है, लेकिन दिन में भी नींद जारी रहे तो यह बेहोशी है।

आखें खुली होने का यह अर्थ नहीं है कि हम जागे हुए हैं, और आखें बंद होने का भी यह अर्थ नहीं है कि हम सोए हुए हैं। नहीं हम खुली आंख रहते हुए भी करीब करीब नींद में हीं होते हैं, और आखें बंद होने पर भी हम नींद में हीं होते हैं। जब किसी से बात कर रहे होते हैं तब भी नींद में हीं होते हैं, और जब क्रोध आ रहा होता है तब भी नींद में हीं होते हैं। इसलिए ना तो यह पता चलता है कि क्या बातें हुईं, और ना यह पता चलता है कि कब क्रोध आया। ख्याल तो तब आता है जब क्रोध अपना काम करके चला गया होता है। जब हम रास्ते पर चल रहे होते हैं तब भी हम नींद में हीं चल रहे होते हैं। पैर यंत्रवत उठते चले जाते हैं, आखें यंत्रवत देखती चली जाती हैं, मन यंत्रवत दौड़ता चला जाता है, और हाथ यंत्रवत हिलते चले जाते हैं।

एक तरफ रास्ते पर शरीर चल भी रहा होता है तो दूसरी तरफ मन पूरी दुनियां की यात्रा भी कर रहा होता है। एक तरफ रास्ते पर शरीर चल रहा होता है तो दूसरी तरफ मन भविष्य की योजनाएं भी बना रहा होता है। शरीर कहीं और है, मन कहीं और है, इंद्रियां कहीं और हैं यह बेहोशी नहीं तो और क्या है। जितनी भी सड़क दुर्घटनाएं होती हैं वह इसी के कारण होती है। लेकिन नहीं, हमारी बेहोशी इतनी गहरी है कि हम अपना दोष किसी और के माथे मढ देते हैं। और जब तक बेहोशी है तब तक दूसरे का दोष दिखाई देता है, अपना दोष दिखाई नहीं देता है। और यदि अपना दोष दिखाई न दे तो इससे बड़ा अभिशाप दूसरा कोई नहीं है।

आध्यात्मिक निद्रा के कारण यह अमूल्य जीवन व्यर्थ हो हीं जाता है, लेकिन इस आध्यात्मिक निद्रा के बाद भी लोग इससे भी बड़ी बेहोशी के लिए शराब और दूसरी नसीली चीजों का सेवन करते हैं। एकाकीपन जीवन का परम सत्य है, लेकिन इस सत्य से बड़ा भय लगता है, और इस डर को भुलाने के लिए तरह तरह का इंतजाम किया जाता है। कोई इस एकाकीपन को भूलने के लिए प्रेम का सहारा लेता है। कोई इस एकाकीपन को भूलने के लिए सेक्स का सहारा लेता है। कोई इस एकाकीपन को भूलने

के लिए शराब का सहारा लेता हैं। चाहे शराब हो या चाहे सेक्स हो यह सब एकाकीपन को भुलाने के हीं उपाय हैं।

एक आदमी शराब के नशे में अपने को भूल जाता है, और इस अपने को भूलने को हीं वह जीवन का आनंद समझ लेता है। एक आदमी सेक्स में अपने को भूल जाता है, और इस अपने को भूलने को हीं वह जीवन का आनंद समझ लेता है। चाहे आदमी किसी भी माध्यम से भी अपने आपको भुलाए वह तो बेहोशी हीं है। और कोई भी बेहोशी आंनद नहीं हो सकती है। जीवन में होश या जागरण से बढ़कर और कोई भी आनंद नहीं है। जो होश में हैं वह आनंदित है, और जो बेहोश हैं वह भ्रम में है। जो होश में है उसका आनंद स्थाई है, किसी पर निर्भर नहीं है। लेकिन जो बेहोश है उसका आनंद भ्रम है जो इस क्षण नहीं तो अगले क्षण टूट हीं जायेगा। और जब यह भ्रम टूटता है तो फिर अपने आपको भूलने के लिए कोई न कोई सहारा लिया जाता है।

नींद सुखकर होती है, इसलिए क्योंकि इसमें व्यक्ति अपने आपको भूल जाता है। और शराब, सेक्स भी सुखकर इसलिए होता है, क्योंकि इसमें डूब कर व्यक्ति अपने आपको भूल जाता है। इसलिए तो सोने वाला व्यक्ति कितना भी सोए लेकिन फिर भी थोड़ा और सोने की कोशिश करता है। और शराब तथा सेक्स का आदी व्यक्ति चाहे कितना भी शराब और सेक्स में अपने आपको भूल जाए, लेकिन फिर भी वह और भूलने की कोशिश करता रहता है। और इसका परिणाम यह होता है कि ना तो यह बेहोशी टूटती है, और ना हीं यह आकांक्षा खत्म होती है।

जीवन में वही कर्म पाप बन जाता है जो बेहोशी में किया जाता है। और जीवन में वही कर्म पुण्य बन जाता है जो होश में किया जाता है। इसलिए बुद्ध, महावीर, कृष्ण कहते हैं जो भी करो होश पूर्वक करो। सभी संतों और सदगुरुओं ने आखिर होश पर इतना जोर क्यों दिए हैं। इसका एक हीं कारण है कि अगर होश पूर्वक जीवन जिया जाए तो जो जीवन के लिए आवश्यक है वही जीवन में रह जाता है, और जीवन के लिए व्यर्थ है वह अपने आप अलग हो जाता है। कोई भी आदमी होश पूर्वक क्रोध नहीं कर सकता है, उसे स्वयं पर हीं हंसी आएगी की यह क्या पागलपन कर रहा हूं। और यदि क्रोध करेगा भी तो वह भीतर से शांत होगा।, और क्रोध मात्र उसके लिए नाटक का अंश होगा।

होश में रहने वाला व्यक्ति महत्वकांक्षा की अंधी दौड़ में शामिल नहीं होता है, क्योंकि उसके लिए महत्वकांक्षा की अंधी दौड़ एक पागलपन के अतिरिक्त और कुछ भी नहीं है। महत्वकांक्षा ग्रस्त तो वहीं लोग होते हैं जो बेहोश होते हैं, और इस बेहोशी के कारण उन्हे कुछ मिलने का भ्रम होता है। होश में रहने वाले व्यक्ति के लिए जीवन से बढ़कर और कोई उपलब्धि नहीं होती है इसलिए उसकी सभी इच्छाएं अपने आप गिरती चली जाती हैं। होश में रहने वाला व्यक्ति सभी का सदुपयोग कर लेता है, इसलिए

वह सभी से शीघ्र हीं मुक्त हो जाता है। यदि क्रोध आया है तो वह क्रोध का सदुपयोग कर लेता है और यदि काम आया है तो वह काम का भी सदुपयोग कर लेता है।

होश में रहने वाला व्यक्ति क्रोध आने पर भी वह क्रोध से मुक्त होता है इसलिए क्रोध उसपर अपना प्रभाव नहीं डाल पाता है। ठीक इसी तरह से होश में रहने वाला व्यक्ति काम की भावना उठने पर भी काम से मुक्त होता है इसलिए काम उस व्यक्ति पर कोई प्रभाव नहीं डाल पाता है। कुछ लोग संभोग में बेहोशी की अवस्था में उतरते हैं, और कुछ लोग संभोग में होश पूर्वक उतरते हैं। जो लोग बेहोश रहकर संभोग में उतरते हैं उनके लिए भी संभोग सुख है, और जो लोग होश पूर्वक संभोग में उतरते हैं उनके लिए भी संभोग सुख है। लेकिन जो होश पूर्वक रहकर संभोग में उतरते हैं उनके लिए संभोग महा सुख बन जाता है, और इसी से समाधि की झलक मिल जाती है। लेकिन जो बेहोश की अवस्था में संभोग में उतरते हैं उनके लिए संभोग क्षणिक सुख हो जाता है।

संभोग तृप्ति का साधन भी बन सकता है, और संभोग समाधि का द्वार भी बन सकता है। यह तो संभोग में उतरने वाले व्यक्ति पर हीं निर्भर करता है कि वह संभोग में होश पूर्वक उतरता है या बेहोशी की अवस्था में उतरता है। संभोग में तृप्ति तभी नहीं मिलती है जब संभोग में बेहोशी की अवस्था में उतरा जाता है। और जब तृप्ति नहीं मिलती है तो बार बार संभोग में उतरने की इच्छा पैदा होती रहती है। अगर तृष्णा है तो अनंत संभोग भी तृप्त नहीं कर सकता है, और अगर तृष्णा नहीं है एक संभोग भी तृप्त कर सकता है। और जिसे एक संभोग तृप्त कर देता है वह समाधि के द्वार में प्रवेश कर जाता हैं।

जब तक तृष्णा है तब तक मन की चंचलता समाप्त नहीं होती है, लेकिन जैसे हीं तृष्णा गिर जाती है वैसे हीं मन की सारी चंचलता समाप्त हो जाती है। और मन की चंचलता समाप्त होते हीं मनुष्य वही नहीं रह जाता है जो पहले था, बल्कि वह हो जाता है जो वह पहले नहीं था। मन है भी और नहीं भी है, क्योंकि मन को खोजा जाए तो वह नहीं मिलता है, और नहीं खोजा जाए तो यह रहता भी है। जितनी भी आकांक्षाएं और वासनाएं है वह इस मन में तैरते हुए बादल हैं, और इनका आना जाना लगा हीं रहता है। हमारा होना या ना होना इन्हीं बादलों के ऊपर निर्भर हैं। जब हम बादलों से एक हो जाते हैं तो होने का भ्रम पैदा हो जाता है, और जब हम बादलों से अलग हो जाते हैं तो यह होने का भ्रम गिर जाता है। जब तक होने का भ्रम बना रहता है तब तक अहंकार रहता है, और जब यह होने का भ्रम गिर जाता है तो अहंकार भी विदा हो जाता है।

जब तक होने का भ्रम है तब तक हम अपने आपको कुछ न कुछ मानते रहते हैं, और जितना हीं हम अपने आपको कुछ न कुछ मानते रहते हैं उतना हीं यह भ्रम और सघन होता चला जाता है। हम हिंदू के घर में पैदा होते हैं तो हम अपने आपको हिंदू

मान लेते हैं, लेकिन देखा जाए तो क्या सच में हीं हम हिंदू हैं। नहीं, वास्तव में देखा जाए तो हम कुछ भी नहीं हैं, क्योंकि जन्म के पहले ना तो हम हिंदू थे, और ना मृत्यु के बाद हिंदू रह जायेंगे। जन्म के पहले भी नाम नहीं था, और मृत्यु के बाद भी नाम नहीं रह जाएगा। और ठीक इसी तरह से जन्म के पहले भी यह शरीर नहीं था मृत्यु के बाद भी यह शरीर नहीं रह जाएगा। सच तो यह है कि यह हमारा होना, और अपने आपको कुछ न कुछ मानना वह भ्रम है जो जीवन के प्रति जागने से वंचित कर देता है।

जीवन भर हम इस भ्रम में जीते हैं कि हम कुछ न कुछ हैं। जीवन क्या है...? यह भी हम नहीं जानते हैं। हम स्वयं कौन हैं...? और हमारा असली चेहरा किस तरह का है यह भी नहीं जानते हैं। और जो स्वयं को हीं नहीं जानता हो, और वह बाहर की सभी जानकारी एकत्रित कर ले तो उसकी जानकारी दो कौड़ी की नहीं है। जो स्वयं को जानने की यात्रा पर निकल पड़ता है वह स्वयं को जान लेता है, और जो बाहर की जानकारी एकत्रित करने लग जाता है वह स्वयं को खो देता है। यह शास्त्र, यह वेद और यह धर्मग्रंथ आत्मा और परमात्मा की जानकारी तो बहुत देते हैं, लेकिन पहुंचाते किसी को भी नहीं है। एक तरफ हम शास्त्र, वेद, और धर्मग्रंथ पढ़कर पंडित तो हो जाते हैं, लेकिन ज्ञानी नहीं हो पाते हैं।

ज्ञानी और पंडित में एक हीं अंतर है कि ज्ञानी स्वयं को जान लेता है, और पंडित शास्त्रों के शब्द इकट्ठे कर लेता है। ज्ञानी कहता है कि स्वयं को जान लेना हीं पर्याप्त है, और पंडित कहता है कि शास्त्रों को जान लेना हीं पर्याप्त है। ज्ञानी स्वयं को जानकर स्वयं से भी निर्भार हो जाता है, और पंडित शास्त्रों के बोझ तले दब जाता है। ज्ञानी के पास कुछ नहीं बचता है इसलिए वह अहंकार से मुक्त हो जाता है, और पंडित के पास शब्दों के ढेर रह जाते हैं इसलिए वह अहंकार ग्रस्त हो जाता है। शब्दों को संग्रह करके स्मृति को सजाया जा सकता है, और इसका उपयोग भी किया जा सकता है, लेकिन इससे ज्ञान को उपलब्ध नहीं हुआ जा सकता है।

बचपन से लेकर बुढ़ापे तक जिस स्मृति को तरह तरह की जानकारी से भरते हैं वह ज्ञान नहीं है बल्कि वह शिर में मौजूद बुद्धि का हिस्सा है। इसलिए बुद्धि को अगर कार्य करना होता है तो वह स्मृति के आधार पर हीं कार्य करती है। यह स्मृति मृत्यु के बाद नष्ट हो जाती है लेकिन कभी कभी यह जीवित रहने पर भी नष्ट हो जाती है। कभी किसी दुर्घटना के कारण शिर में चोट लगने से यह स्मृति नष्ट हो जाती है या कभी बिजली के तेज झटके के कारण भी यह स्मृति नष्ट हो जाती है। इस स्मृति के नष्ट होते हीं आदमी सबकुछ भूलकर फिर से कोरे कागज की भांति हो जाता है।

एक आदमी अपने आपको कट्टर हिन्द मानता है यह भी उसकी स्मृति पर लिखावट है। और एक आदमी अपने आपको कट्टर मुस्लिम मानता है यह भी उसकी स्मृति पर

लिखावट है। ठीक इसी तरह से एक आदमी अपने आपको डाक्टर, इंजिनियर, वकील या कुछ भी मानता है यह भी उसकी स्मृति पर लिखावट है। एक तरह से देखा जाए तो आदमी एक लिखावट के अतिरिक्त और कुछ भी नहीं है, क्योंकि वह इसी लिखावट के आधार पर पूरा जीवन व्यतीत कर देता है। आदमी यह जानने की कोशिश नहीं करता हैं कि इस लिखावट के बाद भी कुछ है जिसको जानना अभी बाकी है। और यदि उसको जान लिया जाए तो यह माना हुआ सब गिर जायेगा और असली स्वरूप प्रकट हो जायेगा।

किताब वह नहीं है जो हम पढ़ते हैं, बल्कि किताब वह है जो हम नहीं पढ़ पाते हैं। शब्दों का होना या ना होना महत्वपूर्ण नहीं है, बल्कि जिस पर शब्द प्रकट होते हैं वह महत्वपूर्ण है। यदि शब्द हीं शब्द हो और उनके बीच कोई खाली जगह न हो तो उन्हे नहीं पढ़ा जा सकता है। पढ़ना इसलिए संभव हो पाता है, क्योंकि दो शब्दों के बीच में खाली जगह मौजूद होती है। यदि आपने किताब पढ़ते वक्त केवल शब्दों को पढ़ा और उनके बीच खाली जगह को नहीं पढ़ा तो आप किताब पढ़ने से चूक गए। इसलिए पढ़ते वक्त उसे भी पढ़ना चाहिए जिसके कारण पढ़ना संभव हो पाता है। और यदि आपने किताब पढ़ते वक्त उसे भी पढ़ लिया तो यह समझना कि किताब पूरी तरह से पढ़ा।

सूफियों की एक किताब है जिसे किताबों की किताब के नाम से जाना जाता है। यह किताबों की किताब इसलिए है क्योंकि यह किताब कोरी है, इसमें कोई शब्द नहीं है। आप भी जानकर हैरान होंगे कि यह किताब एकदम कोरी है, लेकिन बहुत समय से लोग इसको पढ़ते चले आ रहे हैं। कोई इसे पचासों बार पढ़ चुका है, कोई इसे सौ बार पढ़ चुका है। आखिर क्या पढ़ते होंगे... लेकिन नहीं इसे पढ़ने वाले फिर भी इसे पढ़ते है क्योंकि यह किताब जीवन के गहनतम रहस्य को उजागर करती है। कुछ रहस्य ऐसे भी हैं जिन्हें कभी जाना नहीं जा सकता है, कुछ बातें ऐसी भी हैं जो शब्दों के घेरे में नहीं आती हैं। कोई चाहे कितना भी जान ले, लेकिन कुछ है जो अनजाना रह जाता है। और जो अनजाना रह जाता है वही जीवन का गहनतम गुढ़ रहस्य है।

जीवन क्या है यह जान भी नहीं पाते हैं तब तक जीवन से अलविदा हो जाते हैं। आखिर क्या जानते हैं हम कुछ भी तो नहीं। समुद्र की लहरों की तरह हमारा होना और नहीं हो जाना है। एक लहर उठती है वह अपने को जान भी नहीं पाती है तब तक फिर समुद्र में विलीन हो जाती है। लहरें चाहें बड़ी हो या छोटी हो लेकिन कोई भी लहर अपने आपको नहीं जान पाती है। लहर कैसे जान सकती है अपने आपको क्योंकि वह सागर का अंश है। कुछ क्षण लहर को यह भ्रम जरूर होता है कि मै सागर से अलग हूं, दूसरी लहरों से अलग हूं, लेकिन शीघ्र हीं उसका यह भ्रम टूट जाता है जब वह समुद्र से एक हो जाती है।

ठीक इसी समुद्र की लहरों की भांति हमारा होना और नहीं होना है। इस समुद्र में लहरें बनती और मिटती रहती हैं, लेकिन समुद्र अपने स्थान पर शांत रहता है। कोई बड़ी लहर उठती है तो भी समुद्र शांत रहता है, और कोई छोटी लहर उठती है तो भी समुद्र शांत रहता है। इन लहरों के उठने या गिरने से समुद्र पर कोई असर नहीं पड़ता है, क्योंकि उसे पता होता है जो लहर उठ रही है वह भी मैं हूं, और जो लहर गिर रही है वह भी मैं हूं। जिसने अपने आपको लहर की भांति मान लिया उसके जीवन में उतार चढाव आएगा, सुख दुख का आना और जाना लगा हीं रहेगा और वह इससे प्रभावित होता हीं रहेगा। लेकिन जिसने अपने आपको समुद्र की भांति जान लिया उसके जीवन में स्थिरता आ जायेगी।

आप समुद्र हैं, लहर नहीं। लेकिन आपने अपने आपको लहर मान लिया है इसलिए यह उतार चढ़ाव, सुख दुख, जन्म मृत्यु, शोक खुशी, मान अपमान आपको प्रभावित करते रहते हैं। आप आकाश हैं, इस आकाश पर बनते बिगड़ते बादल नहीं, लेकिन आपने अपने आपको बादल मान लिया है इसलिए कभी होने का अहंकार होता है और कभी नहीं हो जाने के लिए पीड़ा होती है। बादल तो आते जाते रहते हैं, लेकिन आकाश वैसा का वैसा हीं होता है। ठीक इसी तरह से आप परमात्मा हैं मनुष्य नहीं, लेकिन आपने अपने आपको मनुष्य मान लिया है, इसलिए आप द्वंद के बीच अटक कर के रह गए हैं। जब तक आप अपने आपको कुछ न कुछ मानते रहते हैं तब तक आप नहीं होते हैं, केवल भ्रम होता है। लेकिन जैसे हीं आप यह स्वीकार कर लेते हैं आप नहीं हैं, उसी क्षण आप आप हो जाते हैं।

आप नहीं हैं और यही आपका स्वभाव है, लेकिन आपने अपने आपको कुछ मान लिया है इसलिए जीवन में इतना दुख है। आप क्या हैं...? और ज्यादा से ज्यादा क्या हो जायेंगे...? आप ज्यादा ज्यादा वहीं हो सकते हैं जो आप नहीं है, लेकिन यह कुछ हो जाने की कोशिश छूट जाए तो आप वह हो सकते हैं जो आप नहीं हैं। और यदि जीवन रहते हीं आपने यह जान लिया कि आप नहीं हैं तो कौन सा दुख है जो आपको दुखी कर सकता है, और कौन सी पीड़ा है जो आपको पीड़ा पहुंचा सकती है। नहीं ऐसा कोई भी दुख, और पीड़ा नहीं है जिससे दुख और पीड़ा मिल सकती है। असल में देखा जाए तो आप दुखी हीं तब होते है जब आप अपने आपको कुछ मानते हैं। यह मान अपमान तब आते हैं जब आप अपने आपको कुछ मानते हैं। आप अपने आपको कुछ मत मानिए यह मान अपमान आपको प्रभावित नहीं कर सकते हैं।

यह कृति अप कृति उसे हीं प्रभावित करते हैं जिसने अपने आपको कुछ मान लिया है, लेकिन यह कृति अप कृति उसे प्रभावित नहीं करते हैं जिसने अपने आपको कुछ माना हीं नहीं है। जो जितना अपने आपको कुछ मानता है उतना हीं उसके लिए नरक

निर्मित होता चला जाता है। जो जितना अपने आपको नहीं मानता है उसके लिए उतना हीं स्वर्ग निर्मित होता चला जाता है। और जो अपने आपको कुछ नहीं मानता है उसके लिए अभी और इसी समय मोक्ष है। इसे ऐसा समझें कि जितना मैं हूं उतना हीं नरक में हूं, और जितना मैं नहीं हूं उतना हीं स्वर्ग में हूं। और जब मैं पूर्णत: नहीं हो जाता हूं तो मोक्ष है।

नरक, स्वर्ग और मोक्ष उसे प्रभावित करते हैं जो इससे प्रभावित होते हैं लेकिन नरक, स्वर्ग और मोक्ष उसे प्रभावित नहीं कर पाते हैं जो इससे प्रभावित नहीं होता है। इन तीनों का प्रभाव उन्हीं पर पड़ता है जो अपने आपको कुछ मानते हैं, लेकिन इन तीनों का प्रभाव उस पर नहीं पड़ता है जो अपने आपको कुछ मानता हीं नहीं है। कुछ लोग पाप कर्म करके नरक के भय से घबराते हैं। कुछ लोग पुण्य कर्म करके स्वर्ग जाने की कल्पना करते रहते हैं, और कुछ लोग ऐसे भी हैं जो मोक्ष प्राप्त करने के लिए तरह तरह के पूजा पाठ, यज्ञ हवन इत्यादि करते रहते हैं। मृत्यु के बाद नरक, स्वर्ग और मोक्ष हो या न हो, लेकिन अभी और इसी क्षण स्वर्ग, नरक और मोक्ष जरूर है। हर प्राणी अपने पाप और पुण्य कर्मों के फलस्वरूप नरक और स्वर्ग अभी और यहीं भोग लेता है। और अकर्म के कारण मोक्ष का आंनद भी उठा लेता है।

कामनाएं तरह तरह के आडंबर रचवाती हैं, लेकिन क्या आडंबर रचने से कामनाएं पूरी होती हैं। कोई कितना हीं अपनी कामनाओं की पूर्ति के आडंबर रच ले, लेकिन उसकी कामनाएं अधूरी की अधूरी रह जाती हैं। अनेक लोग इच्छित फल प्राप्त करने के लिए तरह तरह के पूजा पाठ करते हैं, निरीह प्राणियों की बलि देते हैं, लेकिन क्या उन्हे इच्छित फल मिलता है...? नहीं, इच्छित फल कभी भी नहीं मिलता है, लेकिन इच्छित फल मिल जाने का भ्रम जरूर सघन हो जाता है। और जितना यह भ्रम सघन होता चला जाता है उतना यह आडंबर और बढ़ता चला जाता है। इस आडंबर के कारण किसी को लाभ हो या न हो, लेकिन नुकसान जरूर होता है।

विवाह के पहले कुंडली मिलान किया जाता है ताकि विवाह के बाद पति पत्नी सुखमय जीवन व्यतीत कर सकें, लेकिन क्या कुंडली मिलाने से विवाह के बाद पति पत्नी सुखमय जीवन व्यतीत करते हैं...? नहीं, कुंडली मिला देने से पति पत्नी का जीवन सुखमय नहीं हो जाता है, और यदि कुंडली मिला देने पति पत्नी का जीवन सुखमय हो जाता तो पति पत्नी जीवन भर एक दूसरे से इतना कलह क्यों करते। जहां दो लोग हैं वहां कलह होना स्वाभाविक है। इस कलह को तभी दूर किया जा सकता है जब दोनों लोग अपेक्षा शून्य हो जाएं। पति पत्नी के बीच जब एक दूसरे के प्रति सारी अपेक्षाएं गिर जाती हैं तब उनके जीवन में कलह का कोई स्थान नहीं होता है।

यदि सुखमय और शांत पारिवारिक जीवन व्यतीत करना है तो सभी अपेक्षाओं को शून्य कर देना हीं बुद्धिमानी है। और यदि अशांत परिवारिक जीवन व्यतीत करना है

तो सभी प्रकार की अपेक्षाओं से भर जाना हीं मूढ़ता है। यदि अपेक्षाएं हैं तो उनकी पूर्ति होकर भी नहीं होती है, और जब पुरी नहीं होती हैं तो यहीं दुख का कारण भी बन जाती है। अपेक्षाएं निर्मित होती हैं टूटने के लिए, और जब टूटती हैं तो दुख देती हैं। आज तक न किसी की अपेक्षाएं पूरी हुई हैं, और ना आगे हो सकेंगी। और यदि दुख से मुक्त होना है तो पहले अपेक्षाओं से मुक्त होना जरूरी है। सारे दुख की जड़ अपेक्षा है, और यदि आप इस जड़ को नहीं उखाड़े और ऊपर ऊपर से दुख के वृक्ष को काटते रह गए तो दुख का अंत नहीं हो सकता है। दुख तभी जीवन से विदा है जब इस दुख की जड़ को उखाड़ कर फेक दिया जाता है।

कुंडली मिलाने से वैवाहिक जीवन सुखमय नहीं होता है, बल्कि अपेक्षाओं के जड़ को उखाड़ देने से वैवाहिक जीवन सुखमय होता है। और यदि कुंडली मिलाने से वैवाहिक जीवन सुखमय हो जाता तो अपने आस पास उनका वैवाहिक जीवन देखिए जिनका विवाह कुंडली मिलाने से हुआ है। जिनका भी कुंडली मिलाने से विवाह हुआ है क्या वे लोग सुखी जीवन व्यतीत कर रहे हैं...? नहीं, और तो और जो लोग अब तक अनेक वर कन्या की कुंडली मिला चुके हैं वे लोग भी वैवाहिक जीवन सुखमय व्यतित करने में असफल हो चुके हैं।

विवाह के पहले युवक और युवती खुश होते हैं, लेकिन विवाह के बाद सारी खुशी हवा की भांति गायब हो जाती है। जो चेहरे विवाह के पहले खिले हुए रहते हैं वह विवाह के बाद मुरझा जाते हैं। जिंदगी रूठ जाती है, क्योंकि एक दूसरे की अपेक्षाएं एक दूसरे पर हावी होने लगती है। जो विवाह के पहले प्रिय था वह विवाह के बाद अप्रिय लगने लगता है, और जिसके साथ घंटों बैठकर प्रेम की बातें किया करते थे वही अब कांटे की तरह चुभने लगता है। और जिसके साथ सात जन्मों तक साथ निभाने के लिए वादा किया था वह वादा विवाह के बाद टूटता हुआ नजर आता है। भीतर दर्द है, लेकिन यह दर्द कोई देख न ले इसके लिए इस दर्द के उपर मोटी चादर डाल लेते हैं। भीतर आशुओं का अंबार छुपा है, लेकिन बाहर से मुस्कान ओढ़ लेते हैं। और जब यही दर्द और आंसू बाहर निकल पड़ते हैं तो बनावटी चेहरा गिर जाता है।

यहां हर रूह प्यासी और हर दिल घायल है, लेकिन सभी अपने अपने चेहरे पर हजार तरह के चेहरे लगा कर घूम रहे हैं। जरा इनके चेहरे को गौर से देखें इनके चेहरे के पीछे छुपा हुआ असली चेहरा सामने आ जाएगा। एक तरफ आदमी घर परिवार में लड़ता हुआ नजर आता है तो दूसरी तरफ आदमी घर से बाहर निकलते समय हजार तरह के मुखौटे लगाकर चल पड़ता है ताकि दूसरे उसे पहचान नहीं सकें। ऐसा नहीं है कि लोग उसे पहचान नहीं पाते हैं। नहीं, लोग उसे पहचान लेते हैं लेकिन उसे कुछ

कहते नहीं हैं, क्योंकि जो वह कर रहा होता है, वह लोग भी कर रहे होते हैं। सभी लोग एक दुसरे से भयभीत हैं, लेकिन सभी लोग जीए चले जा रहे हैं।

जीवन अपने आप में एक महान अवसर है, लेकिन इस जीवन यात्रा में इतना भय क्यों...? यह भय इसलिए हैं, क्योंकि कुछ दो कौड़ी की अपेक्षाएं है, और कुछ दो कौड़ी की कामनाएं हैं। हम एक तरफ कौड़ियों को इकट्ठे करते रहते हैं और दूसरी तरफ यह अमूल्य जीवन कब बीत जाता है यह भी पता नहीं चलता है। आखिर हम इन दो कौड़ी की अपेक्षाएं, और कामनाएं लेकर क्या पा लेते हैं कुछ भी तो नहीं। जिसकी बड़ी अपेक्षाएं हैं वह भी खाली हाथ रह जाता है, और जिसकी छोटी अपेक्षाएं हैं वह भी खाली हाथ रह जाता है। जिसकी कुछ कामनाएं पूरी होती हैं वह भी खाली हाथ रह जाता है, और जिसकी कामनाएं पूरी नहीं हो पाती हैं वह भी खाली हाथ रह जाता है।

यहां गरीब भी खाली हाथ रह जाता है, और अमीर भी खाली हाथ रह जाता है। यहां जो अपने आपको ज्ञानी मानता है वह भी खाली हाथ रह जाता है, और जो अपने आपको अज्ञानी मानता है वह भी खाली हाथ रह जाता है। मृत्यु वह सब छीन लेती है जो हम इकठ्ठा करते हैं, मृत्यु वह सारे संबध तोड़ देती है जो संबंध हम निर्मित करते हैं। मृत्यु हर उस किए को अनकिए में बदल देती है जो बाहर के जगत में हम करते हैं। लेकिन मृत्यु उसे नहीं छीन पाती है जो आंतरिक जगत में पाया जाता है। बाहर जो करने से मिलता है उसका मूल्य है, लेकिन भीतर जो न करने से मिलता है उसका कोई मूल्य नहीं है, क्योंकि वह दूसरे आयाम का है। बुद्ध और महावीर को आखिर महल छोड़कर मिला क्या...? उसका इस जगत में मूल्य नहीं लगाया जा सकता है, क्योंकि यहां उसी का मूल्य लग सकता है जो इस जगत का है। लेकिन उसका मूल्य नहीं लग सकता है जो इस जगत का नहीं है।

बुद्ध और महावीर को लोगों ने क्या क्या नहीं कहा, लेकिन बुद्ध और महावीर लोगों के कहने या ना कहने से प्रभावित नहीं हुए। बुद्ध को लोगों ने बुद् और नालायक कहा और महावीर को लोगों ने नंगा लुच्चा कहा। यह जो बुद्, नालायक, नंगा लुच्चा शब्द है शायद प्रथम बार बुद्ध और महावीर के लिए हीं निर्मित हुआ होगा। इतना स्मरण रहे कि लोग तब भी कहते हैं जब आप कुछ करते हैं, और लोग तब भी कहते हैं जब आप कुछ नहीं करते हैं। लोग तब भी गाली देंगे जब आप अच्छा करेंगे, और लोग तब भी गाली देंगे जब आप कुछ गलत करेंगे। यह सही और गलत का दृष्टिकोण लोगों की अपनी अपनी सोच है। जो चीज किसी के लिए सही होती है वही चीज किसी के लिए गलत भी हो जाती है।

लोग क्या कहते हैं इसके उपर आप मत जाएं, क्योंकि लोगों ने बुद्ध, महावीर, कृष्ण, जीसस, मोहमद, कबीर और मीरा को नहीं छोड़ा तो आपको कैसे छोड़ेंगे। आज तक

जितने भी संत हुए, सदगुरु हुए लोगों ने किसी को भी नही छोड़ा। संत जब तक जीवित रहता है तब तक लोग उसे गाली देते हैं, क्योंकि वह जीवन का आइना होता है और उसमें अपनी बुराई दिखाई देने का भय बना रहता है। और जब यही संत इस संसार को अलविदा कह देता है तो लोग उसकी पूजा करना शुरू कर देते हैं। बुद्ध जब थे तब उनकी शांति किसी को नहीं भाई, लेकिन जब बुद्ध चले गए तो उनकी शांति लोगों को भाने लगी। कृष्ण जब थे तब उनका सहज जीवन और ज्ञान नहीं भाया, लेकिन जब कृष्ण चले गए तो उनका सहज जीवन और ज्ञान लोगों को भाने लगा।

आप क्या करते हैं, किस धर्म से हैं, किस जाति के हैं, किस देश से हैं या स्त्री हैं अथवा पुरुष यह मायने नहीं रखता है, बल्कि मायने तो यह रखता है कि जहां भी आप हैं, और जो भी आप हैं, और जो भी करते हैं उसमें होश है या बेहोशी है। अगर आप होश में हैं तो आप जहां भी हैं, और जैसे भी आप है, और जो भी करते हैं वह सही है। क्योंकि होश में वही रह जाता है जो सही है, और वह अपने आप गिर जाता है जो गलत है। ना तो यह पृथ्वी कहीं बंटी हुई है, और ना तो यह आकाश कहीं बंटा हुआ है। आप जहां भी हैं वहीं यह आकाश आपको घेरे हुए है, संभाले हुए है। आपके बाहर तो आकाश हैं हीं साथ हीं साथ आपके भीतर भी यह आकाश है। आप इस आकाश का अनुभव करें, और जितना हो सके इससे एक होने की कोशिश करें। जब कोई आकाश के साथ एक होने की कोशिश करने लगता है तो आकाश भी उसकी तरफ बाहें फैला देता है।

परमात्मा कैसा है यह मैं नहीं जानता, और उसकी कब उत्पति हुई यह भी नहीं जानता, और परमात्मा के पहले क्या था यह भी मैं नहीं जानता, लेकिन वह शायद आकाश की भांति होगा। इसलिए सभी कुछ इसी आकाश से अस्तित्व में आता है और सभी कुछ अनन्तः इसी आकाश में विलीन भी हो जाता है। इस आकाश में सभी कुछ बनता मिटता रहता है, लेकिन आकाश पर ना तो किसी के बनने के चिन्ह निर्मित होते हैं, और ना किसी के मिटने के चिन्ह निर्मित होते हैं। आकाश उस कोरे कागज की भांति है जिस पर कुछ लिखा नहीं जा सकता है। इस आकाश के संबंध में मै कुछ नहीं कह सकता, क्योंकि इसके लिए कोई शब्द हीं निर्मित नहीं होते हैं।

इस सृष्टि की ओर गौर से देखें सभी कुछ न कुछ होना चाहते हैं, सभी कहीं न कहीं पहुंचना चाहते हैं लेकिन आकाश ना कहीं पहुंचना चाहता है, और ना हीं कुछ होना चाहता है। क्योंकि आकाश जैसा आज है, वैसा पहले भी था, और आगे भी वैसा हीं होगा। सभी कामनाएं यहां तक कि कामनाओं की त्याग की कामना भी भटका देती हैं। जो लोग धन चाहते हैं वह तो भटक हीं जाते हैं, लेकिन जो धन को छोड़कर धर्म को चाहने लगते हैं वह भी भटक जाते हैं। जो सुख चाहते हैं वह तो भटकते हीं हैं, लेकिन

जो सुख को छोड़कर मोक्ष को चाहने लगते हैं वह भी भटक जाते हैं। आपने संसार का सुख चाहा, या स्वर्ग का सुख चाहा, या इन दोनों को छोड़कर मोक्ष चाहा उससे क्या फर्क पड़ता है, क्योंकि सभी जगह आपकी चाह मौजूद है। और जब तक चाह है तब तक आकाश की तरह स्थिरता नहीं आ सकती है।

आकाश की कोई चाह नहीं है, इसलिए वह स्थिर है, और जब तक आप अपने भीतर के आकाश से एक नहीं हो जाते हैं तब तक जीवन कभी इस चाह में, कभी उस चाह में व्यतीत होता चला जाएगा। ऐसा नहीं है कि जब सभी चाहें गिर जाती हैं तो कोई नहीं जीता है। नहीं ऐसा नहीं है, जब सभी प्रकार की चाहें गिर जाती हैं तब भी कोई जीता है, उससे भी कर्म होता है लेकिन उसके भीतर स्थिरता आ जाती है। स्थितप्रज्ञ व्यक्ति भी दूसरे की तरह भोजन करता है, कपड़े पहनता है, उठता बैठता है, उसका भी सांसारिक जीवन होता है, लेकिन उसके भीतर कुछ करने की, कुछ पाने की आकांक्षा शेष नहीं रहती है। स्थितप्रज्ञ व्यक्ति किसी कर्म का कर्ता नहीं होता है, बल्कि उससे जो भी होनेवाला है वह हो जाता है, और जो नहीं होनेवाला है वह नहीं होता है।

एक जीवन है बाहर का, और एक जीवन है भीतर का। कुछ लोग बाहर जीते हैं, कुछ लोग भीतर जीते हैं। जो लोग बाहर जीते हैं उनके जीवन में सुख दुख आते जाते रहते हैं, मान अपमान से प्रभावित होते रहते है। कभी चित चिंताग्रस्त होता है तो कभी चित चिंतामुक्त होता है। लेकिन जो लोग भीतर जीते हैं वे बाहर के जीवन से प्रभावित नहीं होते हैं, क्योंकि उनकी कोई दौड़ नहीं होती है। जो भीतर जीते हैं उनके संबंध में वे हीं लोग जान पाते हैं जो भीतर के जीवन से परिचित हों। संत का जीवन भीतर का जीवन होता है, इसलिए बाहर के जगत में उसका कोई परिणाम घटित नहीं होता है। संत का जीवन पक्षियों की तरह है वे आकाश में उड़ते तो जरूर हैं, लेकिन आकाश पर अपना पदचिन्ह नहीं छोड़ते हैं।

भीतर का जीवन शाश्वत जीवन है, समयातित जीवन है। भीतर के जीवन की कहीं कोई रेखा निर्मित नहीं होती है, इसलिए भीतर का जीवन दिखाई नहीं पड़ता है। संत अपने भीतर जीता है, वह आता है और चला जाता है, लेकिन उसका पता शायद हीं किसी को चल पाता है। अगर हम बाहर की दृष्टि से देखें तो संतों ने कुछ किया नहीं है, लेकिन उन्होंने कुछ न करके कुछ गलत भी नहीं किया है। असल में देखा जाए तो कुछ करने की महत्वकांक्षा से वही ग्रस्त होते हैं जो बाहर जीते हैं। और महत्वकांक्षा से वही ग्रस्त होते हैं जो अपने आपको कुछ न कुछ मानते रहते हैं। संत अपने आपको कुछ नहीं मानता है, इसलिए वह किसी कर्म का कर्ता नहीं होता है। संत अपने आपको मिटा कर जीता है, इसलिए उसे यह पता हीं नहीं चलता है कि उसने कुछ किया है।

मृत्यु तो उसे हीं मिटा सकती है जो है, लेकिन जो मृत्यु से पहले हीं नहीं हो गया हो उसे मृत्यु भी नहीं मिटा सकती है। सिकंदर जब भारत आ रहा था तो उसके गुरु अरस्तू ने सिकंदर से कहा तुम भारत जा रहे हो तो वहां से एक संत अपने साथ लेकर आना। सिकंदर अपने गुरु की बात मानकर भारत विजय के अभियान के पर निकल पड़ा। जब वह भारत से जाने लगा तो उसे अपनी गुरु की बात याद आई। जैसे हीं गुरु की बात याद आई तो उसने चार पांच सैनिकों को आदेश दिया की जाओ, और कहीं से भी एक संत को लेकर आओ। सैनिक पता लगाते लगाते एक गांव के बाहर गए तो वहां एक टूटी फूटी झोपड़ी थी, और उस झोपडी में फटे पुराने वस्त्रों में एक आदमी विश्राम कर रहा था।

सैनिकों को आया देखकर उस आदमी के हाव भाव में कोई भी परिवर्तन नहीं आया। एक तरफ सैनिकों की हाथ में चमचमाती हुई तलवारें थी तो दूसरी तरफ एक निहत्था आदमी निर्भीक अवस्था में उनके सामने हीं विश्राम कर रहा था। जब वह आदमी कुछ नहीं बोला तो सैनिकों को हीं आखिर अपनी चुप्पी तोड़नी पड़ी। एक सैनिक बोला तुम्हे इसी समय हमारे साथ चलना होगा, क्योंकि बादशाह सिकंदर ने तुम्हे बुलाया है। वह आदमी बोला मैं किसी सिकंदर को नहीं जानता, क्योंकि ऐसे ऐसे बहुत से सिकंदर आए, और चले गए। और रही बात चलने की तो मुझे कोई लेकर नहीं जा सकता क्योंकि ना तो मैं कहीं अब जाता हूं, और ना हीं कहीं से आना पड़ता है। तुम जाओ अपने सिकंदर कह दो कि मैंने उसका प्रस्ताव ठुकरा दिया है।

उस आदमी की ऐसी बातें सुनकर सैनिक भी भयभीत हो गए, और लौट कर अपना सारा वृतांत सिकंदर को सुना दिए। सिकंदर सैनिकों ऐसी बातें सुनकर क्रोध के मारे पागल हो गया, और वह खुद चार पांच सैनिकों को लेकर चल पड़ा। जब सिकंदर उस आदमी के पास गया तो उसे देखकर हतप्रभ रह गया। एक तरफ कहां सिकंदर सजीले वस्त्रों तथा कीमती गहनों से सुसज्जित था तो दूसरी तरफ कहां फटे पुराने गंदे वस्त्रों में शांत और निर्भीक अवस्था वह आदमी विश्राम कर रहा था। सिकंदर बहुत लोगों से मिला था, एक से एक सम्राटों से उसका आमना सामना हुआ था, लेकिन ऐसा व्यक्ति कहीं भी उसे नहीं मिला था। सिकंदर चकित था, क्योंकि उस व्यक्ति की छवि फटे पुराने वस्त्रों में भी किसी को अपनी तरफ आकर्षित कर देने वाली थी।

सिकंदर क्रोधित अवस्था में चला था उसे मारने के लिए, लेकिन यहां आकर उसे पता चला वह खुद हीं शिकार हो गया है। जब सिकंदर कुछ नहीं बोला तो आखिरकार उस आदमी ने हीं अपनी चुप्पी तोड़ी। वह आदमी बोला कि क्यों आए हो यहां...? उस व्यक्ति की बात सुनकर सिकंदर को जैसे झटका सा लगा, क्योंकि इस तरह निर्भीक होकर उससे किसी ने बात नहीं किया था। सिकंदर बोला – मैं आपको अपने साथ ले

जाने के लिए आया हूं, क्योंकि यहीं मेरे गुरु का आदेश है। वह व्यक्ति बोला – कौन है तुम्हारा गुरु...? सिकंदर ने उतर दिया... अरस्तू। वह व्यक्ति बोला... ओह... तो अरस्तू ने मुझे याद किया है आखिर उसे मेरी जरूरत क्यों पड़ गई...? सिकंदर बोला... यह मैं नहीं जानता, लेकिन आपको मेरे साथ चलना होगा।

सिकंदर की ऐसी बातें सुनकर वह व्यक्ति बोला कि जब अरस्तू ने मुझे याद किया है तो मुझे जाना होगा, लेकिन अभी नहीं जा सकता, क्योंकि अभी मेरे जाने का वक्त नहीं आया। तुम ऐसा करो सिकंदर, तुम अभी जाओ मैं कुछ दिन बाद आऊंगा। उस आदमी की ऐसी बातें सुनकर सिकंदर बोला... नहीं आपको अभी मेरे साथ चलना होगा, क्योंकि मैं ना सुनने का आदी नहीं हूं। वह व्यक्ति बोला... कहा न कि अभी जाने का वक्त नहीं आया, इसलिए अभी नहीं जा सकता। और क्यों तुम बेकार की जिद कर रहे हो! सिकंदर को किसी से ना सुनना पसंद नहीं था, इसलिए उसे क्रोध आ गया। सिकंदर क्रोधित अवस्था में बोला... तुम्हे मेरे साथ चलना हीं होगा, और अगर नहीं चलोगे तो यह तलवार देख रहे हो ना इसी तलवार से तुमको टुकड़े टुकड़े कर दूंगा।

सिकंदर की ऐसी बातें सुनकर वह आदमी मुस्कराया और बोला...तुम नाहक हीं परेशान हो रहे हो, क्योंकि तुम जिसे ले जाना चाहते हो वह नहीं जा सकता है। और रही बात टुकड़े टुकड़े करने की तो मैं पहले हीं उसे टुकड़े टुकड़े कर चुका हूं। तुम उसे लेकर जा सकते हो जो आज है कल नहीं रहेगा, लेकिन उसे लेकर जाने का कोई उपाय नहीं है जो कल भी था, आज भी है और आने वाले कल में भी रहेगा। नहीं सिकंदर तुम हार जाओगे... लेकिन तुम मुझे अपने साथ नहीं लेकर जा सकोगे।

और मैंने सुना है कि तुम विश्व विजय अभियान पर निकले हो... तो तुम एक बात सुन लो तुम विश्वविजेता कभी भी नहीं बन पाओगे। तुम यहां आए हो ठीक है, लेकिन तुम यहां से अपनी राजधानी नहीं पहुंच सकोगे, क्योंकि यह तुम्हारी अंतिम यात्रा है। वह आदमी इतना बोलने के पश्चात सिकंदर को चले जाने का इशारा किया। सिकंदर हक्का बक्का कुछ बोला भी नहीं, और वापस अपने राजधानी की ओर चल पड़ा। वह जब राजधानी की ओर आ रहा था तो आधे रास्ते में हीं उसकी मृत्यु हो गई।

यह यात्रा ऐसी है कि कभी पूरी नहीं होती है। अनेक बार लोग आते हैं, हर बार यात्रा पूरी करने की जिद करते हैं, लेकिन यात्रा अधूरी हीं रह जाती है। मूढ़ वह है जो यात्रा पूरी करने की जिद पर अड़ा रहता है, और बुद्धिमान वह है जो यात्रा को बीच में हीं रोक देता है। मूढ़ कहता है सफल होकर रहूंगा, और बुद्धिमान कहता है यहां सफल होकर भी कौन सफल होता है। सच तो यह है कि यहां कोई सफल नहीं होता है सभी असफल हो जाते हैं। जो पुरी दुनियां का धन इकठ्ठा कर लेते हैं वह भी असफल हो जाते हैं, और जो धन को त्याग कर धर्म की ओर बढ़ते हैं वह भी असफल हो जाते हैं।

ज्ञान प्रकाश और दर्पण की भांति है। इसके सामने जो भी जाता है उसकी छवि झलक जाती है। प्रकाश और दर्पण का अपना कोई चित्र नहीं होता है, क्योंकि दर्पण भी खाली है, और प्रकाश भी खाली है। इस खालीपन के आगे जो जैसा आता है वह वैसा हीं दिखाई देने लगता है। ज्ञान के पास अपनी कोई धारणा नहीं होती है, बल्कि वह सब धारणाओं से मुक्त होता है। इसलिए सच्चा ज्ञानी वही है जिसकी कोई धारणा नहीं है। साधारणतः जिनको हम ज्ञानी समझते हैं वे वही लोग हैं जो अनेक धारणाओं से बंधे हुए हैं। और जो धारणाओं से बंधा हुआ है वह पक्षपात से भी भरा हुआ है।

यहां कोई हिंदू है, कोई मुसलमान है, कोई बौद्ध है तो कोई ईसाई है। हिंदू गीता को मानता है, मुसलमान कुरान को मानता है, बौद्ध धमपद को मानता है, और ईसाई बाइबिल को मानता है। सबकी अपनी अलग अलग मान्यता है, धारणा है। जब ये लोग सत्य के पास अपनी अपनी धारणा लेकर पहुंचते हैं तो सत्य को अपने अनुसार देखने की कोशिश करते हैं। लेकिन धारणा से, मान्यता से सत्य मिलने वाला होता तो कभी का सत्य मिल गया होता, और आज इस दुनियां में अपूर्व शांति छा गई होती। कहीं कोई युद्ध का वातावरण निर्मित नहीं होता।

सत्य किसी के पीछे छाया बनकर थोड़े हीं चलता है कि वह पीछे मुड़े और देख ले। सत्य ना तो किसी के पीछे छाया बनकर चलता है, और ना सत्य किसी प्रकार के धारणाओं में ढलता है। इसलिए सत्य का साक्षात्कार वही कर पाता है जो सभी धारणाओं से मुक्त है। और परमात्मा तक भी वे हीं पहुंच पाते है जिनके मन में परमात्मा की कोई प्रतिमा नहीं है। ऐसे लोग जब परमात्मा तक पहुंचते हैं तो परमात्मा उन्हे किसी भी रूप में या अरुप में दिखाई देने लगता है। सभी रूप परमात्मा के हैं, लेकिन परमात्मा किन्ही रूपों में बंधा हुआ नहीं है। परमात्मा सभी जगह है, लेकिन वह किसी जगह से बंधा हुआ नहीं है। और अगर परमात्मा भी किसी रूप, और किसी जगह से बंध जाए तो वह परमात्मा नहीं है।

यह जो धारणा है, मान्यता है यह और कुछ नहीं, बल्कि वह सूक्ष्म अहंकार है जो न तो दिखाई देता है, और ना हीं जल्दी पकड़ में आता है। हम जन्मों जन्मों तक इन्हीं धारणाओं, मान्यताओं से बंधे रहते हैं, और इनसे बंधने का परिणाम यह होता है कि ना तो हम सत्य तक पहुंच पाते हैं, और ना हीं अपने इस अहंकार को महसूस कर पाते हैं। इन्हीं धारणाओं और मान्यताओं के कारण हम हर जन्म में चूकते चले जाते हैं। कभी किसी जन्म में कृष्ण से सामना होता है तो उन्हें भी हम अपनी धारणाओं के कारण गाली देते हैं। कभी किसी जन्म में बुद्ध और महावीर से सामना होता है तो उनपर भी हम पत्थर फेकते हैं। और कभी किसी जन्म में सुकरात से सामना होता है तो उसे भी हम बुरा भला कहते हैं। और इस तरह हम हर जन्म में सत्य से चूकते चले जाते हैं।

ऐसा नहीं है कि कभी सत्य तक पहुंचने की प्यास नहीं जगती है। नहीं, बल्कि ऐसा है कि हर बार जब भी जन्म होता है तो सत्य की प्यास कभी न कभी जगती है, लेकिन हम हर जन्म में धारणाओं से बंधे होने के कारण सत्य तक पहुंचने से चूक जाते हैं। यह चूक इसलिए होती है, क्योंकि सत्य को भी अपनी धारणाओं के अनुसार पाना चाहते हैं। हम चाहते हैं कि ज्ञान भी हमारी धारणाओं से मेल खाए। हम चाहते हैं कि परमात्मा भी हमारे मान्यता के अनुसार मेल खाए। लेकिन ना तो ज्ञान हमारी धारणाओं के अनुसार हो सकता है, और ना हीं परमात्मा हमारी धारणाओं के अनुसार हो सकता है। सच तो यह है कि जब हमारी सभी धारणाएं और मान्यताएं गिर जाती हैं तब ज्ञान की ज्योति प्रकट होती है, और उसी ज्योति में परमात्मा की झलक दिखाई देती है।

हमारी स्वीकृति से न तो यह प्रकृति चलती है, और ना हमारी स्वीकृति से यह अस्तित्व विद्यमान है। हमारी स्वीकृति के बिना यह अस्तित्व भी पूरा है, और हमारी स्वीकृति के बिना यह प्रकृति भी परिपूर्ण है। ना तो हमारी धारणाएं ज्ञान पर प्रक्षेपित होती है, और ना हमारी मान्यताएं सत्य पर प्रक्षेपित होती हैं। जब हम धारणाओं में नहीं बंधे थे तब भी ज्ञान इसी तरह था, और जब हम धारणाओं से मुक्त हो जायेंगे तब भी ज्ञान ऐसा हीं होगा। हमारी सबसे बड़ी भूल यही है कि हम सत्य को भी चाहते है यह हमारी धारणाओं के अनुसार हो। और परमात्मा को ऐसे देखना चाहते हैं कि वह हमारी मान्यता के अनुसार दिखाई दे। लेकिन ना तो सत्य हमारी धारणाओं के अनुसार होता है, और न परमात्मा हमारी मान्यताओं के अनुसार होता है।

जब तक अंश मात्र भी धारणा है तब सत्य दिखाई नहीं देता है। जब तक थोड़ी भी मान्यता शेष है तब तक परमात्मा आखों से ओझल रहता है। लेकिन जैसे हीं सभी धारणाएं, और मान्यताएं गिर जाती है वह प्रकट हो जाता है। ऐसा नहीं है कि सत्य को पाने के लिए हजारों वर्षों तक तपस्या करनी पड़ती है। और ऐसा नहीं है कि परमात्मा को पाने के लिए जगह जगह भटकना पड़ता है। नहीं ऐसा नहीं है, बल्कि ऐसा है कि सत्य भी हमें मिला हुआ है, ज्ञान भी हमें मिला हुआ है, और परमात्मा भी मिला हुआ है। ना तो सत्य से हम अलग हैं, न तो ज्ञान से हम अलग हैं, और ना परमात्मा से हम अलग हैं। क्योंकि सत्य भी हमारा स्वभाव है, ज्ञान भी हमारा स्वभाव है और परमात्मा भी हमारा स्वभाव है।

इसे ऐसा समझें जब तक हम सूरज की तरफ पीठ करके चलते रहते हैं तब तक सूरज दिखाई नहीं देता है। चाहें हम सूरज से कितना भी दूर क्यों न निकल जाएं, लेकिन क्या वास्तव में हम सूरज से दूर निकल पाते हैं। नहीं हम सूरज से दूर नहीं निकल पाते हैं, क्योंकि जब हम अपने घर के पास रहते हैं तब भी सूरज का प्रकाश घर के पास दिखाई देता है। और जब हम इस दुनियां के एक कोने से दूसरे कोने में

चले जाते हैं तब भी सूरज का प्रकाश दिखाई देता हैं। अब यदि धारणाओं के अनुसार देखें तो हम सूरज से बहुत दूर निकल गए हैं, और इसलिए सूरज को देखने के लिए पुनः उतनी हीं दूरी तय करनी पड़ेगी तब जाकर सूरज दिखाई देगा। धारणाएं भले कुछ भी कहें, लेकिन सूरज को देखना है तो ना तो कहीं जाना है, और ना हीं यात्रा करनी है, बल्कि हम जहां खड़े हैं वहीं से अपना चेहरा सूरज की तरफ करके सूरज को देख सकते हैं। ठीक इसी तरह हमारा स्वभाव है, भले हीं हम लाखों जन्मों से स्वभाव की तरफ पीठ करके चले आ रहे हों, लेकिन एक हीं क्षण में स्वभाव के तरफ चेहरा हो सकता है।

यह संसार क्या है...? यह मोक्ष क्या है...? नरक और स्वर्ग क्या है...?

स्वभाव के तरफ पीठ कर लेना संसार है। स्वभाव से एक हो जाना मोक्ष है। स्वभाव के विरुद्ध जाना नरक है। और स्वभाव के अनुसार हो जाना स्वर्ग है। भले हीं कोई अनंत जन्मों से स्वभाव की तरफ पीठ किए हुए चला आ रहा हो, लेकिन यदि उसे स्मरण आ जाए तो वह एक हीं क्षण में स्वभाव की तरफ चेहरा कर सकता है। स्वभाव का स्मरण आ जाना हीं ज्ञान है, और उससे एक हो जाना हीं मोक्ष है। स्वभाव के स्मरण के लिए कोई लाखों जन्मों तक भटक सकता है, और किसी के लिए एक जन्म भी पर्याप्त है। जो जिस क्षण तमाम धारणाओं और मान्यताओं से मुक्त हो जाता है वह स्वभाव को तत्क्षण उपलब्ध हो जाता है।

सत्य के बारे में लोगों का मत यह है कि वह सत्य को अपने अनुसार परिभाषित करना चाहते हैं। लोग चाहते हैं कि सत्य भी उनकी मान्यता के अनुसार हो, लेकिन सत्य कोई बंधा हुआ नहीं है कि वह किसी मान्यता के अनुसार हो जाए। और जो सत्य किसी मान्यता के अनुसार हो जाता है वह सत्य नहीं है। सत्य तो वह है जो किसी मान्यता के अनुसार नहीं होता। अक्सर लोगों को वही बाते अच्छी लगती हैं जो उनके अंत:करण के अनुसार होती है। यह अंत:करण क्या है...? और कैसे निर्मित होता है...? आइए इसे जानते हैं। यह अंत:करण और कुछ नहीं, बल्कि हमारी धारणाओं और मान्यताओं का सघन रूप है। जितनी हमारी धारणाएं और मान्यताएं मजबूत होती जाती है, उतना हीं यह अंत:करण और सघन होता चला जाता है।

धारणाएं बचपन से हीं विकसित होती चली जाती हैं, और जितनी यह धारणाएं विकसित होती हैं उतनी हीं मजबूती से इन धारणाओं को हम पकड़ लेते हैं। और जितनी मजबूती से इन धारणाओं और मान्यताओं को पकड़ते हैं उतना हीं अंत:करण मजबूत होता है। वही बातें किसी को अच्छी लगती है तो वही बातें किसी को बुरी भी लगती है। एक हीं आदमी किसी को अच्छा लगता है तो दूसरे को वही आदमी बुरा भी लगता है। यह अच्छा बुरा का इतना भेद इसलिए हैं, क्योंकि जो भी हमारी धारणाओं

से मेल खाता है वह अच्छा लगता है, और जो भी हमारी धारणाओं से मेल नहीं खाता है वह बुरा लगता है।

एक आदमी हिंदू है तो वह भी अपनी धारणाओं से बंधा हुआ है, और एक आदमी मुस्लिम है तो वह भी अपनी धारणाओं से बंधा हुआ है। इन दोनों की अपनी अपनी धारणाएं और मान्यताएं हैं। हिंदू भी अपने जगह ठीक है, और मुस्लिम भी अपने जगह ठीक है, लेकिन जब दोनों की धारणाएं और मान्यताएं एक दूसरे टकराती हैं तो इन दोनों के बीच में विवाद खड़ा हो जाता है। आज तक जितने भी हिंदू मुस्लिम के बीच दंगा हुआ है वह इन्हीं धारणाओं और मान्यताओं की वजह से हुआ है। और जब तक यह धारणाएं और मान्यताएं मजबूत होती रहेगी तब तक हिंदू, मुस्लिम, सिख, ईसाई और बौद्ध एक दूसरे से विवाद करते रहेंगे।

एक बच्चा जब जन्म लेता है तब वह ना हिंदू होता है, ना मुस्लिम होता है, ना बौद्ध होता है, और ना ईसाई होता है। यहां तक की उसका कोई नाम नहीं होता है। एक नवजात बच्चे से सभी लोग प्रेम करते हैं, इसलिए क्योंकि उसमें आकर्षण की क्षमता है। और यह आकर्षण की क्षमता उसी में होती है जिसकी कोई धारणा और मान्यता नहीं होती है। कई बार माता पिता ट्रेन और बसों में अपराधियों से इसलिए बच जाते हैं, क्योंकि उनके पास छोटा बच्चा मौजूद होता है। चाहे कितना भी खूंखार अपराधी हो लेकिन छोटे बच्चे पर उसकी दया आ हीं जाती है। बच्चा किसी धारणाओं का शिकार नहीं होता, इसलिए उसका ना तो कोई शत्रु होता है, और ना तो उसका कोई मित्र होता है। सच तो यह है बच्चा एक कोरे कागज की भांति है जिस पर अभी लिखा जाना बाकी है।

बचपन से हीं माता पिता इस कोरे कागज पर कुछ न कुछ लिखते जाते हैं। उसे नाम देते हैं, संस्कार देते हैं, महत्वकांक्षा देते हैं। अक्सर सभी बच्चों की दौड़ झूले से शुरू होती है, और मरघट पर जाकर समाप्त हो जाती है। यह जो महत्वकांक्षा का रोग है वह लगभग हर बच्चे में बचपन से डाल दिया जाता है। फिर यह रोग धीरे धीरे अंदर हीं अंदर खोखला करने लगता है, और बुढ़ापा आते आते यह पूरी तरह से खोखला कर चुका होता है। मनुष्य जो जन्म के समय होता है वह मृत्यु के क्षण में वही नहीं रह जाता है, बल्कि वह हर तरफ से लूट चुका होता है। मृत्यु से उतना दुख नहीं होता है जितना की अपने लूट जाने का दुख होता है। यह जो लूट जाने का दुख है यह स्वभाव से मुख मोड़ लेने की ओर संकेत करता है।

बचपन खेल में बीत जाता है, किशोरावस्था शिक्षा में बीत जाता है, जवानी बेहोशी में बीत जाती है और बुढ़ापा में चारों ओर से चिताएं घेर लेती हैं। आखिर इस जीवन से क्या पाते हैं हम कुछ भी तो नहीं। जिस तरह से हम बेहोशी में जीवन जीते चले जाते हैं उससे हम पाते तो कुछ नहीं है, बल्कि खोते जरूर हैं। हर व्यक्ति जन्म से हीं अमूल्य

संपदा लेकर आता है, लेकिन दुख की बात यह है कि हर व्यक्ति ना तो उस अमूल्य संपदा को जान पाता है, और ना वह उस अमूल्य संपदा को प्राप्त कर पाता है। यह जो इतनी तृष्णा है, कुछ पाने की चेष्टा है यह तब तक जारी रहती है जब तक कोई अपने साथ लाए अमूल्य संपदा को प्राप्त नहीं कर लेता है।

यह जो जीवन की अमूल्य संपदा है इसके सामने इस दुनियां के सारे सुख, सारी जानकारियां, सभी उपलब्धियां मात्र दो कौड़ी की हैं, क्योंकि इन सभी से न तो कभी तृप्ति हुई है, और ना आगे होगी। कुछ लोग जीवन भर इन्हीं सुखों और तरह तरह के उपलब्धियों में उलझे रहते हैं, और कुछ लोग इन्हें रात के स्वप्न की भांति जानकर इनसे मुक्त हो जाते हैं। जो लोग इन्ही में जीवन भर उलझे रहते हैं वे अंत समय में पाते हैं कि जीवन भर पाया तो बहुत कुछ, लेकिन किसी से तृप्ति नहीं हुई। और जो लोग इन्हें स्वप्न की भांति जानकर इनसे मुक्त हो जाते हैं वह अंत में पाते हैं कि खोया तो कुछ भी नहीं, लेकिन मिला बहुत कुछ। जीवन के दो ढंग है कोई यहां सबकुछ पाकर भी सबकुछ खो देता है, और कोई सबकुछ खोकर भी सबकुछ पा लेता है।

आखिर हम क्या खोते हैं, और क्या पाते हैं कुछ भी तो नहीं। आज रिश्ता है कल नहीं रह जाएगा, आज धन है कल नहीं रह जाएगा, आज पद है कल नहीं रह जाएगा, आज नाम है कल नहीं रह जाएगा, और आज कुछ होने का भ्रम है कल नहीं रह जाएगा। और हम पाते क्या हैं वही जो पहले नहीं था। जन्म के पहले ना यह रिश्ता था, न नाम था, न धन था, न पद था और ना कुछ होने का भ्रम था। जन्म के बाद सभी कुछ मिलने, और होने का भ्रम पैदा होता है, और मृत्यु के साथ सबकुछ समाप्त हो जाता है। लेकिन कुछ ऐसा भी है जो मृत्यु के बाद भी बच जाता है, और यदि उसे कोई पा ले तो वही इस जीवन का अमृत है। यह वही जीवन का अमृत है जिसे कोई आत्मा कहता है, कोई परमात्मा कहता है, कोई स्वभाव कहता है और कोई इसे मोक्ष कहता है, लेकिन सभी एक है।

जीवन जैसा भी है अपने आप में परिपूर्ण है। ना तो आत्मा को खोजना है, ना तो परमात्मा को खोजना है, और न मोक्ष को प्राप्त करना है। जीवन अपने आप परिपूर्ण इसलिए है, क्योंकि इस जीवन के मंदिर में परमात्मा विराजमान है। और मोक्ष प्राप्त इसलिए नहीं करना है, क्योंकि आप स्वयं इस जीवन रूपी मंदिर में विराजमान रहने वाले परमात्मा हैं। लेकिन यह जीवन का सत्य दिखाई नहीं देता है, और दिखाई देगा भी कैसे..., क्योंकि पहले से इन आखों पर धारणाओं, और मान्यताओं का चश्मा चढ़ा हुआ है।

हजारों तरह की धारणाएं और मान्यताएं हैं जो उनके द्वारा निर्मित हुई हैं जो जीवन का अर्थ अपने अनुसार निकालना चाहते थे। लेकिन क्या जीवन का अर्थ अपने अनुसार

निकाला जा सकता हैं। नहीं, जीवन का अर्थ अपने अनुसार इसलिए नहीं निकाला जा सकता हैं, क्योंकि जीवन अपने आप में परिपूर्ण है, और जो भी हम बुद्धि के द्वारा इसके बारे में अर्थ निकालेंगे वह कुछ और हीं होगा। और जब कुछ और अर्थ निकलता है तो अनेक तरह की धारणाएं पनपती चली जाती हैं। कुछ धारणाएं ऐसी भी हैं जिनको निभाना कोरी मूर्खता के अतिरिक्त और कुछ भी नहीं है।

उदाहरण के लिए हिंदू धर्म में लोग अपने प्रियजन की मृत्यु के बाद श्राद्ध का आयोजन करते हैं। श्राद्ध करने के पीछे यह धारणा है कि श्राद्ध की प्रक्रिया निभाने के कारण मरने वाले की आत्मा नहीं भटकेगी, और उसे शांति मिलेगी। लेकिन क्या इस श्राद्ध की प्रक्रिया निभाने के कारण प्रियजन की आत्मा को शांति मिलती है। नहीं, क्योंकि आत्मा को शांति से कुछ लेना देना नहीं होता है, और रही बात आत्मा के भटकने की तो आत्मा कहीं भटकती नहीं है। आत्मा के संबंध में बहुत सारी मिथ्या बातें प्रचलित हैं लेकिन आत्मा का अर्थ हीं यह होता है जो नहीं होने के समान है जिसे शून्य अथवा परमात्मा भी कहा जा सकता है। आत्मा इस शरीर में रहती तो जरूर है, लेकिन वह इस शरीर से प्रभावित नहीं होती है। यह जो दुख की पीड़ा है, सुख की खुशी है यह आत्मा से संबंधित नहीं हैं, बल्कि यह मन से संबंधित हैं।

जिस तरह से पंच महाभूत होते हैं उसी तरह पंच शरीर भी होते हैं। पंच महा भूतों के कारण यह स्थूल शरीर निर्मित होता है, और पंच शरीर मिलकर आत्मा के रहने लिए अवसर निर्मित करते हैं। पहला जो शरीर है इसे अन्नमय शरीर के नाम से जाना जाता है। यह शरीर दिखाई देता है, क्योंकि यह पंच तत्वों से मिलकर बना होता है। दूसरा जो शरीर है वह विचारों और भावों से निर्मित होता है, इसलिए इसे मनोमय शरीर भी कहा जाता है। इस मनोमय शरीर को मन भी कहते है। इस मनोमय शरीर में जन्मों जन्मों की स्मृतियां संग्रहित होती है, और जब आत्मा इस शरीर को छोड़ती है तो यही मनोमय शरीर उसके साथ अगले जन्म की यात्रा पर चला जाता है।

जब तक यह मनोमय शरीर आत्मा के साथ जाता रहता है, तब तक जन्म और मृत्यु के चक्र से गुजरना पड़ता है। लेकिन जैसे हीं यह मनोमय शरीर आत्मज्ञान के कारण गिर जाता है वैसे हीं महा मृत्यु घटित होती है। इस महा मृत्यु को निर्वाण या मोक्ष भी कहा जाता है। तीसरा शरीर प्राण वायु से बना होता है जिसे योग की भाषा में प्राणमय शरीर भी कहा जाता है। चौथा जो शरीर है उसे विज्ञानमय शरीर के नाम में जाना जाता है। यह शरीर सूक्ष्म है, दिखाई नहीं देता है, लेकिन योगी योग की अवस्था में इसका अनुभव कर लेते हैं। पहले जो तीन प्रकार के शरीर हैं वह भौतिक हैं, अर्थात इनका संबंध संसार से है, लेकिन जो अंतिम दो शरीर हैं वह भौतिक नहीं है, क्योंकि इनका संबंध संसार से नहीं है। पांचवां और अंतिम जो शरीर है उसे आनंदमय

शरीर के नाम से जाना जाता है। यह शरीर अति सूक्ष्म है, और इसी शरीर में आत्मा वास करती है।

अधिकांश लोग इस स्थूल शरीर को हीं अपना होना मान लेते हैं, और वे इसी में पूरा जीवन समाप्त कर देते हैं। कुछ लोग ऐसे भी हैं जो दूसरे शरीर अर्थात मनोमय शरीर को अपना होना मान लेते हैं। ऐसे लोगों को वैज्ञानिक, लेखक, कवि और विद्वान कहा जाता है। और बहुत कम ऐसे भी लोग हैं जो तीसरे शरीर अर्थात प्राणमय कोश तक पहुंच जाते हैं और ऐसे लोगों को योगी कहा जाता है। कभी कभी योगी योग की अवस्था में इस प्राणमय शरीर को भी पार कर जाता है। योगी जिस अवस्था में प्राणमय शरीर को पार कर जाता है उसे समाधि कहा जाता है। सभी शास्त्र, वेद, उपनिषद मनुष्य जीवन का महत्व इसलिए देते हैं कि मनुष्य चाहे तो चेतना की परम ऊंचाई को छूकर परमात्मा भी हो सकता है, और चाहे तो वह चेतना को खोकर मनुष्य के स्तर से भी नीचे गिर सकता है।

एक तरफ मनुष्य बाहर जितना प्रगति करता है तो दूसरी तरफ भीतर सिकुड़ता चला जाता है। जिसके लिए बाहर फैलाव है उसके लिए भीतर सिकुड़ाव है, और जिसके लिए बाहर सिकुड़ाव है उसके लिए भीतर फैलाव है। एक जगत है जो बाहर खुलता है, और एक जगत है जो भीतर खुलता है। बाहर के जगत में जो भी दिखाई देता है वह भीतर के जगत का प्रतिबिंब मात्र है। प्रतिबिंब बनते हैं मिट जाते हैं, फिर बनते हैं और मिट जाते हैं और इसी तरह जन्मों जन्मों तक यह बनने, और मिटने का सिलसिला जारी रहता है। हम जिसके लिए अपना पूरा जीवन समाप्त कर देते हैं वह प्रतिबिंब के अलावा और कुछ भी नहीं है। रिश्ते बनते हैं मिट जाते हैं, सुख आता है चला जाता है, दुख आता है चला जाता है, खुशी मिलती है तिरोहित हो जाती है, बस्तियां बसती हैं मरघट में तब्दील हो जाती हैं।

और तो और जिस शरीर को भी हम अपना होना मान लेते हैं वह भी क्षण क्षण परिवर्तित होते हुए प्रतिबिंब की भांति मिट जाता है। आप जो हैं क्या आप वही हैं या दूसरे हैं...? अगर आप जो हैं वही हैं तो यह बनते मिटते हुए प्रतिबिंब आपको प्रभावित करेंगे, लेकिन आप दूसरे हैं और अपनी असलियत से परिचित हो गए हैं तो यह बनते मिटते हुए प्रतिबिंब आपको प्रभावित नहीं करेंगे। असल में इन प्रतिबिंबों को बनना और मिटना आपका स्वभाव नहीं है, बल्कि इन प्रतिबिंबो के पार जो छुपा हुआ है वह आपका असली स्वभाव है। जो लोग इसी प्रतिबिंब में उलझ कर रह जाते हैं वह उसे नहीं देख पाते हैं जो प्रतिबिंबों के पार छिपा हुआ है। और जो लोग प्रतिबिंब को प्रतिबिंब की भांति जान लेते हैं वह उसे भी जान लेते हैं जो प्रतिबिंब के पीछे छुपा हुआ है।

जो बनते मिटते प्रतिबिंब के पीछे छुपा हुआ है उसका कोई नाम नहीं दिया जा सकता है, क्योंकि सभी नाम उसी के हैं। उसे चाहे कोई आत्मा कहे, चाहे कोई परमात्मा कहे, और चाहे कोई शून्य कहे, लेकिन बात एक हीं है। वह जो प्रतिबिंब के पीछे छुपा हुआ है वह दर्पण की भांति है, आकाश की भांति है। दर्पण पर प्रतिबिंब तो बनता है, लेकिन दर्पण पर प्रतिबिंब की कोई छाप नही पड़ती है। आकाश में हजारों तरह की घटनाएं घटित होती रहती हैं, लेकिन आकाश पर किसी घटनाओं का चिन्ह निर्मित नहीं होता है। संत का जो जीवन है वह इसी भांति का जीवन है। वह रहता तो इसी संसार में है, लेकिन संसार में रहते हुए भी संसार से अलग होता है।

बाहर का खोज संसार है, और भीतर का खोज धर्म है। बाहर जो खोजता है वह भटक जाता है, लेकिन जो भीतर खोजता है वह अपने पास पहुंच जाता है। मनुष्य जहां है वहां ऐसा खजाना है जिसे वह पाकर परमानंद को उपलब्ध हो सकता है। मनुष्य जहां है वहां ऐसा सौंदर्य हैं जिसे वह पाकर परम सौंदर्य को उपलब्ध हो सकता है। मनुष्य जहां है वहां ऐसा संगीत है, ऐसा आंनद है जिसमें वह डूब कर परम शांति को उपलब्ध हो सकता है। लेकिन मनुष्य की सारी विडंबना यही है कि वह जीवन भर बाहर खोजता है। और जो जीवन भर बाहर खोजने के आदत से ग्रस्त हो गया हो... वह जीवन के अंतिम क्षण में भीतर नहीं डूब सकता है।

भीतर तो वही डूब सकता है जो बाहर की खोज को जान चुका हो। भीतर तो वही डूब सकता है जो बाहर की खोज की आदत से मुक्त चुका हो। जो बाहर खोजता है उसकी आंखे भीतर नहीं पहुंच पाती है। लेकिन जो भीतर खोजने लगता है उसकी आखें भीतर पहुंच जाती हैं। आखिर कोई भीतर क्या खोजेगा... क्योंकि भीतर तो अनजाना है जिसे कोई जानकर भी जान नहीं सकता है। किसी की आखें वहीं रुकती हैं जहां कुछ मिलने की आकांक्षा हो, जहां कुछ अर्थ नजर आता हो, लेकिन जहां कुछ अर्थ हीं नहीं दिखाई देता हो वहा कुछ मिलने की आकांक्षा भी व्यर्थ है। बाहर खोजने में अर्थ दिखाई देता है, क्योंकि कुछ मिलने वाला है। लेकिन भीतर खोजने का कोई अर्थ नहीं दिखाई देता है, क्योंकि भीतर कुछ मिलने वाला नहीं है।

जहां सार्थकता दिखाई देती है वहां हम बंधे रह जाते हैं। जहां कुछ मिलने की आकांक्षा होती है वहां हम बंधे रह जाते हैं। सवाल यह नहीं हैं हम बाहर धन को खोजते हैं या धर्म को खोजते हैं, बल्कि सवाल यह है कि हम क्यों खोजते हैं...?। और सवाल यह भी नहीं है कि हम बाहर मोक्ष को खोजते हैं या जगह जगह परमात्मा को खोजते हैं, बल्कि सवाल यह है कि हम इसे क्यों खोजते हैं...?। हम जो भी खोजते हैं उससे यही आशा बंधी होती है कि कुछ ऐसा मिल जाए जिससे तृप्ति हो जाए और चित शांत हो जाए।

लेकिन चाहें हम कुछ भी खोज लें क्या कभी उससे तृप्ति मिलती है...? नहीं, उससे ना तो तृप्ति मिलती है और ना चित शांत होता है। चाहें हम बाहर कुछ भी खोज लें और मिलने का भ्रम पैदा हो जाए, लेकिन वह आखिर तो भ्रम मात्र हीं हैं। हम धन इकठ्ठा कर लेते हैं वह भी भ्रम है, हम तरह तरह के रिश्ते निर्मित कर लेते हैं वह भी भ्रम है, और हम सुख और प्रेम पा लेते हैं वह भी भ्रम है। यह जो भ्रम है आज नहीं तो कल टूट हीं जायेगा, और इसका तिनका तिनका बिखर हीं जायेगा।

जब तक कुछ मिलने की सार्थकता दिखाई देती है तब तक हम बंधे होते हैं लेकिन यह सार्थकता नीर्थकता में बदल जाए तो हमारा जो बंधा हुआ चित है वह तत्क्षण मुक्त हो जाता है। यह जो कुछ मिलने का भ्रम है यह आज नहीं तो कल टूट हीं जाने वाला है, लेकिन यह भ्रम समय रहते हीं टूट जाए तो भीतर प्रवेश करना आसान हो जाता है। हम गलती यहीं करते हैं कि जीवन भर बाहर कुछ न कुछ पाने की चेष्टा करते रहते हैं, और जब यह आदत सघन हो जाती है तो जीवन के अंत समय में भीतर देखने की चेष्टा करते हैं। यह जो जीवन भर की आदत है वह जीवन के अंत समय में इतनी जल्दी टूट नहीं जाती है। और जब यह आदत नहीं टूटती है तो हमारे चित पर और अशांति के बादल उमड़ने घुमड़ने लगते हैं।

मृत्यु जीवन की सबसे सुंदरतम सांझ है, लेकिन इसकी सारी सुंदरता कुरूपता में इसलिए बदल जाती है, क्योंकि मृत्यु को अपने करीब आते देखकर हम घबरा जाते हैं। हमारी यह घबराहट, और यह चिंता यह बता देती है कि हमने जीवन तो जिया, लेकिन जीवन का रस पीने से वंचित रह गए। और हमने यह बहुमूल्य जीवन तो पाया, लेकिन इस जीवन को व्यर्थ में गवां दिया। मृत्यु के समय में जिस पीड़ा, जिस विषाद और जिस चिंता से हम घिर जाते हैं वह बाहर कुछ पाने के लिए दौड़ का परिणाम है। मृत्यु के समय में हम संसार को, दूसरे को और इस मन को दोष देने लगते हैं, लेकिन यह स्मरण रहे कि ना तो यह संसार दोषी है, ना तो दूसरे दोषी हैं, और ना यह मन दोषी है, बल्कि अगर कोई दोषी है तो वह हम हीं हैं।

यह संसार अगर बंधन का कारण होता तो बुद्ध, महावीर, कृष्ण, जीसस, कबीर, मीरा, लाओत्से, ओशो और जितने भी जानने वाले अब तक हुए हैं सभी के सभी संसार से बंध गए होते। लेकिन ये लोग संसार में रहते हुए भी संसार से मुक्त रहने का उत्तम उदाहरण दे दिए। संसार जैसा भी है अपने आप में परिपूर्ण है, और इस संसार के लोग जैसे भी हैं अपने आप में परिपूर्ण हैं। सच्चा ज्ञानी तो वही है जो संसार और मन का उपयोग भलीभांति कर लेता है। जो इस संसार और मन का उपयोग ठीक से कर लेता है उसके लिए यह संसार और मन हीं मोक्ष हो जाता है।

बुद्ध ज्ञान प्राप्ति के पश्चात चालीस वर्षों तक प्रवचन देते रहे। महावीर ज्ञान को उपलब्ध हो जाने के बाद जीवन भर घूम घूम कर प्रवचन देते रहे। और कृष्ण ने तो युद्ध के मैदान में हीं अर्जुन को कर्तव्य विमुख होता हुआ देखकर पूरा ज्ञान हीं उसकी झोली में उड़ेल दिया। जिन्होंने भी आज तक जीवन और इससे जुड़े सत्य के बारे में कुछ कहा है तो उन्होंने भी इस मन का हीं उपयोग किया है। मन की शक्तियां तटस्थ हैं उनका जो जिस तरह उपयोग करता है वह वैसा हीं हो जाता है। अगर इस मन का उपयोग होश पूर्वक किया जाए तो यही मन अच्छे सारथी की तरह इस शरीर रूपी रथ को मुक्ति के द्वार तक पहुंचा देता है। और अगर इस मन का उपयोग बेहोशी में किया जाए तो यही मन इस शरीर रूपी रथ को पतन के गर्त में धकेल देता है।

होश क्या है...? बेहोशी क्या है...? आप जहां हैं अगर वहां शरीर और मन है तो यह होश है। आपसे जो भी होता है अगर उस होने के बारे में आपको पता चल रहा है तो यह होश है। इस होश के साथ वही रह जायेगा जो आपके जीवन को सही दिशा प्रदान करता है, और वह सभी अपने आप अलग होता चला जाएगा जो जीवन को गलत दिशा प्रदान करता है। अब बेहोशी को जरा समझें। आप जहां है, अगर वहां शरीर है, और मन नहीं है तो यह बेहोशी है। और आपसे जो भी होता है उसका पता आपको नहीं चलता है तो यह बेहोशी है। बेहोशी में वही रह जाता है जो जीवन को गलत दिशा प्रदान करता है, और वह अपने आप गिरता चला जाता है जो जीवन को सही दिशा प्रदान करता है।

होश वह दहकता हुआ अंगारा है जिस पर कोई राख मौजूद नहीं है, लेकिन बेहोशी वह राख है जिसमें आग तो है, लेकिन वह राख के कारण अप्रकट हो गई है। होश में रहने वाले व्यक्ति के लिए पल पल जीवन है, और पल पल मृत्यु है, इसलिए होश में रहने वाला व्यक्ति का जीवन पल प्रति पल नया होता चला जाता है। लेकिन बेहोशी में रहने वाले व्यक्ति के लिए जीवन और मृत्यु कहीं भूत और भविष्य में है। और जिसका जीवन और मृत्यु भूत और भविष्य में है वह पल प्रति पल पुराना होता चला जाता है, समय की धूल उस पर जमती चली जाती है। एक और बात और जो होश में रहने वाले व्यक्ति के संबंध में कही जा सकती है वह यह है कि होश में रहने वाले व्यक्ति अभी वह जिस हाल में है वह उसी में तृप्त है, संतुष्ट है। और जो अभी तृप्त है, संतुष्ट है वह मृत्यु का हर पल स्वागत करने के लिए तैयार होता है।

जो अभी तृप्त है, संतुष्ट है वह यह नहीं कहता कि मै अभी नहीं मिटना चाहता हूं। जो अभी तृप्त है, संतुष्ट है वह यह नहीं कहता कि मैंने अभी जी भरकर जिया नहीं है। और जो अभी तृप्त है, संतुष्ट है वह यह नहीं कहता है कि वह अभी जीवन को जाना नहीं है, अभी थोड़ा और जी लूं जीवन को जान लूं, देख लूं। नहीं ऐसा संतुष्ट व्यक्ति कभी यह

नहीं कहता, क्योंकि जीवन में जो भी पाने योग्य है उसने पा लिया है, और जो भी जानने योग्य है उसने जा लिया है। ऐसा व्यक्ति जिसने जीवन को भरपूर आखों से देख लिया हो, वह मृत्यु का भी इंतजार ऐसे करता है जैसे कोई प्रेयसी अपने प्रियतम के आने का इंतजार करती रहती है। और ऐसे व्यक्ति के सामने जब मृत्यु उपस्थित होती है तो वह हमेशा अपने लिए तैयार पाती है।

असल में मृत्यु कहीं दूर की घटना नहीं है कि वह साठ सत्तर साल बाद या सौ साल बाद घटेगी। नही ऐसा नहीं है, बल्कि ऐसा है कि मृत्यु हर पल घटित होती है, और जब जीवन थक जाता है तो वह पूर्ण रूप से प्रकट हो जाती है। हमारा हर उठता हुआ कदम मृत्यु की ओर बढ़ रहा है, और हमारी हर जाती हुई स्वांस मृत्यु की ओर इशारे कर रही है। इसलिए संत एक बार जीवन में नहीं मरता है, बल्कि वह हर पल मरता चला जाता है, मिटता चला जाता है। और जो हर पल मरता चला जाता है, मिटता चला जाता है उसे मृत्यु भी नहीं मार पाती है। मृत्यु तो उसको मारती है, मिटाती है जो है लेकिन जो मृत्यु के आने से पहले हीं स्वयं को मार चुका हो, मिटा चुका हो उसे मृत्यु भी नहीं मार पाती है। मृत्यु का साक्षात्कार तो वही व्यक्ति करता है जो स्वयं को पोंछ दिया हो, और जो जान गया हो कि वह इस शरीर और मन से परे है।

शरीर और मन का होना और न होना हमारा स्वभाव नहीं है, बल्कि शरीर और मन से परे नहीं हो जाना हमारा स्वभाव है। इसलिए धर्म कहता है कि तुम इस भांति मिट जाओ कि तुम्हारा पता देवता भी नहीं लगा पाएं। ना समय की रेत पर ना तुम्हारा चिन्ह निर्मित हो, और ना आकाश पर कोई चिन्ह रह जाए। सही मायने में कभी आने वाले समय में अगर धर्म की परिभाषा निर्मित होगी तो वह यही होगी कि धर्म वही है जो पल प्रति पल मिटने की ओर संकेत करता है। और पल प्रति पल मिट भी वही सकता है जो पल प्रति पल जीता चला जाए। ज्ञानी हरेक पल जीता है, इसलिए वह हरेक पल मरता है। और ज्ञानी वही है जो संसार में रहते हुए भी संसार में नहीं है।

संसार ज्ञान प्राप्ति की राह में बाधा नहीं है। और ना हीं परिवार, पत्नी, बच्चे ज्ञान प्राप्ति की राह में बाधा हैं। अगर कोई ज्ञान प्राप्ति की राह में बाधा है तो वह स्वयं हम हैं, और हमारी दकियानूसी सोच है। एक आदमी संसार, परिवार, पत्नी, बच्चे के साथ में रहते हुए भी भीतर अकेले रह सकता है और एक आदमी अकेले होने के लिए जंगल में भी चला जाए तो वह बाहर से अकेले होते हुए भी भीतर भिड़ में हो सकता है। अकेले होने से ज्ञान प्राप्त नहीं होता है, लेकिन ज्ञान प्राप्त होने से अकेले रहने की क्षमता विकसित अवश्य हो जाती है। और जिसके अंदर अकेले रहने की क्षमता विकसित हो गई है वह संसार की भीड़ में रहे या परिवार के बीच में रहे उससे कोई फर्क नहीं पड़ता है, क्योंकि वह जान गया है कि वह अकेला हीं है।

अनेक लोग परमात्मा के लिए, मोक्ष के लिए, शांति के लिए घर, परिवार और धन छोड़ देते हैं, लेकिन क्या उन्हे परमात्मा या मोक्ष की प्राप्ति होती है...? नहीं, ना तो परमात्मा, मोक्ष और शांति की प्राप्ति धन छोड़ देने होती है और ना परिवार छोड़ देने से होती है। परमात्मा, मोक्ष और शांति की प्राप्ति इसलिए नहीं होती है, क्योंकि एक चाह छूटी तो दूसरी चाह ने जन्म ले लिया। और जब तक चाह है तब तक ना तो परमात्मा उपलब्ध होता है, और ना मोक्ष प्राप्त होता है। असल में देखा जाए तो परमात्मा, मोक्ष वह अचाह की अवस्था है जिसमें शांति के फूल खिल उठते हैं और आंनद के झरने बहने लगते हैं।

जो जीवन रहते हीं इस अचाह की अवस्था में स्थित हो जाता है वह मृत्यु के बाद भी इसी अवस्था में रहता है। लेकिन जो जीवन के अंत समय में भी किसी न किसी चाह से पीड़ित है वह मृत्यु के बाद भी चाह से पीड़ित हीं रहता है। चाह है तो मन की चंचलता कायम रहेगी, और चाह नहीं है तो मन भी स्थिर हो जायेगा। और जिसने जीवन रहते हीं चाह की बेचैनी और अचाह की शांति को पहचान लिया उसकी जब महामृत्यु आती है तो शरीर के साथ साथ मन भी गिर कर अलग हो जाता है। मन की मृत्यु हीं महामृत्यू है। और जब मन की मृत्यु हो जाती है तो यह जो आत्मा, परमात्मा होना है यह भी समाप्त हो जाता है।

मनुष्य के लिए इतना हीं पर्याप्त है कि वह जान ले कि आखिर वह कौन है...? और अगर वह अपने आपको हीं खोजता चला जाए, और अपनी एक एक परत को अलग करता चला जाए तो अंत में भीतर कुछ भी नहीं बचता हैं। और जो नहीं की यह अवस्था है यहीं जीवन का वह अमृत है जिसके लिए वह चौरासी लाख से ज्यादा योनियों में भ्रमण के बाद मनुष्य योनि में आया है। पहले विज्ञान भी इस चौरासी लाख की योनियों की बात झूठ मानता था, लेकिन अब विज्ञान भी खोज करने के बाद इस बात को मान लिया है कि अनेक जीव तो ऐसे हैं जो सूक्ष्मदर्शी से देखने के बाद भी दिखाई नहीं देते हैं। अब तो जीवों की संख्या करोड़ों में पहुंच गई है। और शीघ्र हीं वह समय भी आएगा जब विज्ञान खोज के द्वारा यह भी मान लेगा जीवों की योनियां अनंत हैं।

पूरा यह जगत हर तरह के जीवों की योनियों से भरा पड़ा है, और यह मनुष्य सभी योनियों से गुजरते हुए मनुष्य हुआ है। मनुष्य जीवन इसलिए महान है क्योंकि यह वह आखिरी बिंदु है जहां से पुनः उसी में छलांग लग सकती है जहां से यह जीवन की अनंत यात्रा शुरुआत हुई थी। मनुष्य चाहे तो अपनी चेतना की परम ऊंचाई पर पहुंच कर यह जान सकता है वह अब वही है जिससे यह अस्तित्व प्रकट होता है, दिखाई देता है और पुनः उसी में विलीन हो जाता है। कबीर ने इस संबंध में कहा है कि जिसको खोजने चला था उसे पाया तो नहीं, लेकिन इस खोजने की धुन में मै, मै नही रहा बल्कि वही हो गया

जिसको खोजने चला था। आखिर क्या हैं हम...? यह जो शरीर दिखाई देता है यह हैं... या इससे परे हैं। अगर शरीर हैं तो इसका पता आखिर किसको चलता है...?

यह शरीर होने का भ्रम तब तक कायम रहता है जब तक शरीर को बाहर से देखते हैं, लेकिन जैसे हीं इस शरीर को भीतर से देखने लगते हैं यह शरीर होने का भ्रम अपने आप टूट जाता है। यह शरीर बाहर से जैसा दिखाई देता है वैसा हीं नहीं है बल्कि कुछ और हीं है। इसमें कुछ मांस मज्जा है, कुछ हड्डियां हैं और सत्तर फीसदी से ज्यादा पानी है। बाहर से यह शरीर जितना खूबसूरत दिखाई देता है वह भीतर से उतना हीं बदसूरत है। जिसने शरीर को बाहर से देखा, लेकिन भीतर से देखने से चूक गया तो वह जीवन भर इसी शरीर के इर्द गिर्द घूमता रहेगा। और जिसने शरीर को बाहर से देख कर भीतर से भी देख लिया उसका मोह शरीर से टूट गया। और जिसका मोह शरीर से टूट जाए तो वह शरीर से छलांग लगाकर मन के भीतर पहुंच जाता है।

मन की अवस्था अति चंचल है और यह हर क्षण अपना रूप बदलता रहता है। कभी इसी मन में काम की अग्नि धधकने लगती है, और कभी इसी मन में ब्रह्मचर्य को उपलब्ध होने की चाह भी जन्म लेती है। कभी इसी मन में क्रोध का आगमन भी होता है, और कभी इसी मन में दया की भावना भी अंगड़ाई लेती है। कभी इसी मन में दूसरे के प्रति प्रेम भी अंगड़ाई लेता है, और कभी इसी मन में घृणा की अग्नि भी सुलगने लगती है। मन एक तरह से ऐसा दोधारी तलवार है जो बाहर भी वार करता है, और अंदर भी वार करता है। ना तो वह मनुष्य को जीने देता है, और ना वह मरने देता है। कभी यही मन सुख से भरे गीत गुनगुनाता है, और कभी यही मन दुख भरे गीत गुनगुनाता है। किसी भी प्राणी को यह मन जीवन भर अपने जाल से मुक्त नहीं होने देता, क्योंकि वह जानता है यदि प्राणी को मुक्त करता हूं तो मेरी मृत्यु हो जायेगी।

एक तरफ मन प्राणी को मोह माया के जाल में फसाएं हीं चला जाता है तो दूसरी तरफ प्राणी को अपने भीतर प्रवेश करने के अवसर भी देता है। यदि कोई भी प्राणी इस अवसर को पहचान ले, और वह मन के भीतर प्रवेश कर जाए तो यही मन अपने सारे राज खोल कर उसके सामने रख देता है। यह मन जन्मों जन्मों का साथी है, और हर जन्म की स्मृतियां इसके भीतर मौजूद हैं। यदि कोई अपने आप पर गुमान करता है तो उसका गुमान व्यर्थ है, भ्रम है जो आज नहीं तो कल टूट हीं जायेगा। क्योंकि वह जो अपने आपको मान रहा है, और जिससे वह घृणा कर रहा है वह किसी पिछले जन्म में वैसा हीं रह चुका है। साधु महात्मा अक्सर चोर, और पापी से घृणा करते रहते हैं, लेकिन वे यदि अपने मन की स्मृतियों को खंगाले तो वे भी चोर और पापी निकलेंगे।

यह जो मन में किसी के प्रति अचानक घृणा उठने लगती है यह असल में उस व्यक्ति के कारण नहीं है, बल्कि उसकी मौजूदगी ने हमारे पिछले जीवन की स्मृति को

धक्का दे दिया है। असल में उस व्यक्ति के प्रति घृणा के भाव इस ओर संकेत करते हैं कि हम भी पिछले जीवन में वैसा हीं रह चुके हैं। ठीक इसी तरह से किसी की मौजूदगी में हमारा पूरा अस्तित्व शांति का अपूर्व अनुभव करने लगता है तो यह शांति भी पिछले जीवन की स्मृतियों की ओर संकेत करती है। जहां एक तरफ मन में अनेक जन्मों की स्मृतियां संग्रहित हैं वहीं दूसरी तरफ इन स्मृतियों को ना जान पाने के कारण यांत्रिक जीवन का परिणाम भी सामने है। जब तक हम इस मन को भीतर से नही जानते हैं तब तक एक यंत्र की भांति जीवन व्यतीत करते चले जाते हैं, लेकिन जैसे हीं इस मन को भीतर से जान लेते हैं तब हम अपने स्वामी हो जाते हैं।

हम इस जीवन के भी मालिक नहीं हैं। हम कहते हैं कि हमारा जन्म, लेकिन क्या हम अपनी मर्जी से जन्म लिए हैं। और हम कहते हैं हमारी मृत्यु, लेकिन क्या हमारी मर्जी से मृत्यु आती है। नहीं हम इस जीवन के मालिक नहीं है, क्योंकि जन्म भी हमारी मर्जी से नहीं हुआ है, और मृत्यु भी हमारी मर्जी से नहीं होगी। और तो और यह जो आती जाती स्वांस है इस पर भी हमारा कोई स्वामित्व नहीं है, बल्कि यह अपने आप आती जाती रहती है। और यदि कोई कहे की वह स्वांस लेता है तो इससे ज्यादा झूठी बात और क्या हो सकती है। यह बात एक दम झूठी है कि हम स्वांस लेते है, जन्म लेते हैं और मरते हैं। सच तो यह है कि जीवन जन्म लेता है, और मृत्यु को प्राप्त होता है।

जब तक हम यंत्र की भांति जीते हैं तब तक हम सचेतन नहीं हैं। और जब तक सचेतन नहीं है तब तक अपने मालिक नहीं हैं। हमारे भीतर क्रोध उठता है क्या हम इस क्रोध के मालिक हैं...? हमारे भीतर लोभ है, घृणा है, ईर्ष्या है क्या हम इस लोभ, घृणा और ईर्ष्या के मालिक हैं...? और हमारे भीतर काम है क्या हम इस काम के मालिक हैं...? नहीं हम किसी के भी मालिक नहीं हैं, क्योंकि हम इनका शिकार कभी न कभी होते हीं रहते हैं। असल में देखा जाए तो हम क्रोध करते नहीं हैं, बल्कि क्रोध हमसे होता है। कामवासना में हम स्वेच्छा से उतरते नहीं हैं, बल्कि कामवासना हमें अपनी ओर खींच लेती है।

हम क्रोध के मालिक नहीं है, बल्कि क्रोध के गुलाम हैं। एक आदमी गाली देता है उसकी अभी गाली भी पूरी नहीं होती है कि तुरंत क्रोध आ जाता है, मुट्ठियां भींचने लगती है, और मारे क्रोध के पूरा शरीर अकड़ जाता है। यह तुरंत क्रोध से ग्रसित हो जाना इस बात की ओर संकेत करता है कि हम क्रोध के गुलाम हैं। क्रोध के मालिक तो हम तब हुए जब कोई गाली दे या अपमान करे तो क्रोध हमारी मर्जी के अनुसार आए, या नहीं आए। अगर हमारी मर्जी के अनुसार क्रोध आता है तब हम इसके मालिक हुए। लेकिन क्रोध हमारी मर्जी के अनुसार नहीं आता है तब हम इसके मालिक नहीं हुए।

एक सुंदर स्त्री कहीं दिखाई देती है। यदि आपने सिर्फ आखों से देखा तो इससे कामवासना का कोई संबंध नहीं है। लेकिन आपने देखने के साथ उसके बारे में चिंतन भी किया तो इसी चिंतन से कामवासना अंगड़ाई लेती है। फिर उसे पाने के लिए तरह तरह के विचार आने लगते हैं, और यदि शारीरिक संबंध न भी हो परंतु उससे मानसिक संबंध अवश्य हीं स्थापित हो जाता है। स्त्री पुरुष शारीरिक स्तर पर हीं संभोग नहीं करते हैं, बल्कि मानसिक स्तर पर भी संभोग करते हैं। यह जो मानसिक स्तर का संभोग है यह इसलिए होता है, क्योंकि लोग क्या कहेंगे इसका डर हमेशा बना रहता है। एक सुंदर स्त्री जब घर से निकलती है तो वह वापस घर पहुंचते पहुंचते कई पुरुषों की मानसिक संभोग का शिकार हो चुकी होती है।

यह जो कामवासना है इसके हम स्वामी नहीं है, बल्कि इसके हम गुलाम हैं। और यह गुलामी इसलिए नहीं दिखाई देती है, क्योंकि हमने इस गुलामी को ढकने के लिए हजार तरह के इंतजाम कर लिए हैं। और अगर यह इंतजाम हट जाए तो यह गुलामी एक हीं क्षण में उजागर हो जायेगी। सच तो यह है स्त्री पुरुष का शरीर जब भी एक दूसरे के करीब आता है तो एक दूसरे में खिंचाव पैदा करता है। और इसी खिंचाव के कारण स्त्री पुरुष एक दूसरे के प्रति आकर्षित होते हैं। यह खीचाव असल में इसलिए है, क्योंकि जीवन का पहला अंकुर नर और मादा दो अलग अलग नहीं थे, बल्कि एक हीं थे। इस पृथ्वी पर जो जीवन का पहला अंकुर फूटा वह अमीबा था, और अमीबा में नर और मादा दोनों के गुण विद्यमान हैं।

यह जो स्त्री पुरुष का आकर्षण है यह इसलिए है, क्योंकि यह एक दूसरे से मिलकर फिर से एक होना चाहते हैं। और जो यह संभोग में इतना सुख मिलता है वह कुछ क्षण के लिए शारीरिक स्तर पर एक हो जाने का परिणाम है। यह आकर्षण तब तक स्त्री पुरुष में मौजूद रहता है जब तक वह अपने भीतर छुपे हुए स्त्री पुरुष को नहीं देख लेते है। और जिस दिन कोई स्त्री पुरुष अपने भीतर छुपे हुए पुरुष और स्त्री को देख लेते हैं उस दिन से बाहर के स्त्री पुरुष के प्रति आकर्षण विलीन हो जाता है। ऐसा नहीं है कि भीतर के स्त्री पुरुष को देख लेने के बाद स्त्री पुरुष बाहर के स्त्री पुरुष से मिलकर संभोग नहीं करते हैं, या बच्चे पैदा नहीं करते हैं। नहीं यह सब होता है, लेकिन संभोग के प्रति जो इतना आकर्षण है, खिंचाव है वह समाप्त हो जाता है। और जब कामवासना के प्रति आकर्षण विलीन हो जाता है तब हम इसके मालिक हो जाते हैं।

जीवन का जो अनुभव है वह उधार नहीं लिया जा सकता है। चाहे बुद्ध कितना हीं अपना जीवन का अनुभव बांटे या महावीर, कृष्ण और जीसस अपने जीवन का अनुभव कितना भी बांटे, लेकिन कोई इसे उधार नहीं ले सकता है। हम गीता में पढ़ लेते हैं कि काम और क्रोध नरक का द्वार है, लेकिन क्या हम कृष्ण के इस वचन की गहराई को

समझ पाते हैं...? हम बुद्ध के वचन धमपद में पढ़ लेते हैं कि जीवन दुख है, लेकिन क्या बुद्ध के वचन की गहराई को समझ पाते है...? ठीक इसी तरह से हम महावीर, जीसस, कबीर के वचनों को सुन लेते हैं, लेकिन उनके वचनों की गहराई में नहीं पहुंच पाते हैं। चाहे कृष्ण लाख समझाएं कि काम, क्रोध और मोह नरक का द्वार है, लेकिन उनकी बातें इसलिए समझ में नहीं आती हैं क्योंकि यह कृष्ण का अनुभव है।

दूसरे का अनुभव हमारा खुद का अनुभव इसलिए नहीं होता, क्योंकि उस अनुभव से जब भी हम गुजरते हैं तो हमारे चित पर गहरी बेहोशी छाई रहती है। कामवासना जब पकड़ती है तब भी हम बेहोश रहते हैं। जब कामवासना से गुजरते है तब भी बेहोश रहते हैं। और जब कामवासना की पूर्ति नहीं होने से क्रोध आता है तब भी हम बेहोश रहते हैं। कृष्ण कहते हैं कि काम, क्रोध और मोह नरक का द्वार है तो उनका अनुभव तभी हमारा अनुभव बन सकता है जब हम इस अनुभव से गुजरते हुए होश में रहें। असल में काम नरक का द्वार नहीं है, लेकिन यह नरक का द्वार तब बन जाता है जब इसकी पूर्ति होकर भी पूर्ति नहीं होने के कारण क्रोध और मोह का जन्म होता है। बेहोश चित हीं मोह के कारण बार बार काम की ओर उन्मुख होता है, और जब इसके मार्ग में बाधा उत्पन होती है तो इस बाधा को हटाने के लिए क्रोध का आगमन होता है।

कोई भी व्यक्ति होश पूर्वक रहकर बार बार काम की ओर उन्मुख नहीं होता, क्योंकि वह होश पूर्वक काम में उतर कर यह जान गया है कि चाहे वह बार बार काम में उतरे या एक बार उतरे सुख तो वही का वही मिलता है। और कोई भी होश पूर्वक रहकर क्रोध नहीं करता, और यदि वह करेगा भी उसे स्वयं पर हंसी आएगी, और दूसरे पर दया आयेगी। और जो काम और क्रोध से होश पूर्वक गुजर जाए वह मोह का शिकार नहीं होता है। काम की शक्ति किसी के लिए वरदान भी हो सकती है, और किसी के अभिशाप भी हो सकती है। जो इस शक्ति को समझ जाते हैं उनके लिए यह शक्ति वरदान बन जाती है, और जो इस शक्ति को नहीं समझ पाते हैं उनके लिए यह शक्ति अभिशाप बन जाती है। शक्ति तो वही है, लेकिन इसके बहने की दिशाएं अलग अलग हैं। जब यह शक्ति बाहर की ओर बहती है तो दूसरे की खोज शुरू हो जाती है, लेकिन जब यह शक्ति भीतर की ओर बहने लगती है तो स्वयं की खोज शुरू हो जाती है। और कोई स्वयं को हीं इस जीवन में खोज ले यही उसके लिए पर्याप्त है।

अपने को छोड़कर दूसरे को पाना को पाना हो, खोजना हो तो इसके लिए किसी से प्रतियोगिता करनी पड़ती है, लेकिन स्वयं को पाना हो, खोजना हो तो इसके लिए किसी से कोई प्रतियोगिता नहीं करनी पड़ती है। अगर मुझे दूसरे तक पहुंचना है तो मार्ग में आने वाली हर बाधाओं को पार करना पड़ेगा लेकिन अगर मुझे स्वयं तक पहुंचना है

कोई बाधा नहीं है। अगर मैं स्वयं को पाने के लिए ध्यान कर रहा हूं तो मैं किसी का नुकसान नहीं कर रहा हूं लेकिन अगर मैं स्वयं को छोड़कर बाहर का सुख पाने की कोशिश कर रहा हूं तो इससे जरूर किसी को नुकसान हो जायेगा। हम बाहर की दुनियां में जो भी पाते हैं उससे किसी न किसी को नुकसान जरूर होता है। और ठीक इसके विपरित भीतर की दुनियां में जो भी पाते हैं उससे किसी को नुकसान नहीं, बल्कि लाभ जरूर होता है।

कृष्ण, बुद्ध महावीर के होने से किसी को नुकसान नहीं, बल्कि लाभ जरूर हुआ है। जब कृष्ण, बुद्ध और महावीर थे तब भी उनकी शांति की सुगंध दूर दूर तक फैली हुई थी, और जब आज वे नहीं हैं तब भी उनकी शांति की सुगंध दूर दूर तक फैली हुई है। जितने भी संत आज तक हुए हैं उनसे दूसरे को लाभ जरूर हुआ है नुकसान किसी को नहीं हुआ है। लेकिन संत की बातें बड़ी अटपटी होती हैं जो सभी के समझ में नहीं आती हैं। संत की बातें इसलिए समझ में नहीं आती हैं, क्योंकि उनकी बातें हमारी धारणाओं से मेल नहीं खाती हैं। और जो बातें हमारी धारणाओं से मेल नहीं खाती हैं उनको हम झूठ और बकवास मान लेते हैं। सबसे बड़ी संत की खूबी और पहचान यहीं है कि वह सदा उस दुनियां की बातें करता है जिसका प्रतिबिंब इस बाहर की दुनियां में बनता, और मिटता रहता है।

साधु महात्मा तो बहुत हुए हैं, उनको आप हर गांव, हर शहर में आसानी से देख सकते हैं, क्योंकि उनकी हीं हर जगह भरमार है। और जिनको हम सज्जन कहते हैं चारों तरफ उनकी हीं भरमार हैं, क्योंकि हम कुछ और बने या ना बने, लेकिन सज्जन जरूर बन जाते हैं। संत खोजना मुश्किल है, क्योंकि संतत्व की राह इतनी कठिन है कि उस पर चलने के लिए स्वयं को पोंछ देना होता है। संत की पहचान मुश्किल है, क्योंकि वह अघोषित जीवन व्यतीत करता है। यह जो अघोषित जीवन है यह वही व्यतीत कर सकता है जो घोषित जीवन की व्यर्थता को जान गया हो। आखिर हम घोषणा किसके लिए करते हैं इस नाम के लिए जो आज नहीं कल मिट हीं जायेगा, और फिर से वही अनाम की स्थिति आ जायेगी।

संत वही है जिसकी आंखे गहरी खाई की भांति हो, और व्यक्तित्व वर्षा की जल की भांति हो। शिखर में उत्तेजना होती है इसलिए वह अपनी घोषणा करता रहता है। लेकिन खाई अपने को मिटाकर शांत होती है इसलिए वह अपनी घोषणा नहीं करती है। इसलिए जो अपने को खाली करता है वह भर दिया जाता है, और जो अपने को भरने के लिए सदा तत्पर रहता है वह खाली हो जाता है। वर्षा शिखर पर भी उतनी हीं होती है जितनी खाई में होती है, लेकिन शिखर खाली रह जाता है, और खाई भर जाती है। संत अपने को खाली रखते हैं, इसलिए वह सदा भर दिए जाते है।

संत स्वयं को जान कर स्वयं से भी मुक्त हो जाता है, इसलिए ना तो उसके लिए कोई स्वर्ग है, न तो कोई नरक है, और ना हीं कोई मोक्ष है। साधु महात्मा और सज्जन दूसरे को जानकर, शास्त्रों को जानकर अनेक प्रकार से बंध जाते हैं इसलिए उनके लिए कहीं स्वर्ग है, कहीं नरक है और कहीं मोक्ष है। यदि आप खुद को साधु महात्मा और सज्जन मानते हैं तो यह बातें आपके अंदर तीर की तरह चुभ जायेगी, और यदि आप खुद को कुछ भी नहीं मानते हैं तो यह बातें आप पर कोई प्रभाव नहीं डाल पाएंगी। आप खुद को कुछ मानते हीं तब हैं जब आपका मन धारणाओं से बंधा हुआ होता है। और ठीक इसी तरह आप खुद को कुछ मानने से मुक्त हीं तब होते हैं जब आपका मन धारणाओं से मुक्त होता होता है।

मन में निरंतर विचारों का प्रवाह होता रहता है। और यदि कोई व्यक्ति इन विचारों का अपना होना मान ले तो वह जीवन भर विचारों के जाल में उलझा रह जायेगा। इसलिए, दुनियां में जो भी बड़े से बड़े विचारक या दार्शनिक हुए हैं उनका जीवन विचारों में सिमट कर रह गया है। असल में मनुष्य होने की महिमा तभी प्रकट होती है जब कोई विचारों के जाल से भी मुक्त होकर आगे बढ़ जाता है। मनुष्य शरीर भी नहीं है, क्योंकि शरीर पल प्रति पल बदलता चला जाता है। मनुष्य मन भी नहीं है, क्योंकि मन भी पल प्रति पल बदलता चला जाता है। और जो बदलता है वह असल में मनुष्य की महिमा नहीं हैं।

इस मन के भीतर दो जगत हैं। एक है विचारों का जगत जिसमें विचार हीं विचार चलते रहते हैं। और दूसरा है निर्विचार का जगत जिसमें कोई भी विचार नहीं चलते हैं। जो विचारों का जगत है वह निर्विचार के जगत से बहुत छोटा है। और जो निर्विचार का जगत है वह विचारों के जगत से बहुत बड़ा है। अगर विचारों के जगत को जानना हो विचारों से अलग होकर उन्हें देखना चाहिए। और जब कोई विचारों से अलग होकर विचारों के जगत को देखने लगता है तो उसे यह भी पता चल जाता है वह विचार से अलग है। विचार लहरों की भांति आते जाते रहते हैं, लेकिन इनको देखने वाला हमेसा इनसे अलग होता है।

निर्विचार के जगत को जानना है तो यह जानना तभी संभव होगा जब दिखाई देने वाला, और देखने वाला दोनों एक साथ गिर जाए। असल में हम ना तो विचार हैं, और ना इन विचारों को देखने वाले हैं, बल्कि इनके पार जो दृश्य और द्रष्टा को एक साथ देखकर मुस्करा रहा है वह हम हैं। हम अपने असली स्वरूप का अनुभव तो कर सकते हैं, लेकिन उसके बारे में बता नहीं सकते हैं। हम अपने असली स्वरूप के बारे में इसलिए नहीं बता सकते हैं, क्योंकि जहां हम हैं वहां न तो कोई शब्द निर्मित होता है, और ना हम उसे शब्दों के माध्यम से व्यक्त कर पाते हैं। सत्य को शब्दों में

व्यक्त नहीं किया जा सकता है, क्योंकि सत्य की शुरुआत हीं वहां से होती है जहां सभी शब्द गिर जाते हैं।

ज्ञानी शब्दों के पार चला जाता है और पंडित, विद्वान शब्दों की सुंदर जाल में उलझ कर रह जाते हैं। और जो शब्दों के जाल में उलझ कर रह जाता है उसे ना तो यह संसार ठीक तरह से दिखाई देता है, और ना हीं यह जीवन ठीक तरह से दिखाई देता है। और जब जीवन और यह संसार ठीक तरह से दिखाई नहीं देता है तो इसे देखने के लिए हजारों तरह की धारणाएं और मान्यताएं विकसित होती चली जाती है। इन धारणाओं और मान्यताओं के कारण मनुष्य की चेतना असीम से सीमित होती चली जाती है। यह स्मरण रहे चाहे कोई भी मनुष्य हो जब वह इस संसार में आता है तो उसकी चेतना को उड़ने के लिए, और जीवन की परम ऊंचाई को छूने के लिए पंख होते हैं लेकिन जब इन पंखों पर धारणाओं, और मान्यताओं की तलवारें चलती हैं तो यह पंख कट कर गिर जाते हैं।

मृत्यु जीवन का वह आखिरी पड़ाव है जहां जीवन यात्रा पर निकला हुआ यात्री परम विश्राम को उपलब्ध होता है, लेकिन यह सुंदरतम पड़ाव भी यात्री को भयभीत कर देता है। यह जो मृत्यु का भय है यह अकारण नहीं है, बल्कि यह मृत्यु का भय यह संकेत करता है कि हमने इस जीवन को होश पूर्वक न जीकर गहन बेहोशी में जिया है। वासना की प्रगाढ़ता के कारण चित पर गहरी बेहोशी छाई रहती है, जब जवानी रहती है तब भी वासना प्रगाढ़ रहती है, और जब बुढ़ापा आ जाता है तब भी वासना प्रगाढ़ रहती है। जवान कभी कभी वासना की प्रगाढ़ता में होश को उपलब्ध भी हो जाता है तो बूढ़ा वासना की प्रगाढ़ता पर होश को उपलब्ध नहीं होता है।

जब शरीर बूढ़ा हो जाता है तो वासना कहती है मैं अभी भी तृप्त नहीं हूं इसलिए मुझे तृप्ति चाहिए। लेकिन वासना की तृप्ति के लिए शरीर का भी साथ देना जरूरी है। शरीर वासना की तृप्ति में सहयोग नहीं करता इसलिए वासना कहती है कि यह शरीर अब साथ नहीं देता है अब तुम दूसरे नए शरीर की तलाश करो। जब भी मृत्यु आती है वासना नए शरीर की मांग करने लगती है, इसलिए इधर मृत्यु होती है, और उधर इस वासना को तृप्त करने के लिए दूसरा शरीर मिल जाता है। मृत्यु का जो अंतिम क्षण है उसमें इस जीवन का हीं नहीं, बल्कि अगले जीवन का रहस्य भी छुपा हुआ है। और वह रहस्य यह है कि जो आदमी जिस तरह से पूरा जीवन जिया होता है उसी तरह के भाव मृत्यु के अंतिम क्षण में प्रकट होते हैं, और उसी भाव के अनुसार अगला जन्म भी होता है।

जब मृत्यु का क्षण आता है तो जीवन भर के पूरे कर्म, विचार और भावदशाएं किसी फिल्म की तरह आखों के सामने से गुजरने लगते हैं। अगर किसी व्यक्ति ने जीवन भर

बुरे कर्म किया है तो अंतिम समय में उसे नरक का कष्ट भोगने का भय लगने लगता है। और अगर किसी व्यक्ति ने अच्छे कर्म किया है तो स्वर्ग का लोभ पकड़ लेता है। लेकिन अगर किसी व्यक्ति ने निस्काम भावना से कर्म किया है तो उसे अंतिम समय में न तो नरक का भय लगता है, और ना स्वर्ग का लोभ रहता है, बल्कि उसे अंतिम समय में परम संतुष्टि होती है। ऐसा व्यक्ति अगर नरक में भी चला जाए तो उसे नरक का दुःख दुखी नहीं कर सकता है। और ऐसा व्यक्ति स्वर्ग भी चला जाए तो उसे स्वर्ग का सुख आकर्षित नहीं कर सकता है।

मनुष्य जब तक कुछ अपने आपको मानता है तब तक वह एक बीमारी की तरह है। लेकिन जिस दिन यह बीमारी तिरोहित होती है उस दिन मनुष्य भी तिरोहित हो जाता है। परमात्मा तब तक प्रकट नहीं होता है जब तक मनुष्य है, लेकिन जैसे हीं मनुष्य तिरोहित हो जाता है उसी क्षण परमात्मा प्रकट हो जाता है। श्रद्धा तभी प्रकट होती है जब मनुष्य ना कुछ हो जाता है, और जब श्रद्धा प्रकट होती है तो यह पूरा विश्व हीं परमात्मा हो जाता है। असल में परमात्मा शब्द परमात्मा नहीं है, बल्कि परमात्मा तो वह है जिसे जानकर भी जाना नहीं जा सकता है। परमात्मा को इसलिए जाना नहीं जा सकता है, क्योंकि उसको जानने के करीब जब तक हम पहुंचते हैं तब तक मिट गए होते हैं।

परमात्मा के तरफ उसी के कदम बढ़ने लगते हैं जो पल प्रति पल अपने भीतर बड़ी होती हुई मृत्यु का स्मरण करने लगता है। एक तरह से देखा जाए तो जो मृत्यु का स्मरण करता है वह परमात्मा का स्मरण करता है। परमात्मा मृत्यु से अलग नहीं है, बल्कि परमात्मा मृत्यु का हीं दूसरा रूप है। मृत्यु इस जीवन से अलग नहीं है, बल्कि यह जीवन के भीतर हीं बड़ी हो रही है और जिस दिन मृत्यु पूरी तरह बड़ी हो जाती है उस दिन वह जीवन को अपने गोद में समा लेती है। इस संसार में वहीं व्यक्ति धार्मिक है जो सदा मृत्यु का स्मरण करता है। मृत्यु आज नहीं तो कल आनी हीं है, और जिसका आना निश्चित है वह एक तरह से आ हीं गई है। और जो आ हीं गई है उसे सहज भाव से स्वीकार कर लेना हीं बुद्धिमानी है।

बुद्धिमान वह है जो जीवन की भांति हीं मृत्यु को भी स्वीकार कर लेता है। और मूढ़ वह है जो मृत्यु को टालता रहता है, और जीवन को पकड़ा रहता है। मूढ़ मृत्यु को इसलिए नहीं टालता है कि उसे मृत्यु से भय है, बल्कि मूढ़ इसलिए मृत्यु को टालता रहता है क्योंकि उसकी वासनाएं अभी भी तृप्ति की मांग कर रही हैं। जिसकी वासना अभी तृप्त नहीं हुई हैं वह शरीर के जर्जर होने पर भी शरीर को इसलिए पकड़ा रहता है कि वासना तृप्त हो सके। लेकिन जो व्यक्ति होश पूर्वक वासना में डुबकी लगाकर यह जान गया है कि वासना कभी तृप्त नहीं होती है वह शरीर को वस्त्र की भांति छोड़ने के

लिए राजी हो जाता है। परम मृत्यु तो उसी व्यक्ति के जीवन में घटित होती है जो मृत्यु को अहोभाव से स्वागत करता है, और यह शरीर वस्त्रों की भांति छोड़कर खुद शरीर के बाहर आकर मृत्यु से आलिंगनबद्ध हो जाता है।

मृत्यु का आलिंगन हीं परमात्मा का आलिंगन है। और जो मृत्यु से बचने के लिए तरह तरह का इंतजाम करते हैं वह असल में मृत्यु से नहीं भागते हैं, बल्कि वह परमात्मा से भागते हैं। परमात्मा का अगर जीवंत साक्षात्कार करना हो तो वह जीवन और मृत्यु दोनों के रूप में विद्यमान है। परमात्मा हीं जीवन है, और परमात्मा हीं मृत्यु है। जीवन अगर सुबह का उगता हुआ सूरज है तो मृत्यु डूबता हुआ सूरज है। जीवन अगर दिन है तो मृत्यु गहन रात्रि है। अगर जीवन को जाना, और मृत्यु को ना जान पाए तो जीवन व्यर्थ गया। और अगर उगते हुए सूरज की सुंदरता को देखा, और डूबते हुए सूरज की सुंदरता को नहीं देखा तो सूरज की सुंदरता को देखा हीं नहीं। जीवन तो उसी का सार्थक होता है जो जीवन और मौत को जान लेता है, और जो जीवन और मौत को जान लेता है वह यह भी जान लेता है कि ना तो वह जीवन है, और ना हीं वह मृत्यु है बल्कि वह इन दोनों के पार है।

परमात्मा का स्वागत करना हो तो जीवन और मृत्यु से बढ़कर कहीं कोई मंदिर, मस्जिद, गिरिजाघर और तीर्थस्थल नहीं है। परमात्मा को रिझाना हो तो मृत्यु से बड़ा कोई मंत्र नहीं है। और अगर परमात्मा के मंदिर में प्रवेश करना हो तो मृत्यु से उत्तम और कोई द्वार नहीं है। लेकिन मनुष्य इसे भूलकर अनेक तरह की धारणाओं और कर्मकांडो में उलझा रहता है। वह जब तक जीवित रहता है तब तक अनेक तरह के धारणाओं और कर्मकांडो में उलझा रहता है, और जब वह मृत्यु के करीब पहुंचने लगता है तब भी वह उसी प्रकार की धारणाओं में उलझा रहता है। बुढ़ापे में जितने लोग धर्म की ओर आकृष्ट होते हैं उतने जवान लोग धर्म की ओर आकृष्ट नहीं होते हैं। बुढापे में इसलिए लोग धर्म की ओर आकृष्ट होते हैं, क्योंकि मृत्यु के बाद उन्हें स्वर्ग का सुख, और मोक्ष प्राप्ति की आकांक्षा सताने लगती है।

जब बुढ़ापे में स्वर्ग और मोक्ष का लोभ, और नरक का भय व्यथित करने लगता है तो इसके लिए पंडित और धर्मगुरु मिल हीं जाते हैं। इस तरह के पंडित और धर्मगुरु व्यथित यजमान को तरह तरह से सांत्वना देने का प्रयास करते हैं फिर शुरू होती है कर्मकांड की प्रक्रिया। इस कर्मकांड की प्रक्रिया को पूरा करके यजमान को स्वर्ग या मोक्ष प्राप्त होता है या नहीं होता है, लेकिन पंडित और धर्मगुरुओं की जेब जरूर भर जाती है। अगर कहीं धर्म का विकृत रूप देखना है तो पितृ पक्ष श्राद्ध और इसके कर्म काण्डों को देखिये। इससे बड़ा धर्म का विकृत रूप और कहीं इस दुनियां के किसी हिस्से में देखने के लिए नहीं मिलेगा। यहां एक तरफ यह माना जाता है मृत्यु के बाद

पुनर्जन्म होता है तो दूसरी तरफ यह भी माना जाता है कि मृत्यु के बाद कहीं कोई खीर पूड़ी के लिए, पानी के लिए, वस्त्र और विस्तर के लिए तड़प रहा है।

अगर पुनर्जन्म है तो यह खीर पूड़ी के लिए, पानी के लिए, वस्त्र और विस्तर के लिए तड़पने की बातें व्यर्थ है। और अगर पुनर्जन्म नहीं है तब भी मृत्यु के पश्चात इन सब भोगों के लिए तरसने की बातें दो कौड़ी की भी नहीं हैं। जो लोग मानते हैं कि मृत्यु के बाद आत्मा भोजन ग्रहण करती है, पानी पीती है और वस्त्र तथा विस्तर की मांग करती है वे लोग शायद यह भी नहीं जानते हैं जब शरीर हीं नहीं रहा तो यह भूख प्यास, और वस्त्र तथा विस्तर से आत्मा का कोई लेना देना नहीं है। असल में देखा जाए तो आत्मा के लिए शरीर एक वस्त्र की भांति था, और जब यह वस्त्र पुराना हो गया तो उसने इसे छोड़ कर नए शरीर रूपी वस्त्र धारण कर लिया। अक्सर तो ऐसा होता है कि घर के लोग अभी मरे हुए प्रियजन का अंतिम संस्कार भी नहीं कर पाए होते हैं तब तक वह प्रियजन किसी दूसरे नए शरीर में प्रवेश कर चुका होता है।

आत्मा को शरीर पाने की जल्दी नहीं होती है, लेकिन आत्मा का जो बाहरी खोल मन अर्थात जीवात्मा है उसे शरीर पाने की जल्दी होती है। कुछ लोग इधर मरते हैं, उधर दूसरा नया शरीर धारण कर लेते हैं। और कुछ लोग मृत्यु के पश्चात कुछ समय के लिए प्रतीक्षा करते हैं, क्योंकि उनके अनुसार जल्दी गर्भ नहीं मिल पाता है। और कुछ लोग होते हैं जिन्हें मृत्यु उपरांत शरीर की कोई जरूरत हीं नहीं रह जाती है। इस शरीर की जरुरत तभी नहीं रह जाती है जब वासना तृप्त गई हो। और वासना उसी की तृप्त होती है जो वासना को जान जाता है। जब तक वासना है तब तक इस वासना को तृप्त करने के लिए शरीर का निर्माण होता रहेगा, लेकिन जैसे हीं वासना तृप्त हो जाती है वैसे हीं शरीर का निर्माण होना भी बंद हो जाता है।

मृत्यु के बाद शरीर को इसलिए जल्दी मरघट लेकर जाया जाता है, क्योंकि कई बार शरीर के पड़े रहने से जीवात्मा को यह भ्रम बना रहता है कि मै इस शरीर से अलग नहीं हुआ हूं। लेकिन जैसे हीं शरीर चिता की आग में धूं धूं कर जलने लगता है वैसे हीं उसका यह भ्रम टूट जाता है, और वह नए शरीर की तलाश में निकल जाता है। यह मृत्यु के बाद जो तेरह दिनों तक पानी और भोजन देने की प्रक्रिया है यह असल में मरने वाले सगे संबंधी के प्रति सम्मान जताने की कोशिश है। यह सम्मान ऐसे भी अहोभाव से उन्हें दिया जा सकता है। इस सम्मान के लिए इतना आडंबर रचने की और लाखों खर्च करने की कोई जरूरत नहीं है, लेकिन फिर भी लोग इसलिए यह श्राद्ध का आडंबर रचते हैं ताकि दूसरे लोग उन्हें यह ना कह सकें कि देखो इन्होंने मरने वाले व्यक्ति के शांति के लिए कुछ भी नहीं किया।

यदि मरे हुए आदमी के प्रति सम्मान है तो यहीं उसके लिए सच्ची श्रद्धांजलि हैं। और यदि मरे हुए आदमी के प्रति कोई सम्मान नहीं है तो यह लाखों का खर्च करके श्राद्ध का आडंबर रचना मात्र दिखावा के अतिरिक्त और कुछ भी नहीं है। लाखों का खर्च करके श्राद्ध का आयोजन तो किया जा सकता है, और दान दक्षिणा देकर अपनी वाहवाही बटोरा जा सकता है, लेकिन इससे मरने वाले सगे संबंधी को सच्ची श्रद्धांजलि अर्पित नहीं किया जा सकता है। सच्ची श्रद्धांजलि किसी श्राद्ध, किसी आयोजन, किसी दान दक्षिणा की मांग नहीं करती है, बल्कि वह मांग करती है मरने वाले व्यक्ति के प्रति सच्ची श्रद्धा और प्रेम की। यदि मरने वाले व्यक्ति के प्रति अभी भी प्रेम है और सच्ची श्रद्धा है तो यह दान दक्षिणा, यह श्राद्ध का आडंबर सभी व्यर्थ हैं इनका कोई मूल्य नहीं है।

कई बार ऐसा देखा जाता है कि माता पिता जब तक रहते हैं तब तक उनकी संताने उन्हे तरह तरह का दुख देती हैं। ऐसे माता पिता को ना समय से भोजन मिल पाता है, और ना समय से पानी मिल पाता है, लेकिन जब यहीं माता पिता मर जाते हैं तो उनकी संताने श्राद्ध के आयोजन में लाखों का खर्च करती है। जो माता पिता जीवित रहने पर दो वक्त की रूखी सूखी रोटी के लिए, और साधारण वस्त्र के लिए तरसते थे उनके ना रहने पर उनके लिए खीर पूड़ी और महंगे परिधानों का इंतजाम किया जाता है। यह खीर पूड़ी और यह महंगे रंग बिरंगे परिधान माता पिता को मिले या न मिले, लेकिन उनको जरूर मिल जाता है जिससे ना तो माता पिता का संबंध होता है, और ना उनके संतान का संबंध होता है।

दान दक्षिणा वह है जब यजमान अपनी सामर्थ्य के अनुसार देता है। लेकिन श्राद्ध में अक्सर यजमान आर्थिक और मानसिक रूप से टूट कर रह जाता है। श्राद्ध के विधियों को पूरा करने वाले ब्राह्मण कई बार यजमान को कर्ज में डूब जाने और मानसिक पीड़ा से गुजरने पर मजबूर कर देते हैं। जिनके पास धन है वह तो श्राद्ध जैसे पाखंड से अपना पीछा छुड़ा लेते हैं, लेकिन जिनके पास धन नहीं है वह दान दक्षिणा देने और पूड़ी पकवान का इंतजाम करने में हीं बुरी तरह दब कर रह जाते हैं। जहां तक दान दक्षिणा का संबंध है लगभग सभी यजमान श्राद्ध के आयोजन में यथा संभव दान दक्षिणा ब्राह्मणों को देते हैं, लेकिन अक्सर ब्राह्मण अपने मन मुताबिक दान दक्षिणा की मांग करने लगते हैं।

माता पिता इस आशा में अपने बच्चों का पालन पोषण करते हैं, उन्हे शिक्षित करते हैं ताकि बुढ़ापा में उनका सहारा बनेंगे, लेकिन उनकी सारी आशाएं बुढ़ापे में एक एक करके टूटने लगती हैं। जिस माता पिता की उंगली थाम कर बच्चों ने एक एक कदम चलना सीखा वही माता पिता जब अपने शरीर से लाचार हो जाते हैं तब यही बच्चे उनसे

अपनी दूरी बढ़ा लेते हैं। आशाएं व्यर्थ हैं वे एक दिन टूटती हीं हैं, लेकिन इनके साथ साथ वे माता पिता भी तन मन से बुरी तरह टूट जाते हैं जो अपने बच्चों से तरह तरह की आशाएं करते हैं। बच्चे को जन्म देना उनका पालन पोषण करना, और उन्हें अपने पैरों पर खड़ा करना माता पिता का धर्म है, कर्तव्य नहीं। यदि माता पिता अपना धर्म का पालन करते हैं तो किसी प्रकार की आशाएं निर्मित नहीं होगी। और यदि माता पिता अपना कर्तव्य निभाते हैं इस कर्तव्य के कारण कर्ता का भाव प्रबल होता चला जाएगा, और इसी कर्ता के कारण तरह तरह की आशाएं निर्मित होंगी।

कर्तव्य धीरे धीरे कर्ता की ओर लेकर जाता है, और इसी कर्तापन के कारण तरह तरह की आशाएं निर्मित होती चली जाती हैं। और जब आशाएं निर्मित हो जाती है तो आशा के अनुरूप फल की प्राप्ति नहीं होने पर मन को भारी पीड़ा होती है। भावना से ऊंचा कर्तव्य है, और कर्तव्य से ऊंचा धर्म है। कई बार भावनाएं कर्तव्य की राह में रोड़ा बन जाती है, और कई बार कर्तव्य धर्म की राह में रोड़ा बन जाता है। भावनाओं में बहने वाला व्यक्ति कई बार अपने कर्तव्य को ठीक तरह से पूरा नहीं कर पाता है। और धर्म का पालन करने वाला व्यक्ति कई बार कर्तव्य के कारण धर्म का पालन करने से चूक जाता है। धर्म और कर्तव्य दोनों कहते हैं कि फल पाने की इच्छा से कर्म मत करो, बल्कि अपने कर्तव्य और धर्म का पालन करने के लिए कर्म करो। लेकिन कई बार कर्तव्य का पालन करने वाला व्यक्ति अपने आपको कर्ता मानने की भूल कर बैठता है। और इसी कर्ता के कारण उसमें फल पाने की इच्छा पैदा हो जाती है।

कर्तव्य वह है जिसे कई बार लोग मजबूरीवश निभाते हैं। और धर्म वह है जो स्वेच्छा पूर्वक पालन किया जाता है। कर्तव्य को पूरा करने से कई बार खुशी तिरोहित हो हो जाती है, लेकिन धर्म का पालन करने से जो आंनद मिलता है उसे शब्दों में व्यक्त नहीं किया जा सकता है। आंनद ना तो हमेशा खुशी मिलने की अवस्था है, और ना हमेशा सुख मिलने की अवस्था है, बल्कि आंनद वह अवस्था है जिसमें न खुशी मिलती है, और ना सुख मिलता है। आंनद सही मायने में देखा जाए तो वह दुख सुख और खुशी के पार की अवस्था का नाम है।

अध्याय 6

शरीर, मन, आत्मा और परमात्मा!

इस देश में हम सर्वाधिक यह चर्चा करते हैं कि आत्मा अमर है, शरीर नश्वर है, और जगत माया का बंधन है। लेकिन इतनी सारी बातें करने के बाद भी हम मरने से डरते हैं, शारीरिक स्तर पर गुलाम रहते हैं और जगत को माया का बंधन कहने के वावुजूद भी जगत के बंधन में बंधे रहते हैं। इस डर के कारण हीं हम लगभग एक हजार वर्ष तक गुलामी की जंजीरों में जकड़े रहे, और तरह तरह की यातनाएं झेलते रहे। हम इतने लंबे समय तक इसलिए गुलाम रहे, क्योंकि हमने जिंदगी को दांव पर नहीं लगाया। और यदि हमलोग जीवन को दांव पर लगाया होते तो चाहे कितनी भी बड़ी से बड़ी फौज आती उन्हे आते हीं मुंह की खानी पड़ती।

अगर वास्तव में श्री कृष्ण के वक्तव्य को हमलोग समझे होते तो इतना भयभीत होने का कोई भ्रम हीं नहीं उत्पन हो सकता था। अगर आत्मा अमर है तो इस देश को गुलाम हीं नहीं किया जा सकता था, लेकिन फिर भी यह देश हजारों वर्षों तक गुलाम रहा। इस गुलामी का एक हीं कारण था कि हम एक तरफ आत्मा की अमरता का सिद्धांत दोहराते रहे, और दूसरी तरफ मरने से भयभीत भी होते रहे। मैं यह नहीं कहता हूं कि आत्मा अमर नहीं है, बल्कि मै यह कहता हूं जब तक इस शरीर और मन से अलग खुद को अलग ना जान लें तब तक आत्मा के अमर होने की बात कहना हीं हमारे लिए फिजूल है।

जब कोई पड़ोस में मरता है तो हम आत्मा की अमरता की बातें करते हैं। यह आत्मा की अमरता की बातें वास्तव में हम मरने वाले व्यक्ति के लिए नहीं करते हैं, बल्कि हम अपने लिए करते हैं। वास्तव में देखा जाए तो पड़ोसी की मृत्यु हमें काफी

हद तक हमारे मरने के डर को और तरोताजा कर देती है। इसलिए इस डर से मुक्त होने के लिए हमारे मुंह से आत्मा की अमरता की बातें निकलने लगती है। एक तरफ हमारे सामने पड़ोसी का मृत शरीर पड़ा होता है तो दूसरी तरफ हमारे मन में आत्मा की अमरता का पाठ चल रहा होता है। यह आत्मा की अमरता का पाठ इस बात की ओर संकेत करता है कि हम भी एक दिन मर जायेंगे।

आत्मा अमर है! शरीर नश्वर है और संसार माया है यह बातें तभी हमारे लिए सार्थक होंगी जब हम कृष्ण के तल तक पूरी तरह से उठ जाएं। यह भलीभांति स्मरण रहे कि हम कृष्ण को अपने तल तक खींच कर नहीं ला सकते हैं। और यह भी स्मरण रहे कृष्ण जिस तल पर यह आत्मा की अमरता की बातें करते हैं उस तल पर हम अभी मौजूद नहीं हैं। वास्तव में देखा जाए तो कृष्ण का तल दूसरा है, और हमारा तल दूसरा है। और यह आत्मा की अमरता की बातें करते हुए भी भीतर भय इसलिए बना रहता है क्योंकि हम उस तल पर अभी नहीं पहुंचे हैं। इसलिए जहां तक हो सके हमें कृष्ण के तल तक पहुंचने के लिए सदा तत्पर रहना चाहिए। और कभी भूलकर भी कृष्ण को अपने तल तक खींच कर लाने की कोशिश नहीं करनी चाहिए, क्योंकि कृष्ण हमारे तल पर आने के वावजूद भी कृष्ण हमारे लिए कुछ नहीं कर सकते हैं।

हम गीता को कहीं भी लेकर चले जाते हैं, लेकिन क्या वास्तव में गीता हमारे ले जाने से कहीं भी जाती है...? नहीं गीता जहां है वहां है, और गीता को तभी जाना जा सकता है जब तक कोई अर्जुन की तरह न हो जाए। यह जो गीता का अमृत रूपी सत्य है वह जीवन के शिखर पर पहुंच कर जाना गया है। और यह अमृत रूपी सत्य तभी हमारे भीतर उतर सकता है जब हम भी जीवन के परम शिखर पर पहुंच जाएं। यह गीता का सत्य हमारे लिए एक पुकार है, एक चुनौती है कि आओ इस जीवन की परम ऊंचाई पर जहां प्रकाश हीं प्रकाश है, अमृत हीं अमृत है। और जहां यह शरीर, मन और बुद्धि नहीं है बल्कि आत्मा है।

जीवन का एक शिखर ऐसा भी है जहां चारों तरफ प्रकाश हीं प्रकाश है। अमृत हीं अमृत है। आंनद हीं आंनद है। लेकिन यह हमें इसलिए नहीं दिखाई देता है, क्योंकि हम जहां रहते हैं वहां चारों तरफ गहन अंधकार हीं अंधकार है। और इस गहन अंधकार में एक भी प्रकाश की किरण दिखलाई नहीं देती है। और यह प्रकाश हीं प्रकाश की बात सुनकर हमें इस भ्रम में अपने हाथ में लिए हुए दीपक को बुझाने की अभी जरूरत नहीं है। इस दीपक को तब तक बुझाने की जररूत नहीं है तब तक आगे रोशनी की किरण दिखाई नहीं देती है। इसी तरह अपने भीतर बढ़ते रहें, बढ़ते रहें और एक क्षण वह भी आएगा जब वह रोशनी की किरण दिखलाई पड़ने लगेगी, और प्रकाश भी घेर लेगा।

कृष्ण आत्मा की अमरता की बातें कह रहे हैं तो उनकी बातों को सुनकर हमें इतना हीं समझने की जरूरत है कि जीवन का एक ऐसा परम शिखर भी है जहां चेतना अपने पूरे चैतन्य की अवस्था में प्रकट हो जाती है। चैतन्य की इस परम अवस्था में प्रकाश हीं प्रकाश है, अमृत हीं अमृत है। और जहां अंधेरा नहीं है, मौत नहीं है वहां दीपक जलाने की और किसी के मरने, और किसी को मारने की बातें दो कौड़ी की भी नहीं हैं। तो... आइए हम इस जीवन के एक ऐसे शिखर की ओर चलते हैं जहां प्रकाश हीं प्रकाश है, अमृत हीं अमृत है।

हम जो हैं, और जहां हम हैं वहां सभी का जन्म होता है, और मृत्यु होती है। और जिससे भी हम परिचित हैं उसमे कुछ अज्ञात, और अजन्मा कुछ भी नहीं है। और यहां तक कि हम जो भी देखते हैं, और पहचानते हैं वह सभी जन्मता, और मृत्यु को प्राप्त होता हुआ दिखाई देता है। उदाहरण के लिए गुथी हुई माला दिखाई देती है, और पहनने वाला व्यक्ति भी दिखाई देता है, लेकिन इस माला के अंदर वह धागा नहीं दिखाई देती है जिसके बिना यह माला बिखर सकती है। एक माला दिखाई देती है मोतियों की, लेकिन वह मोतियों की माला होती नहीं, क्योंकि मोती तो उसी धागे पर टिके हुए होते हैं जो उनके भीतर से गुजरती है।

जन्म होता है। शरीर अनेक परिवर्तनों से गुजर कर वृद्ध होते हुए मृत्यु को प्राप्त हो जाता है। जन्म से लेकर मृत्यु तक जीवन अनेक परिवर्तन जैसे सुख दुख, मान अपमान, प्रेम घृणा, शोक खुशी से गुजरता है, लेकिन इनके पीछे कुछ ऐसा तत्व भी है जो कभी परिवर्तित नहीं होता है। यह जो तत्व है यह वही अस्तित्व है जिसे कोई आत्मा कहता है, और जिसे कोई परमात्मा कहता है। हम जो इतने तरह के रूप इस जगत में देखते हैं यह रूप चाहे इस शरीर का हो, या किसी और चीज का हो यह ना दिखाई देने वाले अरूप के कारण हीं देखना संभव हो पाता है। और यदि इन दिखाई देने वाले रूपों के पीछे ना दिखाई देने वाला अरूप मौजूद ना हो तो हम किसी भी रूपों को नहीं देख सकते हैं।

आप कभी सिनेमाघर में फिल्म देखते हैं तो वहां प्रतिपल चित्र दौड़ते रहते हैं। यह जो चित्र प्रति पल दौड़ते रहते हैं इन चित्रों में छाया और प्रकाश का जोड़ होता है। इन चित्रों को ध्यान से देखा जाए तो इनमें किरणों के जाल के अतिरिक्त कुछ दिखाई नहीं देता है। और यह किरणे तभी दिखाई दे सकती है जब पीछे कोई पर्दा लगा हो। मजे की बात तो यह है कि जब तक फिल्म चलती रहती है तब तक पर्दा दिखाई नहीं देता है, और यदि पर्दा दिखाई पड़ने लगे तो फिल्म नहीं दिखाई देती है। वास्तव में देखा जाए तो फिल्म चलती रहती है, चित्र आते जाते रहते हैं, और पर्दा अपनी जगह स्थिर रहता है।

पर्दे के कारण दिखाई पड़ते हैं आते जाते चित्र, लेकिन पर्दा दिखाई नहीं पड़ता है। और यदि यह पर्दा ना रहे तो यह दिखाई पड़ने वाले चित्र दिखाई नहीं दे सकते हैं। पर्दा इन चित्रों को संभालता है इसलिए चित्र इस पर प्रकट हो पाते हैं। चित्र आते जाते रहते हैं, लेकिन पर्दा अपनी जगह स्थिर रहता है। चित्रों की स्थिति में परिवर्तन होता रहता है जैसे कभी दुख और सुख का चित्र भी आता है, और कभी खुशी और गम का भी चित्र आता है, लेकिन पर्दे की स्थिति एक समान हीं रहती है। और यदि कोई चित्र हीं चित्र देखता रहे, और इनके पीछे छिपे हुए स्थिर पर्दे को देखने से वंचित रह जाए तो वह चित्रों के कारण प्रभावित जरूर हो जायेगा। और यदि कोई चित्रों के देखने के साथ इन दिखाई पड़ने वाले चित्रों के पीछे छुपे हुए पर्दे को भी देख ले उसपर बदलते हुए चित्रों का कोई प्रभाव नहीं पड़ेगा।

बड़े मज़े कि बात तो यह है कि हमारा जो यह जीवन है यह भी अनगिनत चित्रों का फैलाव है। जीवन दुख नहीं है, लेकिन जीवन दुख तब बन जाता है जब हम आने जाने वाले चित्रों को पकड़कर बैठ जाते हैं। जन्म भी एक चित्र है, और मृत्यु भी एक चित्र है, लेकिन हम कहते हैं कि हमारा जन्म और हमारी मृत्यु। सुख भी एक चित्र है, और दुःख भी एक चित्र है, लेकिन हम कहने लगते हैं कि हमारा सुख और हमारा दुःख। इसी तरह मान अपमान, हंसना रोना, जवानी बुढ़ापा और सुंदरता कुरूपता भी जीवन के पर्दे पर आने जाने वाले चित्र हैं, लेकिन हम इन चित्रों से इस प्रकार बंध जाते हैं कि यह पुरी जिंदगी चित्रों में हीं सिमट कर रह जाती है।

हम जैसा जीवन जीते चले जाते हैं वह मात्र एक चित्रों से सजा हुआ एलबम के अतिरिक्त और कुछ भी नहीं है। लगभग हरेक व्यक्ति को देखा जाए तो वह अपने पूरे जीवन में इस एलबम को संभाले हुए इस प्रकार चलता है जैसे यह एलबम हीं उसका असली जीवन हो। वास्तव में देखा जाए तो चित्रों से भरा हुआ यह एलबम हमारा जीवन नहीं है, बल्कि जीवन तो वह है जिस पर चित्र आते जाते रहते हैं, लेकिन वह स्थिर रहता है। जीवन के रहस्य तो तभी प्रकट होने लगते हैं जब वह इन बदलते हुए चित्रों के पीछे ना बदलने वाला दिखाई देने लगता है। लेकिन जीवन और यह संसार दुख का सागर तब बन जाता है जब वह इन बदलते हुए चित्रों के पीछे ना बदलने वाला दिखाई नहीं देता है। यदि किसी ने इस जीवन में केवल चित्र हीं चित्र देखा, और इन चित्रों के पीछे उसे ना देखा जिस पर यह सारे के सारे चित्र बदलते रहते हैं तो वह जीवन को देखने से चूक गया।

हम जिन चित्रों को संभाले रहते हैं क्या वे चित्र कभी टिकते हैं...? नहीं यह चित्र कभी नहीं टिकते हैं। बचपन आता है वह भी चला जाता है। जवानी आती है वह भी चली जाती है। बुढ़ापा आता है वह भी चला जाता है। सुख आता है वह भी चला जाता

है। दुख आता है वह भी चला जाता है। सुंदरता आती है वह भी चली जाती है। और जिसे हम मान अपमान, सफलता असफलता कहते हैं वह भी चित्र की भांति बदलते चले जाते हैं। और तो और जन्म के बाद मिलता है नाम और संस्कार, लेकिन यह नाम और संस्कार भी मृत्यु के साथ हीं समाप्त हो जाते हैं। जीवन अद्त है, लेकिन यह जीवन चित्रों का जाल तब बन जाता है जब इसके पीछे छूपा हुआ अस्तित्व दिखाई नहीं पड़ता है। मज़े की बात तो यह है कि जिसको यह अस्तित्व दिखाई पड़ने लगता है वह बदलते हुए चित्रों में कभी उलझता नहीं, बल्कि वह इन चित्रों के पार चला जाता है।

जीवन के बदलते हुए इन चित्रों के पीछे जो पर्दा मौजूद है उसी को कोई अस्तित्व कहता है, कोई उसे आत्मा कहता है, और कोई उसे परमात्मा कहता है लेकिन सभी एक है। यह अस्तित्व हीं ना कभी जन्मता है, और ना कभी मरता है। ना कहीं जाता है, और ना कहीं से आता है। लेकिन ऐसा भूलकर भी हमें यह नहीं समझ लेना चाहिए कि हमारी मृत्यु नहीं होगी। नहीं, हमारी मृत्यु इसलिए होगी, क्योंकि हमारा जन्म हुआ है। लेकिन हमारे अंदर वह जो अस्तित्व है वह उसी भांति रहेगा जैसा वह हमारे जन्म के पहले भी था, और मृत्यु के बाद भी रहेगा। इस अस्तित्व को और भी ठीक से समझने का प्रयत्न किया जाए तो यह आकाश की भांति है। आकाश पर बादल बनते और मिटते रहते हैं, लेकिन आकाश इन बनते और मिटते हुए बादलों से हमेशा अलग होता है।

बादल आते हैं तब भी आकाश वैसा हीं होता है, और बादल जब चले जाते हैं तब भी आकाश वैसा हीं रहता है। सूर्य उदय होता है तब भी यह आकाश वैसा हीं होता है, और जब सूर्य अस्त हो जाता है तब भी आकाश वैसा हीं रहता है। इस आकाश की स्थिति में कोई परिवर्तन नहीं होता है चाहे भले हीं हमारी आंखे इस आकाश को भलीभांति देखने में कुशल हो या नहीं हो। अक्सर हमारी आंखे वहीं देखती है जो सत्य नहीं होता है, और अक्सर हमारे कान वही सुन लेते हैं जो सत्य नहीं होता है। और जब सत्य हम तक नहीं पहुंच पाता है तो यह जीवन समझ के बाहर रह जाता है।

हम जिसे जानते हैं उसका जन्म होता है, और मृत्यु भी होती है। हम जिसे जानते हैं उसकी जन्म की तारीख है, और जिसकी जन्म की तारीख है उसकी मृत्यु की तारीख भी होगी। जब हम पैदा हुए थे तब परिवार के लोग खुश हुए थे, और जब हम मरेंगे तब परिवार के लोग दुखी भी होंगे। जब जन्म हुआ था तब भी हमारा कोई नाम नहीं था, और जब हम मर जायेंगे तब भी हमारा कोई नाम नहीं होगा। हम जितना अपने आपको जानते हैं और जो भी अपने आपको कुछ न कुछ मान लिए हैं वह सब चित्रों का एलबम है। जिसे देखो वही अपने अपने एलबम को संभाले हुए है। और जब तक कोई अपने इस चित्रों के संभाले रहता है तब तक उसे जीवन का वह सत्य नहीं दिखाई देता है जिसके कारण यह जीवन चलायमान होता है।

एक आदमी है साठ साल का और उसे पता है कि वह हिंदू है, उसकी पत्नी है, पांच बेटे हैं, स्कूल का रिटायर्ड शिक्षक है, उसका भरा पूरा घर है। लेकिन वास्तव में देखा जाए तो यह व्यक्ति चित्रों का एलबम है, क्योंकि यह चित्र इसकी स्मृति से आसानी से साफ किए जा सकते हैं। कभी कभी चोट लगने के कारण या कभी कभी विद्त के झटके के कारण अचानक स्मृति खो जाती है, और आदमी एक कोरे कागज की भांति रह जाता है। जब स्मृति चली जाती है तब आदमी वही नहीं रह जाता है जो वह अब अपने आपको मानता था, बल्कि वह सारी मान्यताओं से एक हीं क्षण में बाहर चला जाता है।

हम जिसे मैं कहते हैं, और पूरा जीवन जिस मै के इर्द गिर्द घूमते रहते हैं वह किसी का पुत्र है, किसी की पुत्री है, किसी का पति है, किसी की पत्नी है, किसी का पिता है, किसी की माता है। यह मैं हीं कभी हिंदू घर में जन्म लेता है तो हिंदू हो जाता है, और कभी मुस्लिम घर में जन्म लेता है तो मुस्लिम हो जाता है। जिस मै को हम अपना होना मान लेते हैं वह मात्र चित्रों का एलबम है। हम सभी लोग अपना अपना एलबम संभाले हुए हैं, और इसी एलबम को इस भांति पकड़ कर बैठे हुए हैं कि जैसे यही हमारा संपूर्ण अस्तित्व हो। बड़े मज़े की बात यह है कि हम जीवन भर अपने इसी मै रूपी चित्रों से सजे हुए एलबम देखते रहते हैं, और दूसरों को भी दिखाते रहते हैं।

यह जो मैं रूपी सजा हुआ एलबम है यह हम नहीं है। और अगर इस मैं रूपी एलबम को हम अपना होना समझते हैं तो यह मरेगा भी, क्योंकि यह मै जन्मा हुआ है। जो जन्मा हुआ है उसकी मौत सुनिश्चित है। इसलिए इस बात को भलीभांति समझ लेना चाहिए ताकि उसे खोजा सके जो इस मैं के मरने के बाद भी नहीं मरता है। लेकिन हम जीवन भर तो उसी मै को पकड़े रहते हैं जिसका जन्म हुआ है। यह जो मैं है, यह मै इसलिए नहीं हूं, क्योंकि यह सिर्फ मेरे उस मैं पर अंकित हो गए चित्र हैं जिनसे मैं अनंत जन्मों से गुजरा हुआ हूं।

जिस चेहरे की सुंदरता पर हम गुमान करते हैं क्या वाकई में यह चेहरा हमारा है... और क्या यह चेहरा मृत्यु के उपरांत भी हमारा रहेगा...? नहीं यह चेहरा हमारा नहीं हो सकता है, क्योंकि जन्म के पहले भी यह चेहरा हमारा नहीं था, और मृत्यु के बाद भी यह चेहरा हमारा नहीं रह जाएगा। और जहां तक इस चेहरे की सुंदरता है वह भी तभी तक है जब तक यह शरीर जवान रहता है। इधर जवानी जाती है और उधर चेहरे की सुंदरता भी चली जाती है। और जो लोग जवानी में जितना हीं इस चेहरे की सुंदरता पर गुमान करते हैं, वे लोग बुढ़ापे में उतने हीं कुरूप दिखाई देने लगते हैं। ना तो यह चेहरा मेरा है, और ना इस चेहरे की सुंदरता मेरी है, क्योंकि जन्म के पहले भी यह चेहरा मेरा नहीं था, और मृत्यु के बाद भी यह चेहरा मेरा नहीं रह जाएगा।

इसलिए धर्म कहता है तुम उस चेहरे की खोज करो जो जन्म के पहले भी तुम्हारा था, और मृत्यु के बाद भी तुम्हारा होगा। आखिर वो किस तरह का चेहरा है जो जन्म के पहले भी था, और मृत्यु के बाद भी रहेगा...? वह वही चेहरा है जो कभी नहीं बदलता है, वह वही चेहरा है जिस पर समय की धूल नहीं जमती है, वह वही चेहरा है जो अरूप है। और जो लोग उस अरूप को खोज लेते हैं वह तत्क्षण इस बदलते हुए चेहरे से मुक्त हो जाते हैं। यह जो अरूप इस शरीर के भीतर छुपा हुआ है उसका ना तो कभी जन्म होता है, और ना कभी मृत्यु होती है। लेकिन जो जन्म के साथ रूप मिला हुआ है, वह विभिन्न परिवर्तनों से गुजरकर मृत्यु में एक दिन समा जायेगा।

" कृष्ण कह रहे हैं कि कोई है इस शरीर के भीतर जिसका जन्म नहीं होता है, जिसे अग्नि जला नहीं सकती है, जिसे शस्त्र काट नहीं सकते हैं, जिसे वायु सुखा नही सकती है और जिसे जल डुबो नहीं सकता है "

कृष्ण जिसके संबंध में बातें कह रहे हैं वह हम नहीं हैं, क्योंकि हम जन्मे भी थे और एक दिन मर भी जायेंगे, हमें शस्त्रों से छेदा भी जा सकता है और काटा भी जा सकता है, हमें अग्नि जला भी सकती है और जल डूबा भी सकता है। और जो शस्त्रों से छिद जाता हो, जिसे अग्नि जला सकती हो और जिसे जल डूबा सकता हो, यह उसके संबंध में चर्चा नहीं हो रही है। यह चर्चा उसके संबंध में हो रही है जो न कभी जन्मा है, और जिसकी न कभी मृत्यु होती है। कृष्ण जिसके संबंध में कह रहे हैं उसे चाहे डाक्टर कितना भी यह शरीर चिर फाड़ करके खोज लें, लेकिन वे कभी खोजने सफल नहीं हो पाएंगे, क्योंकि जिसे वह चीर सकते हैं, उसे मृत्यु एक दिन निगल जायेगी।

आज भले हीं विज्ञान आकाश की ऊंचाइयां छू रहा है, चांद और मंगल पर पहुंच गया है, लेकिन उसे वह कभी भी नहीं खोज पाएगा जिसके बारे में कृष्ण कह रहे हैं। विज्ञान उसे हीं पकड़ सकता है जिस पर उसके द्वारा बनाए गए सूक्ष्मतम से सूक्ष्मतम यंत्र काम करते हों। लेकिन विज्ञान उसे नहीं पकड़ सकता है जो सभी प्रकार के यंत्रों की पहुंच के बाहर हो। वास्तव में देखा जाए तो विज्ञान अभी भी वही तक पहुंचा हुआ है जहां तक उसकी सीमा है, और धर्म तो बहुत पहले हीं वहां पहुंच चुका है जो असीम है। और यदि भविष्य में विज्ञान और भी उन्नति करना चाहता है तो उसे धर्म के शरण में जाना हीं पड़ेगा।

वास्तव में देखा जाए तो धर्म की शुरुआत हीं वहां से होती है, जहां विज्ञान की सारी खोज व्यर्थ हो जाती है। और यह खोज उस दिन व्यर्थ लगने लगती है जिस दिन यह अहसास होने लगता है कि जिसे खोजा जा सकता है वह सीमा के घेरे में है, और जिसे नहीं खोजा जा सकता है वह असीम है। कृष्ण जिसकी बातें कर रहे हैं उसे धर्म के शरण में गए बिना खोजने का कोई उपाय नहीं है। और धर्म के शरण में वही जा सकता है

जो अपने इस जन्मे हुए मैं से मुक्त हो चुका हो। अगर कोई यह मानता है कि मै बचा भी रहूं, और उसे खोज लूं जो जन्मा हुआ नहीं है तो यह असंभव था, असंभव है और असंभव रहेगा।

धर्म की शिक्षा नहीं होती है, लेकिन धर्म की साधना जरूर होती है। और इस साधना में साधक तभी जाकर धर्म की ऊंचाइयों पर पहुंच कर अमृत को उपलब्ध हो पाता है जब वह अपने आपको पूरी तरह मिटा चुका होता है। कृष्ण जिस अजन्मे की बात कर रहे हैं उस अजन्मे को देखा जा सकता है, लेकिन उसे देखने के लिए वह नेत्र काम नहीं करेंगे जो बाहर की ओर खुलते हैं, बल्कि वह नेत्र काम करेंगे जो भीतर की ओर खुलते हैं। जब भीतर के नेत्र खुलते हैं तो वह दिखाई देने लगता है जो छेदने से छिदता नहीं, काटने से कटता नहीं, मारने से मरता नहीं, और डुबाने से डूबता नहीं।

कृष्ण की बात उसी दिन सत्य दिखाई पड़ने लगती है जिस दिन आप काटने से कट जाते हों, और भीतर कुछ अनकटा शेष रह जाता हो। डुबाने से डूब जाते हों, और भीतर कोई डूबने वाले को देखता रह जाता हो। क्रोध आता हो तो क्रोध से पीड़ित हो जाते हों, और भीतर कोई इस क्रोध को देखता रह जाता हो। बीमारी आती हो तो बीमार हो जाते हों, और भीतर कोई इस बीमारी को देखता रह जाता हो। और ठीक इसी तरह से मृत्यु आती हो तो मर जाते हों, और भीतर कोई इस मृत्यु को देखता रह जाता हो। यह भीतर जो सभी परिस्थितियों में देखता रहता है वह वही है जो अजन्मा है, जो शस्त्रों से छेदा नहीं जा सकता है, जो डुबाने से डूब नहीं सकता है, और जिसे आग जला नहीं सकती है। वह वही अमृत है जिसे पाने के बाद और कोई इच्छा शेष नहीं रह जाती है। वह वही है जिसे पाने के बाद ना तो जन्म होता है, और ना मृत्यु होती है।

यह जो देखने वाला है यह हम नहीं है, बल्कि यह वही है जिसका कोई रूप नहीं है लेकिन फिर भी वह अनेक रूपों में दिखाई देता है। यह जो देखने वाला है यह वही है जिसका कोई नाम नहीं है, लेकिन फिर भी उसे अनेक नामों से जाना जाता है। यह वही है जिसकी ना कोई जाती है, और ना कोई तथाकथित धर्म है। यह वही है जो न कभी आता है, और ना कभी जाता है। यह वही है जो सब जगह बाहर और भीतर फैला हुआ है। यह वही है जो चांद की चांदनी में भी है, और सूर्य की रोशनी में भी है। यह वही है जो तारों की जगमगाहट में भी है, और जुगुनू की झिलमिलाहट में भी है। यह वही है जो कोयल की मधुर संगीत में भी है, और कौए की कड़वाहट में भी है। यह वही है जो धर्मात्मा में भी है, और पापी से पापी व्यक्ति में भी है। यह वही है जो स्वर्ग में भी है, नरक में भी है और मोक्ष में भी है।

कृष्ण जिस अजन्मे की बात कर रहे हैं उसे आप निरंतर खोजते रहना, और जब आप भलीभांति अपने भीतर उस अजन्मे को खोजने लगेंगे तो वह अनुभव में आना शुरू

हो जाएगा। जब भी आपके पैर कांटा चुभे तो आप खोजना की ऐसा कोई आपके भीतर है जो कांटा चुभने के बाद भी वह अनचुभा रह गया हो। जब भी कामवासना अंगड़ाई लेती है तो आप उसे खोजना जो कामवासना के उठने के बाद भी अनछुआ शेष रह गया हो। और जब भी बीमारी पकड़ती है तो आप अपने भीतर खोजना क्या कोई ऐसा भी है जो बीमारी के बाहर बचा रह गया है। जीवन में रोज कुछ न कुछ होता रहता है कभी सुख आता है, कभी दुख आता है। लेकिन जो भीतर दुख सुख से बाहर रह जाता है वही वह अजन्मा है जिसके बारे कृष्ण बातें कर रहे हैं।

आप उस अजन्मे को धीरे धीरे खोजते रहना, खोजते रहना, खोजते रहना जब नींद आती है तो जिसे आप अपना होना समझते हैं वह सो जाता है लेकिन वह जो आपके भीतर अजन्मा तत्व है वह हमेशा जागता रहता है। दुःख आता है तो आप जिसे अपना होना मानते हैं वह प्रभावित होता है लेकिन वह अजन्मा इस दुख से अछूता रह जाता है। इसी तरह से आप उसे खोजते रहना। इस तरह जीवन के प्रत्येक दशा में खोजते रहने से वह दिखाई देने लगता है। और जब वह दिखाई देने लगता है तो पता चलता है कि जिसे आपने अपना अब तक होना समझा था वह मात्र छाया थी। इस छाया के साथ हीं अब तक एक होकर जीते चले आ रहे थे, लेकिन उसका कोई पता हीं नहीं था जिसकी छाया बन रही थी।

यह जो छाया है यही जन्मों जन्मों की हमारी स्मृतियों की जोड़ है। और यही छाया जन्म से लेकर मृत्यु तक बने चित्रों का एलबम है। देखा जाए तो हम जीवन भर मात्र इस छाया के द्वारा बने हुए चित्रों को संभाले रहते हैं। और इन चित्रों के संग्रह को हम अपना होना मान लेते हैं। और जब हम इन चित्रों से एक हो जाते हैं तो भीतर का वह अजन्मा तत्व छूट जाता है जिसे पाने के लिए यह अमूल्य जीवन मिला था। यह जो जन्म जन्मांतर तक भटकना है यह इसी अजन्मे तत्व को ना जान पाने के कारण होता है। लेकिन जब कोई अपने स्वभाव को पुनः प्राप्त कर लेता है तो उसका यह जन्म जन्मांतर का सिलसिला रुक जाता है। यह जन्म जन्मांतर का सिलसिला रूकना हीं मुक्ति है।

आत्मा अमर है क्योंकि उसे अग्नि जला नहीं सकती है, जल भिगो नहीं सकता है, शस्त्र काट नहीं सकते हैं और वायु सुखा नहीं सकती है। यह जो आत्मा के संबंध में जानना है यह दो तरह से हो सकता है एक गीता पढ़ लिया और जान लिया कि आत्मा अमर है। और दूसरा अपने जीवन के अनुभव से यह जानना कि शरीर अलग है, और इस शरीर में रहने वाला जो शरीरी है वह अलग है। भूल की शुरुआत तो तब होती है जब कोई पढ़ कर, कहीं सुन कर यह मान लेता है कि ऐसा है। और जब हम मान लेते हैं ऐसा है तो इस मानने के कारण अनेक प्रकार की भ्रांतियां, और धारणाएं विकसित

होती चली जाती हैं। इसलिए, आज का जो धर्म है वह जानने शब्द के इर्द गिर्द नहीं घूम रहा है, बल्कि मानने शब्द के इर्द गिर्द घूम रहा है।

हम जानते नहीं हैं, लेकिन आंख बन्द कर यह मान लेते हैं कि ऐसा है। और जब ऐसा है तो एक ऐसी अंधी गली की ओर हमारे कदम बढ़ने लगते हैं जिसका कोई अंत नहीं है। इसी अंधी गली में हम एक दूसरे से टकराते रहते हैं, एक दूसरे से लड़ते रहते हैं और पूरा जीवन इस अंधी गली में चलते चलते कब निकल जाता है यह भी पता नहीं चलता है। यह स्मरण रहे कि शास्त्र से पढ़कर जो जानना है वह जानना नहीं है, बल्कि जानने का केवल धोखा है। शास्त्र सिर्फ सूचना देते हैं कि ऐसा है, लेकिन सत्य तक नहीं पहुंचाते हैं। सत्य तक पहुंचना तभी संभव हो पाता है जब कोई अपने अंतर्जगत में उतर कर खोजने लगता है।

जानना और मानना अलग अलग हीं नहीं, बल्कि एक दूसरे के विपरीत हैं। जानना लेकर जाता है श्रद्धा की ओर, और मानना लेकर जाता है विश्वाश की ओर। और जो लोग श्रद्धावान हैं वहीं धार्मिक हैं, और जो लोग विश्वासी हैं वह अधार्मिक हैं। बुद्ध और महावीर को लोगों ने अधार्मिक कहा, लेकिन उनसे बड़ा धार्मिक खोजा जाए तो कोई भी नहीं है, क्योंकि उन्होंने जो भी जाना है वह अपने जीवन के अनुभव से जाना है। अधिकांश लोग जानने के पीछे नहीं जाकर मान इसलिए लेते हैं, क्योंकि जानने के लिए जीवन के गहरे से गहरे अनुभव में स्वयं हीं उतरना पड़ता है, भीतर गहन अंधेरे में सत्य का खोज करना पड़ता है। और इस सत्य की खोज में तरह तरह की चुनौतियों का सामना भी करना पड़ता है।

कृष्ण कहते हैं कि जीर्ण हो गए वस्त्रों की भांति आत्मा शरीर को छोड़ देती है और नए वस्त्रों की तरह नए शरीर को धारण करती है। कृष्ण कहते हैं यह शरीर वस्त्र की भांति है लेकिन क्या कभी हमने इस शरीर को वस्त्र की भांति देखा, जाना और अनुभव किया...? ऐसा वस्त्र जिसे हमने पहना हो और जब वह जीर्ण हो गया हो, फट गया हो, पहनने के योग्य नहीं रह गया हो, तब हमने उसे उतार का नए वस्त्र धारण कर लिए हों। नहीं, हमने कभी इस शरीर को वस्त्रों की भांति अनुभव नहीं किया, बल्कि हमने इसे शरीर की भांति हीं अनुभव किया है।

जब इस शरीर में कहीं दर्द होता है तो हम यह नहीं कहते हैं कि शरीर में दर्द हो रहा है, बल्कि हम यह कहते हैं कि मुझे दर्द हो रहा है। जब पेट में भूख लगती है तो ऐसा हम नहीं कहते हैं कि पेट में भूख लगी है, बल्कि हम यह कहते हैं कि मुझे भूख लगी है। जब शरीर के किसी अंग में चोट लग जाती है तो ऐसा हम नहीं कहते हैं कि शरीर को चोट लगी है, बल्कि हम यह कहते हैं कि मुझे चोट लगी हुई है। ऐसा हम इसलिए कहते हैं, क्योंकि शरीर से जो हमारा तादात्म्य है वह बहुत गहरा है। आज तक जो भी

अनुभव किया है वह शरीर से अलग होकर नहीं अनुभव किया है, बल्कि शरीर होकर हीं अनुभव किया है। और ऐसा भी नहीं लगता कि शरीर और हम दो अलग अलग हैं, बल्कि ऐसा लगता है कि यह शरीर हीं हम हैं।

इस शरीर से हमारा इतना गहरा तादात्म्य है कि कभी शरीर से स्वयं को अलग जानकर यह देख भी नहीं पाते हैं शरीर की इतनी उम्र हो गई, लेकिन मेरी उम्र कितनी हो गई...? शरीर जवान होता है तो यह नहीं कहते हैं शरीर जवान है, बल्कि हम यह कहते हैं कि मै जवान हूं। ठीक इसी तरह से शरीर जब बूढ़ा होता है, कमजोर हो जाता है तो हम यह नहीं कहते हैं कि शरीर बूढ़ा हो गया, बल्कि हम यह कहते हैं कि मै बूढ़ा हो गया, कमजोर हो गया। जिस शरीर को हम अपना होना मानते हैं वह कभी बालक होता है, कभी युवा होता है, कभी जवान होता है, और कभी बूढ़ा तथा कमजोर भी हो जाता है। लेकिन क्या कभी हम इस शरीर के भीतर रहने वाले उस अजन्मे का अनुभव कर पाते हैं जिस पर शरीर की बदलती हुई इन अवस्थाओं का कोई प्रभाव नहीं पड़ता है।

शरीर के भीतर जो रहने वाला है वह तब भी वैसा हीं होता है जब शरीर बालक होता है, युवा होता है, जवान होता है और बूढ़ा होता है। शरीर की उम्र होती है, लेकिन उसकी कोई उम्र हीं नहीं होती है। जिस शरीर का निर्माण हुआ है वह एक दिन विनाश को भी प्राप्त हो जायेगा, लेकिन जिसका कभी निर्माण हीं नहीं हुआ है उसका विनाश असंभव है। शरीर का जो बोध है वह वस्त्रों की भांति हीं है, क्योंकि वस्त्र कभी नए होते हैं, और कभी पुराने होकर चिथड़ों में तब्दील भी हो जाते हैं। लेकिन इस शरीर को हम कभी वस्त्रों की भांति अनुभव हीं नहीं कर पाते हैं, और जब शरीर को वस्त्रों की भांति अनुभव करने से वंचित रह जाते हैं तब यह शरीर वस्त्र न होकर वह चमड़ी हो जाता है जिससे हम बुरी तरह चिपट कर रह गए हैं।

आप जो अपने बारे में माने हुए हैं वह एक धोखे के अतिरिक्त और कुछ भी नहीं है। इसे थोड़ा आप अपने जीवन में प्रयोग करें तो कृष्ण की यह बात आपके ख्याल में आनी शुरू हो जाएगी। सत्य तो यही है जो कहा जा रहा है, और असत्य वह है जो आपने माना हुआ है। जो आपने माना हुआ है उसी के कारण सत्य ओझल रह जाता है, दिखाई नहीं पड़ता है, क्योंकि आपकी मान्यताएं उस पर अच्छादित होती चली जाती हैं। आप बचपन से यह मानते हुए चले आ रहे हैं कि मै शरीर हूं। शरीर को भूख लगती है तो आप कहते हैं मुझे भूख लगी है। शरीर को जब गर्मी लगती है तो आप कहते हैं मुझे गर्मी लगती है। शरीर जब स्वस्थ होता है तो आप कहते हैं मैं स्वस्थ हूं। इस शरीर को जो भी कुछ होता है उससे आप अपने को जोड़ लेते हैं। और जितना आप शरीर से जुड़ते चले जाते हैं उतनी यह स्मृति सघन होती चली जाती है कि मै शरीर हूं। और जब

आप शरीर होकर रह जाते हैं तब यह शरीर वस्त्र की भांति नहीं होता, बल्कि वस्त्र हीं आप हो जाते हैं।

जब तक आप शरीर को बाहर से देखते हैं तब तक यह शरीर वस्त्र की भांति दिखाई नहीं देता है। लेकिन जिस दिन इस शरीर को भीतर से देखने लगते हैं यह शरीर वस्त्र की भांति दिखाई देने लगता है। अपनी आखें बंद करें और इस शरीर को भीतर से देखने का प्रयास करें। अपने भीतर यह अहसास करें कि यह शरीर भीतर से किस प्रकार दिखता है...? इसकी बनावट कैसी है...? भीतर देखने पर जो भी रेखाएं पकड़ में आती हैं उसे एक एक कर देखने का प्रयास करें। इसी तरह देखते रहें, देखते रहें जैसे जैसे भीतर की रेखाएं साफ दिखाई देने लगेगी वैसे वैसे यह लगेगा कि भीतर कोई दीपक जल रहा है, और इस जलते हुए दीपक के चारों तरफ कांच की दीवार मौजूद है।

अब तक आप इस कांच के दीवार को हीं अपना होना मान लिए थे, लेकिन जैसे हीं आपने इ़से भीतर से देखा तो यह भी दिखाई दिया कि इस कांच की दीवार से जो ज्योति दिखाई पड़ रही है वह अलग है, और यह कांच की दीवार अलग है। और जिस दिन यह दिखाई देने लगता है यह कांच की दीवार अलग है, और भीतर की ज्योति अलग है उस दिन यह शरीर केवल बाहरी आवरण रह जाता है, वस्त्र की भांति रह जाता है। जब यह शरीर वस्त्र की भांति हो जाता है तो फिर मृत्यु केवल जीर्ण वस्त्र को उतारना और जन्म नए वस्त्र का धारण करना है। सच तो यह है कि आप अनंत यात्रा पर निकले हुए हैं, और इस अनंत यात्रा में अनंत बार नए वस्त्र धारण करते हैं, और पुराने वस्त्र को उतारते चले जाते हैं। यह जन्म और मृत्यु और कुछ नहीं बल्कि नए वस्त्र का धारण, और जीर्ण वस्त्र को उतारना है।

जब तक वासना है तब तक ना तो आपकी यात्रा रुकती है, और ना नए वस्त्रों का धारण, और पुराने वस्त्रों का उतारने का सिलिसिला रुकता है। एक वासना पूरी होती है तो वह कई वासनाओं को जन्म भी देती है, और जब तक यह वासना बनी रहती है तब तक मन इसे भोगने के लिए हर बार नए वस्त्र रूपी शरीर निर्मित किए चला जाता है। और यह मन तब तक वासना को भोगने के लिए शरीर निर्मित किए चला जाता है जब तक कोई मन के प्रति जाग कर मन के इस अद्‌त खेल को देखने का प्रयास नहीं करता है। लेकिन जैसे हीं कोई लाखों में एक व्यक्ति मन के इस अद्‌त खेल और इसके रहस्य को समझ जाता है तो यह वासना धीरे धीरे क्षीण होने लगती है। और जैसे हीं वासनाएं पूरी तरह क्षीण हो जाती है तब इस मन को वासना पूर्ति के नए शरीर को निर्मित करने की कोई आवश्यकता नहीं रह जाती है।

मन तो अद्‌त है हीं लेकिन उसका खेल और भी अद्‌त है। ऐसा नहीं है मन किसी को माया के जाल में फसाएं चला जाता है, और अपने को जानने का मौका नहीं देता

है। नहीं ऐसा बिल्कुल भी नहीं है। असल में हम खुद हीं अपने लिए तरह तरह के जाल निर्मित किए चले जाते हैं, और खुद हीं इस जाल में फंसते चले जाते हैं। और जब इस जाल में बुरी तरह उलझकर कर रह जाते हैं तब हम इस निर्दोष मन को दोष दिए चले जाते हैं। मन अपने भीतर प्रवेश करने लिए सदा अपना द्वार खोल कर इंतजार करता रहता है कि आए कोई और उसे समझ ले, जान ले, लेकिन हम हीं मन की तरफ नहीं बढ़ पाते हैं।

जिस मन को हम नहीं समझ पाते हैं उसी मन में आत्मा वास करती है। और मन चाहता है कि कोई मुझमें प्रवेश करे ताकि मैं उसको उस पथ पर लेकर चल सकूं जो आत्मसाक्षात्कार का पथ है। यह जो आत्मसाक्षात्कार का पथ है इस पर प्रकाश हीं प्रकाश है, अमृत हीं अमृत है, आंनद हीं आंनद है। लेकिन इस पथ पर वही आगे बढ़ सकता है जिसकी समस्त आकांक्षाएं, वासनाएं, मान्यताएं तिरोहित हो गई हों, और वह फिर से एक छोटे बच्चे की भांति सहज और निर्मल हो गया हो।

गीता में कृष्ण जो अर्जुन से कह रहे हैं वह गीता पढ़कर समझ में नहीं आएगा, बल्कि यह अपने भीतर हीं समझना पड़ेगा। कृष्ण की कही हुई बातें तभी हमारे समझ में आयेगी जब इन बातों के तह तक पहुंचने के लिए खुद हीं प्रयोगशाला बन जाएं। इस प्रयोगशाला में खुद को जांचना है, परखना है और देखना है कि क्या मैं वहीं हूं जो मै अपने आपको मानता हूं या दूसरा हूं जिससे अब तक अनजान हूं। कृष्ण की गीता से ज्यादा से ज्यादा अपने आपको पहचानने, और जानने की चुनौती मिल सकती है। लेकिन यह चुनौती भी बहुत है, क्योंकि यह चुनौती निराशा के गहन अंधकार में एक किरण की भांति है जो आगे चलकर संपूर्ण प्रकाश में बदल जाती है। साधक जैसे जैसे इस चुनौती को स्वीकार कर अपने भीतर डूबने लगता है, वैसे वैसे अज्ञान रूपी अंधकार छंटने लगता है, और आत्मा की ज्योति प्रकट होने लगती है।

जब आत्मा की ज्योति पुरी तरह प्रकट हो जाती है तो उस ज्योति में हीं स्वयं का वह रूप उजागर होता है जो सभी में समाया हुआ है। यह जो " अहम ब्रह्माश्मी " कहा गया है यह चेतना के उस परम शिखर पर पहुंच कर हीं कहा गया है जहां पर पहुंचने से पहले हीं मैं और तुम की सारी परिभाषाएं अपने आप गिर चुकी होती हैं। चेतना की इस परम ऊंचाई पर पहुंचकर तुम तो जाता हीं है, साथ हीं साथ मैं भी चला जाता है। और जहां तुम और मैं विषर्जित हो जाए वहां सर्व हीं है।

परमात्मा कभी देने में कंजूसी नहीं करता है, बल्कि हम उससे लेने में कंजूसी करते हैं। हम जितना बड़ा पात्र उसके पास लेकर जाते हैं उतना हीं वह दे देता है। कोई बड़ा पात्र लेकर जाता है तो उसका भी पात्र भर देता है, और कोई छोटा पात्र लेकर जाता है तो उसका भी पात्र भर देता है। जब तक पात्र है तब तक सीमा है, लेकिन जिसे असीम

होना हो, परमात्मा से एक होना हो उसे पात्र लेकर जाने की कोई आवश्यकता नहीं है। परमात्मा चारों तरफ मौजूद है, और हमारे पास एक यंत्र है। यह यंत्र और कुछ नहीं बल्कि हमारा वह सूक्ष्म शरीर है जो हम बार जन्म के साथ लेकर आते हैं, और मृत्यु के उपरांत लेकर जाते हैं। जैसा हमारा यह सूक्ष्म शरीर है उसी के अनुसार परमात्मा से ऊर्जा और जीवन ले पाते हैं।

इस संसार में बुद्ध भी आते हैं, महावीर भी आते हैं, कृष्ण भी आते हैं। बुद्ध इसलिए बुद्ध हो जाते हैं, क्योंकि वह अपने सूक्ष्म शरीर को तोड़ कर विराट एक हो जाते हैं। कृष्ण इसलिए कृष्ण हो जाते हैं क्योंकि वह अपने सूक्ष्म शरीर को तोड़ कर विराट से एक हो जाते हैं, और महावीर भी महावीर इसलिए हो जाते हैं क्योंकि वे भी अपने सूक्ष्म शरीर को तोड़ कर विराट से एक हो जाते हैं। यह सूक्ष्म शरीर तभी टूटता है जब हरेक इच्छाएं, हरेक कामनाएं, हरेक चाह भस्मीभूत हो जाती है। जब तक एक भी चाह है तब तक कोई बुद्धत्व उपलब्ध नहीं हो सकता है, विराट से एक नहीं हो सकता है क्योंकि प्रत्येक चाह बंधन में बांध देती है। चाह हीं तो इस संसार का बंधन है फिर चाहे वह मुक्ति की चाह हो, या संसार को जीत लेने की चाह हो इससे कोई फर्क नहीं पड़ता है।

आत्मा तो सदा से है। आत्मा का कभी जन्म नहीं होता, इसलिए उसकी मृत्यु नहीं होती है। आत्मा कहीं से आती नहीं, इसलिए कहीं जाती नहीं। जो जन्म के साथ आता है वह सूक्ष्म शरीर है, और जो इस सूक्ष्म शरीर को अपने भीतर संभालता है वह माता पिता, और प्रकृति से मिला हुआ स्थूल शरीर है। स्थूल शरीर जब तक सूक्ष्म शरीर को संभालने योग्य रहता है तब तक सूक्ष्म शरीर इस स्थूल शरीर में रहता है। लेकिन जब स्थूल शरीर सूक्ष्म शरीर को संभालने योग्य नहीं रह जाता है तब सूक्ष्म शरीर इस स्थूल शरीर को छोड़कर अपने योग्य दूसरे नए शरीर की तलाश कर लेता है।

सूक्ष्म शरीर का निर्माण जिससे होता है उसे समझ लेना जरूरी है। सूक्ष्म शरीर का निर्माण और पोषण हमारी इच्छाओं, कामनाओं, वासनाओं से होता है। हम जो भी जीवन में कर्म करते हैं, विचार करते हैं, अनुभव करते और किसी से अपेक्षा करते हैं उन सबसे भी इस सूक्ष्म शरीर का निर्माण और पोषण की प्रक्रिया अनवरत चलती रहती है। जिस प्रकार जल का नीचे की तरफ बहना प्राकृतिक प्रक्रिया है उसी प्रकार सूक्ष्म शरीर का अपने योग्य शरीर धारण करना प्राकृतिक प्रक्रिया है। जो सूक्ष्म शरीर साधारण इच्छाओं और कामनाओं से निर्मित होता है वह पुराना शरीर छोड़ कर तत्काल किसी साधारण गर्भ में प्रवेश कर जाता है। इसलिए इधर साधारण आदमी की मृत्यु होती है, और उधर तत्काल दूसरा नया शरीर भी मिल जाता है।

जो सूक्ष्म शरीर बुरे कर्मो, बुरे विचारों, और बुरे कामनाओं जैसे किसी को बेवजह पीड़ित करना, दुख देना से निर्मित होता है वह सूक्ष्म पुराना शरीर छोड़ने के बाद जल्दी

नया शरीर धारण नहीं कर पाता है। और जो सूक्ष्म शरीर अच्छे कर्मों, अच्छे विचारों और अच्छी कामनाओं जैसे किसी की सहायता करना, दूसरे के दुख को दूर करना से निर्मित होता है वह भी पुराना शरीर छोड़ने के बाद जल्दी नया शरीर धारण नहीं कर पाता है। यह दोनों तरह के सूक्ष्म शरीर, स्थूल शरीर छोड़ने के उपरांत काफी समय तक इसलिए भटकते रह जाते हैं, क्योंकि इनके योग्य जल्दी गर्भ उपलब्ध नहीं हो पाते हैं।

जिनको हम भूत प्रेत कहते हैं, और जिनको हम देवता कहते हैं वे असल में यही दो प्रकार के सूक्ष्म शरीर होते हैं। जब कोई हिटलर या तैमूर लंग जैसा आदमी मरता है तो वह नया शरीर पाने के लिए बैचेन होता है। लेकिन इसे नए शरीर की प्राप्ति तब तक नहीं हो पाती है जब तक इसके योग्य कोई गर्भ विकसित नहीं होता है। और जब इस तरह के सूक्ष्म शरीर को नए शरीर की प्राप्ति नहीं हो पाती है तब यह अपने आस पास वैसे शरीर की तलाश करने लगता है जिसमें रहने के लिए थोड़ा जगह खाली होता है। हिटलर और मुसोलिनी जैसे सूक्ष्म शरीर उसी तरह के लोगों के आस पास चक्कर काटते रहते हैं जो क्रोध, हिंसा, घृणा और लोभ जैसे वृत्तियों से भरे होते हैं। जो लोग जितना हीं बुरे वृत्तियों, और दूसरे के प्रति बुरे विचारों से भरे होते हैं उनके भौतिक शरीर में उतनी हीं खाली जगह मौजूद होता है।

भौतिक शरीर में जितना हीं जगह खाली होता है उतना हीं भटकने वाले बुरे सूक्ष्म शरीरों का प्रवेश आसान हो जाता है। भूत प्रेत अक्सर स्त्रियों के आस पास इसलिए मडराते रहते हैं, क्योंकि स्त्रियां ज्यादा भयभीत होती हैं। यह जो भय है, क्रोध है, घृणा है, हिंसा है, लोभ है शरीर के भीतर रहने वाली आत्मा को सिकुड़ जाने पर विवश कर देता है। और जब आत्मा सिकुड़ कर अत्यंत छोटी हो जाती है तब यह स्थूल शरीर हीं नहीं, बल्कि सूक्ष्म शरीर भी दूसरे के रहने के लिए स्थान दे देता है। जो लोग दिन हीन दिखाई देते हैं, और जिनके पास जाने के कारण आपके भीतर की ऊर्जा कम होने लगती है वह असल में वही लोग है जिनकी आत्माएं किसी न किसी कारणवश सिकुड़ चुकी है।

जिन लोगों की आत्माएं जितनी हीं भीतर फैली हुई होती है उनके भौतिक शरीर में उतनी हीं कम खाली जगह होती है। और जिन लोगों के भौतिक शरीर में जितनी हीं कम जगह खाली होती है उसमें उतना हीं भूत प्रेत के प्रवेश करने की संभावनाएं कम होती है। जब यह आत्मा शरीर के भीतर हीं नहीं, बल्कि शरीर के बाहर भी फैलने लगती है तो इस भौतिक शरीर के चारों ओर एक तरह वृत निर्मित हो जाता है जिसमें से प्रकाश और शांति की किरणे निकलने लगती है। आप जो देवी देवताओं के आस पास एक प्रकाश का वृत देखते हैं वह इसी आत्मा के भीतर और बाहर फैलने का परिणाम है। यह जो आत्मा है यह जितनी चाहे उतनी फैल सकती है, क्योंकि इसकी कोई सीमा

नहीं है। यह चाहे तो सम्पूर्ण ब्रह्माण्ड को अपने भीतर समाहित कर सकती है, और जिस दिन यह सम्पूर्ण ब्रह्माण्ड को अपने भीतर समाहित कर लेती है उस दिन कोई भी व्यक्ति कृष्ण, बुद्ध और महावीर जैसे व्यक्तित्व का स्वामी हो जाता है।

जो लोग अच्छे कर्म करते हैं, दूसरों को किसी न किसी भांति सहायता करते हैं उनका सूक्ष्म शरीर जल्दी इसलिए दूसरा नया शरीर धारण नहीं करता है कि उसके योग्य गर्भ नहीं मिल पाता है। नहीं ऐसा नहीं है, बल्कि ऐसा है कि सूक्ष्म शरीर इसलिए नए शरीर में प्रवेश नहीं करता है, क्योंकि उसके लिए शरीर प्राप्त करने की कोई आवश्यकता हीं नहीं रह जाती है। जो अच्छे कर्म करते हैं, और दूसरों की सहायता करते हैं वह एक तरह से देखा जाए तो इस भौतिक शरीर से उपर उठने का प्रयास करते रहते हैं। इस तरह के लोगों को शरीर से संबंधित प्रत्येक वासनाएं क्षुद्र दिखाई देने लगती है। और जब इनके लिए शरीर से संबंधित वासनाएं क्षुद्र हो जाती हैं तो उनमें शरीर के रहने अथवा न रहने की चिंता भी समाप्त हो जाती है।

शरीर के तल पर अतृप्त वासना हीं सूक्ष्म शरीर को स्थूल शरीर धारण करने पर मजबूर कर देती है। उदाहरण के लिए जो व्यक्ति जीवन भर भोजन और कामवासना के स्वाद में हीं डूबा रहता है वह एकाएक शरीर छूटने के बाद शरीर के आभाव में व्याकुल हो जाता है। और जब ऐसे व्यक्ति के सूक्ष्म शरीर को स्थूल शरीर नहीं मिलता है तो वह भोजन, और कामवासना का स्वाद लेने के लिए ऐसे लोगों के आस पास चक्कर काटने लगता है जिनकी संकल्प शक्ति कमजोर अथवा न के बराबर होती है। और जिसके भीतर संकल्प शक्ति कमजोर होती है वह अचानक स्त्री अथवा भोजन को देखते हीं स्त्री के प्रति कामवासना, और भोजन का स्वाद लेने के लिए बेचैन हो जाता है। यह जो अचानक आई हुई बेचैनी है यह असल में उस सूक्ष्म शरीर की बेचैनी है जो कम संकल्पवान लोगों के आस पास चक्कर लगाता रहता है।

हम जहां भी रहते हैं, और जो भी करते हैं वहां अनेक तरह के सूक्ष्म शरीर घूमते रहते हैं। यह जो सूक्ष्म शरीर हमारे आस पास घूमते रहते हैं इनमें तो कुछ ऐसे भी होते है जो शरीर के आभाव में बेचैन होते हैं। और कुछ सूक्ष्म शरीर ऐसे भी होते है सहायता करने के लिए सदा तत्पर रहते हैं। कभी कभी कोई आदमी अचानक किसी को आग में घिरा हुआ देखकर उसको बचाने के लिए आग में कूद पड़ता है, और उसे सफलता पूर्वक बचा भी लेता है। और जब आस पास खड़े हुए लोग इस घटना को देखते हैं, और उस आदमी से पूछने लगते हैं कि आपने यह कैसे कर दिखाया तो वह आदमी यही जवाब देता है कि मुझसे यह कैसे हो गया यह तो पता नहीं है, लेकिन जरूर कहीं से वह शक्ति मुझमें आ गई जिसने मुझसे यह करा लिया।

अब यह जो आदमी कह रहा है जरूर मुझसे किसी ने यह सब करा लिया वह असल में उस सूक्ष्म शरीर की ओर संकेत कर रहा है जो आग में घिरे हुए आदमी को बचाने के लिए आतुर था। इस प्रकार के जो सूक्ष्म शरीर लोगों के आस पास घूमते रहते हैं वह हमेशा किसी न किसी को मुसीबत में घिरा हुआ देखकर उसकी सहायता करने के लिए आतुर रहते हैं। और जो सूक्ष्म शरीर शरीर के आभाव में बेचैन रहते हैं उनकी बेचैनी कभी इतनी बढ़ जाती है कि वे शारीरिक स्तर का सुख भोगने के लिए अपने आस पास ऐसे लोगों के शरीर में प्रवेश कर जाते हैं जिनके शरीर में उनके रहने के लिए काफी जगह होती है।

संकल्प शक्ति जितनी सिकुड़ती है उतना हीं नास्तिकता चारों तरफ से हमला करती है। और जितना हीं नास्तिकता का हमला होता है उतना हीं क्रोध, घृणा, ईर्ष्या, भय और चिंता का आगमन होता है। ठीक इसी तरह से जितनी संकल्प शक्ति का विस्तार होता है उतना हीं आस्तिकता चारों तरफ से हमला करती है। और जितना हीं आस्तिकता का गहरा हमला होता है उतना हीं श्रद्धा, करुणा, आंनद का आगमन होता है। यह जो आपकी संकल्प शक्ति है यह इतना भी सिकुड़ सकती है आपके भीतर हीं सिमट कर रह जाए। अथवा यह संकल्प शक्ति इतना फैल भी सकती है कि वह सम्पूर्ण ब्रह्माण्ड को भी घेर सकती है।

जब आपकी संकल्प शक्ति सम्पूर्ण ब्रह्माण्ड के घेर लेती है तब यह पेड़ पौधे जीव जंतु, नदी नाले, ग्रह नक्षत्र, सूर्य चांद और तारे हीं नहीं अपने भीतर दिखाई देने लगते है, बल्कि यह सम्पूर्ण ब्रह्माण्ड अपने भीतर दिखाई देने लगता है। आपकी यह संकल्प शक्ति इतना सिकुड़ भी सकती है कि आपको इतना भी अहसास नहीं हो सकता है कि मै जिंदा हूं या मर गया। और आपकी यह संकल्प शक्ति इतना विस्तार भी कर सकती है कि यह भी अहसास होने लगता है कि जीवन भी मैं हीं हूं, और मृत्यु भी मैं हूं। सूर्य भी मैं हीं हूं, और चांद भी मैं हीं हूं। यह ब्रह्मांड भी मैं हीं हूं, और इस ब्रह्माण्ड के सम्पूर्ण भूत प्राणियों में स्थित चेतना रूप मै हीं हूं।

स्थूल शरीर तभी तक ग्रहण किया जा सकता है जब तक सूक्ष्म शरीर मौजूद रहता है। लेकिन जैसे हीं सूक्ष्म शरीर गिर जाता है वैसे हीं स्थूल शरीर का निर्माण भी रुक जाता है। सूक्ष्म शरीर तभी तक मौजूद रहता है जब तक इच्छाएं और कामनाएं शेष बची हुई रहती है, लेकिन जैसे हीं यह इच्छाएं और कामनाएं गिर जाती है वैसे हीं सूक्ष्म शरीर भी गिर जाता है। यह सूक्ष्म शरीर जैसे हीं गिरता है वैसे हीं दो प्रकार की घटनाएं घटती है। एक स्थूल शरीर का निर्माण रुक जाता है, और दूसरा जो परमात्मा से जो हमारी सीमा रेखा थी वह मिट जाती है। और यह सीमा रेखा जैसे हीं मिटती है वैसे हीं

यह भ्रम भी टूट जाता है कि हम उससे अलग नहीं है, बल्कि हम हीं वह हैं जो अनेक अनेक रूपों में प्रकट हो रहा है।

बूंद तब तक बूंद है जब तक वह सागर में नहीं गिरती है, लेकिन जैसे हीं बूंद सागर में गिर जाती है वह सागर हीं हो जाती है। लहर तब तक सागर से अलग दिखाई देती है जब तक वह पुनः सागर में खो नहीं जाती है, लेकिन जैसे हीं लहर सागर में खो जाती है वह सागर हीं हो जाती है। हम जिसे आत्मा कहते हैं वह परमात्मा हीं है, लेकिन बीच में सूक्ष्म शरीर के निर्मित हो जाने के कारण अलग अलग अज्ञानवश दिखाई देती है। लेकिन जैसे हीं सूक्ष्म शरीर गिर जाता है वैसे हीं इस आत्मा के अलग होने का भ्रम भी टूट जाता है।

पूर्वजन्मों के कारण मिलता है यह सूक्ष्म शरीर, और इस सूक्ष्म शरीर की कामनाओं को पूरा करने के लिए माता पिता से मिलता है स्थूल शरीर। और इन दोनों शरीरों को संचालित करने के लिए परमात्मा से मिलती है आत्मा रूपी जीवन ऊर्जा। और जब तक हम इस स्थूल शरीर और सूक्ष्म शरीर के बनने और मिटने की प्रक्रिया को नहीं जान लेते हैं तब इन दोनों से बाहर निकल कर तीसरे अर्थात अपने आत्मस्वरूप को नहीं जान सकते हैं। अपने आत्मस्वरूप को जान लेने का यही अर्थ है कि अब आत्मा गई परमात्मा में, दीए की ज्योति गई विराट ज्योति में, और बूंद गई सागर में। अब ना तो इस आत्मा से मिला जा सकता है, और न दीए की ज्योति मिला जा सकता है, और ना हीं इस बूंद से मिला जा सकता है।

बाहर से हम कितने हीं अलग अलग क्यों न दिखाई दें, लेकिन भीतर से हम एक हीं हैं। जिस जीवन ऊर्जा के कारण हिन्द का हृदय स्पंदित हो रहा है उसी जीवन ऊर्जा के कारण मुस्लिम का हृदय भी स्पंदित हो रहा है। जिस जीवन ऊर्जा के कारण बौद्ध की सांसे आ रही है, जा रही है उसी जीवन ऊर्जा के कारण क्रिस्चियन की सांसे आ रही है, जा रही है। हम एक हैं लेकिन यह एक से अनेक होने का भ्रम उसी प्रकार है जैसे एक हीं वृक्ष के अलग अलग टहनियों पर पते। जीवन का सबसे उत्तम उदाहरण देखना हो तो इन पत्तों को देखिए। कुछ पते अभी निकल रहें हैं, कुछ पते थोड़े बड़े हो गए हैं, कुछ पते जवानी की मदहोशी में इधर उधर झूम रहे हैं, कुछ पते अधेड़ हो रहे हैं, कुछ पते टूट कर गिरने हीं वाले हैं और कुछ पते टूट कर गिर चुके हैं।

पते चाहे कोई भी हों, लेकिन वह आनंदित जरूर होते हैं। जिसकी अभी नई कोपलें फूटी हुई है वह भी जीवन को धन्यवाद दे रहा है, और जो अभी टूटने हीं वाला है वह भी जीवन को धन्यवाद दे रहा है। और तो और जो पता जीवन के वृक्ष से टूट कर गिर पड़ा है वह भी जीवन के गहनतम अनुभव का रस पीकर आनंदपूर्वक कभी हवाओं में नाचता है तो कभी भूमि पर लेट जाता है। पते इसलिए आनंदित हैं क्योंकि वे जानते हैं

कि जिसकी अभी कोपलें फूटी है वह भी मैं हूं, और जो टूट कर चुका है वह भी मैं हूं। जो रसधार आने वाले पते में प्रवाहित हो रहा है, वही रसधार जवान पते और पुराने और जर्जर हो चुके पते में भी प्रवाहित हो रहा है।

पते चाहे चाहे कितने हीं अलग अलग दिखाई दें, लेकिन सभी एक हीं वृक्ष जुड़े हुए होते हैं। और वृक्ष चाहें कितने हीं एक दूसरे से अलग अलग दिखाई दें, लेकिन सभी वृक्ष एक हीं पृथ्वी से जुड़े हुए होते हैं। चाहे कोई बड़ा से बड़ा वृक्ष हो या चाहे छोटी से छोटी घास हो सभी एक हीं पृथ्वी से जीवन रूपी रसधार से सिंचित होते हैं। जिस पृथ्वी पर इतने सारे चेतन और अचेतन प्राणी रहते हैं क्या वह इस ब्रह्मांड से अलग है...? नहीं यह पृथ्वी भी ब्रह्मांड से अलग नहीं है, बल्कि यह पृथ्वी भी ब्रह्मांड से इस प्रकार जुड़ी हुई है जैसे मोतियों की माला धागे के कारण एक दूसरे से जुड़ी हुई होती है। इसलिए जब कोई दूर का तारा टूट जाता है तो इस ब्रह्मांड में स्थित सभी ग्रह, नक्षत्र, सूर्य, चांद और पृथ्वी भी प्रभावित होते हैं।

पूरा ब्रह्मांड एक धागे में पिरोया हुआ है। और इस धागे का कोई नाम नहीं दिया जा सकता है, क्योंकि सभी नाम एक सीमा रेखा निर्धारित कर देते हैं, जबकि ब्रह्मांड को पिरोने वाला धागा इतना असीम है कि उसका कहीं ओर छोर दिखाई नही देता है। इस धागे में पेड़ पौधे, जीव जंतु, नदी नाले, मनुष्य हीं नहीं, बल्कि सूर्य, चांद, तारे भी जुड़े हुए हैं। यह आपस में जुड़ाव इस तरह का है जरा सा भी कोई इधर से उधर होता है उसके कारण सभी पर प्रभाव पड़ता है। इसी प्रभाव को लेकर ज्योतिष शास्त्र का विकास हुआ। जब ज्योतिष शास्त्र का विकाश हुआ तब ज्योतिष शास्त्र बहुत हीं उच्च कोटि का वह विज्ञान था जिसके कारण भूत, वर्तमान और भविष्य तीनों को आसानी से जाना जा सकता था, लेकिन ज्यों ज्यों समय बीतता गया यह विज्ञान अदृश्य होता चला गया। अब इस विज्ञान के नाम पर तरह तरह की मनगढ़ंत जानकारियां हीं शेष रह गई हैं जो लोगों को भ्रम जाल में बांधती रहती हैं।

जीवन में भ्रांति की शुरुआत वहां से होती है जब हम अपने आपको मैं समझ लेते हैं। यह " मै " आत्मा नहीं है, क्योंकि आत्मा ना तो जन्म लेती है और ना मृत्यु को प्राप्त होती है। और जिसे मैं समझते हैं वह जन्म भी लेता है, और मृत्यु को प्राप्त भी होता है। इसे ऐसा समझें तो ख्याल में आ जायेगा कि जिसमें मैं जन्म लेता हूं, और मृत्यु को प्राप्त होता हूं वह केवल है। वह ना कहीं से आता है, और ना कहीं जाता है। और जो ना कहीं से आता है और ना कहीं जाता है उसी को कोई आत्मा कहता है, और कोई अस्तित्व या परमात्मा कहता है।

आत्मा को आग में नहीं जलाया जा सकता है, क्योंकि आग भी आत्मा का हीं एक रूप है। इसे पानी में डुबाया नहीं जा सकता है, क्योंकि पानी भी आत्मा का हीं एक

रूप है। इसे शस्त्र काट नहीं सकते हैं, क्योंकि शस्त्र भी आत्मा के हीं रूप हैं। आत्मा कोई वस्तु नहीं है, बल्कि एक अस्तित्व है। वस्तुओं का अस्तित्व होता है, लेकिन आत्मा स्वयं हीं अस्तित्व है। इसलिए आग इसे जला नहीं सकती है, क्योंकि आग भी अस्तित्व है। पानी इसे डूबा नहीं सकता है, क्योंकि पानी भी अस्तित्व है, और शस्त्र काट नहीं सकते हैं क्योंकि शस्त्र भी अस्तित्व है। आग उसे हीं जला सकती है जो आग से अलग हो, पानी उसे हीं डूबा सकता है जो पानी से अलग हो, और शस्त्र उसे हीं काट सकते हैं जो शस्त्र से अलग हो।

हम जीवन भर उसे महत्व दिए चले जाते हैं जो आज है, कल नहीं रहेगा। और उसे कोई महत्व नहीं देते हैं जो कल भी था, आज भी है, और आने वाले कल में भी रहेगा। जिसे हम जीवन भर महत्व देते हैं वह मैं है, और इस मैं के पीछे जो मौजूद है वह आत्मा है। हम जब भी कुछ करते हैं तो मैं मौजूद होता है, और जब भी कुछ सोचते है तो यह मै मौजूद होता है। और जहां मैं मौजूद होता है वहां एक सीमा रेखा खींच जाती है। और जब इस मैं के इर्द गिर्द सीमा रेखा खींच जाती है तो बड़ा से बड़ा कर्म भी क्षुद्र हो जाता है, और बड़ी से बड़ी सोच भी क्षुद्र हो जाती है।

यह जो मैं है यही धर्म के राह में सबसे बड़ी बाधा है। और जब तक यह मैं बचा रहता है तब तक उसका अनुभव नहीं होता है जो आत्मा है, अस्तित्व है, परमात्मा है। गीता में कृष्ण जिसके ना जलने, ना डूबने और ना छिंदने की बाते कर रहे हैं वह मैं नहीं है, बल्कि आत्मा है। लेकिन हम इस आत्मा का अर्थ अपने अनुसार निकाल कर उसे आत्मा समझ लेते हैं जो हम अपने आपको माने हुए हैं। जो हम माने हुए हैं वह आत्मा नहीं है, क्योंकि हमारी हर मान्यताएं आग में जल जायेगी, पानी में डूब जायेगी और शस्त्रों से छिद जायेगी।

जैसे जैसे हम अधेड़ होने लगते हैं वैसे वैसे हम कृष्ण की कही हुई बातों को दोहराने लगते हैं। जब कृष्ण कहते हैं आत्मा को जलाया नहीं जा सकता है तो हम यह समझ लेते हैं कि हमें जलाया नहीं जा सकता है। और जब कृष्ण कहते हैं कि आत्मा को जल में डुबाया नहीं जा सकता है तो हम यह समझ लेते हैं हमें जल में डुबोया नहीं जा सकता है। कृष्ण की बातें सुनकर हमें सांत्वना मिल जाती है कि हम मरेंगे नहीं, आग में जलेंगे नहीं, जल में डूबेंगे नहीं और शस्त्रों से कटेंगे नहीं। इसलिए, जैसे जैसे मृत्यु पास आने लगती है वैसे वैसे हम किसी न किसी प्रकार से यह आश्वासन चाहने लगते हैं कि हम मरेंगे नहीं। यह जो हमारी चाह है यह असल में मृत्यु को भी झुठलाने का बहाना है, लेकिन हम कितना भी झुठलाएं फिर भी मौत आ हीं जाती है।

जो आग में जलता है, पानी में डूबता है और जो शस्त्रों से छिद जाता है कृष्ण उसकी बात नहीं कर रहे हैं, बल्कि कृष्ण उसकी बात कर रहे हैं जो जलने, डूबने और

छिदने पर भी बच जाता है। कृष्ण की बातें सुनने के बाद बुढ़ापे में अक्सर लोग नास्तिक से आस्तिक हो जाते हैं। जैसे जैसे शरीर की शक्ति क्षीण होने लगती है, बाल सफेद होने लगते हैं वैसे वैसे मृत्यु का भय सताने लगता है। और इस मृत्यु के भय से मुक्त होने के लिए किसी न किसी आश्वासन की तलाश में मंदिर, मस्जिद, गिरिजाघर जाते हैं। बड़े मज़े कि बात तो यह है कि जो लोग तरह तरह के आश्वासन खोजते हैं उन्हें आश्वासन देने वाले भी मिल जाते हैं।

गुरु वह नहीं है जो आश्वासन देता है बल्कि गुरु वह है जो बचा हुआ आश्वासन भी छीन लेता है। और आप भूल कर भी ऐसे गुरु के फेर मत पड़ना जो किसी न किसी तरह का आश्वासन देता हो, सांत्वना देता हो। आश्वासन और सांत्वना देने वाले बहुत से गुरु, साधु महात्मा मिल जायेंगे लेकिन ऐसा गुरु शायद हीं कभी मिल पाता है जो ना सांत्वना देता है, और ना किसी तरह का आश्वासन देता है। गुरु वही है जो जीवन को खोल कर के आपके सामने रख देता है कि जीवन इस तरह है। आप इस तरह जीना चाहें तो भी अच्छा है, और नहीं जीना चाहते हैं तो भी अच्छा है। कृष्ण किसी तरह सांत्वना नहीं देते हैं बल्कि जीवन के एक एक परत को खोल रहे हैं कि जीवन इस तरह से है।

इस जगत में सबसे बड़े आश्चर्य की बात यही है कि कभी कभी करोड़ों में कोई एक व्यक्ति इस आत्मा को जानने की दिशा में कदम बढ़ाता है, अन्यथा सभी लोग इस जगत के भोग विलास, सुख दुख, मान अपमान, लाभ हानि, प्रेम घृणा, स्वर्ग नरक जैसे द्वंदों में उलझकर अपनी जीवन आयु समाप्त कर देते हैं। आत्मसाक्षात्कार मनुष्य जीवन की सबसे बड़ी ऊंचाई है, शिखर है लेकिन हमारी आखें जीवन भर नीचे देखने में हीं उलझी रहती है। और जब हमारी आखें निचाइयों में उलझी रह जाती हैं तो कभी यह भी ख्याल नहीं आ पाता है कि एक आकाश ऐसा भी है जहां आत्मा का शिखर मौजूद है। और जब तक जीवन में यह ख्याल नहीं आता है कि आत्मा का शिखर भी है तब तक हमारे पंख उस शिखर पर पहुंचने के लिए काम नहीं कर सकते हैं।

पक्षी आकाश में तभी उड़ते हैं जब उनकी आंखें आकाश की ओर उठ पाती हैं, और जो पक्षी जितना हीं अपनी दृष्टि ऊंचा उठा पाता है वह उतना हीं आकाश की ऊंचाईयों पर पहुंच पाता है। ठीक इसी तरह मनुष्य जीवन की जो सबसे बड़ी ऊंचाई है वह आत्मसाक्षात्कार है। जीवन तो सभी लोग जैसे तैसे जी लेते हैं, लेकिन शायद हीं करोड़ों में कोई एक व्यक्ति अपने आपको जानने के लिए आतुर होता है, प्यासा होता है। ऐसा होना नहीं चाहिए, लेकिन ऐसा होता है। मै कौन हूं...? यह कोई पूछता हीं नहीं है। मै कौन हूं...? यह कोई साधारण प्रश्न नहीं है बल्कि जीवन वह बुनियादी प्रश्न है जिसके उतर में इस जीवन का हीं नहीं, बल्कि अस्तित्व का संपूर्ण रहस्य छिपा हुआ है।

मै कौन हूं...? जिसने यह स्वयं से नहीं पूछा उसको और कुछ पूछने, और जानने का कोई अर्थ हीं नहीं है।

मै कौन हूं...? जिसने यह नहीं जाना वह और क्या जान पाएगा...? और जिसका खुद का घर अंधेरे में हो वह दूसरे के घर में दीया कैसे जला पाएगा...? हम जीवन भर यही तो गलती करते रहते हैं। हम जीवन भर खुद से अपरिचित रह जाते हैं, लेकिन दूसरों से परिचित होने की कोशिश करते रहते हैं। हमारा खुद का घर अंधेरे में रहता है, लेकिन दूसरे के घर में दीए जलाने की कोशिश करते रहते हैं। जीवन भर की कोशिश से नतीजा यही निकलकर सामने आता है कि हम दूसरों से अपरिचित रहने के साथ साथ खुद से भी अपरिचित रह जाते हैं। और हमारा खुद का घर भी अंधेरे में रह जाता है, और जिसके घर में रोशनी करना चाहते हैं उसका घर भी अंधेरे में रह जाता है।

यह आश्चर्य हीं तो है जो अभी यह नहीं जानता कि वह कौन है... लेकिन वह दूसरों को जानने के लिए निकल पड़ा है। यह आश्चर्य हीं तो है जिसका खुद के घर में उजाला नहीं है, लेकिन दूसरों के घर में उजाला करने निकल पड़ा है। और यह भी आश्चर्य हीं तो हैं जो खुद अज्ञानी है, लेकिन दूसरों को अज्ञानी मानता है। जीवन दुख नहीं है, लेकिन जीवन दुख तब बन जाता है जब हम खुद को जाने वगैर दूसरों को जानने की कोशिश करते हैं। जीवन में प्रकाश हीं प्रकाश है, लेकिन जीवन अंधकारमय तब हो जाता है जब खुद अंधेरे में रहने के वावजूद भी दूसरे को प्रकाश में लाने की कोशिश करते हैं। यह जो अपने को छोड़कर दूसरे के पीछे भागने की जो हमारी यात्रा है यही हमारे जीवन की सबसे बड़ी बाधा है। और हम चाहें अपने को छोड़कर बाहर कुछ भी जान लें, कुछ भी पा लें, लेकिन वह जानना और पाना खुद के आगे दो कौड़ी का भी नहीं है।

बाहर जो कुछ भी हम जानते हैं या पाते हैं उसका मूल्यवान होने का भ्रम तो उसी वक्त टूटता है जब मौत सामने आकर उपस्थित हो जाती है। रिश्ते नाते टूटने लगते हैं, धन छूटने लगता है, घर छूटने लगता है, नाम मिटने लगता है, शरीर छूटने लगता है, और जो जो हमने अब तक अपने आपको माने हुए थे वह भी विखंडित होने लगता है। मृत्यु दुखकर नहीं है, लेकिन मृत्यु दुखकर तब बन जाती है जब यह सारी चीजें, रिश्ते नाते, मान्यताएं विखंडित होने लगते हैं। जिसे हम जीवन भर मूल्यवान समझते हैं, और उसे पाने के लिए अपने आपको भी दांव पर लगा देते हैं उसका मूल्य क्या है...? जब मृत्यु उसे मिटा हीं देती है।

बाहर जो भी मिलता है उसका मूल्य दिखाई देता है, लेकिन भीतर जो मिलता है उसका मूल्य इसलिए नहीं दिखाई देता है, क्योंकि वह दूसरे आयाम का है। और जो दूसरे आयाम का है उसका मूल्य इसलिए नहीं दिखाई देता है, क्योंकि वहां हमारी दृष्टि नहीं पहुंच पाती है। हमारी दृष्टि उस दूसरे आयाम में इसलिए नहीं पहुंच पाती

है, क्योंकि हम जीवनभर भीतर देखने से वंचित रह जाते हैं। जब बहुत से जन्म बीत जाते हैं तब करोड़ों में कोई एक व्यक्ति आत्मा के संबंध में जानने का विचार करता है, लेकिन विचार करने से, सोचने समझने से, मनन करने से आत्मा उपलब्ध नहीं होता है। यह स्मरण रहे कि आत्मा के संबंध में विचार करने वाला कभी आत्मा को उपलब्ध नहीं होता है। आत्मा को वही व्यक्ति उपलब्ध होता है जो विचारों का भी अतिक्रमण कर जाता है।

एक तो यही आश्चर्य की बात है कि अनंत जन्मों के बाद कोई आत्मा के संबंध में जानने का विचार करता है, लेकिन इससे भी बड़ा आश्चर्य यह है कि आत्मा के संबंध में विचार करने वाले करोड़ों व्यक्तियों में से कोई एक व्यक्ति विचारों का अतिक्रमण कर जाता है। सोचने समझने और विचार करने से आत्मा को नहीं जाना सकता है, क्योंकि आत्मा कभी विचारों के घेरे में नहीं आ पाती है। हम जो भी आत्मा के संबंध में विचार करते हैं वह बाहर है, और आत्मा विचारों के पार है। जिस प्रकार समुद्र की सतह पर लहरें दौड़ती रहती हैं उसी प्रकार आत्मा की सतह पर विचार दौड़ते रहते हैं। जिस प्रकार लहरें कभी समुद्र को नहीं जान सकती हैं, उसी प्रकार विचार भी आत्मा को नहीं जान सकते हैं।

विचार आत्मा की सतह पर दौड़ते हुए हवा के झोंके हैं, वह आते हैं चले जाते हैं, लेकिन आत्मा वैसी की वैसी रहती है। विचार से आत्मा को नहीं जाना सकता है, लेकिन आत्मा से विचारों को जाना जा सकता है। विचार उपर हैं, और आत्मा भीतर है। दो जगत है एक बाहर का, और दूसरा भीतर का। जो बाहर का जगत है उसे वस्तुओं का जगत भी कह सकते है, और जो भीतर का जगत है उसे विचारों का जगत भी कह सकते हैं। बाहर का जगत तो बाहर हैं हीं, लेकिन इसके साथ साथ भीतर का जो विचारों का जगत है वह भी बाहर है। बाहर का और भीतर का जगत इसलिए बाहर हैं, क्योंकि हम ना तो कोई वस्तु हैं, और ना हीं कोई विचार हैं बल्कि इन दोनों के पार जो है वह हैं। इसलिए जब विचार नहीं रह जाते हैं तब भी हम रहते हैं, और जब बाहर से हमारी नजरें भीतर की ओर मुड़ जाती है तब भी हम रहते हैं।

एक तो हम अनंत जन्मों तक गलती यही करते हैं कि किसी जन्म में आत्मा को जानने की कोशिश नहीं करते हैं। और यदि कभी किसी जन्म में आत्मा को जानने की प्यास भी उठती है तो दूसरी गलती यह करते हैं कि हम जीवन भर विचारों के माध्यम से हीं आत्मा को जानने की कोशिश करते हैं। आत्मा को जानने की कोशिश तभी हम करते हैं जब वस्तुओं को जानने की और उन्हें पाने की सभी आकांक्षाएं गिर जाती है। कभी कभी करोड़ों में कोई एक व्यक्ति वस्तुओं की चाहत से मुक्त हो पाता है। और जब वह व्यक्ति वस्तुओं की चाहत से मुक्त होता है तो आत्मा को जानने के लिए विचार

करता है। और वह जितना आत्मा के संबंध में जानने के लिए विचार करता है उतना हीं वह विचारों के भ्रम जाल में उलझता चला जाता है।

विचारों से मुक्त हुए वगैर आत्मा को जान पाना संभव नहीं है, क्योंकि विचार बाहरी दीवार हैं जो आत्मा तक पहुंचने में तरह तरह के रुकावट डालते रहते हैं। लेकिन जो विचारों की दीवार को भेद कर विचारों से पार निकल जाता है वह आत्मसाक्षात्कार कर लेता है। सभी लोग आत्मसाक्षात्कार के लिए आते हैं, लेकिन कुछ संसार के आकर्षण में भटक जाते हैं। और कुछ संसार के आकर्षण से बाहर निकलकर विचारों के जाल में उलझ कर रह जाते हैं। इसलिए कभी कभी करोड़ों में कोई आत्मसाक्षात्कार को उपलब्ध हो पाता है। यह जो करोड़ों का अनुपात है वह इसलिए है, क्योंकि आत्मा किसी की आवश्यकता नहीं है। और जिसकी आवश्यकता हीं नहीं महुसूस होती है उसकी खोज, उसे पाने की तीव्र प्यास नहीं उठती है।

बड़े मज़े की बात है कि जिसे पाने के बाद और कुछ पाने की आकांक्षा शेष नहीं रह जाती है उस पर जन्मों जन्मों तक हमारी निगाह हीं नहीं जाती है। एक संपति बाहर है जिसे मृत्यु छीन लेती है, और एक संपति भीतर भी है जिसे मृत्यु नहीं छीन पाती है। एक संपति बाहर है जिसे पाने के लिए सारे संसार से प्रतियोगिता करनी पड़ती है, और एक संपति भीतर भी हैं जिसे पाने के लिए किसी से प्रतियोगिता नहीं करनी पड़ती है। एक संपति बाहर है जिसे पाने के लिए अपने से दूर जाना पड़ता है, और एक संपति भीतर भी है जिसे पाने के लिए अपने पास आना पड़ता है। और बड़े मज़े की बात है कि हम सदा से अपने हीं पास हैं, लेकिन यह भ्रम पैदा हो गया है कि हम अपने से दूर निकल गए हैं।

हम अपने से दूर कभी निकल हीं नहीं सकते हैं, क्योंकि अपने से दूर निकलने का कोई उपाय हीं नहीं है। लेकिन अनंत जन्मों के यात्रा के बाद धीरे धीरे यह भ्रम निर्मित होता चला जाता है कि हम अपने से दूर निकल चुके हैं। जो आदमी जितना भ्रमित है वह उतना हीं इधर से उधर भटक रहा है। यह जो भटकाव है यह असल में उस संपति की खोज है जिसे पाने के बाद और कुछ पाने की आकांक्षा शेष नहीं रह जाती है। और जिसे पाने के बाद और कुछ पाने की आकांक्षा शेष नहीं रह जाती है वह संपति आत्मा है। आत्मा को पाए वगैर कोई कितना हीं तृप्त होने के लाखों इंतजाम कर ले, लेकिन वह आत्मा को पाए वगैर तृप्त नहीं हो सकता है।

एक तो यही आश्चर्य है कि करोड़ों में कोई एक आत्मा को जानने की कोशिश करता है, और दूसरा आश्चर्य यह है कि करोड़ों में कोई एक आत्मा को जान पाता है। आत्मा को जानना इसलिए आश्चर्य है, क्योंकि आत्मा किसी की भी आवश्यकता नहीं है। धन की आवश्यकता है, पद की आवश्यकता है, नाम की आवश्यकता है, सुख की आवश्यकता

है, लेकिन आत्मा की आवश्यकता नहीं है। और वही चीज बाजार में बिकती है, जिसकी आवश्यकता है। आत्मा किसी की आवश्यकता नहीं है, इसलिए जो आत्मा के बारे में उपदेश देता है वह लोगों की नजरों में पागल नजर आता है। कृष्ण, बुद्ध, महावीर, जीसस, कबीर और मीरा को लोगों ने क्या क्या नहीं कहा लेकिन फिर भी उन्होंने जो आत्मा के संबंध में जाना उन्होंने उसे कह दिया।

आत्मा को शब्दों में समझाया नहीं जा सकता है, क्योंकि आत्मा शब्दों के घेरे से बाहर है, लेकिन फिर भी जो अनुभव किया गया है वह इसलिए दूसरों से बताना पड़ता है ताकि वह अनुभव दुसरे को मिल जाए। कृष्ण, बुद्ध और महावीर को जो आत्म उपलब्धि हुई है वे चाहते हैं कि वह आत्म उपलब्धि सबको मिल जाए। जिस अमृत का स्वाद चखा गया है वह सभी को मिल जाए, और जिस परम धन को पाया गया है वह सभी को मिल जाए। लेकिन इस परम धन को, अमृत को शब्दों में कहना और समझाना मुश्किल है, क्योंकि जिसे गहन अनुभव से जाना गया हो उसे शब्दों में नहीं कहा जा सकता है।

आत्मा के बारे में कहने और समझाने के लिए शब्द बेकार हैं, क्योंकि जिसे विचारों से नहीं जाना गया हो उसके लिए कोई शब्द निर्मित नहीं होते हैं। इसलिए यह भी उतना हीं बड़ा आश्चर्य है कि जिसे शब्दों और विचारों से जाना नहीं गया है उसे भी शब्दों में कहने की कोशिश की गई है ताकि दूसरे में भी आत्मा को जानने की प्यास पैदा हो सके, और दूसरे भी इस अमृत का स्वाद ले सकें। आत्मा को कहा नहीं जा सकता है, लेकिन फिर भी उसे कहने के लिए तकलीफ उठानी पड़ती है ताकि इस तकलीफ में कुछ ऐसे शब्द भी निर्मित हो जाएं जो आत्म उपलब्धि की ओर, अमृतमयी रिमझिम वर्षा की ओर, आंनद की ओर संकेत कर सकें।

संगीत वह नहीं है जो स्वर में सुनाई देता है, बल्कि संगीत वह है जो दो स्वरों के बीच में होता है। यदि संगीत में केवल स्वर हीं स्वर हों, और बीच में मौन नहीं हो तो वह संगीत नहीं हो सकता है। शब्दों में जो कहा जाता है वह केवल शब्दों में नहीं होता है, बल्कि वह भी कहा जाता है जो दो शब्दों के बीच में होता है। किताब वह नहीं है जो शब्दों को उजागर करती है, बल्कि किताब वह है जो दो शब्दों के बीच खाली स्थान को उजागर करती है। यदि किताब में केवल शब्द हीं शब्द हों, और दो शब्दों के बीच में खाली जगह नहीं तो किताब पढ़ी नहीं जा सकती है। पढ़ना तो तभी संभव हो पाता है जब दो शब्दों के बीच रिक्तता होती है। सुनना उसे नहीं कहते हैं जो ध्वनि सुनाई देती है, बल्कि सुनना उसे कहते हैं जो दो ध्वनि के बीच मौन होता है।

यह जो दो शब्दों के बीच रिक्तता है, ध्वनियों के बीच जो मौन है, दृश्य और द्रष्टा के बीच जो मौजूद है वह आत्मा है। आत्मा का अनुभव दो तरीकों से किया जा सकता

है एक अपनी अविध्या को मिटाकर, और दूसरा अविध्या को स्वीकार करके। यह जो अविध्या है, अज्ञान है यही माया है। यह अविध्या हीं अहंकार है, छाया है जो जीवन भर साथ साथ चलती रहती है। और जब तक यह अविध्या साथ साथ चलती रहती है तब तक यह भ्रम बना रहता है कि मै सबसे अलग हूं, विशिष्ट हूं, असाधारण हूं। और जितना यह भ्रम बना रहा है कि मै सबसे अलग हूं उतना हीं यह अविध्या दुख देती रहती है, पीड़ा देती रहती है। अविध्या दुख देती है, पीड़ा देती है लेकिन बड़े मज़े कि बात है कि यह भ्रम उत्पन हो जाता है कि दूसरे मुझे दुख देते हैं, पीड़ा देते हैं।

हर आदमी अपने अविध्या, अपने अज्ञान, अपनी मान्यता और अपने अहंकार के कारण दुख पाता है, लेकिन वह कहता है कि दूसरे मुझे दुख दे रहे हैं इसलिए मैं दुखी हूं। जब अनेक जन्म बीत जाते हैं तब कहीं जाकर होश आता है कि दूसरे मेरे दुख के कारण नहीं है, बल्कि मेरी अविध्या हीं, मेरा अहंकार हीं मेरे दुख का कारण है। जब यह पता चल जाता है कि मेरे दुख का कारण अविध्या है, अहंकार है तब हम इस अविध्या, इस अहंकार को मिटाने की कोशिश करने लगते हैं। लेकिन यह अविध्या मिटाने से नहीं मिट सकती है, क्योंकि अविध्या तो उस मैं की छाया है जो हम अपने आपको माने हुए हैं। यदि मै चाहता हूं कि मै बच जाऊं, और मेरी छाया मिट जाए तो यह नहीं हो सकता है। यह छाया तभी मिट सकती है जब मैं मिट जाऊं। और जैसे हीं मैं मिट जाता हूं मेरी छाया भी मिट जाती है।

यह जो अविध्या है, अहंकार है यह माया का रूप है। इसलिए जैसे हीं मैं मिट जाता हूं तो यह अविध्या माया में लीन हो जाती है। और जो अविध्या, अहंकार के ना रहने पर शेष बच जाता है वह ब्रह्म में लीन हो जाता है। जो अविध्या को मिटाने के लिए चलता है वह अविध्या को मिटाते मिटाते खुद हीं मिट जाता है। और जैसे हीं वह खुद को मिटा देता है वह ब्रह्म हीं हो जाता है। अविध्या को, अहंकार को मिटाने का यह रहा पहला उपाय। और दूसरा उपाय यह है कि इस अविध्या को, अहंकार को मिटाने की कोशिश नहीं करनी है, बल्कि उसे पूर्ण रूप से स्वीकार कर लेना है। यह स्वीकार कर लेना है जो भी हुआ वह अच्छा हुआ, जो भी हो रहा है वह अच्छा हो रहा है और जो भी होगा वह अच्छा हीं होगा। इस जगत में बुरा कुछ है हीं नहीं, बल्कि सब अच्छा हीं है।

इस जगत में सब अच्छा है। जो होता है वह भी अच्छा है, और जो नहीं होता है वह भी अच्छा है। जन्म होता है वह भी अच्छा है मृत्यु होती है वह भी अच्छा है। जवानी आती है वह भी अच्छा है, बुढ़ापा आता है वह भी अच्छा है। कुछ होने का अहंकार होता है वह भी अच्छा है, और कुछ नहीं होने की पीड़ा होती है वह भी अच्छा है। सुख मिलता है तो भी अच्छा है, और दुख मिलता है तो भी अच्छा है। प्रेम मिलता है तो भी अच्छा है, और घृणा मिलती है तो भी अच्छा है। सम्मान मिलता है तो भी अच्छा है, और अपमान

मिलता है तो भी अच्छा है। अंधेरा भी अच्छा है, और प्रकाश भी अच्छा है। सब अच्छा है, लेकिन मन यह मानने के लिए तैयार नहीं होता है। मन जीवन भर यह कहता हीं चला जाता है यह अच्छा है, यह बुरा है। यह होना चाहिए, और यह नहीं होना चाहिए।

मन के तल पर द्वंद हीं द्वंद है। और जहां द्वंद है वहां अच्छे को स्वीकार करने का सुख, खुशी मिलेगा हीं, और बुरे को अस्वीकार करने का दूख और गम मिलेगा हीं। यह जो द्वंद है, यही वह माया है जो ब्रह्म से अलग होने का भ्रम उत्पन करती रहती है, लेकिन इस माया को जो जान लेता है वह माया को भी स्वीकार करके ब्रह्म से एक हो जाता है। जीवन में तब तक दुख है जब तक इस माया को जानने से वंचित रहते हैं, लेकिन जैसे हीं माया को जान लेते हैं इस माया को स्वीकार करके दुख से हीं नहीं, बल्कि सुख से भी मुक्त हो जाते हैं। दुख उसे दुखी नहीं करता जो दुख को स्वीकार कर लेता है, और अपमान उसे पीड़ा नहीं देता है जो अपमान को स्वीकार कर लेता है। घृणा उसे पीड़ा नहीं देती है जो घृणा को प्रेम की हीं भांति स्वीकार कर लेता है, और मृत्यु उसे भयभीत नहीं करती है जो मृत्यु को जानने के लिए, उसके गले से लगाने के लिए तैयार रहता है। और जो कहीं भी बैठने के लिए राजी है उसे कोई जगह पीड़ा नहीं देता है।

ब्रह्म के तल पर सब स्वीकार है इसलिए वह ब्रह्म है। ब्रह्म के तल पर पहुंचने के लिए दो हीं उपाय हैं एक अपने को मिटा दें, पोंछ दें ताकि यह अविध्या रूपी छाया भी पुनः माया में लीन हो जाए। और दूसरा उपाय यह है कि इस अविध्या को स्वीकार कर लें ताकि ब्रह्म प्रकट हो जाए। ब्रह्म को कहीं खोजने नहीं जाना है, बल्कि आप स्वयं हीं ब्रह्म हैं। लेकिन जन्म जन्मांतर से भटकते भटकते माया का अंधकार इतना सघन हो गया है कि इस अंधकार में केवल मै और तुम हीं रह गया है। इस जगत में हीं नहीं, बल्कि पूरे ब्रह्मांड में ना तो मैं का कोई अस्तित्व है, और ना हीं तुम का कोई अस्तित्व है। और जहां मैं और तुम नहीं है वहां कौन मित्र है और कौन शत्रु है...? सच तो यह है कि मै खुद हीं मित्र हूं और खुद हीं शत्रु हूं। जीवन भी मैं हीं हूं, और जीवन से निकलकर आने वाली मृत्यु भी मैं हीं हूं।

ब्रह्म के तल जीवन भी स्वीकृत है मृत्यु भी स्वीकृत है, इसलिए जीवन तो आनंददायक हैं हीं, लेकिन मृत्यु इससे और भी ज्यादा आनंददायक है। मृत्यु इसलिए आनंददायक है, क्योंकि मृत्यु जीवन की पूर्णाहुति है। मृत्यु में वही शेष रह जाता है जो है, लेकिन वह मिट जाता है जो नहीं है। ब्रह्म के तल पर प्रेम भी स्वीकृत है और घृणा भी स्वीकृत है। ब्रह्म के तल पर घृणा इसलिए स्वीकृत है, क्योंकि घृणा में उस रस की अनुभूति हो जाती है जो प्रेम और घृणा को एक साथ सिंचित करती रहती हैं। जिसने केवल प्रेम को स्वीकारा, और घृणा को अस्वीकार कर दिया वह उस रस से वंचित रह गया जो दोनों में एक साथ प्रवाहित हो रहा है। ब्रह्म के तल पर अपमान भी उतना हीं स्वीकृत है जितना सम्मान

स्वीकृत है। सच तो यह है कि अपमान जितना अहंकार को उजागर कर पाता है उतना सम्मान नहीं कर पाता है। सम्मान की मांग हीं तभी उठती है जब हम अपने आपको कुछ मानते हैं। और अपमान पीड़ा हीं तब देता है जब कुछ होने का अहंकार होता है।

पद पर विराजमान होने की आकांक्षा हीं तभी पकड़ती है जब हीनता की ग्रंथि विकसित होती है। और जैसे जैसे यह हीनता की ग्रंथि विकसित होती जाती है वैसे वैसे और भी बड़े पद की ओर दौड़ बढ़ती चली जाती है। और जैसे जैसे दौड़ बढ़ती चली जाती है वैसे वैसे अपने आप से दूरी बढ़ने लगती है। और जैसे जैसे अपने आप से दूरी बढ़ने लगती है वैसे वैसे भय और बेचैनी बढ़ने लगती है। अब यह जो बेचैन और भयभीत चित है यह कैसे जान सकता है कि भीतर भी एक ऐसा सिहासन मौजूद है जिस पर सम्राटों का सम्राट सदा से विराजमान है...? भीतर के सिंहासन को तभी जाना जा सकता है जब बाहर किसी पद की आकांक्षा नहीं रह जाए। भीतर के सम्राट से परिचय तभी हो सकता है जब बाहर कुछ होने की आकांक्षा नहीं रह जाए।

जो ना कुछ होने के लिए राजी हो जाता है वह अपने भीतर के सम्राट से परिचित हो जाता है। मन है नौकर लेकिन सम्राट तो भीतर है। यह जो बाहर की दौड़ है, महत्वकांक्षा है, कुछ हो जाने की आकांक्षा है और कुछ नहीं होने की पीड़ा है यह सभी मन का खेल है। और यह जो खेल है यह जन्मों जन्मों से चल रहा है। और यह खेल तब तक चलता रहेगा तब तक कोई मन को समझ नहीं लेता है। बड़े मज़े कि बात है कि मन के इस खेल में कोई जितने की खुशी मनाता है तो कोई हारने की पीड़ा से दुखी और परेशान होता है। किसी को गोल्ड मेडल मिल जाता है तो किसी को सिर्फ आंसू मिलते हैं। यह जो जीत की खुशी, और जो हारने की पीड़ा है वह भी मन का खेल है। जीवन भर मन शरीर को दौड़ाए हीं चला जाता है, और जब शरीर थक जाता है, जर्जर हो जाता है तो यही मन कहने लगता है कि मै बीमार हूं, मैं मर रहा हूं।

यह जो मैं की मरने की पीड़ा है यह असल में इस बात की ओर संकेत करती है कि अभी वासना पूरी नहीं हुई है, इस वासना को पूरा करने के लिए नया शरीर चाहिए। यह जो नए शरीर की मांग है यह अतृप्त वासना के कारण हर मृत्यु के पहले उठती हीं चली जाती है। वासनाएं कभी तृप्त नहीं होती हैं चाहे शरीर बूढ़ा और कमजोर हो जाए। यदि वासना की समझ नहीं है तो शरीर के बूढ़े हो जाने पर जितनी वासना बेचैन करती है उतना शरीर के जवान रहने पर वासना बेचैन नहीं करती है। शरीर बूढ़ा हो जाता है, लेकिन वासना कभी कभी बूढ़ी नही होती है। शरीर कमजोर होकर थक जाता है, लेकिन वासना कभी कमजोर होकर नहीं थकती है। बुढ़ापे में अक्सर धन और नंगी स्त्रियों के स्वप्न दिखाई देने लगते हैं। यह जो स्वप्न हैं यह असल में इस बात की ओर संकेत करते हैं कि अभी वासना प्रबल है।

जहां दूसरे की आकांक्षा है वहीं काम है। काम का अर्थ हीं यह है सुख मुझमें नहीं बल्कि दूसरे में हैं। और जहां भी दूसरे की आकांक्षा है वहां पीड़ा है। यह पीड़ा इसलिए है, क्योंकि दूसरे की भी अपनी आकांक्षाएं हैं। और जब दो आकांक्षाएं आपस में टकराती है तो पीड़ा और दुख के अलावा और कुछ नहीं मिलता है। अगर हम चौबीस घंटे अपने भीतर खोज कर देखें तो बाहर की सभी दौड़ काम के आस पास हीं जारी रहती है। चाहे धन हो, पद हो और यश हो, सभी काम के इर्द गिर्द हीं चक्कर लगाते रहते हैं। हम धन के पीछे इसलिए दौड़ते हैं ताकि काम तृप्त हो सके। हम पद के पीछे इसलिए भागते हैं ताकि काम तृप्त हो सके। और हम यश की प्राप्ति हीं इसलिए करते हैं ताकि काम तृप्त हो सके। यह जो काम से भरा हुआ चित है, यह क्रोध से भर जाए तो इसमें हैरानी की कोई बात नहीं है।

क्रोध तभी आता है जब काम की तृप्ति के राह में बाधा उत्पन होती है। जिस प्रकार काम के अनेकों रूप हैं उसी प्रकार काम से आए क्रोध के भी अनेकों रूप हैं। काम हीं वह अग्नि है जो पूरी हो जाए तो पीछे विषाद की राख छोड़ देती है, और यदि इसके राह में रुकावट पड़ जाए तो क्रोध की लपट बन जाती है। इस काम की अग्नि को तभी जाना जा सकता है जब जीवन रहते हीं होश आ जाए। जिसे जीवन रहते होश आ जाता है वह काम को भी राम तक पहुंचने की सीढ़ी बना लेता है। लेकिन जिसे जीवन रहते होश नहीं आता है वह काम को न जानकर अपने लिए पतन का मार्ग निर्मित कर लेता है। काम की अग्नि तभी तक तन मन को उत्पत किए रहती है जब तक दूसरे की आकांक्षा है, लेकिन जैसे हीं दूसरे की आकांक्षा गिर जाती है वैसे हीं यह काम की अग्नि शांति की छाया बनकर तन मन को घेर लेती है।

इस जगत में दो हीं रास्ते हैं एक दूसरे की तरफ लेकर जाता है, और दूसरा स्वयं के भीतर लेकर जाता है। जो रास्ता दूसरे की तरफ लेकर जाता है उस पर भटकने के सिवाय कुछ भी नहीं मिलता है। लेकिन जो रास्ता स्वयं के भीतर लेकर जाता है वह उस अव्यक्त में लेकर जाता है जो सभी के भीतर मौजूद है। जिस प्रकार समुद्र की लहरें दूसरी लहरों को नहीं जान सकती हैं उसी प्रकार हम दूसरे को नहीं जान सकते हैं। दूसरे को जानना तभी संभव है जब अपने को जान जाएं। इसलिए जिस प्रकार लहरें अपने भीतर प्रवेश करके दूसरी लहरों में छुपे हुए अपने हीं अस्तित्व को जान सकती हैं, उसी प्रकार हम भी अपने भीतर प्रवेश करके दूसरे को भी जान सकते हैं। दूसरे में वही अस्तित्व है जो मुझमें हैं, लेकिन वह अलग इसलिए दिखाई देता हैं क्योंकि दो तरह के आवरण भ्रम पैदा कर देते हैं।

यह जो दो तरह के बाह्य आवरण हैं इसका पता तभी चलता है जब हम अपने भीतर उतरते हैं। जिस दिन अपने भीतर उतरकर स्वयं को खोजने लगते हैं उस दिन

यह मै, और तुम की सारी दीवार गिर जाती है। यह दीवार गिरने पर हीं पता चलता है कि जो आकाश भीतर है, वह बाहर भी है। दीवार तो दीवार हीं है, वह आज नहीं तो कल जराजीर्ण होकर गिर हीं जायेगा, लेकिन जो आकाश इस दीवार के दोनों तरफ फैला हुआ है वह तो वैसा हीं रह जायेगा। हम ईंट पत्थरों से घर का निर्माण करते हैं ताकि उसमें रह सकें, लेकिन हम इस भ्रम में रहते हैं कि हम घर में रहते हैं। हम रहते तो आकाश में हीं हैं, लेकिन घर में रहने का भ्रम इसलिए उत्पन हो जाता हैं, क्योंकि यह दीवार बाहर फैले हुए आकाश को भीतर फैले हुए आकाश से अलग होने का भ्रम उत्पन कर देती है।

ठीक इसी तरह से शरीर भी एक दीवार है, और मन भी एक दीवार है। इन दोनों दीवारों में अंतर केवल इतना हीं हैं कि एक दिखाई देता है, और दूसरा दिखाई नहीं देता है। एक की रूपरेखा है, और एक की कोई रूपरेखा नहीं है। एक निर्मित होता है माता पिता के संयोग से, और एक निर्मित होता है वासनाओं से। एक इस जन्म का है, और एक पुरातन है। एक हर जन्म में बदल जाता है, और एक पर हर जन्म के संस्कार और प्रवितियों की राख जमती चली जाती है। यह जो जम गई राख है यही वह बाधा है जो भीतर जल रहे उस दिए की रोशनी तक नहीं पहुंचने देती है जहां पहुंचने के बाद यह दिखाई देने लगता है कि जो रोशनी इस दिए से निकल रही है, वही रोशनी दूसरे दिए से भी निकल रही है। चाहे कोई सोने से निर्मित दिया हो, या चांदी से निर्मित दिया हो, या मिट्टी से निर्मित दिया हो, लेकिन सभी में जो रोशनी प्रकट होती है वह एक है।

रोशनी एक है इसे विभाजन नहीं किया जा सकता, आकाश एक है इसका विभाजन नहीं किया जा सकता, अस्तित्व एक है इसका विभाजन नहीं किया जा सकता। अस्तित्व तो वही है जो आकाश में व्याप्त है, रोशनी में व्याप्त है, जल में व्याप्त है, और ब्रह्मांड के कण कण में व्याप्त है। अस्तित्व सदा से है और सदा रहेगा। इस ब्रह्मांड में अस्तित्व को छोड़कर जो भी दिखाई देता है वह आज है कल नहीं रहेगा। समय बदलता है, लेकिन समय की धूल अस्तित्व पर नहीं जमती है। समय के भी पहले अगर कुछ था तो वह अस्तित्व हीं था, और समय के बाद भी अगर कुछ रहेगा तो वह अस्तित्व हीं रहेगा।

सभी कुछ अस्तित्व से निर्मित होता है और पुनः अस्तित्व में विलीन हो जाता है। यह जो चांद तारे, सूर्य, पृथ्वी और अनेकों ग्रह दिखाई देते हैं यह भी समय के ग्रास हैं। समय आता है तो यह अस्तित्व से प्रकट होते है, और जब समय समाप्त हो जाता है तो पुनः अस्तित्व में विलीन हो जाते हैं। यह अस्तित्व इसलिए अनुभव में नहीं आता है, क्योंकि बाहरी दीवार और आंतरिक दीवार इसे अनुभव में आने से रोकते हैं। लेकिन जिस दिन आप इन दोनों दीवारों के पार पहुंच जाते हैं उस दिन यह पूरा ब्रह्मांड हीं आपके भीतर दिखाई देने लगता है। उस दिन वह भी दिखाई देने लगता है जब यह ब्रह्मांड निर्मित

हुआ था, और वह भी दिखाई देने लगता है जब यह ब्रह्मांड पुनः उसी अस्तित्व में विलीन हो जायेगा।

जो स्वयं के भीतर डूबता है वह एक एक परत को तोड़कर स्वयं तक पहुंच हीं जाता है। और जब वह स्वयं तक पहुंचता है तो उसे यह पता चलता है जो वह खुद को रागड़ा रहा था वह तो बाहर हीं छूट गया, और भीतर केवल वह रह गया जो सदा से था, और सदा रहेगा। मृत्यु तो उसकी होती है जो बाहर है। समय की काली छाया भी उस पर पड़ती है जो बाहर है। और नष्ट भी वही होता है, जो निर्मित होता है। अगर मृत्यु नहीं होती तो इस अस्तित्व की खोज नहीं होती। सच तो यह है कि मृत्यु ने हीं बड़े बड़े योगियों को उस अस्तित्व की खोज करने के लिए झकझोर दिया जो मृत्यु के बाद भी रह जाता है।

समय की कालिमा बुरी नहीं है, क्योंकि समय की कालिमा हीं जवानी को बुढ़ापे में परिवर्तित करके यह संदेश देती है कि अब भी जाग जाओ। समय यह संदेश देता है कि यह शरीर अब बुढ़ापे की ओर चल पड़ा, और शीघ्र हीं इसका अंत भी हो जायेगा, इसलिए उसकी खोज करो जिस पर मेरी छाया नहीं पड़ती है। समय बार बार चेतावनी देता है कि शरीर अब जा रहा है, और वह दिन भी आने वाला है जब यह जीर्ण होकर सूखे हुए पते की भांति जीवन के वृक्ष से टूट कर गिर जायेगा। समय दुश्मन नहीं है, बल्कि मित्र है। इसलिए वह बार बार किसी न किसी बहाने संदेश देता है कि अब भी उसकी खोज करो जो तुम्हारे भीतर है, जिस पर मेरा प्रभाव नहीं पड़ता है। कभी आपने सोचा है कि इस शरीर की उम्र इतनी हो गई, लेकिन आपके भीतर जो विराजमान है उसकी कितनी उम्र हुई...?

और कभी आपने सोचा है कि बाहर से मैं ऐसा दिखता हूं, लेकिन भीतर से कैसा दिखता हूं...? कभी आपने सोचा है कि बाहर का चेहरा ऐसा दिखाई देता हैं, लेकिन भीतर का चेहरा कैसा दिखाई देता है...? कभी आपने सोचा है कि बाहर से मैं हिंदू हूं, मुस्लिम हूं, क्रिश्चियन हूं, सीख हूं या बौद्ध हूं लेकिन भीतर से मैं क्या हूं...? आप भीतर नहीं देखते हैं। आप भीतर इसलिए नहीं देखते हैं कि भीतर वह आग की लपट मौजूद है जो आपकी सभी मान्यताओं और धारणाओं को जलाकर राख कर देगी। और भीतर देखने के बाद आप वही नहीं रह जायेंगे जो अपने आपको अब तक माने हुए हैं, बल्कि वह हो जायेंगे जो सदा से आप थे। भीतर वही विराजमान है जो सभी में, कण कण में विराजमान है, और वही आपका स्वभाव है।

शरीर न हिंदू है, न मुस्लिम है, न क्रिश्चियन है, न बौद्ध है, और न जैन है लेकिन फिर भी हम अनेक समुदायों में, अनेक धर्मों में बंट कर रह जाते हैं। शरीर चाहे किसी भी धर्म के, किसी भी जाति के, और किसी भी देश के व्यक्ति का हो, लेकिन शरीर तो

आखिर शरीर हीं है। जो रक्त उसके शरीर में दौड़ रहा है वह हमारे शरीर में भी दौड़ रहा है। जो प्राण वायु उसके हृदय को स्पंदित कर रही है, वही प्राण वायु हमारे हृदय को भी स्पंदित कर रही है। जो मांस मज़ा और हड्डी उसके शरीर में है, वही मांस मज़ा और हड्डी हमारे शरीर में भी है। लेकिन फिर भी हम अपने आपको विशिष्ट मानते हैं, और दूसरे को साधारण मानते हैं। यह जो अपने आपको विशिष्ट मानना है इसका पलड़ा इसलिए भारी पड़ता है, क्योंकि हम जन्मों जन्मों से मात्र शरीर होकर हीं जीते और मरते चले आ रहे हैं।

भोजन करते हैं तो यह नहीं कहते हैं कि शरीर भोजन कर रहा है, नहीं बल्कि यह कहते हैं कि मै भोजन कर रहा हूं। जब शरीर चलता है तो यह नहीं कहते हैं कि शरीर चल रहा है, नहीं बल्कि यह कहते हैं कि मै चल रहा हूं। जब शरीर जवान होता है तो यह नहीं कहते हैं कि शरीर जवान है, नहीं बल्कि यह कहते हैं कि मै जवान हूं। जब शरीर बीमार होता है तो यह नहीं कहते हैं कि शरीर बीमार है, नहीं बल्कि यह कहते हैं कि मै बीमार हूं। इसी तरह जब शरीर को चोट लगती है, पीड़ा होती है तो यह नहीं कहते हैं कि शरीर को चोट लगी है, पीड़ा हो रही है। नहीं बल्कि यह कहते हैं कि मुझे चोट लगी है, पीड़ा हो रही है। शरीर अलग है, आप अलग हैं, लेकिन आप शरीर से इस कदर चिपट गए हैं कि शरीर वस्त्र न होकर चमड़ी होकर रह गया है।

शरीर वस्त्र है। यह समय के साथ पुराना होता चला जाता है, और यह जीर्ण होकर नष्ट भी हो जाता है। जिस शरीर की सुंदरता और जवानी पर हम गुमान करते हैं वह एक दिन कुरूप भी हो जायेगा। शरीर की सुंदरता पर जो फूले नहीं समाते हैं वे अक्सर वृद्धावस्था में इतने कुरूप और हताश हो जातें हैं कि उनकी मानसिक स्थिति अति दयनीय हो जाती है। शरीर तो आखिर शरीर ठहरा वह जवान भी होगा और बूढ़ा भी होगा, बलिष्ट भी होगा और कमजोर भी होगा, सुंदर भी होगा और कुरूप भी होगा। लेकिन इस शरीर का मोह इस कदर हावी हो जाता है कि हम यह भी नहीं जान पाते हैं कि इस बनते मिटते शरीर के अंदर भी कुछ ऐसा तत्व है जिस पर शरीर के बनने मिटने, जवान और वृद्ध होने का कोई प्रभाव नहीं पड़ता है।

यह शरीर आज सुंदर दिखता है, क्योंकि जवान है लेकिन यही शरीर कल वृद्ध भी होगा, कुरूप भी होगा और जब इस शरीर की मृत्यु हो जायेगी तो यह शरीर अग्नि में जलकर राख में तब्दील भी हो जायेगा। आखिर कहां गई वह जवानी और कहां गई वह सुंदरता...? जिस जवानी पर गुमान किया वह जवानी भी गई, और जिस सुंदरता के आगे दूसरे को तुक्ष समझा वह सुंदरता भी चली गई। और जिस शरीर को अपना समझा वह शरीर भी जल कर राख में तब्दील हो गया। शीघ्र हीं यह राख भी हवाओं में उड़ जायेगी और पीछे कुछ भी नहीं रह जाएगा। बुद्ध अक्सर अपने

भिक्षुओं को मरघट में भेजते थे ताकि वे जलते हुए और राख होते हुए शरीरों को देख सकें। बुद्ध अपने भिक्षुओं से कहते थे यदि बोध को उपलब्ध होना चाहते हो, और संसार की आसक्ति से मुक्त होना चाहते हो तो मरघट में जलते हुए शरीरों को ध्यान पूर्वक देखो।

जो जलते हुए शरीर को ध्यान पूर्वक देख लेता है वह शरीर के प्रति निरासक्त हो जाता है। यह निराशक्ति इसलिए आ जाती है, क्योंकि आज दूसरे का शरीर धूं धूं कर जल रहा है कल इसी तरह यह शरीर भी धूं धूं कर जलेगा। मृत्यु आज आए या साठ सत्तर साल बाद आए, लेकिन उससे क्या फर्क पड़ता है...? चाहे मृत्यु दूर हो या पास हो उससे कोई फर्क नहीं पड़ता है। हम मरेंगे इतना तय है तो यह भी सच है कि हम मर गए। इसलिए अब हमें उस तत्व की खोज करनी है जो कभी नहीं मरता है। अब जितने भी क्षण जीवन के बचे हैं इस क्षण को उस जीवन तत्व की खोज में लगाना है जो इस जीवन और मृत्यु के पार लेकर जाता हो। अब इस जीवन से क्या मोह, क्योंकि जब मृत्यु तय है तो जीवन व्यर्थ हो गया।

जो भी हम जीवन भर इकठ्ठा करते हैं मृत्यु उसे छीन लेती है। जो भी रिश्ते निर्मित करते हैं मृत्यु उसे तोड़ देती है। अगर जीवन रहते हीं यह अहसास हो जाए कि पल पल मृत्यु हमारे कदम से कदम मिलाकर चल रही है तो यह हमारी संग्रह करने की प्रवृत्ति जो है वह अपने आप गिर जायेगी। अगर जीवन रहते हीं मौत दिखाई देने लगे तो किसी भी रिश्ते नाते में मोह नहीं रह जाएगा। बड़े मज़े कि बात तो यह है कि हम जिस मोह और आसक्ति में जीवन भर उलझे रहते हैं उसे छोड़ना नहीं पड़ता है, बल्कि खुद हीं वह मौत के स्मरण मात्र से छूट जाता है। ज्ञानी और अज्ञानी में मौत के बाबत एक हीं फर्क है कि ज्ञानी अपने आपको मुर्दा मान लेता है, और अज्ञानी जीवन भर कहता हीं चला जाता है कि अभी जल्दी क्या है जब मौत आएगी तब देख लेंगे।

ज्ञानी यह जान लेता है शरीर आज नहीं तो कल नष्ट हो हीं जायेगा, और जब शरीर नष्ट हो हीं जायेगा तो इस शरीर से मोह क्यों...? इसलिए वह इस शरीर के भीतर उसकी खोज करने लगता है जो शरीर के नष्ट होने के बाद भी शेष रह जाता है। ज्ञानी जैसे जैसे अपने भीतर उतरने लगता है वैसे वैसे उसका होश बढ़ने लगता है। और जैसे जैसे होश बढ़ने लगता है वैसे वैसे शरीर से फासला भी बढ़ने लगता है। ज्यों ज्यों शरीर से फासला बढ़ने लगता है वैसे वैसे ज्ञानी को यह अनुभूति होने लगती है कि शरीर अलग है, और वह अलग है। जितना हीं इस शरीर के अलग होने का अनुभव गहराने लगता है उतना हीं चैतन्य फैलने लगता है। चैतन्य के फैलने के कारण हीं यह भी अनुभूति उतरने लगती है कि जिसका जन्म होता है वह कोई और है, और जिसकी मृत्यु होती है वह भी कोई और है।

कबीर का एक वचन है " एक सयानी आपनी फिर बहुरी न मरना होय "। कबीर के मुताबिक सयाना वही है जो अपने आप को शरीर और मन से पृथक जान लेता है। और जो शरीर और मन से पृथक अपने आप को जान लेता है वह यह भी जान लेता है मौत मेरी नहीं होती है, बल्कि इस शरीर और मन की होती है। जिसने यह जान लिया की मौत उसकी नहीं है वही सयाना है, वही परम ज्ञानी है। और जिसने इसको नहीं जाना वह यूं हीं मर गया। उसका जीवन भी व्यर्थ गया, और मौत भी व्यर्थ गई। जीवन भर दौड़ा, लेकिन पहुंचा कहीं भी नहीं। और जीवन भर खोजा तो बहुत कुछ, लेकिन मिला कुछ भी नहीं। यह संसार अजीब हीं तो है कोई सबकुछ खो कर भी सबकुछ पा लेता है, और कोई सबकुछ पाकर भी सबकुछ खो देता है।

जिसे हम मृत्यु कहते हैं वह जीवन से हीं निकलकर आती है। मौत कोई दूर घटित होने वाली घटना नहीं है, बल्कि वह पल पल घटित हो रही है। स्वांस लेते हैं तो उससे जीवन को हीं शक्ति नहीं मिलती है, बल्कि मौत को शक्ति मिलती है। भोजन करते हैं तो उससे जीवन को हीं शक्ति नहीं मिलती है, बल्कि मौत को भी शक्ति मिलती है। जब एक कदम चलते हैं तो जीवन हीं नहीं चलता है, बल्कि मौत भी चलती है। इसे ऐसा समझें तो ख्याल में आ जायेगा कि अगर हमारा दाहिना कदम जीवन है तो बायां कदम मौत भी है। जितने कदम हम चलते हैं उतने हीं कदम मृत्यु भी साथ चलती है। मृत्यु इसलिए जीवन के साथ साथ चलती है ताकि जैसे हीं जीवन के कदम लड़खड़ाने लगे वह जीवन को विश्राम दे सके।

जीवन के साथी भी तेरह हैं, और मृत्यु के साथी भी तेरह हैं। इसे दूसरे शब्दों में समझें तो ख्याल में बहुत सारी बातें आ जायेंगी। मानव शरीर में नौ द्वार और चार अंग है। जिसे नौ द्वार कहते हैं वह दो आंख, दो नाक, दो कान, मुंह, जननांग और गुदा है। और जिसे चार अंग कहते हैं वह दो हाथ और दो पैर है। यह नौ द्वार और चार अंग मिलकर कुल तेरह हो जाते हैं। यह तेरह जीवन के साथी हैं, और यहीं तेरह मृत्यु के भी साथी हैं। यही तेरह जीवन में भी लेकर आते हैं, और यही तेरह मृत्यु में भी लेकर जाते हैं। यह जो तेरह साथी हैं इन्हीं पर स्वास्थ्य भी टिका हुआ है, और इन्ही पर बीमारी भी टिकी हुई है। यहीं तेरह साथी मिलकर भोजन का इंतजाम भी करते हैं, और यहीं तेरह साथी मिलकर मृत्यु का भी इंतजाम करते हैं। जीवन भर यहीं तेरह साथी मिलकर संभालते भी हैं, और यहीं तेरह साथी मिलकर मौत के करीब भी लेकर जाते हैं।

यह जो तेरह साथी हैं इन्हीं पर जीवन, और मौत दोनो टीका हुआ है। जब तक तेरह साथी क्रियाशील रहते हैं तब तक जीवन टिका रहता है, लेकिन जैसे जैसे इनकी क्रियाशीलता कम होने लगती है वैसे वैसे जीवन लड़खड़ाने लगता है। बुढ़ापे में आंखे

कम देखती है तो इसका मतलब यह नहीं है कि आखें कमजोर हो चुकी हैं। नहीं, बल्कि इसका यह मतलब है कि आखें इसलिए कम देखती हैं, क्योंकि आखें देख चुकी होती हैं, और अब उनके विश्राम का वक्त आ चुका होता है। बुढ़ापे में जनेंद्रीय शिथिल पड़ जाती है तो इसका अर्थ यह नहीं है जनेंद्रिय अपनी शक्ति खो चुकी है। नहीं, इसका यह अर्थ नहीं है, बल्कि इसका यह अर्थ है कि जनेंद्रीय अपना काम कर चुकी होती है, और अब उसके विश्राम का क्षण आ चुका होता है।

ठीक इसी तरह बुढ़ापे में कान से कम सुनाई देने लगता है तो इसका अर्थ यह नहीं है कि कान की ग्रहण क्षमता कम हो चुकी है। नहीं इसका भी यह अर्थ नहीं है, बल्कि इसका यह अर्थ है कि कान सुन चुके होते हैं, और अब उनके विश्राम का समय आ चुका होता है। बुढ़ापे में स्वाद लेने की क्षमता कम हो जाती है तो इसका यह अर्थ नहीं है कि स्वाद लेने की शक्ति कम हो गई है। नहीं, बल्कि इसका यह अर्थ है कि स्वाद लेने वाले जीभ के तंतु स्वाद ले चुके होते हैं, और अब उनके विश्राम का समय आ चुका होता है। बुढ़ापे में प्राण ऊर्जा सिकुड़ने लगती है, और इसी सिकुड़ाव के कारण धीरे धीरे ज्ञाननेद्रियों, और जनेंद्रियों की ओर प्रवाहित होने वाली शक्ति पुनः धीरे धीरे वापस अपने केंद्र की ओर लौटने लगती है।

प्राण ऊर्जा के सिकुड़ाव के कारण हीं यह तेरह साथी संकेत देने लगते हैं अब शरीर का मोह का छोड़ दो, रिश्ते नातों के मोह को छोड़ दो, और संसार के तरफ जो दौड़ है उस दौड़ को छोड़ कर विश्राम को उपलब्ध हो जाओ। बुढ़ापे की अवस्था जीवन की सबसे बड़ी उपलब्धि है, लेकिन इस अवस्था को भुलाने के लिए तरह तरह का इंतजाम किया जाता है। बाजार में अनेक तरह के प्रसाधन हैं जो बुढ़ापे को छुपाने के लिए, और जवानी का भ्रम उत्पन करने के लिए मिल हीं जाते हैं। लेकिन क्या इनसे बुढ़ापा छुप जाता है, नहीं इनसे बुढ़ापा तो नहीं छुपता, लेकिन छिपने का भ्रम जरूर उत्पन हो जाता है।

बूढ़ा आदमी बाहर से जवान दिखने के लिए, आकर्षक दिखने के लिए तरह तरह का इंतजाम तो कर लेता है, लेकिन भीतर एक गहरी पीड़ा छुपी होती है जो अक्सर उसके चेहरे पर उस समय उजागर हो जाती है जब वह जवान आदमी को देखता है। बुढ़ापा जीवन का सबसे सुंदरतम अनुभवों में एक है, लेकिन यह पीड़ा इसलिए बन जाता है, क्योंकि बुढ़ापे को स्वीकार करने के लिए शायद हीं कोई राजी होता है। जो बुढ़ापे को स्वीकार कर लेता है उसके लिए बुढ़ापा जीवन के गहरे रहस्य में प्रवेश करने का माध्यम बन जाता है। और जो बुढ़ापे को स्वीकार नहीं कर पाता है वह जीवन के गहरे रहस्य में प्रवेश करने से वंचित रह जाता है। बुढ़ापे को न स्वीकार कर पाने के कारण लगभग 99% लोग प्रज्ञा से वंचित रह जाते हैं।

बुद्धिमान होना अलग बात है, और प्रज्ञावन होना अलग बात है। बुद्धि और प्रज्ञा एक दूसरे के विपरीत हैं। विपरीत इसलिए हैं क्योंकि बुद्धि बाहर की तरफ, संसार की तरफ लेकर जाती है, और प्रज्ञा भीतर की ओर लेकर जाती है। बुद्धि कहती है कि दौड़ो और संसार को जीत लो, लेकिन प्रज्ञा कहती है कि दौड़ जरूरी नहीं है, संसार को जितना जरूरी है, क्योंकि कौन सिकंदर और कौन नेपोलियन सफल होकर भी सफल हुआ है। सच तो यह है कि यहां वही सफल होता है जो अपने भीतर डूबने के लिए राजी हो जाता है। जीवन में और कुछ जानना और कुछ पाना महत्वपूर्ण नहीं है, बल्कि अपने आप को जान लेना, और अपने आप को पा लेना हीं महत्वपूर्ण है। और यह तभी हो सकता है जब कोई अपने भीतर उतर कर अपने आप को जान ले, और पा ले।

लेकिन हम अपने आप को पाना तो दूर अपने भीतर उतरने से भी वंचित रह जाते हैं। और जब हम अपने भीतर उतरने से वंचित रह जाते हैं तो शरीर से बूढ़े हो जाते हैं, लेकिन मन से बूढ़े नहीं हो पाते हैं। और जब मन से बूढ़े नहीं होते है तो बुढ़ापे में भी मन की चंचलता, तृप्ति की आकांक्षा कायम हीं रहती है। सही मायने में बूढ़ा वही हो पाता है जिसकी कामनाएं बुढ़ी हो चुकी हो, और मन की सारी चंचलता सरोवर की जल की भांति शांत हो गई हो। जब मन सरोवर की जल की भांति शांत हो जाता है, ठहर जाता है तो उसी जल में चंद्रमा की छवि दिखाई देने लगती है।

शरीर मंदिर है, और मन इस मंदिर में प्रवेश करने के लिए द्वार है। इस मंदिर में केवल वही प्रवेश करता है जिसमे और की चाह समाप्त हो चुकी होती है। जब तक और की चाह है तब तक मंदिर में प्रवेश नहीं हो सकता है, क्योंकि जब तक और की चाह है तब तक अहोभाव नहीं आएगा, और जब तक अहोभाव नहीं आएगा तब तक पूरे प्राणों में शिकायत का कांटा चुभता रहेगा, और पीड़ा देता रहेगा। बड़े आश्चर्य की बात है कि करोड़ों में कोई एक शरीर को मंदिर की तरह देख पाता है। और इससे भी बड़ा आश्चर्य है कि इस शरीर को मंदिर की तरह देखने वाले करोड़ों में से कोई एक इस मंदिर के भीतर प्रवेश कर पाता है। करोड़ों में एक वही व्यक्ति है जिसकी जुबां पर कोई शिकायत नहीं होती है, बल्कि जीवन में उसे जो भी मिला है या नही मिला है उसके प्रति अहोभाव होता है।

शिकायत उसी के भीतर होती है जिसमें सदा और कुछ पाने की आकांक्षा होती है। और जिसमें और कुछ पाने की आकांक्षा है वह कभी इस अहोभाव से नहीं भरता है जितना मिल गया वह भी बहुत है। सच तो यह है कि जितना मिल जाता है उतनी की हीं हमारी पात्रता है, और यदि वह भी नहीं मिलता तो हम कुछ नहीं कर सकते थे। यह जीवन मिला इतना भी बहुत है अन्यथा तो हम इस योग्य भी नहीं थे एक स्वांस भी लें सकें अस्तित्व की। मंदिर के भीतर प्रवेश तो उसी दिन होता है जिस दिन इस जीवन

के प्रति धन्यवाद के भाव से भर जाते हैं। जिस दिन हम कहने लगते हैं कि हमारी कोई पात्रता नहीं है, हमारी कोई योग्यता नहीं है, हमारी कोई क्षमता नहीं है लेकिन फिर भी जो मिला वह बहुत है, असीम है। जिस दिन जो मिला है वह असीम दिखाई देने लगता है उसी दिन प्रार्थना का जन्म होता है। और जब इस प्रार्थना का जन्म होता है तो यह प्रार्थना दिनों दिन बढ़ती चली जाती है, बढ़ती चली जाती है। और यह प्रार्थना बढ़ते बढ़ते उस घड़ी में तब्दील हो जाती है जब हमारी पात्रता शून्य हो जाती है। और जिस घड़ी में हमारी पात्रता शून्य हो जाती है उसी घड़ी सारा विराट इस छोटे से शरीर में उतर आता है।

नास्तिक वह नहीं है जो यह कहता है कि ईश्वर नहीं है, बल्कि नास्तिक तो वह है जिसका जीवन शिकायत से भरा हुआ है। जिसका जीवन शिकायत से भरा हुआ है वह चाहे मंदिर जाए, मस्जिद जाए या चारों धामों की यात्रा कर आए, लेकिन वह वहां भी जाकर शिकायत हीं करेगा। वह वहां भी जाकर यह शिकायत हीं करेगा कि यह तू क्या अन्याय कर रहा है...? जो बेईमान हैं, पापी हैं वह जीत रहें हैं, और मैं ईमानदार और धर्मात्मा होकर भी हार रहा हूं। जो शिकायत करता है वह चाहे कितना भी प्रार्थना कर ले, कितना भी नमाज पढ़ ले, लेकिन उसकी प्रार्थना या नमाज शिकायत हीं होती है।

आस्तिक वह नहीं है जो कहता है कि ईश्वर है, बल्कि आस्तिक वह है जिसका जीवन शिकायतों से शून्य है। जिसका जीवन शिकायतों से शून्य है वह मंदिर न भी जाए, मस्जिद न भी जाए, गुरुद्वारा न भी जाए और चारों धामों की यात्रा न भी करे, लेकिन फिर भी उसका जीवन मंदिर, मस्जिद, गुरुद्वारा हो जाता है, और उसके जीवन की यात्रा हीं चारों धामों की यात्रा हो जाती है। जहां वासना है वहां शिकायत तो होगी हीं, क्योंकि वासनाएं पूरी होकर भी पूरी नहीं हो पाती है। और जब वासना पूरी नहीं होती है तो पीछे शिकायतों की राख छूटती चली जाती है।

मृत्यु वासना की होती है, और जिस जीवन में वासना है वह मृत्यु का ग्रास बनेगा हीं। मृत्यु इसलिए जीवन के साथ बड़ी होती है क्योंकि जीवन में वासना है, लेकिन जो जीवन रहते निर्वासना को उपलब्ध हो जाता है वह जीवन रहते अपने भीतर उस अमृत की खोज कर लेता है, जो सदा था और सदा रहेगा। यह जो अमृत है यह हर किसी के भीतर छुपा है, लेकिन इसकी खोज तभी संभव है जब वासना के प्रति दौड़ समाप्त हो जाए। जब तक वासना है तब तक ज्ञानिंद्रियां वह नहीं अनुभव करा पाती हैं जो भीतर है, लेकिन जैसे हीं वासना क्षीण हो जाती है यही ज्ञानिंद्रियां भीतर छुपे हुए अमृत के अनुभव करने का माध्यम बन जाती हैं।

जब तक जीवन में वासना है तब तक जीवन की सारी शक्तियां वासना रूपी छिद्रों से बहती चली जाती हैं। लेकिन जैसे हीं वासना रूपी छिद्र बंद हो जाता है जीवन की

शक्तियां संरक्षित होकर अमृत तक पहुंचाने का माध्यम बन जाती हैं। यहां जीवन उसी का संरक्षित है जिसके जीवन में वासना नहीं है, और जिसके जीवन में वासना नहीं है वह जीवन और मृत्यु के पार उस अमृत तत्व का अनुभव कर लेता है जो सदा था, और सदा रहेगा। इस अमृत तत्व का अनुभव वही कर पाता है जो जीवन को ठीक तरह से सम्यक उपयोग करता है। और जीवन का सम्यक उपयोग वही कर पाता है जिसके मन में और कुछ पाने की आकांक्षा नहीं है, दौड़ नहीं है।

जीवन को दो तरह से जिया जा सकता है एक वासना से भरकर, और दूसरा वासना से मुक्त होकर। जो अपने को वासनाओं से भरता रहता है वह सदा रिक्त रहेगा, लेकिन जो वासनाओं से मुक्त है वह भरा हुआ रहेगा, तृप्त रहेगा। वासनाएं जीवन रूपी पात्र में अनेक छिद्र कर देती हैं जिससे यह पात्र खाली का खाली हीं रह जाता है। यहां वही भरता है जिसके जीवन रूपी पात्र में छेद नहीं है, लेकिन वह खाली का खाली रह जाता है जिसके जीवन रूपी पात्र में छेद है। यह छेद है वासना, कुछ पा लेने की आकांक्षा, कुछ हो जाने की कल्पना। इसलिए जिन्होंने इस जीवन और मृत्यु से परे उस अमृत को जाना है उन्होंने यही कहा है कि वासना छोड़ों, क्योंकि जीवन में जो मिला है वह काफी है, पर्याप्त है।

जीवन ने जो दिया है वह बहुत है, असीम है लेकिन यह असीम इसलिए दिखाई नहीं देता है क्योंकि वासना चारों तरफ घेर लेती है। जीवन में जो मिला है वह असीम है यह तभी दिखाई देता है जब वासना छूट जाती है। वासना एक भ्रम के अतिरिक्त और कुछ भी नहीं है, लेकिन हम उसी को जीवन का सत्य मान लेते हैं। वासना जीवन का सत्य नहीं है, बल्कि केवल भ्रम मात्र हैं, और बड़े मज़े कि बात तो यह है कि जैसे हीं कोई इस भ्रम से बाहर निकलता है वह यह जान लेता है वह कभी थी नहीं। और जो कभी थी हीं नहीं, और कभी रहेगी हीं नहीं उसे पकड़ने की भूल वही करता है जो अपने आपको जानने से वंचित रहता है।

जो मिला हुआ है वह बहुत है, असीम है और इसे कितना भी लुटाओ यह फिर भी कम नहीं होता है। लेकिन यह इसलिए थोड़ा मालूम होता है, क्योंकि वासना के कारण यह दिखाई नहीं देता है। जो मिला हुआ है वह असीम है, क्योंकि अस्तित्व जब भी देता है तो उसका देना हीं आंनद है। अस्तित्व देने में इसलिए आनंदित है, क्योंकि वह देने में यह हिसाब नहीं लगाता है कि मैं कितना दूं। यह जो देने का आनंद है यह इसलिए है, क्योंकि अस्तित्व बिना बांटे रह हीं नहीं सकता है। उसका काम है सदा बांटते रहना, लुटाए चले जाना। और मजे की बात है कि यह अस्तित्व सभी पर अमृत रूप में बरस रहा है, लेकिन इस अमृतमयी वर्षा में वही भीगता है जो अपने आपको अस्तित्व के सामने खुला छोड़ दिया है।

भिखारी वह नहीं है जिसके पास कुछ नहीं है, बल्कि भिखारी वह है जिसके मन में सदा और कुछ पा लेने की आकांक्षा है। इसलिए सम्राट सम्राट नहीं होता है, और भिखारी भिखारी नहीं होता है, क्योंकि कोई सम्राट होते हुए भी भिखारी होता है, और कोई भिखारी होते हुए भी सम्राट होता है। यदि सदा और पाने की आकांक्षा है तो सबकुछ होते हुए भी काम नहीं चल सकता है। और यदि और कुछ पाने की आकांक्षा नहीं है तो ना कुछ होते हुए भी काम चल सकता है। जितना सबकुछ होते भी काम नहीं चलता है उतना हीं वासना की लकीर और बड़ी होती चली जाती है। और जितना हीं ना कुछ से काम चल जाता है उतना हीं वासना की लकीर और छोटी होती चली जाती है।

जितनी वासना की लकीर बड़ी होती चली जाती है उतना हीं आत्मा की गरिमा ओझल होती चली जाती है। और जितनी हीं वासना की लकीर छोटी होती चली जाती है उतनी हीं आत्मा की गरिमा दिखाई देने लगती है। और जिस दिन वासना की लकीर पूरी तरह से मिट जाती है उस दिन आत्मा की गरिमा पुरी तरह से प्रकट हो जाती है। आत्मा की गरिमा तभी तक अप्रकट है जब तक वासना की धुंध चारों तरफ से घेरे हुए है, लेकिन जैसे हीं यह धुंध छटने लगती है वैसे हीं आत्मा की ज्योति पुनः प्रकट हो जाती है। जब आत्मा की ज्योति प्रकट होती है तब यह भ्रम टूट जाता है कि जिसे मैं अपना होना मान रहा था वह मात्र एक भ्रम के अतिरिक्त और कुछ भी नहीं था। सच तो यह है कि जिस दिन यह भ्रम टूटता है उसी दिन यह पता चलता है कि जिस शरीर और मन को अपना होना मान रहा था वह मैं नहीं हूं।

मै वहीं हूं जिसे शस्त्र छेद नहीं सकते हैं, अग्नि जला नहीं सकती है, वायु सुखा नहीं सकती है और जल डुबो नहीं सकता है। शरीर तो मौत का ग्रास है वह मरेगा हीं। और मन जन्मों जन्मों का संग्रह है वह गिरेगा हीं। कृष्ण का शरीर भी मौत का ग्रास बन जाता है, बुद्ध का शरीर भी मौत का ग्रास बन जाता है, महावीर का शरीर भी मौत का ग्रास बन जाता है और जीसस, मोहमद, कबीर का शरीर भी मौत का ग्रास बन जाता है। यह शरीर पंच तत्वों का एक जुट रूप है यह पंच तत्वों में विलीन हो जायेगा। पृथ्वी पृथ्वी में विलीन हो जायेगी। जल जल में विलीन हो जायेगा। अग्नि अग्नि में विलीन हो जायेगी। वायु वायु में विलीन हो जायेगा, और आकाश आकाश में विलीन हो जायेगा। लेकिन वह जो आत्म तत्व है वह सदा वैसे हीं रह जायेगा जैसा वह इस शरीर और मन के निर्मित होने के पहले था।

इसलिए कृष्ण कहते हैं कि जो इस शरीर और मन के पार आत्म तत्व है उसे ना तो शस्त्रों से काटा जा सकता है, और ना उसे आग में जलाया जा सकता है। और ना उसे जल में डुबोया जा सकता है। इस आत्म तत्व का दर्शन तभी होता है जब जानने वाला अपने आपको शरीर और मन से परे जान ले। और यह जानना भी तभी संभव है

जब तृष्णा रूपी बेहोशी से छुटकारा हो जाए। तृष्णा शराब है, वासना शराब है और यह शराब पीकर हम जीवन भर बेहोशी में हीं जीए चले जाते हैं। जब तक यह तृष्णा है तब तक भीतर की वह आंख नहीं खुलती है जिससे यह दिखाई दे सके कि कुछ ऐसा भीतर छुपा हुआ है जहां मृत्यु नहीं पहुंच पाती है, जहां आग नहीं पहुंच पाती है, जहां शस्त्र नहीं छेद पाते हैं और जहां समय चलायमान नहीं है।

मृत्यु और नींद करीब करीब एक जैसी हीं घटनाएं हैं। मृत्यु भी बेहोशी है, नींद भी बेहोशी है। हम एक बार नहीं बहुत बार मरे हैं लेकिन इसका पता नहीं है, क्योंकि जब भी मृत्यु आई है तो मृत्यु के अनुभव से गुजरने के पूर्व हीं चित पर गहरी बेहोशी छा गई है। यह बेहोशी उसी प्रकार है जैसे नींद में होती है। नींद और मृत्यु के बेहोशी में एक हीं अंतर है कि नींद की बेहोशी टूट जाती है, लेकिन मृत्यु की बेहोशी नहीं टूटती है। मृत्यु की बेहोशी में भी शरीर मुर्दा हो जाता है, और नींद में भी शरीर मुर्दा हो जाता है। अंतर केवल इतना होता है कि नींद में सांसों की डोर से सूक्ष्म शरीर बंधा हुआ होता है। और मृत्यु में सांसों की डोर टूट जाने के कारण सूक्ष्म शरीर से संपर्क टूट चुका होता है।

इसलिए जिन्हे भी मृत्यु पर प्रयोग करना हो, मृत्यु को जीवन रहते जानना हो वह नींद से शुरुआत कर सकते हैं। नींद पर प्रयोग करना मृत्यु पर प्रयोग करने के समान है। नींद में जागते हुए प्रवेश करना मृत्यु में जागते हुए प्रवेश करने के समान है। जब भी आप सोएं तो जागे रहें और देखें की किस प्रकार नींद आपको चारों ओर से गिरफ्त में लेती चली जा रही है। देखते रहें... देखते रहें आप पाएंगे की आंख शिथिल हो रही है, विचार शांत हो रहे हैं, हाथ पैर शिथिल हो रहे हैं, स्वांस शांत हो रही है और चित पर बेहोशी छा रही है। लेकिन भीतर आप जागे हुए हैं। यह प्रयोग दिखने में आसान लग रहा है, लेकिन जैसे जैसे करने लगेंगे आप पाएंगे कि यह उतना आसान नहीं है जैसा यह दिखाई पड़ रहा था।

इस प्रयोग को एक साधक की तरह किया जाए तो कम से कम इस प्रयोग सफल होने में तीन से लेकर बारह महीने तक भी लग सकते हैं। और यदि इस प्रयोग को साधक की तरह न किया जाए तो यह पूरा जीवन भी छोटा पड़ जाता है। जो साधक नींद में जागने का प्रयोग कर लेता है उसे यह भी अनुभव हो जाता है कि शरीर सो रहा है, स्वांस आ रही है जा रही है, स्वप्न चल रहे हैं लेकिन वह ना तो शरीर है, ना आने जाने वाली स्वांस है और ना स्वप्न है। जिस दिन पहली बार यह अनुभव घटित होता है उस दिन आप हर क्रिया कलाप में यह देख सकते हैं, अनुभव कर सकते हैं शरीर अलग है, मन अलग है और आप अलग हैं। आप शरीर और मन से अलग हैं इसका बोध हर उस तादात्म्य को तोड़ देता है जो शरीर और मन से जुड़ा है।

तादात्म्य के टूटते हीं आप यह भी देख सकते हैं कि चिंता मन को पकड़ती है लेकिन आप चिंता से बाहर हैं। बिमारी शरीर को पकड़ती है लेकिन आप बीमारी से बाहर हैं। कामवासना शरीर और मन पर हावी होती है लेकिन आप कामवासना से बाहर हैं। क्रोध शरीर और मन में उठता है लेकिन आप क्रोध से बाहर हैं। अहंकार मन को ग्रसित करता है लेकिन आप अहंकार से बाहर हैं। भोजन शरीर करता है और मन सदा और की मांग किए चला जाता है, लेकिन आप बाहर हैं। शरीर चल रहा है लेकिन आप स्थिर हैं। इस शरीर और मन में दो तत्व हैं एक जो चलायमान है, और दूसरा जो चलायमान नहीं है। जो चलायमान है शरीर और मन है और जो स्थिर है वही आप हैं। जो चलायमान है वह जन्म लेगा, जवान होगा, बूढ़ा होगा और कमजोर होकर गिर जायेगा, लेकिन जो स्थिर है वह ना तो जन्म लेगा और ना उसकी मृत्यु होगी।

संसार तब तक माया दिखाई नही पड़ता है जब तक शरीर और मन से आपका तादात्म्य है लेकिन जैसे हीं शरीर और मन से आपका तदात्मय टूट जाता है तब यह संसार माया दिखाई पड़ने लगता है। जब यह संसार माया दिखाई पड़ने लगता है तब चिंता आपकी नहीं रह जाती है वह केवल मन तक हीं सिमट कर रह जाती है। और जिस दिन यह चिंता मन तक हीं सिमट कर रह जाती है उस दिन मन भी आपका कहना मानकर इससे मुक्त हो जाता है। मन तब तक बेचैन है, चिंतित है जब तक स्वामी सो रहा होता है लेकिन जैसे हीं स्वामी जाग जाता है वैसे हीं मन की सारी बेचैनी और चिंता दूर हो जाती है। वह जो भीतर का स्वामी है वही आप हैं।

मृत्यु के प्रति जागने की शुरुआत नींद से करें, और धीरे धीरे जीवन के प्रत्येक क्रिया कलापों में प्रयोग करते रहें। जीवन के प्रत्येक क्रिया कलापों में जागने के प्रयोग करने से एक तो यह होगा कि इससे धीरे धीरे यह अनुभव गहराता जायेगा कि आप कर्ता नहीं है। और दूसरा अनुभव यह होगा कि आप हर क्रिया कलाप का दर्शक बनकर परम आंनद से भर जायेंगे। जिस दिन कर्ता विदा हो जाता है उसी दिन कर्म भी विदा हो जाता है। और जिस व्यक्ति के जीवन से कर्ता और कर्म विदा हो जाते हैं उसके जीवन से अहंकार भी विदा हो जाता है। अहंकार की सांसे तभी तक चलती रहती है जब तक कर्ता का भाव है, और अहंकार को शक्ति तभी तक मिलती रहती है जब तक मैं कर्ता हूं यह मानना है। लेकिन जैसे हीं कर्ता का भाव टूटने लगता है वैसे हीं अहंकार को शक्ति मिलनी बंद हो जाती है।

सच तो यह है कि हम किसी कर्म के कर्ता नहीं हैं। अगर ये हाथ किसी के हाथ बन जाते हैं तो इसमें हमारा कोई योगदान नहीं है। अगर ये प्रकट होने वाले शब्द किसी के प्रकट होने के माध्यम बन जाते हैं तो इसमें हमारा कोई योगदान नहीं है। अगर इस जीवन की बगिया में रंग बिरंगे फूल खिल जाते हैं और उन फूलों की

सुगंध दूर दूर फैल जाती है तो इसमें हमारा कोई योगदान नहीं है। अगर यह जीवन परमात्मा का प्रकटीकरण बन जाता है तो इसमें हमारा कोई योगदान नहीं है। अगर इस जीवन से ज्ञान की सरिता प्रवाहित हो रही है तो इसमें भी हमारा कोई योगदान नहीं है। योगदान तो उसका है जो इस हाथ को अपना हाथ बना लिया है। योगदान तो उसका है जो इन शब्दों के माध्यम से प्रकट हो रहा है। योगदान तो उसका है जो इस जीवन की बगिया में रंग बिरंगे फूल बनकर खिल गया है, और जिसकी सुगंध दूर दूर फैलती चली जा रही है। और योगदान तो उसका है जो ज्ञान की सरिता बनकर प्रवाहित हो रहा है।

यह शरीर अलग है, मन अलग है और आप अलग हैं यह मान लेने से जीवन में कोई क्रांति नहीं घटित होगी बल्कि यह जान लेने से जीवन में क्रांति घटित होगी कि शरीर भी अलग है, मन भी अलग है और आप इससे भिन्न हैं। आप शरीर और मन से भिन्न हैं तभी शरीर बीमार है ऐसा मालूम चलता है। मन अशांत है ऐसा मालूम चलता है। शरीर जवान है ऐसा मालूम चलता है। मन चंचल है ऐसा मालूम चलता है। आप उस समय भी इस शरीर और मन से अलग थे जब आप इस शरीर के संपर्क में आए थे, और इस शरीर में रहने के कारण मन निर्मित हुआ था। और उस दिन भी इस शरीर और मन से अलग हो जायेंगे जब इस संसार का प्रशिक्षण पूरा हो जायेगा। लेकिन जन्मों जन्मों के धूल जमने के कारण यह अज्ञान चित हावी हो गया है कि आप इस शरीर और मन अलग नहीं है, बल्कि आप हीं शरीर और मन हैं। चित पर जितना अज्ञान की धूल जमी हुई है उतना हीं यह अहंकार है कि आप कुछ हैं। और जितना आप कुछ हैं उतना हीं कभी न पूरा होने वाली तृष्णा की दौड़ जारी है।

तृष्णा एक दौड़ है, और यह दौड़ जीवन भर निरंतर जारी रहे तो यह अमूल्य जीवन व्यर्थ तो जाता हीं है, लेकिन इसके साथ साथ अपने आपको भी खो देना होता है। जीवन भर सदा और की चाह में दौड़ने वाला व्यक्ति जीवन के अंत पाता है कि जिसके लिए जीवन भर दौड़ता रहा वह तो मिल गया, लेकिन दौड़ने के कारण वह खुद को कहीं खो दिया। इसलिए अक्सर ऐसा होता है कि विस्तर मिलने पर नींद खो जाती है, भोजन मिलने पर स्वाद खो जाता है, और सुख मिलने पर तृप्ति खो जाती है। तृष्णा की दौड़ में एक तो मंजिल नहीं मिलती है, और यदि कभी मंजिल मिल भी जाती है मंजिल पर पहुंचने वाला हीं खो जाता है। यह खोने का अहसास भी कभी कभी हजारों में किसी एक व्यक्ति को हीं होता है अन्यथा तो ऐसा होता है कि खोने वाला खो जाता है, और आगे सिर्फ वही दौड़ता चला जाता है जो आज है, कल नहीं रहेगा।

इसलिए सम्राट वह नहीं है जो महल में रहता है, और जिसके हाथों में सता की बागडोर है। नहीं ऐसा व्यक्ति सम्राट नहीं है, बल्कि सम्राट कोई तभी हो पाता है जब

भीतर का खालीपन, भीतर का भिखारीपन दिखाई देने लगता है। अमीर वह नहीं है जिसके पास पुरी दुनियां की दौलत का भंडार है, अनेकों सुख सुविधाएं है। नहीं ऐसा व्यक्ति अमीर नहीं है, बल्कि अमीर की अमीरी तभी प्रकट होती है जब उसे यह अहसास होने लगता है कि बाहर सबकुछ है लेकिन भीतर कुछ भी नहीं है। जिस दिन भीतर का भिखारीपन, भीतर का खालीपन, भीतर की दरिद्रता दिखाई देने लगती है उसी दिन कोई व्यक्ति सही मायने में सम्राट और अमीर हो पाता है।

बुद्ध ने महल और राज्य इसलिए नहीं छोड़ा की उन्हें कुछ और पाना था। नहीं, बल्कि बुद्ध ने महल और राज्य इसलिए छोड़ा, क्योंकि उन्हें यह पता चल गया था कि बाहर जो चाहिए वह सबकुछ है, लेकिन सबकुछ होते हुए भी भीतर कुछ भी नहीं है। जिस दिन यह अहसास होता है कि भीतर कुछ भी नहीं है उसी दिन व्यक्ति का दूसरा जन्म होता है। और इस जन्म की यात्रा तभी शुरुआत होती है जब भीतर की खोज शुरू हो जाती है। जो अपने भीतर खोजता है वह उस संपदा को पा लेता है जो मृत्यु छीन नहीं सकती है, अस्त्र शस्त्र काट नहीं सकते हैं, अग्नि जला नहीं सकती है। और यह भी ख्याल रहे जब मृत्यु आती है तो ऐसे हीं व्यक्ति को अपने स्वागत के लिए सदा तैयार पाती है जो भीतर के संपदा का मालिक हो गया होता है।

मृत्यु से वही भयभीत होता है जिसने बाहर की संपदा को तो जाना, लेकिन भीतर की संपदा से अनजान रह गया। मृत्यु से वही भयभीत होता है जो केवल शरीर और मन के स्तर पर हीं सिमट कर रह गया। और मृत्यु से वही भयभीत होता है जिसने संसार का भोग विलास तो जाना, लेकिन भीतर के अमृत को नहीं पहचाना। मृत्यु से तो भय होगा हीं, क्योंकि जिसने जो अपने आपको मानकर जिया वह अब समाप्त होने के कगार पर खड़ा है। मृत्यु से तो भय होगा हीं, क्योंकि मृत्यु हर उस एक को छिनती चली जायेगी, मिटाती चली जायेगी जो हमने अपने आपको माना, और जो संग्रह किया। मृत्यु हर उस संबंध को तोड़ेगी जिसके प्रति लगाव उत्पन हो गया है। मृत्यु से भय इसलिए है, क्योंकि मृत्यु को देने के लिए वह अमूल्य संपदा नहीं होती है जिसे पाकर मृत्यु भी आनंद में नाच उठती है।

मृत्यु को कैसे आनंदमग्न करेंगे...? जब मृत्यु आपसे वह अमूल्य निधि मांगेगी जो जीवन से मिला है। धन देंगे, धन वह लेती नहीं। नाम देंगे, नाम वह मानती नहीं। पद देंगे, जिसके लिए प्रत्येक पद तुक्ष हैं। जीवन भर की उपलब्धि देंगे, जिसके लिए यह सांसारिक उपलब्धियां दो कौड़ी की भी नहीं है। मृत्यु को ऐसे व्यक्ति को मिटाने में आंनद नहीं आता है जिसके पास जीवन की अमूल्य संपदा नहीं होती है। लेकिन ऐसे व्यक्ति को मिटाने में मृत्यु को बहुत आनंद आता है जिसके पास जीवन की अमूल्य संपदा होती है। जिसके पास जीवन की अमूल्य संपदा है उसे मिटाकर मृत्यु भी परम

अनुभूति से तृप्त हो जाती है। और ऐसा व्यक्ति सदियों सदियों में मिलता है जिसे पाकर मृत्यु धन्य हो जाती है।

लेकिन दुनियां बड़ी उल्टे रास्ते से चलती है। भीतर कुछ भी न हो उससे कोई फर्क नहीं पड़ता है, बल्कि फर्क तो तब पड़ता है जब बाहर कुछ नही होता है। भीतर खंडित आत्मा हो या आत्मा का पता हीं ना हो तो उससे कोई फर्क नहीं पड़ता है, बल्कि फर्क तो तब पड़ता है जब बाहर कुछ नही होता है। भले हीं भीतर भिखारी बैठा हो उससे कोई फर्क नहीं पड़ता है, बल्कि फर्क तो तब पड़ता है जब बाहर कुछ नहीं होता है। बाहर धन दिखाई देता है उत्सुकता बढ़ जाती है। बाहर कुछ होने का भ्रम दिखाई देता है उत्सुकता बढ़ जाती है। लेकिन भीतर की आत्मा दिखाई नहीं देती है, इसलिए जन्मों जन्मों तक आत्म उपलब्धि से वंचित रह जाते हैं।

अक्सर लोग कहते रहते हैं कि भ्रष्टाचार बढ़ गया है, बेईमानी बढ़ गई है, चोरी बढ़ गई है, बलात्कार बढ़ गया है, संतान अपने मां बाप के प्रति लापरवाह हो गई है। यह तो होगा हीं, क्योंकि जितनी बाहर की समृद्धि बढ़ेगी उतनी हीं भीतर की दीनता प्रकट होगी। चाहे कोई लाख समझाए कि चोरी मत करो, बलात्कार मत करो, अपने माता पिता के प्रति लापरवाह मत बनो इससे कोई फर्क नहीं पड़ने वाला है। जितना समाज बाहर से समृद्ध होता है उतना हीं समाज भीतर से रुग्ण होता चला जाता है। और ठीक इसके विपरित जितना समाज भीतर से समृद्ध होता है उतना हीं बाहर से भ्रष्टाचार मुक्त, ईमानदार और संतुष्ट होता चला जाता है। और भीतर से समृद्धि तभी आती है जब भीतर की अमूल्य संपदा हाथ लग जाती है। यह वही अमूल्य संपदा है जिसके पाने के बाद और कुछ पाने की आकांक्षा नहीं रह जाती है।

जो साधारण है वही असाधारण प्रतिभा का मालिक भी होता है। साधारण वही है जिसका कोई दावा नहीं है। साधारण वही है जो ना तो इस लोक में कुछ पाने की चेष्टा कर रहा है, और ना उस लोक में कुछ पाने की कल्पना कर रहा है। जिसने बाहर की समृद्धि की व्यर्थता को जान लिया वही साधारण है। साधारण वही है जो जीवन में मिलने वाली छोटी से छोटी चीजों जैसे की रोटी मिल गई, पानी मिल गया और जीवित रहने के लिए स्वांस मिल गई इतने मात्र से आनंदित है। जो इतने ना कुछ होने से राजी हो जाता है उसी के जीवन में प्रार्थना का जन्म होता है, असाधारण प्रतिभा का जन्म होता है। जो साधारण है वही असाधारण भी है।

जब कोई साधारण हो जाता है तो उसकी हर आने जाने वाली स्वांस आंनद से भर जाती है। जीवन का सारा संघर्ष खो जाता है, संतोष भर जाता है। संतोष का भर जाना कोई साधारण घटना नहीं है, बल्कि असाधारण घटना है, क्योंकि तृप्त वही है जिसका जीवन संतोष से भरा है, और जो तृप्त है वह भीतर की अमूल्य संपदा का अनुभव कर

लेता है। जीवन के दो हीं मार्ग हैं एक जिसपर चलकर खुद को खोया जा सकता है, और दूसरा जिसपर चलकर खुद को पाया जा सकता है। एक जिसपर चलने से खुद को खोकर क्षुद्र चीजों को पाया जाता है, और दूसरा जिसपर चलने से क्षुद्र चीजों को खोकर खुद को पाया जाता है।

क्षुद्र चीज वही हैं जिसके बिना भी जीवन चल सकता है। यह जो क्षुद्र की प्यास है यह मन की है, शरीर की नहीं। और जीवन में वही व्यक्ति दुख पाता है जो शरीर का न सुनकर मन की सुनने लगता है। शरीर की जरूरत जरूरत है, लेकिन मन की जररूत जरूरत नहीं, बल्कि गैर जरूरत है। जैसे उदाहरण के लिए शरीर साधारण भोजन से भी तृप्त हो जाता है, लेकिन मन तब तक तृप्त नहीं होता है जब तक इसे स्वादिष्ट भोजन नहीं मिलता है। शरीर साधारण वस्त्रों में भी रह लेता है, लेकिन मन साधारण वस्त्र से तृप्त नहीं हो सकता है। शरीर साधारण घर में रह लेता है, लेकिन मन कहता है महल के बिना काम नहीं चल सकता।

यदि सुनना है तो शरीर की सुने, मन की ना सुने क्योंकि जो शरीर की सुनता है वह तृप्त है और जो मन सुनता है वह अतृप्त है। शरीर के स्तर पर हीं तृप्ति घटित होती है, और जब तृप्ति घटित होती है तो संतोष रोएं रोएं में भर जाता है। कभी देखना हो तो अपने आस पास वृक्षों को देखें, पक्षियों को देखें, उड़ती हुई तितलियों को देखें, रंग बिरंगे फूलों को देखें, पशुओं को देखें, हवा में झूमती हुई मदमस्त घासों को देखें तब आपको अहसास होगा कि जो शरीर के स्तर पर जीता है वहीं तृप्त है। कभी कोई वृक्ष दुखी नहीं होता, क्योंकि जो उसे मिलने वाला है वह मिल हीं जाता है। और यदि वृक्ष भी मिलने वाले से राजी न हो तो उसकी भी दशा मनुष्य की तरह हो जायेगी। और जब उसकी दशा मनुष्य की तरह हो जायेगी तो यह भी हो सकता है कि वह फल फूल देना भी भूल जाए।

कभी आपने तितिलियो को उदास होते हुए देखा है, फूलों को उदास होते हुए देखा है। आप इन्हे उदास देख हीं नहीं सकते हैं, क्योंकि यह शरीर के स्तर पर जीने वाले प्राणी हैं। उदास वही है जो केवल मन के स्तर पर जीता है। परेशान और चिंतित वही है जो केवल मन के स्तर पर जीता है। अतृप्त भी वही है जो केवल मन के स्तर पर जीता है। मन क्यों अतृप्त है इसे भी समझ लें। मन इसलिए अतृप्त है, क्योंकि जो भी इसे दिखाई देता है वह आंशिक हीं दिखाई देता है। धन कितना भी मिल जाए लेकिन वह मन की नजर में आंशिक हीं है, क्योंकि और मिल सकता है। कितना भी बड़ा पद मिल जाए लेकिन मन की नजर में वह पद भी छोटा है, क्योंकि इससे भी बड़े पद पर पहुंचा जा सकता है। कितनी भी सुंदर स्त्री पास में हो लेकिन मन इससे तृप्त नहीं हो सकता है, क्योंकि इससे भी ज्यादा सुंदर स्त्री मिल सकती है।

यह शायद हीं कभी करोड़ों में किसी एक व्यक्ति को यह ख्याल आ पाता है कि जिस जीवन से परमात्मा को खरीद सकते हैं उसी जीवन से क्या खरीद रहे हैं...? अगर इस जीवन से क्षुद्र चीजों को खरीद रहे हैं और उनका संग्रह करके यह समझ रहे हैं कि हम सफल हो गए तो इस जीवन को व्यर्थ हीं गवां रहे हैं। बड़ी अजीब दुनियां है यह, जो दिखाई देता है, समझ में आता है वह सत्य होता नहीं है, और जो दिखाई नहीं देता है, समझ में नहीं आता है वह सत्य होते हुए भी ओझल रहता है। एक आदमी गवां रहा है तो लोग उसे समझते हैं की वह कमा रहा है, सफल हो रहा है। और एक आदमी कमा रहा है तो लोग उसे समझते हैं वह गवां रहा है, असफल हो रहा है। संसारी कमा कर भी सबकुछ गवां देता है, और संन्यासी गवां कर भी सबकुछ कमा लेता है।

इसलिए एक हीं कमाई है कि जीवन उस परम संगीत, परम आनंद से भर जाए कि जीवन का संगीत बज उठे, और यह जीवन अपने आप नाच उठे। इस जीवन रूपी संगीत के साजो सामान को कहीं बाहर खोजने नहीं जाना है बल्कि सभी साजो सामान भीतर मौजूद है बस उन्हें अपने भीतर उतरकर देख लेना है। इस साजो सामान को सभी लोग हर जन्म में अपने साथ हीं लेकर आते हैं, लेकिन जीवन रूपी संगीत शायद हीं किसी के जीवन में सुनाई देता है। इस जीवन का एक हीं उद्देश्य है कि जीवन का संगीत बज उठे। और जिसके जीवन में जीवन का संगीत बज उठता है वह अपने जीवन से खाली हाथ विदा नहीं हुआ, बल्कि वह सबकुछ कमा कर के गया। और जब ऐसा व्यक्ति सबकुछ कमा कर जाता है तो वह आनंद से, हंसते हुए इस संसार विदा होता है।

कबीर ने ठीक हीं कहा है " जिस मरने से जग डरे, मेरो मन आंनद। कब मरीहों, कब भेटिहों पुरन परमानंद।। " कबीर कहते है जिस मृत्यु से पूरा संसार डर रहा है, उस मृत्यु के लिए मेरे मन में आंनद है। और यह आंनद इसलिए है, क्योंकि जीवन ने जो दिया है वह भरपूर है। लेकिन यह आंनद अभी आधा अधूरा है और यह आंनद तब पूर्ण होगा जब मृत्यु इसे पूर्ण कर देगी। इसलिए कबीर मृत्यु को कह रहे हैं कि कब आओगी...? जब यह आंनद परमानंद में तब्दील हो जाएगा। मृत्यु का स्वागत वही व्यक्ति कर पाता है जिसने जीवन को जान लिया हो, जीवन का संगीत बजा लिया हो, जीवन की अमूल्य संपदा को कमा लिया हो।

जिन्होंने भी जीवन के संगीत का स्वर छेड़ा है उन्होंने यही कहा है कि भीतर जाओ और अपने आप को जानो, अपने आत्मज्ञान को पहचानो, अपनी ईश्वरीय महिमा से परिचित होवो। लेकिन अक्सर यही होता है कि लोग उसे सुनकर भी सुनते नहीं है। ऐसे लोग अक्सर यही कहते हैं कि अभी तो पूरा जीवन बाकी है, अभी भीतर जाने की, भीतर देखने की जल्दी क्या है...? जब मृत्यु करीब आने लगेगी तब भीतर उतरकर देख लेंगे।

जिनका ऐसा ख्याल है कि जब मृत्यु करीब आएगी तब भीतर उतरकर देख लेंगे उनसे मै यही कहना चाहूंगा कि जीवन के अंतिम पड़ाव में अपने भीतर उतरना तो दूर की बात है अपने भीतर झांकना भी मुश्किल हो जाता है।

जीवन के अंतिम पड़ाव में अपने भीतर झांकना इसलिए मुश्किल है, क्योंकि जीवन की नदी बहते बहते बहुत दूर निकल चूकी होती है, और उसमें कई तरह की गंदगियां मिल चुकी होती हैं। गंगोत्री में गंगा जैसे पवित्र होती है उतनी काशी में आकर पवित्र नहीं रह जाती है। ठीक इसी तरह से जीवन की नदी जितनी हीं अपने मूल उदगम के पास होती है उतनी हीं उसमें अशुद्धियां कम मिली हुई होती है। लेकिन जैसे जैसे जीवन की नदी बचपन छोड़ती है, युवावस्था छोड़ती, जवानी छोड़ती है वैसे वैसे इसमें अनेक अशुद्धियां जैसे काम, क्रोध, लोभ, ईर्ष्या, अहंकार मिल चुके होते हैं। जीवन के अंतिम पड़ाव में भीतर झांकना इसलिए मुश्किल है, क्योंकि जैसे हीं भीतर झांकने की कोशिश करते हैं वैसे हीं अहंकार, काम, क्रोध, ईर्ष्या और लोभ मिलकर अनेक तरह की बाधाएं उत्पन कर देते हैं। और यह बाधाएं इतनी तकलीफ देती हैं भीतर झांकना तो दूर की बात है अकेले रहने में भी भय लगने लगता है।

एकाकीपन जीवन की परम अनुभूति है, लेकिन एकाकीपन भय और चिंता का कारण बन जाता है। यह भय और चिंता हीं वह कारण है कि आदमी अपने साथ एक पल भी अकेले नहीं रहता है। जब भी आदमी अकेले होता है तो वह अपने आप को भुलने के लिए तरह तरह का इंतजाम करने लगता है। कोई अपने को भुलने के लिए शराब पीने लगता है, कोई अपने आपको भुलने के लिए संगीत का सहारा लेता है, कोई अपने आपको भुलने के लिए अखबार पढ़ने लगता है, कोई अपने आपको भुलने के लिए गीत गुनगुनाने लगता है। लोग ट्रेन और बसों में सफर करते हैं तो वे एक हीं अखबार को बार बार पढ़ते रहते हैं। हालांकि इसकी जरूरत नहीं है, लेकिन एक हीं अखबार को बार बार पढ़ना इसलिए जारी रहता है, क्योंकि इससे अपने आपको भुलने में सहायता मिलती है।

मै आज तक जहां भी गया, और जिस व्यक्ति से मिला उसने यही कहा कि अकेले रहने से इतना तनाव होने लगता है कि इससे बचने के लिए कोई न कोई इंतजाम करना पड़ता है। आखिर इतना तनाव क्यों, स्वयं के साथ रहने से इतना भय क्यों...? यह भय इसलिए है, क्योंकि अपने साथ रहें तो कैसे रहें...? जैसे हीं अपने साथ रहने की कोशिश करते हैं वैसे हीं भीतर जमी हुई अनेक गंदगियों से सामना होता है। चित पर काम की रेखाएं उभरने लगती है, क्रोध उभरने लगता है, लोभ उभरने लगता है, मोह उभरने लगता है, ईर्ष्या उभरने लगती है, चिंता उभरने लगती है और इनके कारण भय लगने लगता है। और यदि यह भय इसी तरह से जारी रहे तो इस भय से मृत्यु भी हो जाती है।

आपको जानकर आश्चर्य होगा कि जितना लोग संग साथ में होकर नही मरते हैं उतने अकेले होने के कारण मर जाते हैं। एकाकीपन जीवन का वरदान है, लेकिन ऐसे व्यक्ति के लिए एकाकीपन जीवन का अभिशाप बन जाता है जो अपने साथ रहने के लिए राजी नहीं हो पाता है। आज वैसे हीं covid-19 जैसे संक्रामक बिमारी पूरी दुनियां को अपने चपेट में लिए हुए है, और इससे बचने के लिए पूरी दुनियां की सरकारें एक दूसरे से दूरी बनाकर रहने के लिए अनेक हिदायतें दे रही हैं। यह हिदायतें अति उत्तम भी है, क्योंकि इससे संक्रमण का खतरा काफी कम हो जाता है। देखा जाए तो यह हिदायतें अति उत्तम हैं, क्योंकि इससे कम से कम अकेले रहकर अपने भीतर झांकने का इससे ज्यादा सुंदर अवसर न पहले कभी मिला, और न आगे कभी मिलेगा। लेकिन बड़े दुख की बात है कि लोग अकेले रहने के लिए राजी नहीं हो पाते हैं, और भीतर की अशुद्धियों के चिंता और भय के कारण धीरे धीरे मृत्यु के करीब पहुंच जाते हैं।

Covid-19 के कारण जितनी मौतें पूरी दुनियां में हुई हैं, उतनी मौतें covid-19 के कारण नहीं बल्कि आधी से ज्यादा मौतें चिंता, और भय के कारण हुई हैं। अनेक लोग तो इस कारण मृत्यु के गाल में समा गए, क्योंकि उन्हें यह चिंता और भय ने इस कदर बेचैन कर दिया कहीं उनको यह बीमारी न हो जाए। और अनेक लोग इसलिए मौत के गाल में समा गए, क्योंकि उन्हें यह चिंता सताने लगी कि कहीं वे भी इस बीमारी से मर न जाएं। और जिस बात का डर था वह हुआ भी। मन जिन बातों की परिकल्पना करने लगता है वह घटित भी हो जाता है। जब चिंता और भय का एक साथ आक्रमण होता है तो पूरे शरीर में व्याप्त जीवन ऊर्जा सिकुड़ने लगती है, बीज बनने लगती है एक नई यात्रा पर जाने के लिए। और इसी जीवन ऊर्जा के सिकुड़ाव के कारण शरीर की प्रतिरोधक क्षमता कम होने लगती है, और हर तरह की बीमारी जो शरीर में हीं मौजूद है वह उजागर होने लगती है।

कई बार लोग संक्रामक से संक्रामक, और घातक से घातक बीमारियों से भी बच जाते हैं आखिर इनके बचे रहने का कारण क्या है...? इनके बचने का कारण है इनके शरीर में जीवन ऊर्जा का फैलाव। जब जीवन ऊर्जा पूरे शरीर में फैली हुई होती है तो शरीर की प्रतिरोधक क्षमता हर घातक से घातक बीमारियों से भी जीत जाती है। लेकिन जब जीवन ऊर्जा सिकुड़ी हुई होती है तो शरीर की प्रतिरोधक क्षमता कम हो होती है। और जब शरीर की प्रतिरोधक क्षमता कम होती है तो इसपर छोटी से छोटी भी बीमारी भी आसानी से जीत हासिल कर लेती है। इसलिए जितना हो सकें अपने जीवन ऊर्जा को फैलाएं ताकि शरीर की प्रतिरोधक क्षमता इतना विकसित हो जाए कि वह हर प्रकार के बीमारियों से शरीर का बचाव कर सके।

एक छोटी सी कहानी है लेकिन बड़ी प्यारी है। प्यारी इसलिए है, क्योंकि इस कहानी में जीवन और मौत के रहस्य खुलते हुए नजर आते हैं। बात प्राचीन समय की है। एक बहुत बड़ा नगर था और उसके चारों तरफ बहुत हीं बड़ी दीवार सुरक्षा की दृष्टि से बनी हुई थी। उस नगर की चारदीवारी में यूं तो चारो तरफ अनेक गुप्त दरवाजे बने हुए थे, लेकिन इन गुप्त दरवाजों के बाद भी नगर में आने जाने के लिए एक बड़ा मुख्य प्रवेश द्वार बना हुआ था। नगर के मुख्य द्वार पर इतना पहरा था कि उस नगर के प्रवेश द्वार से शत्रु तो दूर कोई परिंदा भी प्रवेश नहीं कर सकता था। चाहे कोई कितना भी पहरा लगा ले, लेकिन पहरा लगा देने से क्या होता है मौत जब आनी हो तो आ हीं जाती है।

समय तेजी गुजर रहा था। एक दिन की बात है कि कहीं से एक फकीर आकर नगर के प्रवेश द्वार के कुछ दूर डेरा डाल लिया। फकीर तो फकीर हीं ठहरा वह तो कहीं भी ठहर जाते हैं न उनका कोई स्थाई ठिकाना है, और ना हीं उन्हें बड़े बड़े महलों अथवा संसारिक सुखों में कोई दिलचस्पी है। दिन में वह जो कुछ भी मांग कर ले आता उसे वह खाकर सो जाता, और जिस दिन उसे कुछ नहीं मिलता था उस दिन वह पानी पीकर हीं सो जाता। समय इसी तरह से गुजर रहा था एक रात की बात है फकीर को नींद नहीं आ रही थी और बार बार उसे यह अहसास हो रहा था कि कोई अनहोनी इस नगर में घटने वाली है। वह इसी आशंका में अपनी झोपड़ी के बाहर आकर टहलने लगा कि देंखे आखिर क्या होने वाला है...? बाहर पूर्णिमा की चांदनी फैली हुई थी, दूर दूर तक सन्नाटा छाया हुआ था।

कभी कभी नगर से किसी कुत्ते और बिल्ली की बोलने की आवाजें सुनाई दे रही थीं। इन आवाजों से ऐसा प्रतीत होता था कोई इस नगर की ओर चला आ रहा है। फकीर को भी अहसास हुआ है कोई है जो इस नगर की बढ़ता चला आ रहा है, लेकिन वह जानना चाहता था आखिर वह कौन है... और उसका इस नगर की ओर बढ़ते चले आने का मकसद क्या है...? कुछ समय बिता आने वाले की कदमों की पदचाप फकीर की कानों में गूंजने लगी। फकीर जैसे हीं पीछे मुड़ा उसे एक काली छाया दिखाई दी जो नगर के प्रवेश द्वार के तरफ बढ़ती चली आ रही थी। उस छाया को देखकर फकीर भलीभांति समझ गया यह मौत हीं है जो नगर में प्रवेश करने के लिए चली आ रही है। लेकिन फिर भी अनजान बनकर उस छाया से पूछा कि कौन हो तुम... और इस नगर में प्रवेश करने का क्या प्रयोजन है...?

वह काली छाया बोली मैं मौत हूं, और इस नगर में इसलिए प्रवेश कर रही हूं क्योंकि पांच सौ लोगों को मारना है। और तुम तो जानते हीं हो जिसने जन्म लिया है उसकी मृत्यु भी तय है। फकीर बोला जानता हूं इसलिए तो मैं तुम्हारे राह में बाधा नहीं

उत्पन कर रहा, और मैं बाधा उत्पन करके भी मैं तुम्हे रोक नहीं सकता, क्योंकि तुम सभी बाधाओं से परे हो। तुम जाओ तुम्हे रोक नहीं सकता, लेकिन लौटते वक्त मुझसे मिल कर जाना। मौत नगर के भीतर प्रवेश कर गई, पहरेदार पहरा देते हीं रह गए। अगले दिन सुबह हीं मौत महामारी बनकर टूट पड़ी। हर तरफ प्लेग हीं प्लेग फैलता चला जा रहा था। शाम होते होते बच्चे से लेकर बूढ़े तक, गरीब से लेकर अमीर तक, भिखारी से लेकर सम्राट तक सभी इस अचानक आई हुई महामारी से भयभीत हो गए।

जिसे देखो वही अपनी जान बचाने के लिए इधर से उधर भाग रहा था, और जिससे जो बन पड़ता था वह इससे बचने के लिए सुरक्षा का इंतजाम कर रहा था। लेकिन जहां भय है वहां कितनी भी सुरक्षा का इंतजाम हो फिर भी मौत आ हीं जाती है। कुछ दिनों तक मौत का तांडव जारी रहा फिर धीरे धीरे थमने लगा। मौत के इसी तांडव में करीब करीब पांच हजार लोग मौत के गाल में समा चुके थे। फकीर भी हैरान था, क्योंकि मौत ने उससे नगर में प्रवेश होने के पहले कहा था कि पांच सौ लोगों को मारना है, लेकिन यह तो गिनती हीं बिगड़ गई। आखिर इसका राज क्या है...? कहीं मौत ने झूठ तो नही कहा। फकीर इसी उधेड़बुन में झोपड़ी के बाहर टहल रहा था कि किसी के आने की पदचाप उसके कानों में गूंजने लगी। वह पीछे मुड़ा तो वही काली छाया नगर के प्रवेश द्वार से निकलकर उसकी ओर बढ़ी चली आ रही थी।

वह काली छाया जैसे हीं करीब आई तो फकीर उससे पूछा – तुम तो कह कर गई थी मुझे पांच सौ लोगों को मारना है, लेकिन पांच हजार लोग मार डाले आखिर क्यों...? मौत बोली – तुम मुझ पर गलत इल्जाम मत लगाओ, क्योंकि मैंने तो पांच सौ हीं लोगो को मारा है, और रही बात साढ़े चार हजार की तो वे उन्हे मृत्यु और बीमारी के भय ने मारा है। अब जो भयभीत होकर मरे हैं, चिंताग्रस्त होकर मरे हैं उनका इल्जाम तुम मुझ पर मत लगाओ, क्योंकि मैं उतने हीं लोगों को मारने आती हूं जितनी आवश्यकता है। और अगर मेरे आने के भय और चिंता से कोई मर जाता है उसका उत्तरदायित्व मुझ पर नहीं, बल्कि भयभीत और चिंताग्रस्त हो जाने वाले व्यक्ति पर हीं जाता है। और इतना स्मरण रखना जो भयभीत और चिंताग्रस्त है वह मेरे आने के पूर्व हीं मर जाता है, और मुझे ऐसे व्यक्ति में कोई दिलचस्पी भी नही है।

दिलचस्पी तो मुझे उन लोगों में है जो मुझसे भयभीत नहीं होते है, बल्कि जो मेरा स्वागत करने के लिए तैयार होते हैं। दिलचस्पी तो मुझे उन लोगों में है जो मेरा आलिंगन करने के लिए, मुझसे गले लगने के लिए हमेशा तैयार रहते हैं। और दिलचस्पी मुझे उन लोगों में है जिनके गले लगकर मैं तृप्त हो जाती हूं, और ऐसा व्यक्ति शायद हीं कभी करोड़ों में कोई एक मिल पाता है। और ऐसा व्यक्ति वही है जिसकी जीवन ऊर्जा पूरे ब्रह्मांड को घेरे हुए रहती है। और जब मैं ऐसे व्यक्ति के करीब जाती हूं तो उसकी जीवन

ऊर्जा का संगम मुझसे हो जाता है। और जैसे हीं उसकी जीवन ऊर्जा संगम मुझसे होता है वह मुझमें विलीन हो जाता है, और मैं उसमें विलीन हो जाती हूं।

यह जीवन ऊर्जा असीम है लेकिन इस छोटे से शरीर में समाहित है। यह जीवन ऊर्जा संकल्प के कारण इतना फैल भी सकती है कि इस छोटे से शरीर में संपूर्ण विराट उतर सकता है। और संकल्प के आभाव में यह जीवन ऊर्जा इतनी छोटी भी हो सकती है कि यह शरीर जीवित है या मर गया इसका अहसास भी नही हो सकता है। जब यह जीवन ऊर्जा संकल्प के कारण फैल जाती है तो इसी शरीर में संपूर्ण विश्व दिखाई देने लगता है। और जब यह जीवन ऊर्जा संकल्प के आभाव में सिकुड़ जाती है तो विश्व तो दूर खुद अपना भी दर्शन होना दुर्लभ हो जाता है।

यह वही शरीर है जिसमें विराट उतरकर कृष्ण बन जाता है, यह वही शरीर है जिसमें विराट उतरकर बुद्ध बन जाता है, यह वही शरीर है जिसमें विराट उतरकर महावीर, जीसस, मोहमद और कबीर बन जाता है। जितनी फैलती है जीवन ऊर्जा उतनी शांति, करुणा और ईश्वरीय महिमा चारों ओर से घेरने लगती है। और जब जीवन ऊर्जा सम्पूर्ण ब्रह्माण्ड को ढंक लेती है तो यह शरीर हीं साक्षात परमात्मा का रूप हो जाता है। इस शरीर को कभी तुक्ष और कम आकनें की गलती आप मत करना, क्योंकि इसमें संपूर्ण ब्रह्मांड समाया हुआ है। यह शरीर और मन वरदान है जिससे जीवन का, संसार का प्रशिक्षण पूरा होता है। यह शरीर धारण करने का प्रयोजन ही तभी पूरा होता है जब जीवन का, संसार का प्रशिक्षण सम्पन्न हो जाता है। और भूल कर भी आप इस प्रशिक्षण से चूक मत जाना, क्योंकि इस प्रशिक्षण से चुकने का एक हीं अर्थ है जीवन तो मिला, लेकिन इस जीवन को व्यर्थ हीं गवां दिया।

बड़े बड़े ज्ञानियों ने जिसे आवागमन कहा है वह प्रशिक्षण पूरा न होने का हीं परिणाम है। जीवन और संसार का प्रशिक्षण इसलिए नहीं पूरा हो पाता है, क्योंकि हम हर जन्म में वासनाओं को समझने से वंचित रह जाते हैं। वासनाएं इसलिए समझ में नहीं आती हैं, क्योंकि हम या तो वासनाओं को हीं अपना जीवन और यह संसार मान लेते हैं, या वासनाओं से भाग खड़े होते हैं। और यह दोनों हीं तरीका गलत है। जो लोग वासनाओं को हीं अपना जीवन मान लेते हैं उनकी समझ वासना तक हीं सीमित रह जाती है। और जो वासनाओं को गलत मानकर भाग खड़े होते हैं उनकी भी समझ वासना से उपर नही उठ पाती है। और जब समझ वासनाओं से उपर नही उठ पाती है तो चेतना कुंदन नहीं बन पाती है।

प्रत्येक वासनाएं चाहे वह सेक्स की हो, धन की हो, पद की हो, यश की हो दहकती हुई अग्नि की तरह है। और चेतना तभी निखरती है जब जीवन दहकती हुई अग्नि से सफलता पूर्वक गुजर जाता है। इसे ऐसा समझें तो बहुत सी बातें ख्याल में आ जाएगी।

सोना तभी शुद्ध होता है जब इसको आग में तपाया जाता है, और हीरा तभी अपने असली रूप में आता है जब इसे जौहरी घिसता है। यह जो सोने को तपाने, और हीरे की घिसने की प्रक्रिया है यह असल में सोने और हीरे की शुद्धि के लिए हीं है। आग सोना का दुश्मन नहीं है, बल्कि उसका मित्र है क्योंकि आग उसके असली रूप को उजागर कर देता है, और उससे कहता है तू जो अपने आप को समझ रहा है वह नहीं है, बल्कि तू वह है जो अभी तक तू नही समझा है।

अग्नि सोने को शुद्ध करती है यह सच है, लेकिन अग्नि हीं सोने को अशुद्ध भी करती है यह उससे भी बड़ा सच है। आग कहती है सोने से तुम मुझसे होकर गुजर जाओ तो तुम शुद्ध हो जाओगे, लेकिन अगर तुम मुझमें हीं रुके रह गए तो फिर से अशुद्ध हो जाओगे। अब यदि सोना आग से भयभीत हो जाए, और आग से गुजरे हीं नहीं तो भी वह अशुद्ध रह जायेगा, और यदि वह आग में हीं रुका रह गया तो फिर से वह अशुद्ध हो जायेगा। ठीक इसी तरह की गलती हम लोग भी जन्मों जन्मों तक करते रहते हैं। कुछ लोग जीवन भर वासना में अटके रह जाते हैं, और कुछ लोग वासना के भय से भाग खड़े होते हैं। और इन दोनों तरह की लोगों की समझ कच्ची रह जाती है, और इसका परिणाम यह होता है कि और एक जीवन रूपी अवसर व्यर्थ हीं चला जाता है।

कामवासना बुरी नहीं है बल्कि कामवासना जीवन का वरदान है। यह वरदान इसलिए है, क्योंकि इससे नए जीवन की उत्पति होने के साथ साथ जीवन का गहनतम सुख मिलता है। यह जो कामवासना का गहनतम सुख है यह सुख असल में उस आंनद की ओर संकेत करता है जो समाधि में मिलता है। कामवासना का सुख देखा जाए तो असल में वह डोर है जो समाधि के परमानंद तक पहुंचाने का माध्यम बन जाती है। कामवासना में सुख भी मिलता है, और विषाद भी मिलता है। यह सुख और विषाद कामवासना के दो रूप हैं जो उतरने के पश्चात अनुभव में आते हैं। असल में देखा जाए तो सुख इसलिए मिलता है ताकि और भी इससे बड़े सुख की खोज की जा सके। और यह विषाद इसलिए मिलता है कि जीवन में वैराग्य उत्पन हो सके।

लेकिन भूल तो तब हो जाती है जब कुछ लोग केवल सुख को पकड़कर बार बार सुख अनुभव करना चाहते हैं। और कुछ लोग विषाद के भय से कामवासना से हीं भाग खड़े होते हैं। जो सुख को पकड़ लेते हैं वह भी चूक जाते हैं, और जो विषाद के भय से भाग खड़े होते हैं वह भी चूक जाते हैं। यह जो कामवासना की अथाह ऊर्जा प्रकृति ने दी है वह अकारण नहीं है, बल्कि कारण है। प्रकृति चाहती है कि लोग कामवासना से सफलता पूर्वक गुजर जाएं ताकि एक तीसरे तरह के व्यक्ति का निर्माण हो सके। और तीसरे तरह का व्यक्ति वही है जो काम लोलूप नहीं है, भगोड़ा नहीं है। और जो काम लोलुप नहीं है, भगोड़ा नहीं है वही व्यक्ति ब्रह्मचारी है। ब्रहाचार्य का अर्थ है ब्रह्म

जैसी चर्या, अर्थात जिसका उठना बैठना, चलना फिरना और जीवन निर्वाह ब्रह्म जैसा हो जाए।

ब्रह्मचर्य का अर्थ आमतौर पर यही लगाया जाता है जो स्त्री के साथ संसर्ग नही करता है, विवाह नहीं करता है, काम का दमन करता है। लेकिन नहीं इन अर्थों से ब्रह्मचर्य को कोई संबंध नहीं है। इस जगत में यह भूलें बार बार होती रहीं हैं, और आगे भी होती रहेंगी। और यह भूलें इसलिए हुई हैं कि स्त्री से भागने वाले साधु महात्मा स्त्री को हीं दोषी ठहराते चले आ रहे हैं। साधु महात्मा स्त्री के संबंध में यही कहते चले आ रहे हैं स्त्री नरक का द्वार है इससे बचो। लेकिन अगर स्त्री नरक का द्वार है तो ये भी स्त्री के द्वारा हीं इस संसार में आए हुए हैं। सच तो है यह स्त्री नरक द्वार नहीं है, बल्कि अगर स्त्री को भलीभांति समझ लिया जाए तो स्त्री से जन्म मिलता है, और स्त्री से हीं जीवन में वैराग्य का फूल भी खिलता है।

कबीर के जीवन को देखें वे गृहस्थ थे। पत्नी थी, बच्चे थे लेकिन फिर भी उन्होंने यह कहा " खूब जतन से ओढ़ी चदरिया, ज्यों की ज्यों धरी दिन्ही चदरिया "। आखिर कबीर के इस तरह कहने का क्या मतलब है...? क्या तात्पर्य है...? कबीर के कहने का मतलब है " हे विधाता तूने जो चादर मुझे दी ओढ़ने के लिए उसे इतने जतन से ओढ़ा की वह चादर वैसी की वैसी हीं रह गई। मैंने जतन से ओढ़ भी लिया और अब वह चादर तुम्ही को लौटा भी रहा हूं "। यह शरीर भी चादर है, और वासनाएं भी चादर है। और इन दोनों में प्रकृति का, परमात्मा का अनुपम वरदान छिपा हुआ है। और यह वरदान तभी सार्थक होगा जब इस चादर को जतन से ओढ़ कर वैसे के वैसे प्रकृति और परमात्मा को वापस कर दिया जायेगा जिस तरह से यह मिला हुआ था।

वासनाएं शत्रु नहीं है बल्कि मित्र हैं। अहंकार, काम, क्रोध, लोभ और मोह जीवन के शत्रु नहीं है बल्कि मित्र हैं। क्योंकि अहंकार की पीड़ा से गुजरकर हीं निरअहंकार का जन्म होता है। काम की अग्नि से गुजरकर हीं ब्रह्मचर्य का उदय होता है। क्रोध की लपटों से गुजरकर हीं करुणा का जन्म होता है। लोभ से गुजरकर हीं दान का जन्म होता है और मोह से गुजरकर हीं वैराग्य फलित होता है। जब भी अहंकार उठे तो उसे गलत न समझें, बल्कि उसे अपने भीतर देखें कि क्या मैं वहीं हूं जो अपने आपको अब मानता आ रहा हूं या उससे अलग हूं। आप पाएंगे कि आप अभी तक जो आप अपने आपको मानते चले आ रहे हैं वह अलग है, और आप अलग हैं। आप जो अब तक अपने आपको मानते चले आ रहे हैं वह केवल तस्वीरें हैं। बचपन भी एक तस्वीर है, युवावस्था भी एक तस्वीर है, जवानी भी एक तस्वीर है, बुढ़ापा भी एक तस्वीर है।

बचपन आप नहीं है वह आता है चला जाता है। युवावस्था आप नहीं हैं वह आता है चला जाता है। जवानी आप नहीं है वह आती है चली जाती है। बुढ़ापा आप नहीं हैं

वह आता है चला जाता है। अगर फिर भी आप अपने आपको यह मानते हैं... तो कहां गया वह बचपन...? जो शरारतों से भरा था। कहा गई वह युवास्था...? जो कल्पनाओं की दुनियां में खोया हुआ था। कहां गई वह जवानी की शक्ति और सुंदरता...? जो सभी को अपने आगे तुक्ष मानती थी। और कहां गया वह बुढ़ापा की कमजोरी...? जो हीनता से पीड़ित था। सच तो यह है यह सभी अवस्थाएं जीवन की तस्वीरें हैं, आप नहीं। ऐ सभी अवस्थाएं आती हैं चली जाती हैं, लेकिन आप वैसे के वैसे रह जाते हैं जैसे इन सभी के पहले थे, और इन सभी के बाद रहेंगे।

जब शरीर और मन में काम की लहर उठे तो काम से आप भाग मत जाना या काम हीं अपने आपको मत मान लेना, बल्कि इस काम को स्वीकार करना और इसमें होश पूर्वक उतरना। जब आप काम को स्वीकार कर लेते हैं और इसमें होश पूर्वक उतरते हैं तो यहीं काम ब्रह्मचर्य बन जाता है। जब काम की शक्ति ब्रह्मचर्य बन जाती है तो काम का सारा आकर्षण खो जाता है। और यह स्मरण रहे कि काम में पवित्रता तभी आती है जब काम का आकर्षण खो जाता है। और जब काम का आकर्षण खो जाने पर जब दो स्त्री पुरुष मिलते हैं तो यह मिलन सिर्फ शारीरिक स्तर पर नहीं, बल्कि आत्मिक स्तर भी घटित होता है। और जहां दो दिव्य आत्माएं मिल रही हो उस मिलन की घड़ी में ऐसी प्रार्थना और पुकार भी सम्मिलित हो जाती है जिसमें दिव्य आत्माएं अवतरित होती हैं।

काम सिर्फ स्त्री पुरुष का मिलन नही है, तृप्ति नहीं है बल्कि काम एक ऐसा ऊर्जा स्त्रोत है जिससे सम्पूर्ण ब्रह्माण्ड उत्पन हुआ है। काम एक विज्ञान है जिसकी समझ हर किसी को होनी चाहिए। और यदि इस विज्ञान का समझ हो जाए तो जीवन सिर्फ काम के इर्द गिर्द हीं नहीं रह जाएगा, बल्कि इसके पार बियांड एंड बियांड में चलता चला जायेगा। यह जो अनंत विस्तार है यही परमात्मा है। मनुष्य के पास वह अवसर है जिसे वह पहचान ले तो वह परमात्मा भी हो सकता है, और यदि ना पहचाने तो जगह जगह परमात्मा को पाने के लिए भटक भी सकता है। इसलिए जिन्होंने भी जाना है वह अब तक यही कहते आए हैं कि अपने भीतर उतरो, बाहर खोजने से बेहतर है स्वयं की खोज करो।

जब काम की शक्ति अवरोधित होती है तो इस अवरोध को हटाने के लिए क्रोध आता है। यूं तो क्रोध अनेक कारणों से आता है लेकिन सबमें एक हीं कारण होता है कि जब आपके मन के विपरीत कुछ घटित होता है। यदि मन अपनी मनमानी करता हीं चला जाए तो क्रोध के आने का कोई उपाय हीं नहीं है। इसे ऐसा समझें नदी प्रवाहित होती चली जा रही है, और यदि उसके मार्ग में कोई अवरोध न आए तो उसमें कोई हलचल नहीं होती है लेकिन जैसे हीं नदी के बहने के मार्ग में कोई बाधा उत्पन होती

है तो अचानक उसमें हलचल होने लगती है। जैसे उफनती हुई नदी बड़े बड़े बांधों को तोड़कर आस पास के गावों और खलिहानों को डूबा देती है वैसे हीं क्रोध हर संबंध को तहस नहस कर डालता है, और व्यक्ति को पतन के मार्ग पर धकेल देता है।

क्रोध शक्ति का स्त्रोत है, और यदि क्रोध की समझ हो जाए तो यह शक्ति वरदान बन जाती है। इसलिए जब भी क्रोध आए तो इसे समझें कि किस प्रकार यह शक्ति शरीर और मन को अपने चपेट में लेती जा रही है। आप पाएंगे की जैसे जैसे क्रोध उठ रहा है वैसे वैसे शरीर सख्त होता चला जा रहा है, जबड़े एक दूसरे पर भींचते चले जा रहें हैं। खुले हुए हाथ बंद होते चले जा रहे हैं। आखों में सामने वाले को भस्म कर देने वाली अग्नि प्रबल होती चली जा रही है। और मन में सामने वाले को मिटा देने की, कुछ अपशब्द कह देने की इच्छा प्रबल होती चली जा रही है। अगर आप इस क्रोध के देखने वाले नहीं होते हैं तो इस क्रोध में आप बह जाते हैं। और अगर आप इस क्रोध के देखने वाले हो जाते हैं तो यही क्रोध की ऊर्जा आपमें करूणा का सागर बन कर उमड़ने लगती है।

क्रोध के गर्भ से हीं करुणा का जन्म होता है। इसलिए कभी क्रोध पर रुक मत जाना नहीं तो गर्भपात के अलावा कुछ भी हाथ नहीं आएगा। और अब तक के जीवन पर नजर डालें तो क्रोध का केवल गर्भपात हीं हुआ है। और जहां क्रोध का गर्भपात है वहीं दुख, पीड़ा, विषाद की राख मौजूद है। ठीक इसी तरह से लोभ को देखें, मोह को देखें कि किस प्रकार लोभ से मोह पकड़ लेता है, और मोह से बुद्धि भ्रमित हो जाती है। अगर आप इस लोभ को देखने वाले हो जाते हैं तो खुद पर हीं हंसी आने लगती है कि अब तक कितना पागल था जो इस अमूल्य जीवन ऊर्जा को व्यर्थ की चीजों में गवां रहा था। जो आदमी लोभ का द्दष्टा हो जाता है उसकी आवश्यकताएं सिमटने लगती है और उसमें देने, अपने आपको उलीच देने की भावना प्रगाढ़ होने लगती है।

जिस दिन आप अहंकार, काम, क्रोध, लोभ और मोह को देखने वाले हो जायेंगे उसी दिन आप इस जीवन के प्रति, प्रकृति के प्रति और परमात्मा के प्रति धन्यवाद देंगे। आप जिस दिन अपने बाहर और भीतर फैले हुए अहंकार को देख लेंगे उसी दिन परमात्मा और प्रकृति को यह धन्यवाद देंगे कि तूने मुझे अहंकार तो दिया, लेकिन इसी अहंकार में निरअहंकार को उपलब्ध हो जाने के अवसर भी छिपा दिया। आप जिस दिन क्रोध को भलीभांति देख लेंगे उसी दिन परमात्मा और प्रकृति को यह धन्यवाद देंगे तूने मुझे क्रोध तो दिया, लेकिन इसी क्रोध में करुणा के बीज भी छुपा दिए। आप जिस दिन काम को स्वीकार कर लेंगे और इसमें होश साध लेंगे उस दिन परमात्मा और प्रकृति को यह धन्यवाद देंगे तूने मुझे काम तो दिया, लेकिन इसी काम में ब्रह्मचर्य के फूल भी छुपा दिए।

आपके कदम यदि होश पूर्वक उठते चले जाएं तो अहंकार निरअहंकार में, काम की शक्ति ब्रह्मचर्य में, क्रोध की अग्नि करुणा में, लोभ की शक्ति दान में और मोह की शक्ति वैराग्य में तब्दील हो हीं जाती है। लेकिन अगर आपके कदम बेहोशी में उठते चले जाएं तो...। यह जीवन नरक की पीड़ा बन जाए तो जीवन को दोष मत देना, दूसरों को दोष मत देना क्योंकि जीवन तो सभी को मिलता है, और सभी एक दूसरे के संपर्क में आते हैं। कृष्ण को भी जीवन मिलता है और कृष्ण के संपर्क में भी सभी लोग आते हैं। कंस और जरासंध भी आते हैं, पापी और धर्मात्मा भी आते हैं, लेकिन कृष्ण सभी अनुभवों से गुजरकर पूर्ण अवतार हो जाते हैं। सच तो यह है कि जितना कृष्ण को कृष्ण बनाने में कंस और जरासंध का अप्रत्यक्ष सहयोग है उतना दूसरे किसी का भी नहीं है।

यह जीवन बुद्ध को भी मिलता है, महावीर को भी मिलता है और यह स्मरण रहे कि बुद्ध और महावीर को जितना अपमान, जितनी गाली मिला उतना शायद हीं किसी और बुद्ध पुरुष के जीवन में मिला हो। न तो लोगों ने बुद्ध को छोड़ा और ना महावीर को छोड़ा। बुद्ध को लोगों ने क्या क्या नहीं कहा, और महावीर को लोगों ने क्या क्या नहीं कहा...। लेकिन फिर भी बुद्ध बुद्ध थे गौतम उनमें से कभी का विदा हो चुका था। महावीर महावीर थे वर्धमान उनमें से कभी का विदा हो गया था। गाली और अपमान से पीड़ा तो उन्हे होती है जो अपने आपको शरीर और मन तक हीं सीमित रखते हैं। लेकिन गाली और अपमान से पीड़ा उन्हे नहीं होती है जो अपने आपको शरीर और मन के परे जान लेते हैं।

जिस समय बुद्ध और महावीर का अवतरण हुआ था उसी समय दुनियां के अनेक हिस्सों में अनेक परम ज्ञानियों का भी अवतरण हुआ था। आज से ढाई हजार साल पहले दुनियां में एक क्रांति फैली हुई थी, और वह क्रांति थी आत्मज्ञान की क्रांति। ऐसा बार बार होता रहा है कि हर ढाई हजार साल के बाद मानव जाति का इतिहास एक वर्तुल पूरा करता है। और परम आनंद की बात यह है कि आज वही दौर चल रहा है। आज के दौर में लोग जितना आत्मज्ञान की ओर तेजी से बढ़ रहे हैं ठीक इसी तरह ढाई हजार साल पहले आत्मज्ञान की ओर बढ़े हुए थे। अगर हम बुद्ध और महावीर के ढाई हजार साल पहले की बात करें उस समय भी पूरी पृथ्वी के अनेक हिस्सों में कृष्ण और पतंजलि जैसी महान दिव्य आत्माएं करीब करीब एक हीं समय में अवतरित हुई थी। जब भी मानव जाति अपने वर्तुल को पूरा करती है तो इसी आत्मज्ञान की लहर में अनेक आत्माएं जो हजारों वर्षों से इंतजार कर रहीं थी वह भी बहती हुई भवसागर से पार हो जाती हैं।

इस आत्मज्ञान की लहर को आप चूक मत जाना, क्योंकि चुकने का मतलब है फिर से ढाई हजार वर्ष का लंबा इंतजार, और आवागमन की बार बार पीड़ा। इसलिए जब

भी ऐसा क्षण आता है तो जानने वाले अक्सर बार बार यही कहते हैं कि अपने भीतर उतरो, क्योंकि अपने भीतर उतरने के बाद हीं उससे परिचय होगा जो इस जन्म और मृत्यु के पार है। और यदि उसको जान लिया, उसको पा लिया तो यह जीवन सार्थक हो गया, और यदि जानने से, पाने से चूक गए तो जीवन निरर्थक गया। जीवन तो उसी का सार्थक होता है जो जीवन के हर अनुभव से पक कर जीवन का सार निचोड़ लेता है। और जीवन उसी का निरर्थक होता है जो जीवन के सार से चूक जाता है।

नदी को दो तरह से पार किया जा सकता है एक पतवार चला कर, और दूसरा जब हवाएं भी नाव चलाने में सहयोग कर रही हों। जब हवाएं नाव के बहने की दिशा में बहती हैं तो नाव पतवार के हल्के इशारे से भी पार हो जाती है। और कुशल नाविक वही है जो हवाओं के रुख को पहचान कर नाव को खोल देता है, और पार हो जाता है। लेकिन जो हवाओं के रुख को पहचानने से चूक जाता है उसे पार होने के लिए काफी श्रम करना पड़ता है। ऐसा नहीं है जो श्रम करता है वह नदी के पार नहीं जाता है। नहीं, नदी के पार वह भी जाता है, लेकिन मंजिल पर पहुंचते पहुंचते वह थक कर चूर हो जाता है। और इस थकान में वह आनंद खो जाता है जो मंजिल पर पहुंचने से मिलता है।

दो तरह के यात्री हैं एक वे जो समय की बहती हुई धारा को पहचान लेते हैं और कूद पड़ते हैं, और दूसरे वे जो समय की धारा को पहचानने से चूक जाते है। जो यात्री समय की बहती हुई धारा में कूद जाते हैं वह बहने का आंनद लेते हुए मंजिल पर पहुंच जाते हैं। और समय की धारा को पहचानने से वंचित रह जाते हैं वे समय के विपरीत धारा में तैरने लगते हैं। जो तैरते है वह भी पहुंच जाते हैं, और जो बहते हैं वह भी पहुंच जाते हैं। जो तैरते हैं उनके लिए योग है। और जो बहते हैं उनके लिए समर्पण है। और बड़े मज़े की बात है समय की धारा अभी अनुकूल बह रही है।

अस्तित्व के तल पर ढाई हजार वर्षों की रात चलती है फिर भोर होता है और उसी भोर में अस्तित्व शिथिल होता है। जब अस्तित्व शिथिल होता है तो चीजें विश्राम को उपलब्ध होती हैं। और जो इस अवसर को पहचान लेता है वह उस द्वार में प्रवेश कर जाता है जहां विश्राम हीं विश्राम है, आंनद हीं आंनद है। अतः यह समय जागने के लिए है, अपने भीतर खोज करने के लिए है। आप खोजें अपने भीतर की क्या मैं वहीं हूं जो अब तक मानता आ रहा था या वह हूं जिसके बारे में अभी तक पता नहीं है। आप जो मानते हैं उसका गिरना भी तय है, मिटना भी तय है और जब मिट हीं जानेवाला है तो उसे खोजना आवश्यक है जो बनने और मिटने के पार है। जो बनने और मिटने के पार मौजूद है वही आप हैं।

ईश्वर को कहीं बाहर खोजने नहीं जाना है, बल्कि वह भीतर मौजूद है और भीतर वही है जो आप हैं। आप ईश्वर हैं, लेकिन आप इसे नहीं मान सकते हैं क्योंकि मन बीच

में आ जाता है, बुद्धि बीच में आ जाती है, और जन्मों जन्मों का एकत्रित अज्ञान बीच में आ जाता है। जब बुद्ध कहते हैं अपने भीतर उतरो, क्योंकि तुम जिसे खोज रहे हो वह बाहर नहीं, बल्कि भीतर है तो इस पर श्रद्धा होना मुश्किल हो जाता है। और जिसके मन में श्रद्धा नहीं वह अपने भीतर कभी नहीं उतर सकता है। सच तो यह है कि मनुष्य मात्र एक संभावना है, और यहीं उसके जीवन की सबसे बड़ी खूबी है। जो संभावना मनुष्य के पास है वह दूसरे के पास नही है इसलिए वेद और उपनिषद भी कहते हैं कि देवता भी मनुष्य होने के लिए लाखों, करोड़ों वर्षों तक इंतजार करते रहते हैं।

मनुष्य एक संभावना है और वह संभावना यह है कि मनुष्य परमात्मा का बीज का अपने अंदर धारण किए हुए हैं। और अगर यह बीज अंकुरित हो जाए, और पूर्ण विकसित हो जाए तो इसी वृक्ष पर फूल और फल आने लगते हैं जिसकी सुगंध और मिठास चारों ओर फैल जाती है। मनुष्य के पास जो संभावना है वह किसी दूसरे में नहीं है। आप किसी जानवर को आदमी नहीं बना सकते हैं क्योंकि वह जानवर है। कुत्ता कुत्ता हीं रहेगा, गाय गाय हीं रहेगी, भैंस भैंस ही रहेगी, शेर शेर हीं रहेगा, लेकिन मनुष्य वह हो जाता है जिन धारणाओं पर वह चलता है। जब मैं यह कहता हूं आप ईश्वर हैं तो मैं आपको अपने भीतर छुपे हुए बीज को उघाड़ने की कोशिश कर रहा हूं, और हो सकता हैं इसी कोशिश में आपको अपनी वह याद आ जाए जिसको आप भूल चुके हैं।

आप जो हैं, वहीं मैं हूं इसलिए आपसे कहता हूं आप उसे याद करें जो आपमें होते हुए भी सभी के भीतर मौजूद है। और आप जिसे भी अनेक अनेक रूपों में देखते हैं वह आपका हीं अप्रत्यक्ष रूप है। जो आपसे प्रेम करते हैं उनके भी अंदर आप हीं समाए हुए हैं, और जो आपसे घृणा करते हैं उनके भी अंदर आप हीं समाए हुए हैं। जो आपका अपमान करते हैं उनके भी अंदर आप हीं समाए हुए हैं, और जो आपको मान सम्मान देते हैं उनके अंदर आप हीं समाए हुए हैं। शत्रु भी आप हैं, मित्र भी आप है। आप अपने को बना भी सकते हैं, और अपने आपको मिटा भी सकते हैं। इसलिए मैं आपको आप हीं से मिलवा रहा हूं।

जब मैं आपसे कहता हूं आप ईश्वर हैं तो आपको उस मार्ग पर चलने की धारणा दे रहा हूं जो आपको अपने से मिलवाएगा। और जिस दिन आप अपने आप मिल जायेंगे उस दिन आपमें विस्तृण होने की अदृत क्षमता आ जायेगी। अगर ईश्वर होने की धारणा आपमें गहरी बैठ जाए तो धीरे धीरे आपके भीतर जो छिपा हुआ है वह अनावृत होने लगेगा। आप ईश्वर हैं क्योंकि वही आपकी अंतिम नियति है। भले हीं आप अनंत जन्मों तक दौड़ते रहें, भटकते रहें लेकिन आखिर कब तक भटकेंगे एक ना एक दिन ईश्वर होना हीं पड़ेगा। ईश्वर आपको होना हीं पड़ेगा, क्योंकि ईश्वर हुए बिना न तो कभी किसी

जन्म में तृप्ति मिल सकती है, और ना हीं मंजिल मिल सकता है। इसलिए एक तरह से यह भी सत्य है कि मनुष्य का मंजिल कुछ और नहीं बल्कि ईश्वर हो जाना है।

ईश्वर हो जाना हीं मनुष्य की अंतिम नियति है। इसलिए मनुष्य जब तक ईश्वर नहीं हो जाता तब वह दुख और पीड़ा से मुक्त भी नहीं हो सकता है। एक बीज तभी पूर्ण होता है जब वह वृक्ष बन जाता है, सूर्य की किरणों को चूमता है, चंद्रमा की चांदनी को चूमता है, और हवाओं में उसके पते झूमते हैं। जिस तरह से बीज वृक्ष होकर पूर्ण हो जाता है उसी तरह मनुष्य भी ईश्वर होकर पूर्ण हो जाता है। सभी मनुष्य ईश्वर होने की असीम संभावना लेकर जन्म लेते हैं, लेकिन शायद हीं कोई मनुष्य इस संभावना को पहचान कर ईश्वर हो पाता है। कृष्ण, बुद्ध और महावीर को आप ईश्वर इसलिए कहते हैं, क्योंकि उनमें वह प्रकट हो गया है जो आपमें अभी प्रकट नहीं हुआ है। लेकिन इसका मतलब यह नहीं है वह आपमें प्रकट नहीं होगा। वह आपमें में भी प्रकट होगा, क्योंकि वही आपकी अंतिम नियति है। इस अंतिम नियति को पहचाने, अपने भीतर जीवन के हर क्रिया कलाप में खोज करें कि क्या मैं वही हूं जो अपने आपको मैं मानता हूं या वह हूं जो मेरे भीतर छुपा है।

आपमें ईश्वर होने की नियति छिपी हुई है, और ऐसा नहीं है वह नियति आपको ईश्वर होने के संबंध में इशारा नहीं करती है। नहीं ऐसा नहीं है। और अगर ऐसा होता कृष्ण अपने ईश्वर होने की, पूर्ण अवतार होने की नियति को नहीं पहचान पाते। बुद्ध कभी अपने ईश्वर होने की नियति नहीं पहचान पाते। महावीर अपने ईश्वर होने नियति को नहीं पहचान पाते। और जीसस, मोहमद, कबीर अपने ईश्वर होने अंतिम नियति को नहीं पहचान पाते। ये सभी अपने ईश्वर होने की नियति को इसलिए पहचान गए क्योंकि इन्होंने अपने भीतर देखा, जाना और उसकी पुकार सुनी जो उनके अंदर हीं सदा से विराजमान था। ठीक इसी तरह से आपके भीतर भी वही ईश्वर होने की नियति बार बार आवाज देती रहती है, लेकिन आप उसे अनसुना कर देते हैं।

कभी कभी कृष्ण की मस्ती और होठों पर बांसुरी देखकर आपके भीतर भी एक चाह उठती है कि काश मै भी ऐसा हो जाता। और कभी कभी बुद्ध और महावीर की प्रतिमा देखकर यह भी ख्याल आता है कि काश मै भी ऐसा हो जाता। यह जो भीतर उठी हुई चाह है यह अचानक नहीं है, बल्कि वह सदा से है, क्योंकि वही हो जाना, चेतना के परम शिखर पर पहुंच जाना हीं आपकी नियति है। बुद्ध की शांति इसलिए आकर्षित करती हैं, क्योंकि बुद्ध की शांति आपके भीतर छुपी शांति को झकझोर देती है। कृष्ण की सुंदरता इसलिए आकर्षित करती है, क्योंकि कृष्ण की सुंदरता आपके भीतर छुपी सुंदरता को झकझोर देती है। और महावीर का व्यक्तिव इसलिए आकर्षित करता है, क्योंकि महावीर का व्यक्तिव आपके भीतर छुपे हुए परम व्यक्तित्व को झकझोर देता

है। यह जो झकझोर है यह अचानक नहीं है, बल्कि यह सदा से है और यह इसी बहाने आपको नींद से उठाना चाहती है।

यूं तो बहुत बार आपने सूर्य को देखा होगा, चंद्रमा को देखा होगा, चमकते हुए तारों को देखा होगा, और हवा में झूमते हुए पेड़ पौधों को देखा होगा, लेकिन मैं कहता हूं आप फिर से देखें। जब आप इन्हे फिर से देखेंगे तो बहुत हीं बाते ख्याल में आ जायेंगी, और आपके भीतर छुपे हुए रहस्य उजागर होने लगेंगे। जिस सूर्य को आपने कल देखा उसे आज भी देखें तो पाएंगे की इसकी रोशनी आपके भीतर छुपे हुए अपने तेजोमय रूप को याद दिलाने लगी। जिस सूर्य को आप बाहरी नेत्रों से देखते है वह असल में भीतर छिपे हुए हजारों महासूर्यों की तरफ इशारा करता है। जिस चांद को आप बरसों से देखते हुए आ रहें हैं उस चांद को आज भी देखें तो आप पाएंगे कि चांद की चांदनी और शीतलता आपके भीतर छुपे हुए उस शांति की आभा को जगाने लगी जो होना हीं आपकी अंतिम नियति है।

ठीक इसी तरह से आकाश में चमकते हुए तारों को देखें तो आप पाएंगे की इन तारों की जगमगाहट आपके भीतर छुपे हुए अपने उस रूप को याद दिलाने लगी जो सदा से आपका था। हवाओं में झूमते हुए पेड़ पौधों को ध्यान से देखें तो यह भी आपके भीतर छुपे हुए परमानंद की ओर संकेत करते हैं। और तो और आप अपने भीतर और बाहर फैले हुए हवा का अनुभव करें, और इसकी आवाज सुनने की कोशिश करें तो यह भी कहता है आप असीम हो, सर्वत्र हो। जो दिखाई देता है उसमें भी आप मौजूद हैं, और जो नहीं दिखाई देता है उसमें भी आप मौजूद हैं, और इसलिए आप सर्वत्र मौजूद हैं, क्योंकि वही आपकी अंतिम नियति है। जिस दिन आपके भीतर छुपा हुआ असीम प्रकट होगा उस दिन देखने की, सुनने की और भेद करने की सारी सीमाएं मिट जाएंगी।

बुद्ध से सबंधित एक कहानी है। बात उस समय की है जब बुद्ध मृत्युशैया पर लेटे हुए थे तब उनसे एक शिष्य ने पूछा कि अब आप मृत्यु के बाद कहां जायेंगे और कहां होंगे...? बुद्ध ने उस शिष्य को यही उत्तर दिया कि ना तो मैं कहीं से आया हूं और ना हीं कहीं जाऊंगा क्योंकि मैं पहले भी सर्वत्र था, अभी भी सर्वत्र हूं और आने वाले समय में भी सर्वत्र रहूंगा। बुद्ध सर्वत्र हैं, कृष्ण सर्वत्र हैं, महावीर सर्वत्र हैं, जीसस सर्वत्र हैं, मोहमद सर्वत्र हैं और आप भी सर्वत्र हैं, क्योंकि सभी में वही असीम प्रकट हुआ है जो आपके भीतर मौजूद है।

आप सर्वत्र हैं इसे अनुभव करें, इसे जिएं, इसे पहचाने तो आपके भीतर छिपा हुआ विराट प्रकट होने लगेगा, और उस विराट के प्रकट होते हीं सभी में आपकी छवि दिखाई देने लगेगी। और आप कहने लगेंगे कि स्त्री भी मैं हीं हूं, पुरुष भी मैं हीं हूं।

ईश्वर भी मैं हीं हूं और ईश्वर हो जाने की नियति से जन्मे मनुष्य भी मै हीं हूं। ऊंचे ऊंचे पहाड़ भी मैं हीं हूं, और घाटियां भी मै हीं हूं। ऊंचे ऊंचे वृक्ष भी मैं हीं हूं, और छोटी छोटी झाड़ियां भी मैं हीं हूं। पशु भी मैं हीं हूं, और पशुओं से उपर उठ गया मनुष्य भी मै हीं हूं। सूर्य भी मैं हीं हूं, और चांद भी मैं हीं हूं। जल भी मैं हीं हूं, और पवन भी मैं हीं हूं। पृथ्वी भी मै हीं हूं, और यह ब्रह्मांड भी मैं हीं हूं। काम भी मैं हीं हूं, और क्रोध भी मैं हीं हूं। माया भी मुझसे हीं उत्पन होती है, और अनन्त: यह माया भी मुझमें विलीन भी होती है।

ईश्वर कण कण में है ऐसा कहना उचित नहीं है, बल्कि कण कण हीं ईश्वर है ऐसा कहना उचित है। आप ईश्वर हैं लेकिन श्रद्धा के ना होने से यह सत्य दिखाई नहीं देता है। और जब सत्य दिखाई नहीं देता है तो आपका असीम और अखंड व्यक्तित्व टुकड़ों टुकड़ों में विभक्त होता चला जाता है। आप असीम हैं, लेकिन आपको भरोसा कौन दिलाए...? आप अखंड है, लेकिन आपको भरोसा कौन दिलाए...? आप असीम और अखंड हैं लेकिन करीब करीब ऐसा है कि अहंकार के कारण आपकी अपनी हीं छवि बहुत से आईनों में दिखाई दे रही है। आप एक साथ इतनी छवि को देखते हैं तो चिंतित होते हैं, भयभीत होते हैं, घबराते हैं और हर छवि से बच कर निकलना चाहते हैं। लेकिन बच कर जाइयेगा कहां... क्योंकि वहां भी आपकी अपनी हीं छवि दिखाई देगी।

एक राजा था। उसने एक ऐसा राजमहल बनवाया जिसमें चारों तरफ आईने हीं आईने लगे हुए थे। उस महल में जो भी जाता उसके हजारों प्रतिबिंब बने हुए दिखाई देते थे। एक दिन की बात है कि कहीं से एक कुता अनेक कुतों से तंग और भयभीत होकर राजमहल में घुस गया। वह कुता बहुत खुश था कि अब दूसरे कुते मुझें तंग नहीं करेंगे और यहां आराम से रहूंगा। लेकिन वह यह नहीं जानता था जिनसे वह बचने के लिए भाग रहा है वे मात्र उसके अपने हीं प्रतिबिंब हैं, और वह जहां भी इस प्रतिबिंब से बचकर जायेगा उसका प्रतिबिंब भी उसके पीछे पीछे जायेगा। वह खुश था, लेकिन जैसे हीं उसने राजमहल के चारों तरफ नजरें दौड़ाई तो उसने दीवार में लगे हुए हजारों आईनों में अपने जैसे हीं हजारों कुतों को पाया।

कुत्ता बोला धत तेरे की जिनसे मैं बचने के लिए यहां भाग कर आया वे यहां भी मौजूद हैं। और पहले इनकी संख्या कम थी अब तो इनकी संख्या काफी हो चुकी है। खैर कोई बात नही जब इनसे सामना हो हीं चुका है तो क्यों न इनसे निपट लिया जाए। ऐसा सोच कर कुता दो कदम पीछे हटा ताकि वह तैयार हो जाए। जैसे हीं वह कुता दो कदम पीछे हटा तो आईने में प्रतिबिंबित हो रहे हजारों कुत्ते भी दो कदम पीछे हटे। कुता जब सारे कुत्तों को अपने साथ दो कदम पीछे हटते हुए देखा तो थोड़ा

भयभीत हुआ। जब कुत्ता अपने स्थान से दो कदम पीछे हट गया तो वह खड़े होकर सभी कुत्तों को एक साथ घूरने लगा, गुर्राने लगा। जैसे हीं कुत्ता सभी कुत्तों के को घूरने लगा और गुर्राने लगा वैसे हीं हजारों आईनों में मौजूद कुत्ते उसे घूरने लगे और गुर्राने लगे।

जब कुत्ता हजारों कुत्तों को एक साथ अपने को घूरते हुए, गुर्राते हुए देखा तो वह और भयभीत हो गया। और इसी भय को छुपाने के लिए वह भौंकने लगा। जैसे हीं कुत्ता सारे कुत्तों के उपर भौंकने लगा उसके प्रत्युत्तर में सारे कुत्ते भौंकने लगे। सारे कुत्तों को एक साथ भौंकते देखकर कुत्ता क्रोध से भर गया और वह उनके तरफ दौड़ पड़ा। लेकिन जैसे हीं कुत्ता उनके तरफ दौड़ना शुरू किया वैसे सारे कुत्ते उसके तरफ दौड़ पड़े। जब उसने देखा की सारे कुत्ते मेरे तरफ हीं दौड़ते आ रहे हैं वह भयभीत होकर वहीं गिर गया और बेमौत हीं मर गया।

यह तो कहानी थी जिसमें कुत्ता अपने हीं प्रतिबिंब के कारण मर गया। लेकिन यह कहानी मनुष्य जीवन की ओर भी यह संकेत करती है कि मनुष्य भी करीब करीब इसी हालत से गुजर रहा है। मनुष्य में परमात्मा पूरी तरह प्रतिबिंबित हो रहा है और हर मनुष्य हीं नहीं बल्कि पेड़ पौधे, नदी नाले, पशु पक्षी, कीड़े मकोड़े, सूर्य, चांद, तारे सभी आइना हैं। और इस आईने में परमात्मा पूरी तरह से दिखाई दे रहा है, लेकिन मनुष्य की सारी विडंबना यही है कि वह उसी कुत्ते की तरह व्यवहार कर रहा है। मनुष्य भौंक रहा है अपने आस पास लगे हुए आईनों में और बड़े मज़े की बात है कि आईने से भी भौंकने की उसकी अपनी हीं आवाज सुनाई दे रही है।

जीवन दुख नहीं है, बल्कि परमानंद है, लेकिन जीवन दुख तब बन जाता है जब मनुष्य उस कहानी के कुत्तों की भांति जीवन जीता है। मनुष्य जीवन भर परेशान रहता है और अंत में वह इसी परेशानी दब कर मर भी जाता है। मनुष्य जीवन भर परेशान रहता है, चिंतित रहता है लेकिन जीवन के अंत समय तक भी यह नहीं जान पाता है कि जिससे वह परेशान और चिंतित हो रहा था वह मात्र उसकी अपनी हीं छाया थी। देखा जाए तो जीवन भर हम करते क्या हैं...? एक दूसरे लड़ते रहते हैं, एक दूसरे से बचते रहते हैं लेकिन जीवन के अंतिम समय तक यह जानने से वंचित रह जाते हैं कि जिससे लड़ रहे थे, और जिससे बच रहे थे वह छाया के अतिरिक्त और कुछ भी नहीं था।

परमात्मा को कहीं पाने नहीं जाना है, क्योंकि परमात्मा आप हैं। तीर्थ कहीं बाहर नहीं है, बल्कि आप जहां हैं वही तीर्थ है। शांति कहीं बाहर खोजने नहीं जाना है, बल्कि भीतर देखें एक क्षण तृष्णा को पहचाने, शांति भीतर मौजूद है, लेकिन तृष्णा के कारण दिखाई नहीं दे रही है। कोई कभी मोक्ष नहीं गया है, और ना कभी कोई जायेगा, क्योंकि

जिसे मोक्ष कहा जाता है वह अभी और यहीं है। यह जान लेना की मुक्त हूं यही मोक्ष है। जैसे हीं यह जान लिया जाता है कि मुक्त हूं वैसे सारे विचार अपने आप गिर जाते हैं, द्वंद गिर जाता है। जब द्वंद गिर जाता है तो माया ब्रह्म में लीन हो जाती है। और यह ब्रह्म भी दूसरा कोई नहीं है बल्कि वह भी आप हीं हैं। अतः मैं आपको प्रणाम करता हूं मेरा प्रणाम स्वीकार करें।

इति

जन्म और पुनर्जन्म

वन में विपरित का नियम

www.ingramcontent.com/pod-product-compliance
Lightning Source LLC
LaVergne TN
LVHW101937220826
846093LV00006B/44

* 9 7 8 1 6 8 5 3 8 8 5 7 7 *